山本ひろ子・宮嶋隆輔❖編

民俗と仮面の深層へ

乾武俊選集

国書刊行会

口絵１　若い女面（裏に享禄三年〔1530〕銘）

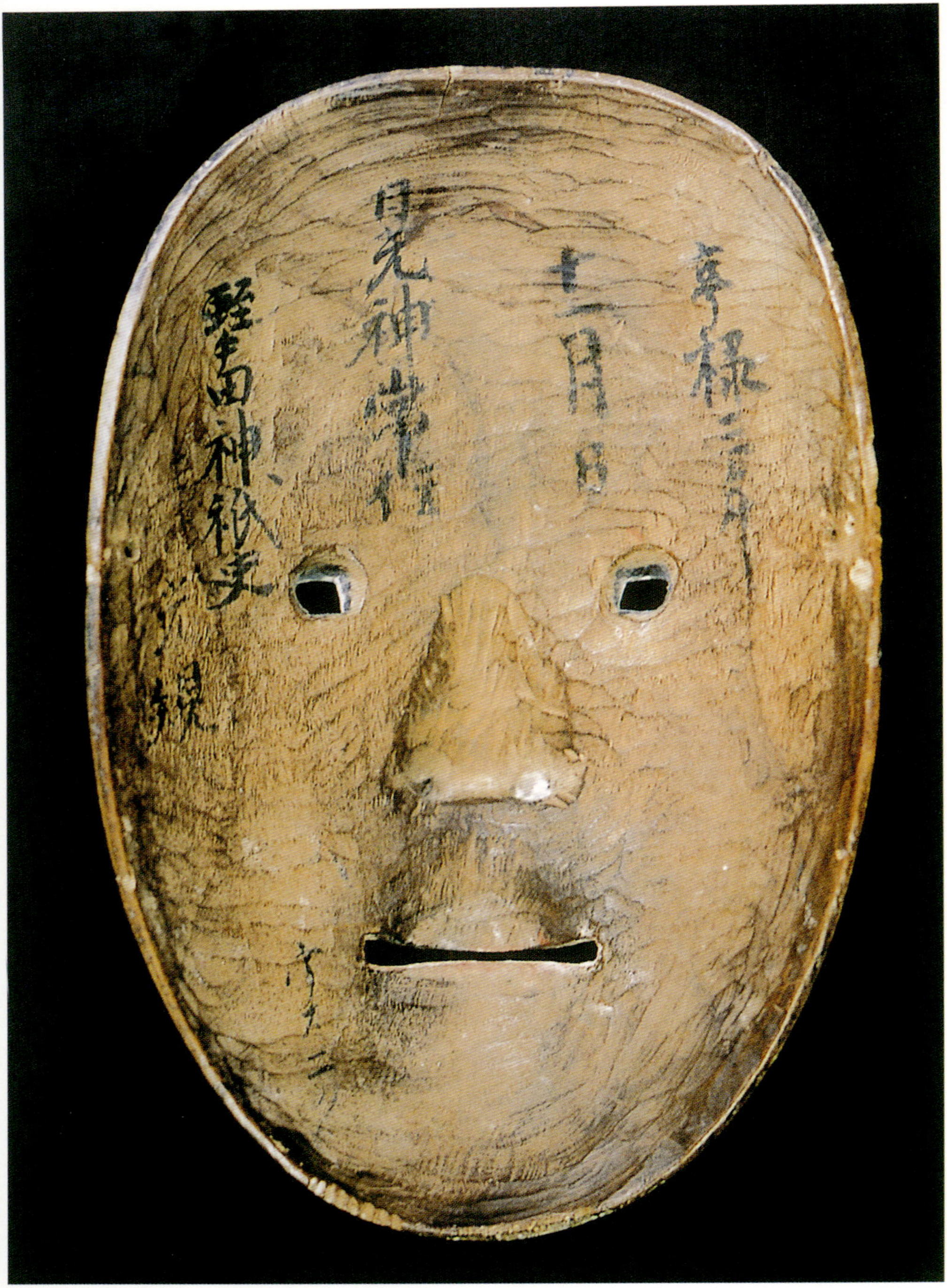

口絵２　若い女面（裏）

口絵３　田主の翁面

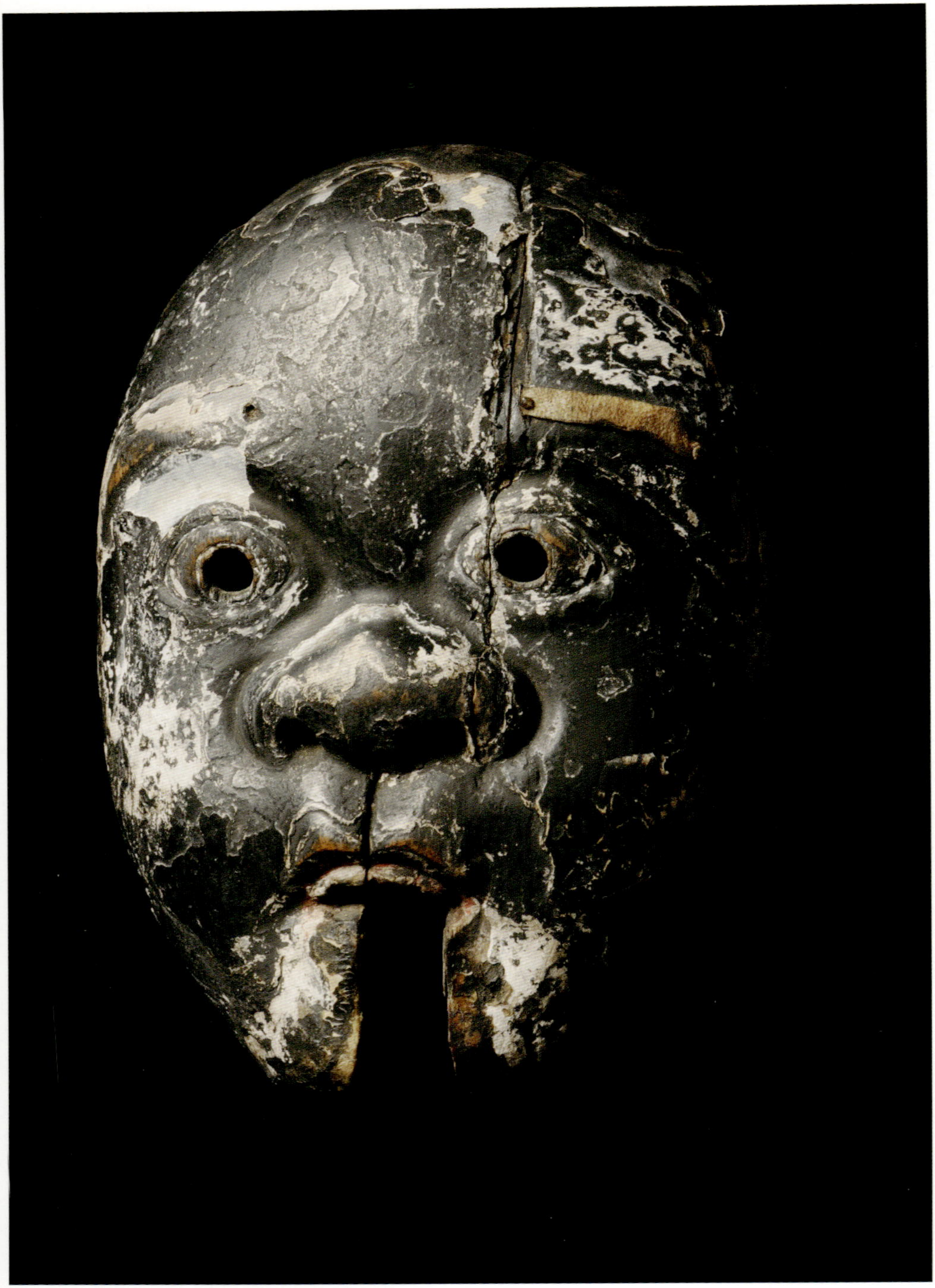

口絵 4　田楽面・田男、黒い道化面

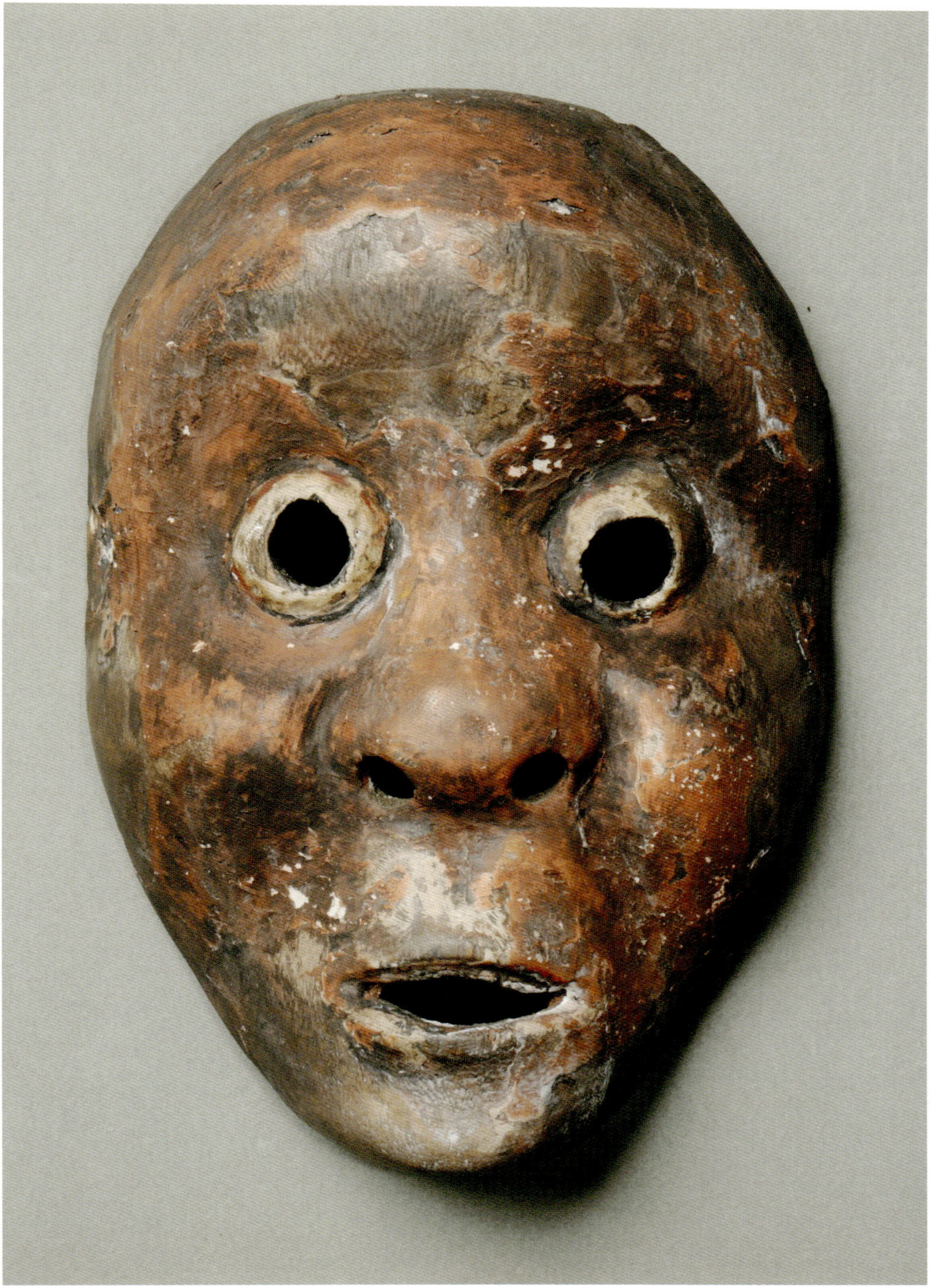

口絵５　ムラの面

口絵 6　ホイトの面

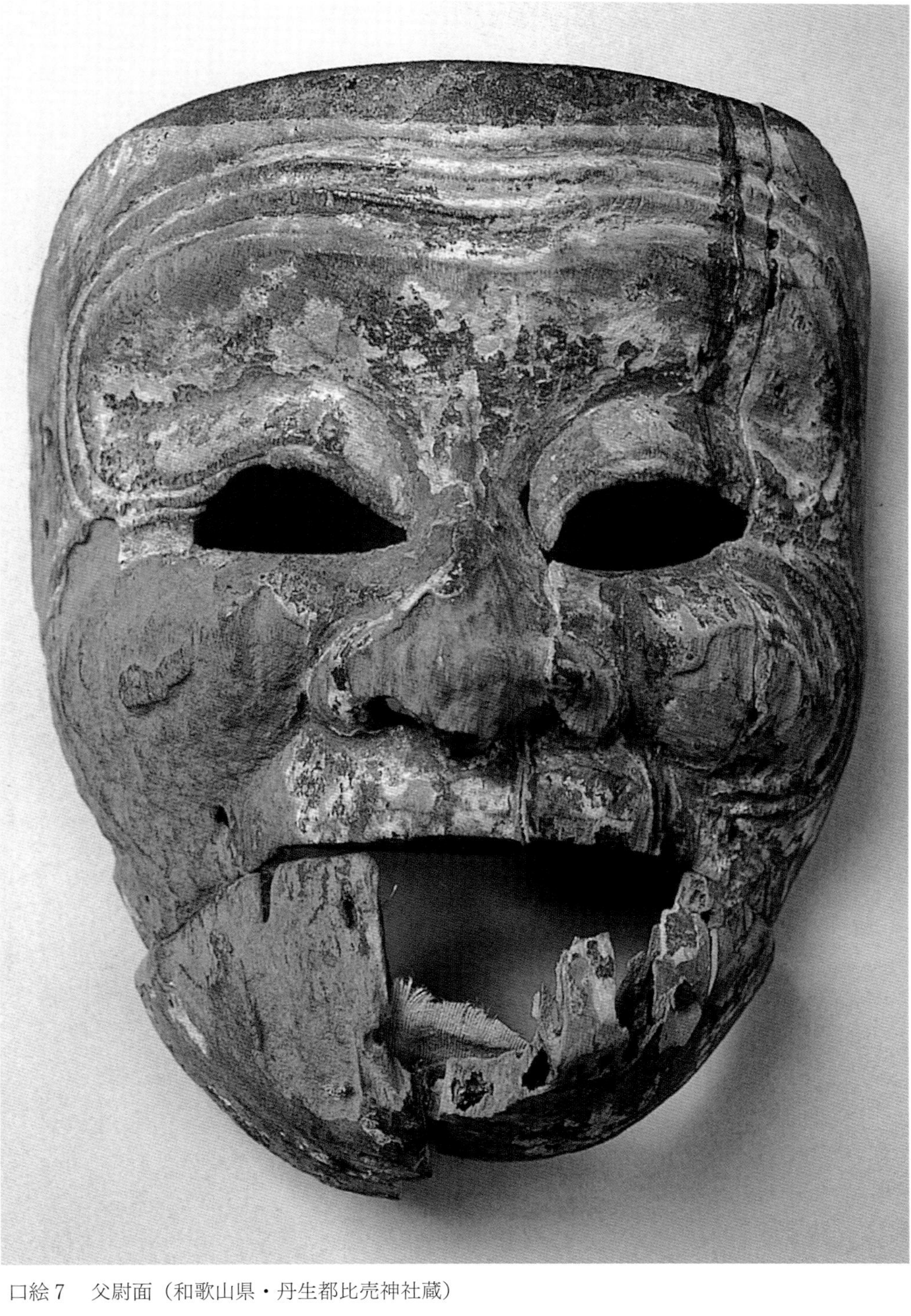

口絵7　父尉面（和歌山県・丹生都比売神社蔵）

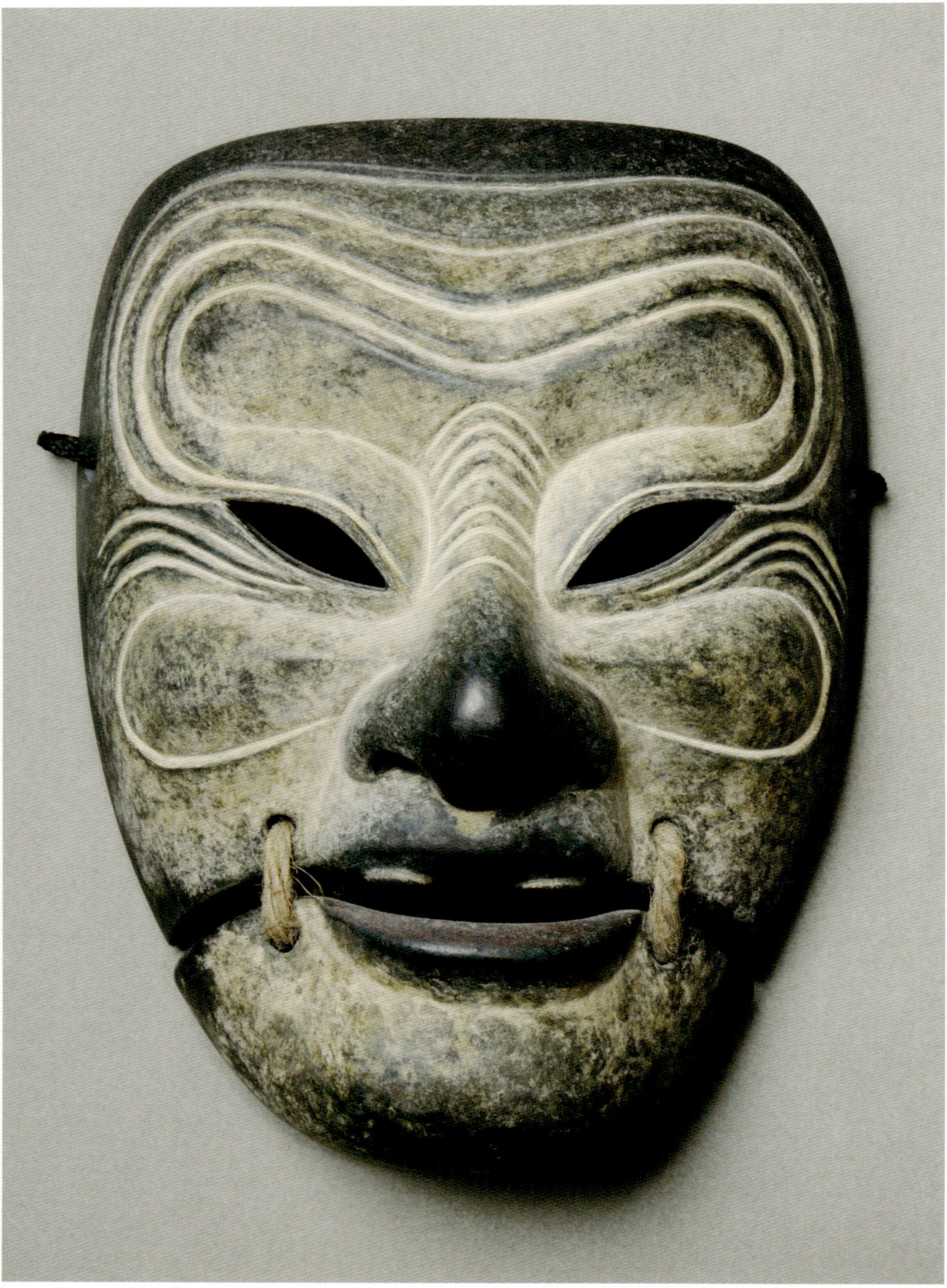

口絵 8　父尉面

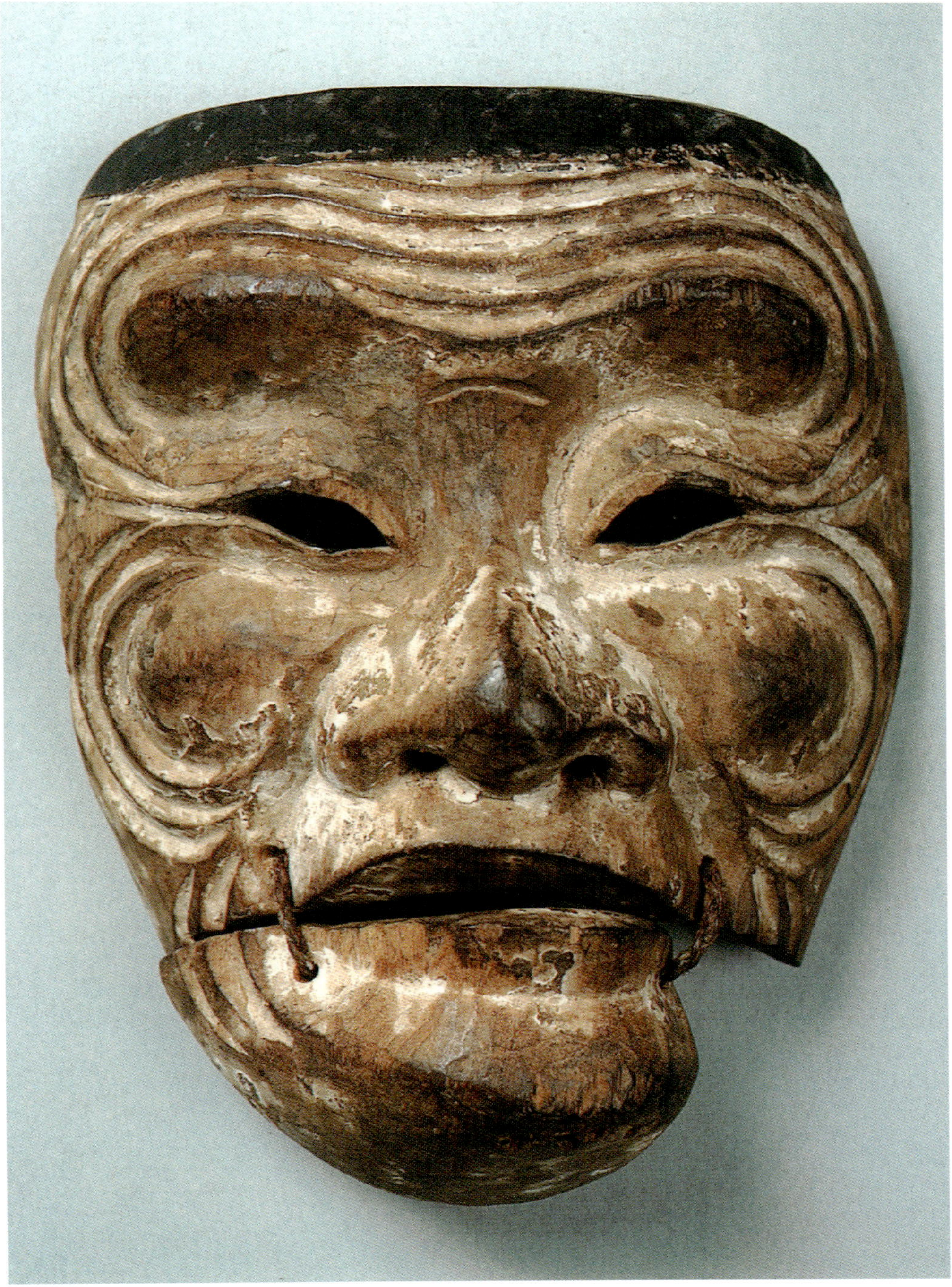

口絵 9　父尉面（和歌山県・上花園神社蔵）

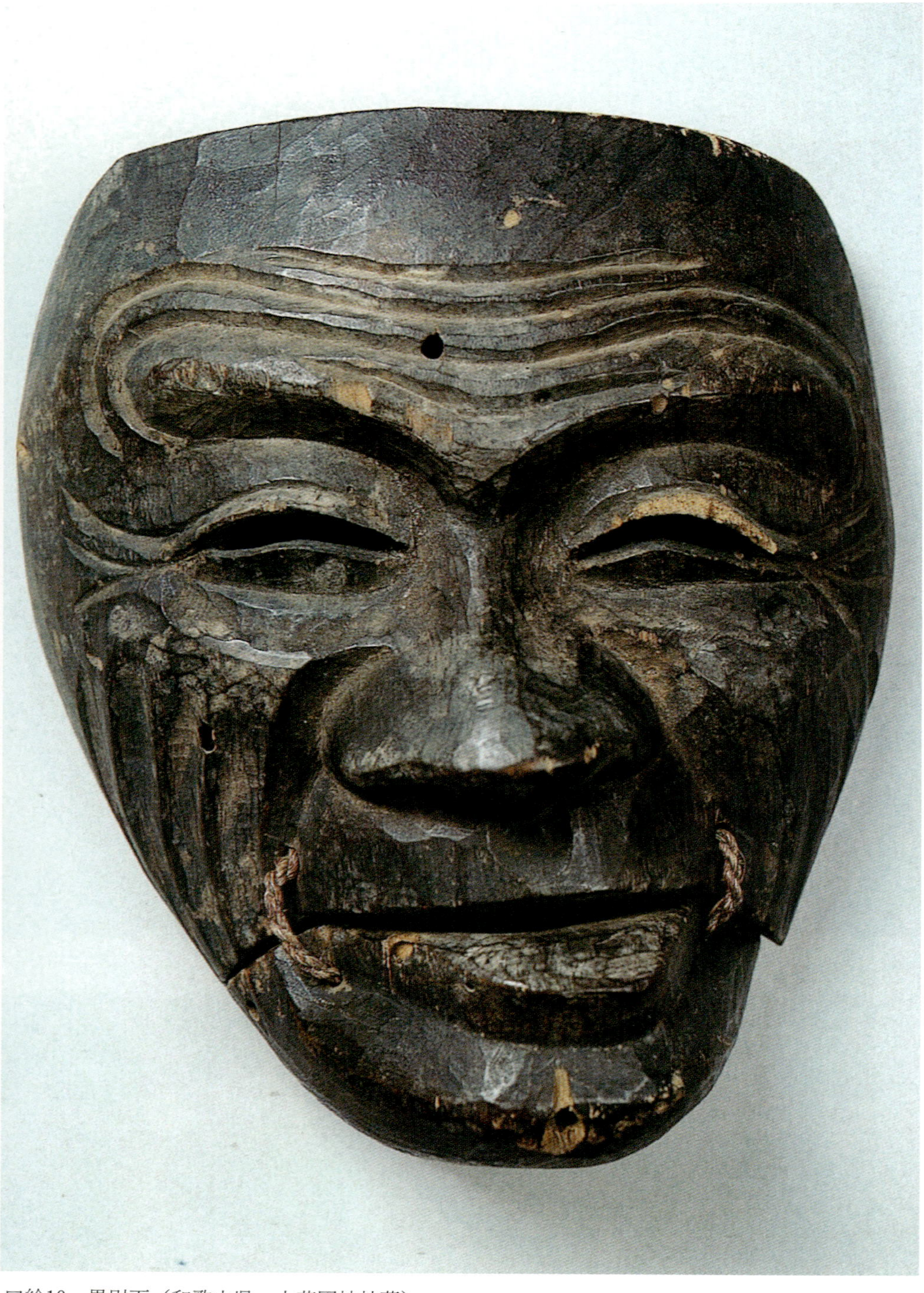

口絵10　黒尉面（和歌山県・上花園神社蔵）

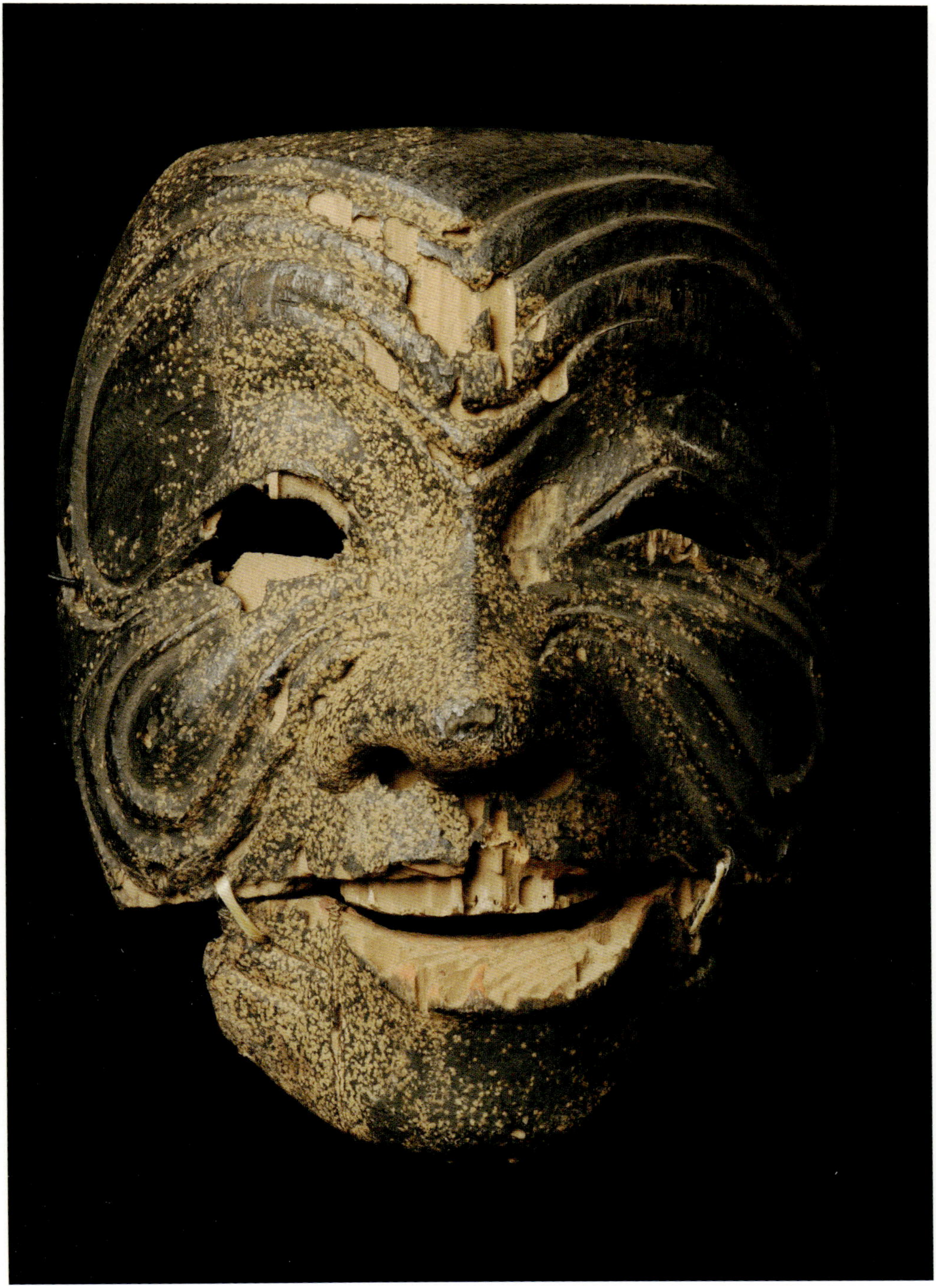

口絵11　黒い翁

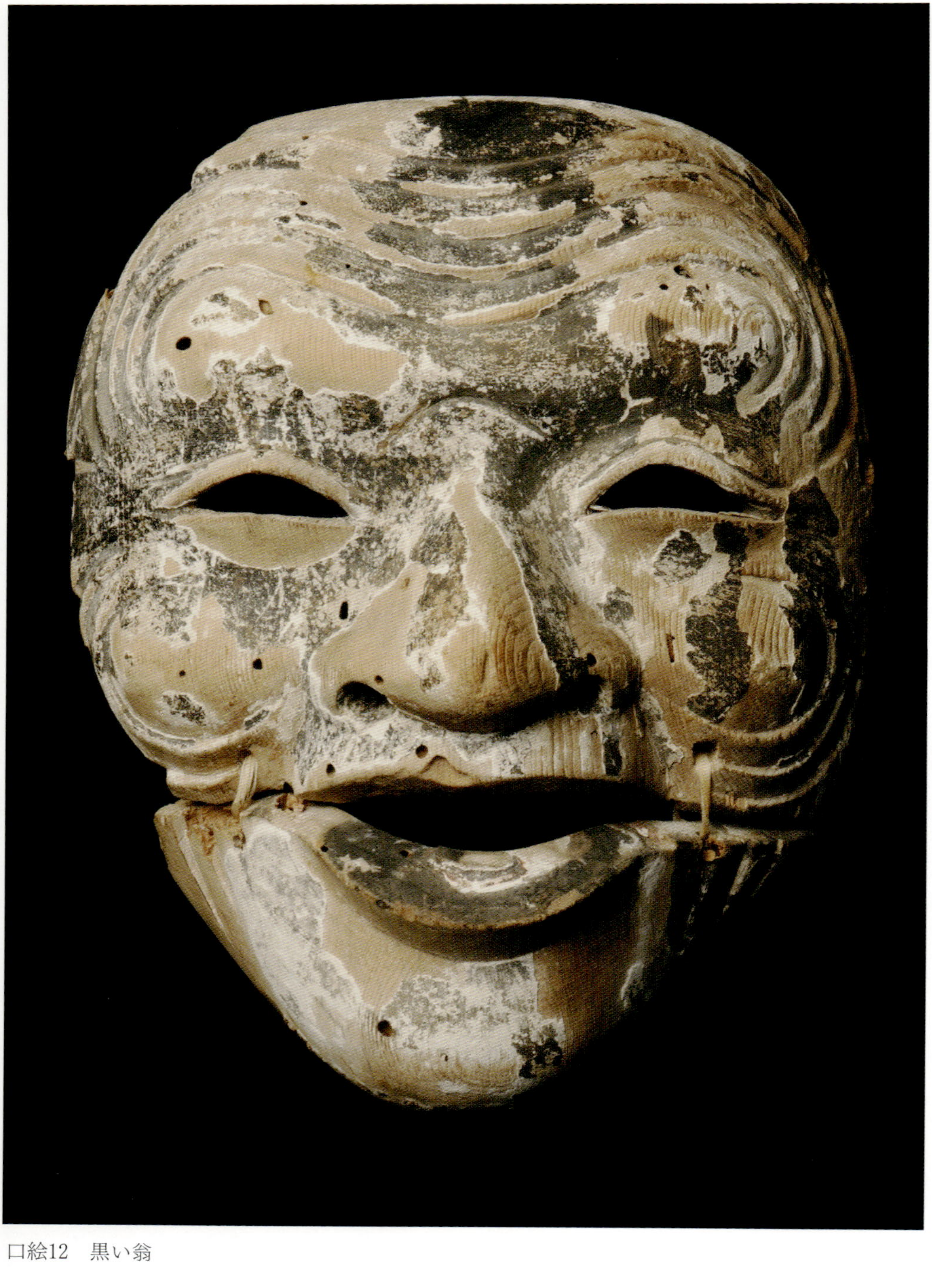

口絵12　黒い翁

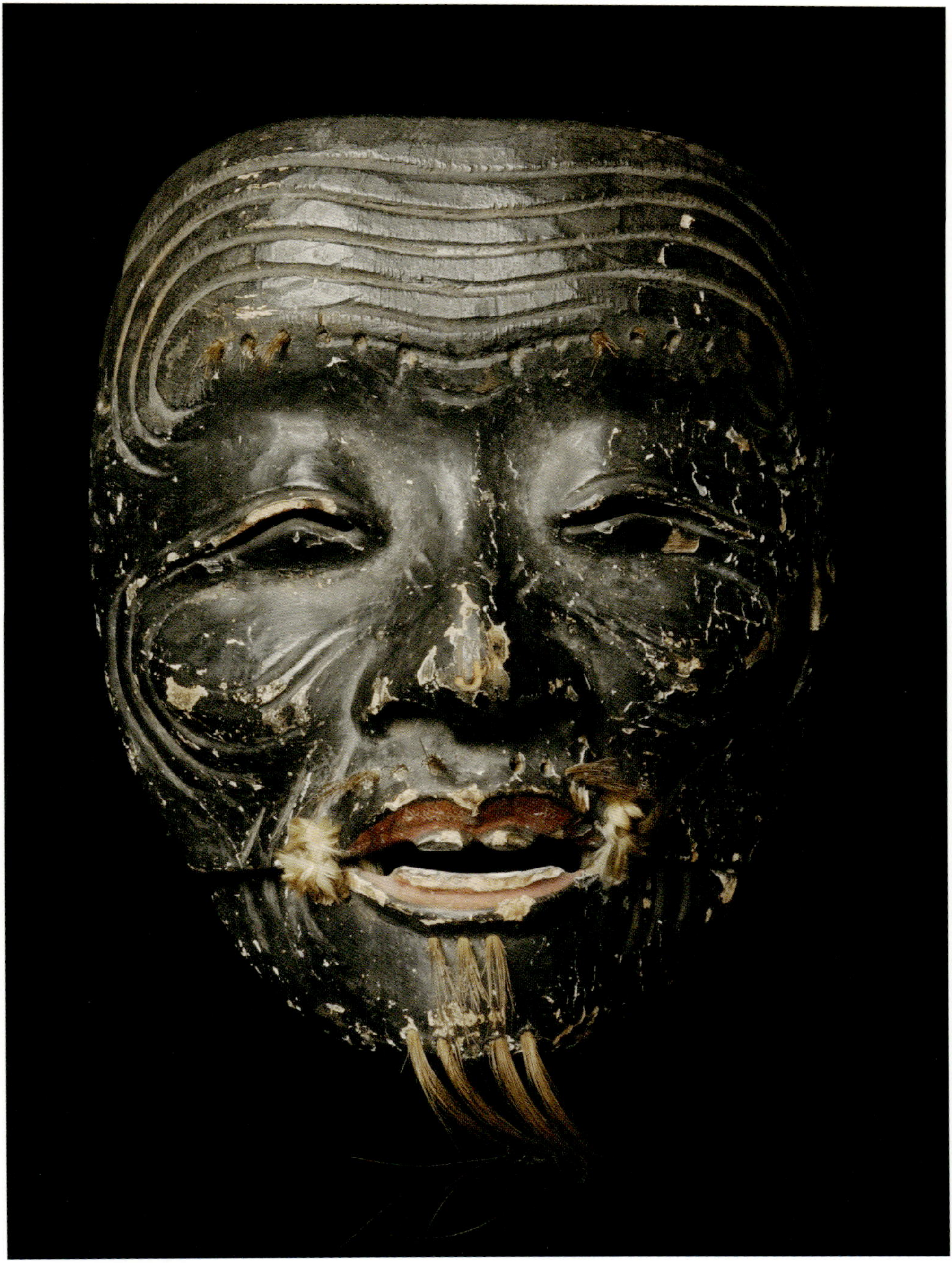

口絵13　黒い翁

口絵14　姥面

口絵15　火王（裏に天正四年〔1576〕銘）

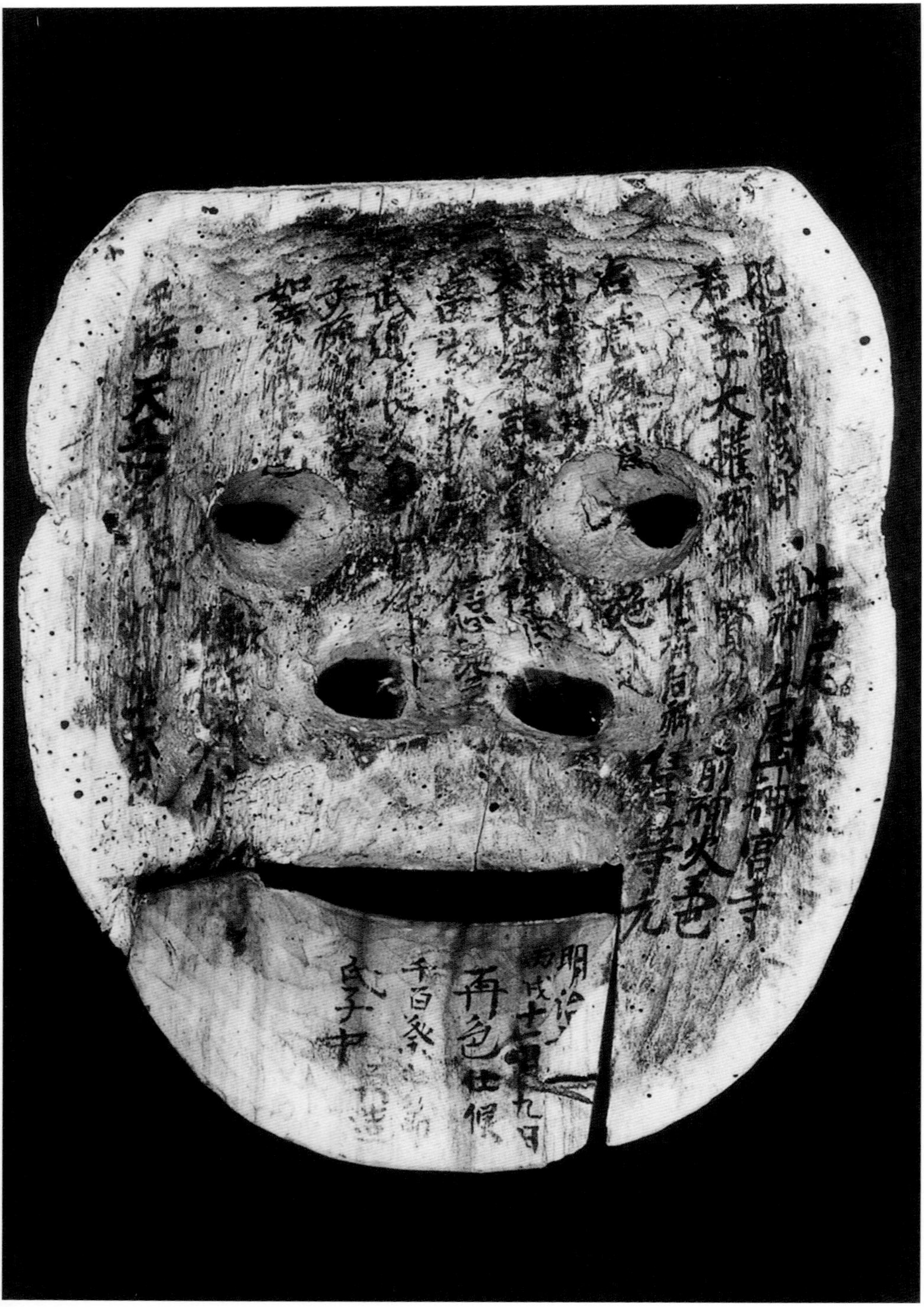

口絵16　火王（裏）

口絵17　水王

口絵18　浮立面（裏に元禄七年〔1694〕銘）

口絵19　「山の神」か（民俗仮面の原型のひとつ）

口絵20　「三番叟」面（西浦田楽）

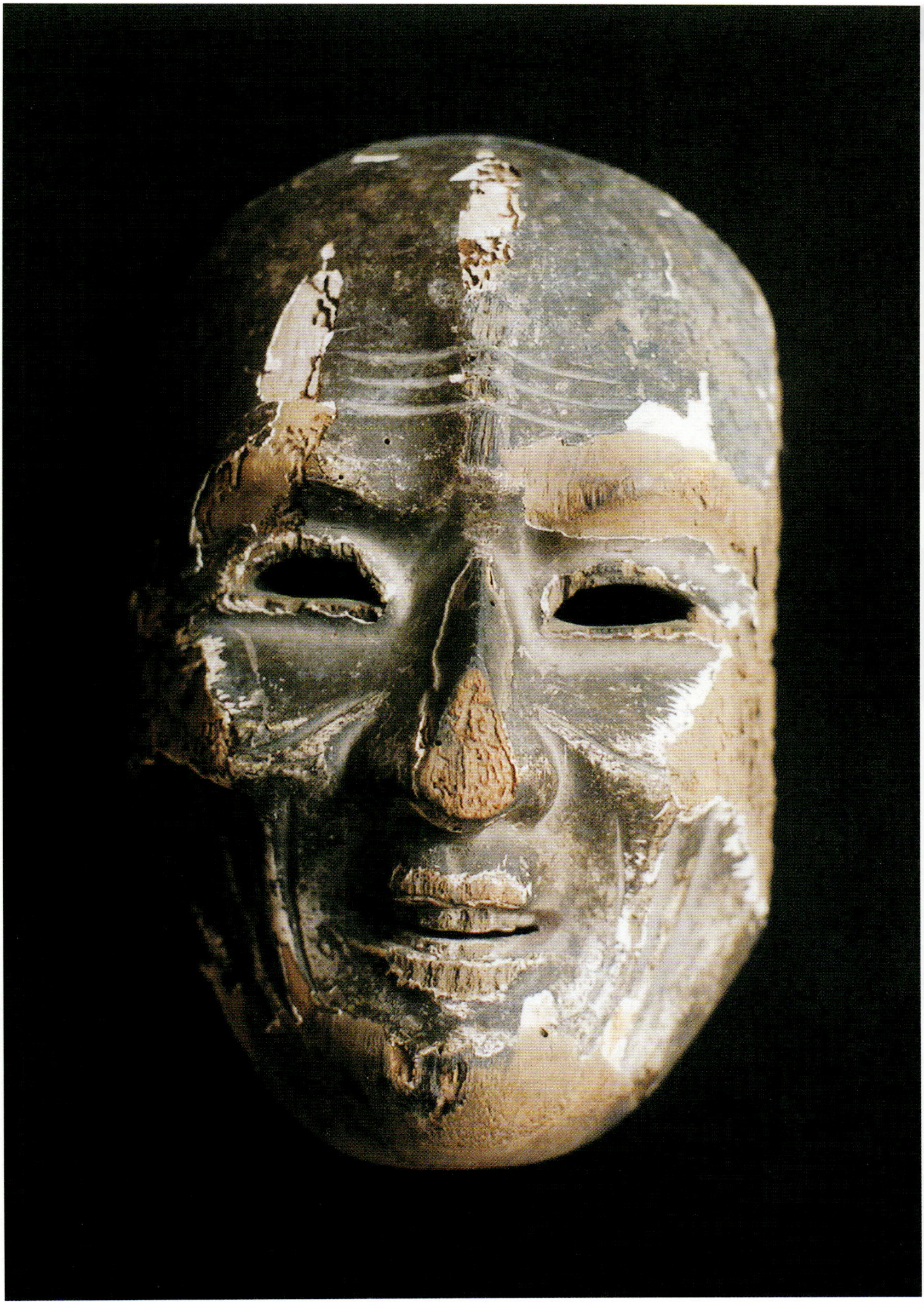

口絵21　黒い媼面（島根県安来・清水寺蔵）

口絵22　シャーマンの仮面（ネパール）

口絵23　精霊（ネパール・バラミ族）

口絵24　精霊（インドネシア）

民俗と仮面の深層へ◎目次

民俗と仮面の深層へ——乾武俊選集

I　詩人と「被差別民衆」

被差別部落の民俗伝承〔大阪〕

(1) 問題提起の視角

以前から、納得できなく思いつづけてきたことがある。具体的に述べてみよう。

もう三十年以上も前のことになる。和泉《いずみ》の被差別部落のおばあさんから聞きとりをしたことがあった。おばあさんは赤ちゃんを守りする時の歌をいくつも歌ってくれたが、聞き終えた私が感動して「おばあちゃん、このムラの〝子守歌〟やな」と言った時、おばあちゃんは、「うんそうや、〝守り子歌〟や」と答えた。私は「おや」と思った。「子守歌」と「守り子歌」は同じか、それとも別のものか、とふと思ったのである。

その疑問はすぐにとけた。私たちが通常「子守歌」と呼んできたものの中には、実は「子守歌」と「守り子歌」の二種類がある。「ねんねんころりよおころりよ、坊やはよい子だねんねしな」――これは「江戸子守歌」である。「ねんねこさっしゃりませ、ねた子のかわいさ」――これは「中国地方の子守歌」である。どちらも、今では歌曲として歌われているが、「子守歌」は、赤ちゃんを安らかに眠らせるために、おかあさん・おばあさん、あるいはそれに代わる人が、歌ってきかせる「ゆりかごの歌」である。

しかし、いわゆる「子守歌」の中には、それとはちがった歌がある。たとえば、「五木の子守歌」。「おどまかんじんかんじん、あん人たちゃよかしゅ、よかしゅよか帯よかきもん」――「私は乞食だ乞食だ、あの人たちはお金持ちだ、お金持ちの奥さんやお嬢ちゃんは、よい帯をしめよい着物を着ている」と歌っている。これは赤ちゃんを安らかに眠らせる「ゆりかごの歌」ではない。「子守」をする子ども、つまり「守り子」が、自分自身のねがいやあこがれ、あるいはかなしみを歌っている。だから「五木の子守歌」というよりも、むしろ「五木の守り子歌」と呼ぶべきではないか。

あるいは「竹田の子守歌」。「早よも行きたや、この在所こえて、むこうに見えるは親の家」――「はるかむこうに父や母や、弟や妹のいる家が見える。一日も早く年季奉公の期間があけて、つらいこの〝在所〟をこえて、あの〝親の家〟へ帰って行きたい」と歌っている。これも「竹田の守り子歌」と呼ぶべきであろう。

民俗学では当初、「子守歌」を「わらべ歌」の一種と位置づけていた。[1] しかし、たとえば、和泉の被差別部落のおばあさんが歌って聞かせてくれた「守り子歌」の中に、次のような歌がある。

〽こいよこいよとことづけばかり　まことこいならつれにこい

「恋」と「来い」とを掛けことばにしている。「恋」をことづてのことばでいうよりも、「まことの恋」なら「つれに来い」と、行動を要求している。「雨よ降れ降れ、川の水たまれ、この子流して、楽になる」(加島)という歌もある。[2] これをもし「わらべ歌」というならば、その分類はその概念になじまない。

しかも民俗学は「子守歌」を「眠らせ歌」と「遊ばせ歌」に分けてきた。「こいよこいよ」は、なおさら「眠らせ歌」でも「遊ばせ歌」でもない。「守りはずつない子にせめられて、人に楽そうに思われて」

（貝塚）――こんな歌もある。だから、ここでいう「守り子歌」は「子守歌」でなく、「労作歌」（しごと歌）の中に包括されてきたのである。[3]

「労作歌」というのは、「労働のリズムに合わせて歌うことを基本とした歌謡[4]」である。私なりにくだいていえば、「労働作業に調子をつけ、つらい仕事を楽しくし、あるいは仕事仲間とのつながりを確認し合い、その効率をあげるために歌う歌」であろう。とすれば、「ねんね念仏、あの山こえて、おかあやおとっつあんの顔みたい」（貝塚、多田恵美子採録・『部落解放研究』第十三号、一九七八年、三月）は「労作歌」（しごと歌）であろうか。この歌や、さらには貝塚に伝承されてきた「守り子歌」群（『被差別部落の民俗伝承［大阪］古老からの聞きとり』〔以下『被差別部落の民俗伝承』〕「映像資料編」参照）は、むしろ「守り子」たちが、みずからにむかって歌う「子守歌」ではないのか。

このように、被差別部落に伝承されたいわゆる「子守歌」を詳細に点検していくと、「眠らせ歌」でも「遊ばせ歌」でもない、まして「しごと歌」でもない、ふしぎな歌に数多く出会う。被差別部落の「子守歌」の大部分は、従来の「民俗学」の概念からは、はみ出してしまうものが多い。むしろ、三十年前、被差別部落のおばあさんがさりげなく私に教えてくれた、「子守歌」と「守り子歌」という分類の方が、はるかに単純明快で納まりがよい。[5]

こんなことが、従来の学説では納得できないこととして、私には起こってくる。こういうズレはなぜ出てくるのか。それは今までの学問が、仕事の形や歌われる場所のみで歌を分類し、被差別民衆の訴え（＝歌）という視点に立って学を構築しなかったからだと、私は思う。[6]

(2)「普遍」と「特徴」

一九八三年に行われた大阪府民俗調査（大阪府教育委員会）の調査項目は、当時の時点における民俗学の標準的な問題意識を具体化した設問だったと思う。本書〔『被差別部落の民俗伝承』上巻〕の巻頭「発刊にあたって」でも述べたように、私達のこの調査も、府の民俗調査に準じ、同時並行のかたちで行われた。私たちの自主的な調査にあたって、若干の手なおしをしたとはいえ、その骨子と設問の大部分は、府のそれに依拠している(7)。

そのことは調査ののち、その結果を「部落外」のそれと対比してみることができるという利点を与えてくれた。しかし、このような調査項目しか用意し得なかったのは、当時の私達の力量不足による。その証拠に、一二九項目の設問すべてを聞き終えた時、話者の方から異口同音にかえってきたのは、「それだけか。私達が聞いてほしいことは、まだほかにたくさんある。そのことは何も聞いてくれなかった」ということばであった。

聞きとり調査を終えて、そこで見えてきたことが多い。そういうことから考察を発展させていきたい。本書〔『被差別部落の民俗伝承』上巻〕の「発刊にあたって」のところでも触れられているが、聞きとり調査の結果、出てきた民俗事例の中には、①「部落外」にも普遍的に存在するものと、②「部落内」にのみきわだって存在するもの、大別してこの二種類がある。

今回の調査で明らかになったことの一つは、被差別部落に伝承されてきた民俗の、そのほとんどは「部落外」でも普遍的に存在するものであって、民俗の基盤としては、そこに「差別」の壁はない、ということである。

たとえば、正月二日の仕事始めを、浅香では「鍬入れ」と言い、杉原・出野《しゅつの》では「コエモチ」と呼んでいる。共に「農耕」の仕事始めである。さらに興味深いのは、和泉の「年占《としうら》」である。雑煮を炊いた青豆の枝を、へっついの前に並べ、その白黒によって一年間の天候を占う。野間口《のまぐち》でもよく似た事例が聞きとられている。ただし、これは節分の豆による年占であるが、野間口と同じ能勢地方の地黄《じおう》や出野では、節分のことを「神さん正月」とも呼んでいるから、やはり正月の「年占」なのである。正月といい、能勢といえば、注目すべきは野間口で正月四日に行われた「ホナゴシバ」の習俗である。山に入り、六尺ほどの長い柴を切ってきて、「サナブリ」の時に、この柴でおはぎを作る習俗であるが、この「ホナゴ」は「ホナガ」（穂長）の意味であろうと、『歳時習俗語彙』（柳田國男編）では言っている。田植えをすませた時、田の神を送る「サナブリ」も、府北部の「部落」ではかなり広範に聞きとれた（北芝など）が、これらはいずれも「農耕」にかかわる行事であり、「部落外」にも普遍的に存在したものである。

「農耕」にかかわる行事については、稲の刈り上げののちに行われる「亥《い》の子」の行事についても、河内を除く摂津（能勢地方）・大阪市・泉州などで広範な事例が聞きとられていて、とくに能勢地方の「亥の子」は、現在も子ども達の間でいきいきと伝承されている。

府下の被差別部落のほとんどは、「大正」のころはなお「農業」的立地条件の場所に位置していたが、「農業」からは疎外されていた。「出作」「小作」「日雇」などのかたちでしか「農業」にかかわれなかった人が多い。にもかかわらず、このように稲作農耕に関する行事が豊富にあるのは、農耕民俗文化の「被差別部落への浸透」、もしくは部落の「農耕文化へのあこがれ」と見てよいのか、あるいは部落差別という「差別・被差別の関係」が固定し、差別の「境界意識」がムラとムラを遮断する以前の、「民俗を支える基層心意の残存」に由来するのか、にわかには判定しにくい問題ではあるが、私はむしろ後者に比重を置いて考えたい[8]。

「普遍的に存在するもの」に対して、「部落内にのみきわだって存在する」民俗事例は、図式的にいえば、さらに二つの種類に分けられるであろう。すなわち、①「差別のしわよせ」として現われるもの、②部落の民衆が「自発的・創造的に生み出したもの」の二つである。前者は受動的、後者は能動的なものとして分類される。

しかし、実際に聞きとりされた事例を検討してみると、このような分類は無意味であることに気づく。つまり、「差別のしわよせ」が、即「人間のかがやき」として、「民俗文化」のかたちで現われることに感動し、そこから多くを学ぶのである。それは、いま、私たちが見失おうとしている「文化」や「人間」の、復権の手がかりとして立ち現われることが多い。

このことは章をあらためて、のちに考えることにするが、「農耕」を基盤に普遍的に現われるといっても、子細に点検すれば微妙なズレがあり、「ズレ」を通りこして「かがやき」として現われることも多い。ここではその「農耕」に関して、片鱗を見ておくことにする。

和泉の西岡仙治さんが歌って聞かせてくれた「田植え歌」がある。「この田にはよ、水はゆらゆら、米なら五斗五升、五斗五升、五斗五升てよ、五石五斗五升、五石と五斗五升よ、五斗五升」と歌う（拙著『伝承文化と同和教育』、明石書店、一九八八年）。貝塚では八石になる（『被差別部落の民俗伝承』下巻、二二八頁）。類似の田植え歌が和泉部落に隣接する泉大津市千原で採録されていて、そこでは「八石となんぼ八石、十八石のことかよ」と歌われていた。

「部落の田」は「やせた田」であったから、収穫は少ない。それは「差別のしわよせ」である。収穫への

千原の田植え歌

伝承　福西政一
採譜　大堀　環

南王子の田植え歌

伝承　西口はな
採譜　橘由美子

図1・図2　ここには、本文中の西岡仙治さんの伝承とは別に、和泉（南王子）の西口はなさん（1895年生）が歌ってくれた「田植え歌」と、千原の福西政一さん（1901年生）から聞きとった「田植え歌」とを対比してみました。どちらが元歌であるかの決定は困難ですが、双方の類似と差異を考察してみてください。

図3　ミノクサ

ねがいは量的にも「圧縮」される。「圧縮」は「かがやき」を焦点化させる。それが、中辻コスミさんの歌ってくれた別の田植え歌——「ひよひよと鳴くはひよどり、鳴かぬは池のおしどり」に凝縮し、西岡仙治さんが歌ってくれた「田刈り歌」の絶唱に結晶する。しかも西岡さんは「収穫の歌」を「よろこびの歌」でなく、「さぶしくなってくる歌」としてさぶしく歌っているのである（『被差別部落の民俗伝承』「映像資料編」参照）。

「食文化」の面で、傍証しておきたい。「正月きたら何うれし、雪みたいなママ食べて……」と歌ったのは、下瓦屋《しもがわらや》の古老である。「ミノクサご飯」が主食の一つでもあった浅香（大阪市）や寝屋川（河内）、「ヒヨロめし」の樫井（泉州）では、正月のハレの日の主食は「白い米の飯」である。赤飯を炊くのは、「タチビ」（赤ちゃんが生まれて、六日あるいは七日目の祝い）と「法事」の日である（道祖本《さいのもと》）。ほかに春日や地黄でも、「タチビ」の赤飯について語っている。

「タチビ」と「法事」の儀礼は、「生」と「死」、あるいは「死の世界」のなかでの境界儀礼である。生児の誕生は、「死」の世界から「生」の世界への転生と考えられており、「タチビ」は「生の世界」に仲間入りする確認の日であった。「法事」もまた、一周忌、三回忌、七回忌……と、境界をこえて、しだいに「神」に近づいていく。

赤飯は、「旋行《せんぎょう》」や「麻疹《はしか》送り」「疱瘡《ほうそう》送り」などにも現われる。子どもたちが「提灯持って（浪速《なにわ》）、二月の寒い時に（住吉）、せんぎょせんぎょいうて、淀川の堤（生江《いくえ》）を回った。それが「旋行」である。きつねに供して回るのである。「旋行」も「疱瘡送り」も、「境界の祭り」である。だから、それは「堤防」や「辻々」で行われた。一見「普遍的」に見えて、例えば「堤防を回る」というふうに、微妙な「ズレ」を示す。その「ズレ」に、民俗の古層がかがやいている。

(3)「ムラ」の構造

このような民俗文化を生み出した「ムラ」は、どのような構造をもっていたのか。そのことについて知りたいのであるが、私達の十年前のこの調査のいちばんの弱点、最大の欠落点は、この「村落構造」についての聞きとりがなされていないことである。ということは、同時並行で行われた大阪府民俗調査の弱点でもある。

ムラにどのような「階層」があり、どのような人がムラを動かしていたか。いわゆるムラの「長」は、ムラの産業構造とどのように結びついていたか。ムラの通婚関係はどのようで、そこで男性と女性はそれぞれどのような位置にあったか。ムラからはじき出される人はいたか。そういうことが、民俗を生みだす母体として、まず明らかにされねばならないことであるが、いわゆる「民俗学」の大勢は並列項目主義であったから、そうした構造的設問は用意されていなかった。(9)

まずムラうちの、各階層の、たとえばA・B・C・D・Eという五人の人を抽出してみる。その五人の人の系譜を遡《さかのぼ》っていく。その父は、そして母は、そのまた父母は、というふうに仮に五代をさかのぼり、その各代の「しごと」と「寿命」、何で死んだか、「居住の場所」、「妻はどこから、どのような手順で縁づいてきたか」――そのことを調べるだけでも、「ムラ」の構造は、かなり明らかになってくると思う。

それはプライバシーにかかわることであり、まして部落の場合、現在でもなお「語りたくないこと」は多いが、それが「人間解放」をすすめる学の深化のために役立つことであれば、よろこんで協力してくれる五人ぐらいの人はすぐにもいると思う。そうした力を内在しながら、しかも十年前の私達は、そのような調査方法にも思いいたらなかった。

聞きとりに入った時、かつて何らかの意味でムラの「長」だった人が話者として出てくるムラ、男女が複数で集まっても、男ばかりが話して女は沈黙しているムラ、逆に女が発言して男を沈黙させてしまうムラ、男女の会話が楽しげに行き交い、なかにはお互いに応酬やからかいの飛びかうムラ、それぞれのかたちが、それぞれのムラの位相を現わしている。

しかし、たまたまそこに現われた話者の階層や体験によって、聞きとったことが、ただちにそのムラの民俗であるとは、かならずしも言いきれないことがある。ちがった階層、ちがった体験の人が話者として出てくれれば、当然ちがった民俗が聞きとれたということである。一つのムラで、階層別・性別の話者十名ほどを選び、明確な問題意識と周到な聞きとり技術をもって臨めば、より客観的な調査結果が得られようが、短期間に府下の全部落の聞きとりを一律に実施した、この調査の限界は明らかである。

以上の弱点にもかかわらず、「ムラの構造」の一側面として見えてきたことはいくつかある。「寺」がムラの中心であったこと。若衆組（青年団）が、ムラでは強い力を持っていたこと。この二つは、見すごすことのできない側面と思う。若衆組について見る時、娘組（組屋）との関係を度外視しては考えられない。そこからムラの独自の婚姻形態が生まれてくる。順を追って述べてみる。

「寺」が「ムラ」のなかで占める民俗的意味についてはのちに述べるが、寺の報恩講(10)の日に、ムラの決めごとをした部落は多い。つまり「寺のホンコ（報恩講）」が、ムラの行事や役員を決める時であった。「寺」はムラの「集会所」であり、「ホンコさん」はムラの「議会」でもあった。

たとえば中城《なかんじょ》では、「何をするにもお寺に集まった。ムラの有力な人、むかしはアトミいうた。このムラは、そういうことに熱心なムラやった。ムラカンジョウいうて、年に一回みんな出す。ムラナカで等級があって、一等、二等、三等まで、いろんな掛け金も、この等級によって出した」――「アトミ」も「ムラカンジョウ」も、すべて「寺」で決めた。(11) 聞きとりの現場に立ち会わなければ、ことばにならない言外の気持ちは伝わってこないかもしれないが、「そういうこと」というのは、「寺の信仰」と「ムラの運営」と、その双方を、一つのこととして指すのである。そして、ムラの報恩講の最終日、十月二十五日は「青年達の報恩講」――この時が青年会の入退会式をかねていた。つまりは「成人通過儀礼」も「お寺」で行われたということになる。

寺の集まりの場で決められた「ムラの役員」と「青年の役員」の間には、密接なつながりがあった。「青年（若中）」は、ほとんどのムラで、そのムラの警備や風紀、あるいは道普請《みちふしん》などを受け持っている。

しかし複雑なのは、ムラの「長」というべき人も、寺で決められた「役員」以外にも別個にあったように思われる。ムラには、経済的（産業構造的）・人格的に、「長」とは名のらなくても、実質的にはさまざまな「長」があった。そのそれぞれは微妙なズレを持っていて、かならずしも同一人であるとは限らない。そのどこにムラ人達が、あるいは若中が、どのようなかたちでつながっていたか、それを解きあかすことは「部落の村落構造」を明らかにすることにもなるが、それは「ムラ」「ムラ」によって微妙にちがうのである。しかし、「長」が一つではなく、さまざまな位相の「長」として併存しており、それらが相互補完的な意味あいで、構造的につながりあっていたところに、むしろ「部落」の知恵があり、「ムラ」の安全が保障されていたとも言える。しかし、この解明は今後の課題であって、今のところ私達の力には余る。

(4)　中心としての「寺」

ふつう、一年の最大の「ハレの日」を、「盆」と「正月」、そして「祭り」という。その三大ハレの日――「正月」「盆」「祭り」に対応するのが、部落では「お七夜」「盆踊り」「報恩講」であるといってもよい。

「盆踊り」については、泉州を中心に本書の下巻でくわしく記す。

「お七夜」と「報恩講」は寺の行事である。大阪府下の被差別部落は、すべて浄土真宗門徒であるから、親鸞上人を開祖と仰ぐ。その親鸞の命日をしのび、その遺徳をしたう行事が「お七夜」であり、「報恩講」である。[12]

正月の報恩講（お七夜）は、文字どおり七日間つづき、ムラ人達は寺に詣《まい》った。杉原ではその冒頭の日、地黄ではその最終の日の報恩講を、青年がつとめた。豊中では、最後の日の十四日を「ヨウネンコ」といい、お寺で夜を明かしたのは「年の夜」[13]の名残であろう。鳴滝《なるたき》にも「ヨウネンコ」の伝承が聞きとられていて（『被差別部落の民俗伝承』下巻、三四一頁）、これは十二月三十一日の夜である。

柳田國男編『歳時習俗語彙』には「水の恩を送る為に主婦だけは大年《おおとし》の夜は徹夜するものだといふ処が泉州にもあるが、土地によっては小児も無理に遅くまで起して置く」とあって、「河内摂津播磨の各地で、不寝講の語が、正月十四日の晩に用いられて居る」ことを指摘している。豊能《とよの》郡で、左義長（トンド）の前夜、子ども達が太鼓を叩いてまわる「ヨーネンコ、ヨーネンコ、こんにゃくたいてヨーネンコ」の歌も採録されている。正月十四日は、新しい年（小正月）の到来する前の夜である。いずれにしても、終夜起きて来訪する神を迎える民俗の古層が、「寺」の行事に重なっていて興味深い。

　秋の「報恩講」も、「田の刈り上げ祭」の季節と重なっていて興味深いが、ここではくわしくは触れない。

　「寺」がムラの中心であることは、他のさまざまな場面にも現われる。ムラ風呂が沸いた場合、一番湯は寺の住職というムラ、住吉では旧の一月二十六日に寺に集まってする「星見」ともいうべき習俗があった（『被差別部落の民俗伝承』上巻、四八一頁）。蛍池《ほたるがいけ》では、非常の時は寺にある火の見やぐらの半鐘が鳴らされた。正月の行事を見ても、初詣は「寺」へ行くムラが多い。堺などでは大晦日《おおみそか》の夜は、夜どおし寺にこもって太鼓をたたく。野間口では、正月の朝はまず寺に詣でてから妙見さんに行く。杉原では大晦日、正月準備に山へ樒《しきび》を切りに行き、中城では鏡餅をまずお寺に供えに行く。そして正月三が日は、毎日午前午後それぞれ一回ずつ、つごう六回寺にまいる。

　人の一生の通過儀礼をみても、生児が生まれて一カ月ほど、忌みあけののち氏子の仲間入りとして行われる「宮参り」に代わって、「寺参り」をした部落は多い。これらの習俗は、「寺」への信仰の深さを現わすが、同時に「氏神」からの疎外と裏腹になっていることも多い。石段脇の「不浄道」まで（『被差別部落の民俗伝承』上巻、二五三頁）、鳥居横の「ダンジリ山」まで（『被差別部落の民俗伝承』下巻、三四五頁）、そこから先の神域へは立入禁止という事例は多い。部落の太鼓・ダンジリは排除され、御輿《みこし》を舁《か》くことはもちろんできなかった。宮さんの費用を免除されたムラ、逆に八つの氏子ムラのうち一村で祭り費用の半分近くを負担したムラ、狛犬《こまいぬ》を奉納して仲間入りをゆるされたムラ、御輿の通る道の清掃《きよめ》をし、あるいは的《まと》射《い》行事の皮の的《まと》を作ったムラ、いろいろと伝承は多い。島本の小烏《おがらす》神社の的射行事も興味深い伝承である

(『被差別部落の民俗伝承』上巻、二七〇頁)。

氏神祭りからの排除にもかかわらず、浪速の「ふとん太鼓」、矢田の「ダイガク」、住吉の「ユ」の神事への参加などは、特筆すべき伝承である。出野や地黄では、水平社の力によって、一九二〇年代にようやく祭りへの参加が実現している。それで御輿をかつぐことができるようになるのは「昭和」に入ってからである。

泥田にのめりこんだ「だんじり」が、駒池の人びとによって初めて引き上げられた話(寝屋川)、このムラの人が行くと「みこし」がこちらに寄ってくるという話(淡輪《たんのわ》)、安徳天皇の陵墓と結びついた聖地伝説(出野)はいっそう悲しいが、疎外への代償反応としてこんな話が出てくる一方で、神社から疎外されたその分だけ、より多く寺の信仰に傾斜していったことも考えられる。

そんな寺への信仰とは別に、一見その傍流のようにして、二歩も三歩も下がりながら、ひそかにムラの極貧層のなかに入っていった宗教者がいる。「ヒデやん、ヒデやん、説経のヒデやん」とムラ人達から親しまれながら、一方では「乞食坊主」と呼ばれていた。和泉の逵《つじ》田良善である。『ダバンダブ、ダバンダブ』と、道歩きながらも、いっしゅく(しょっちゅう)言うてた」(和泉)。説経を語りながら、ムラを離れて津々浦々をも歩いた。いわば、「さすらいの芸能びと」の最後の人でもある(『被差別部落の民俗伝承』下巻、三八一頁)。晩年、本願寺の許状を受けてから芸の内容を変えていくが、被差別部落独自のかがやきともいうべきこの人の軌跡については、近く別の出版で深究することにする。地蔵信仰のことも書きたいが、別の機会にゆずる。被差別部落は真宗信仰地帯で、学説では俗信の少ないところと言われている。にもかかわらず、「ケガレ」にまつわる禁忌《タブー》や、災厄を追いやるための呪《まじな》いは多く聞きとることができた。摂津地域の総説でも書いているが、とくに子どもを病いから守ろうとする呪いは豊富である。医療や教育から疎外されてもなお、なおさらに命にかける願いは深かったことがわかる。

(5)「若衆」と「娘達」

摂津、河内、和泉、そして大阪市。どの地域の聞きとりでも共通して現われてくるものに、娘達の仕事集団がある。数人あるいは十数人の娘達が、組親の家に集まって、オモテ作り・草履作りやブラシ植えなどの仕事をしている。「組屋」「クミアイ（高槻）」などと呼んでいたが、夜になると若い衆が遊びにきた。若衆たちは三味線《しゃみせん》をひき、娘達の気をひくために歌をうたいあう。そのことを和泉では「バッタリ」と言った。この若衆達と娘達との交流が母体になって、「ハルゴト」の芝居見物あるいは山遊びを生んだ。若衆達が「自立座」のマス席を買って、娘達が弁当をつくる。にぎりめしの中に、塩いっぱい入れたり、とうがらし入れたり、若衆を困らせる。しかし、意中の人にはもっとも丹精こめたご馳走をさりげなく渡したと、和泉の古老達は楽しそうに語る。[14]若衆の歌につれて、娘達も当然歌ったであろうから、若衆達から目をつけられていた娘は、盆踊りの時、櫓《やぐら》にひっぱり上げられる。「さんや」と呼ばれる泉州独自の盆踊りの音頭は、娘がとるものであった。

盆踊りに関するかぎり、その中心になったのは、ムラの支配層ではなく、若衆達と娘達である。和泉の場合、近世をつうじて、庄屋が支出したムラの年間行事のための出費記録を『奥田家文書』で見ても、盆踊りに関する支出は皆無である。[15]現在にいたるまで盆踊りの広場になっている「カラ池」を、「昭和」七年に隣村から買ったのも、ムラの支配層でなく、当時の青年団であった。

ムラなかでの、若衆達の力は強かった。しかも、ムラの娘達は、ムラの若衆達とは切り離せない存在であった。下瓦屋《しもがわらや》では、娘のことを「ゲンサイ」と言ったという。「ゲンサイ」ということばには、各地さまざまな意味があって、島根県では結婚してもなおある期間、「生家にとどまっている妻」のことを言ったという。愛媛県や奈良県では「情婦」、兵庫県では「関係ある女」、広島県因島では「妾」のことを「ゲイサイ」と言うとある（『綜合日本民俗語彙』、平凡社、一九五五年）。いずれにしても、放ち得ない、自分の心身の一部のような女性のことである。ムラの娘達は、ムラの若衆達にとって、そうした存在であった。

そういう視点から、たとえば今回の私達の聞きとりで採録した「ヨメミ」ということばなども点検してみる。

「ヨメミ」ということばは、豊中・北芝で採録された（『被差別部落の民俗伝承』上巻、一八四頁）。蛇草《はぐさ》でも「ニョンミ」ということばが採録されている（『被差別部落の民俗伝承』下巻、一二七頁）。いずれも女性からの聞きとりであることが、まず興味深い。一九一七年や一三年生まれの女性の語りであるから、一九四〇（昭和十五）年のころまでは、なお存在した習俗であろう。

豊中の古老の語りを引用すれば、「嫁を探しに他の村の人はよう入ってこんかった。こわいもん。なぐられるもん。知らん者が入ってくると、あいつどこの奴といわれた」とあって、「よその村からヨメミにくるのはかまわない。こっちからよそにヨメミに行く時は、まず親、親戚に行って、親戚の人について行ってもらう」と続く。

前段の語りから後段の語りへの、この移行・飛躍は微妙である。娘達はムラの若衆達とは切り離せない。だから他村の若者は「よう入ってこんかった」。しかし、「ヨメミ」はかまわないと言う。この場合、ヨメミに行くのは、親であるのか親戚の者であるのか、若者自身であるのか、そのことがよくわからない。聞き手が不勉強だから、不完全な聞きとりばかりしている。こちらから行く時は、当人の「親が親戚へ行って、親戚の人について行ってもらう」ということであろう。この「親戚」は先方のムラ、つまり娘のいるムラに存在する親戚であろう。とすれば、今回の「ヨメミ」以前に、すでに若衆方のムラと娘方のムラとの間には、別の婚姻が成立していたことになる。この二つのムラは、双方ともに、おそらくは被差別部落であろう。つまり、被差別部落どうしの「ヨメミ」であろうか。「部落どうし」の間には、お互いに「ムラうち」の延長のような感覚があったのかもしれない。

ふたたび『綜合日本民俗語彙』を見る。「新潟県北魚沼郡では、婚礼後三日目ぐらいに、村の主婦や年寄りの女たちを招いて祝膳を出すのを嫁見と呼んでいる」とあり、「婚礼当日は、嫁入り行列の人力車の梶棒をおさえて、幌の下から嫁の顔をのぞきこんでも別に失礼とはされなかった土地もあり、祝言の庭の障子を撤して誰でも見放題、勝手な批評を聞こえよがしにするのを、当たりまえとしている地方もあった。嫁は要するに見せなければならぬものであった」とある。

私たちが聞きとった三つの「ヨメミ」（あるいは「ニョンミ」）の事例とは、まるで意味がちがう。「村境」をこえた「ヨメミ」である。この場合の「ヨメミ」も「組屋」の場で行われたのであろうか。『何か男の人来てやったけど、何しに来はったんや』いうて親方にたずねたら、『ちょっとうちのブラシ見に来はってん』言わはって、おかしいなおもてたら、話まとまってから、『あの時見に来はった人や』言われたりしますねん。『ニョンミ』いいました」――これが蛇草《はぐさ》の古老の語りである。とすれば、大阪府の被差別部落独自の民俗語彙と考えてよいのであろうか。

ここでいう「ヨメミ」は、一般にいう「見合い」ともちがう。「見合い」は「家」と「家」が立ち会ってする男女の品さだめであるが、もし「ヨメミ」が親類縁者を介することなく、若衆とじかに行われるとすれば、それは「ヨバイ」の感覚にかなり近い。そういうことは、盆踊りの夜などには、頻繁にあったことと思う。「部落外」も含めて、他村からの男性の「ヨメミ」が多かったのではないかと推測される。これを語る話者が女性ばかりであることも、そのことを言外におわせているように思う。「ヨバイ」の場合は、男性の手柄話として語られることが多い。それをしも「ヨメミ」と呼んだかどうかはおいて、こうした事例は、赤松啓介がその幾冊かの著書の中で豊富にあげている。このような習俗をも「ヨメミ」と呼べば、広義の「ヨメミ」は、ムラうちであると、村外からであるとを問わず、当人どうしの自由選択に任された愛の実現ということになる。和泉のおばあちゃんは「百人ほどに断わり言うた」「あの時受けといたらよかった。十人ほどに」と豪放に言い放っている（『被差別部落の民俗伝承』「映像資料編」オモテづくり参照）。

それにしても今回の聞きとりのなかで、「ヨバイ」の習俗にまったく出会わなかったのはふしぎである。「ヨバイ」は兵庫県・奈良県・和歌山県に広く分布し、とくに兵庫県での赤松の採録は詳細をきわめている。赤松によれば河内地域などにも、さまざまなバリエーションで広範に存在したようであるが、私たちの聞きとりでは「ヨバイ」の事例は出てこなかった。六畳一間・六畳と三畳に多人数の家族というような住環境によるのか、あるいは赤松が書いているように「江戸時代から明治前半へかけて、農村では夜這いが普通であった」（『民謡・猥歌の民俗学』、明石書店、一九九四年）から、私達が聞きとりの対象とした「大正」期にはすでにその習俗は消えていたのか、それとも、私達が基準とした「民俗学」の調査意識からその習俗がもれていたのか、それは今のところ決めがたい。

しかし、私達の仲間である松原右樹は貝塚市の山間部木積《こつみ》で「ヨバイ」の習俗を採録しているし、私も和歌山県紀の川筋の山間部の事例を聞きとっている。そんなに早く消滅した習俗とは思えない。しかし、一般の「民俗学」では、こうした大事な聞きとりがないから、たとえば『大阪府民俗地図』（大阪府教育委員会、一九八三年）でも、「部落外」での存否を確かめることもできない。

被差別部落に、もし「ヨバイ」の習俗がなかったとすれば、考えられる理由の一つは、ムラ社会を呪縛していた醇風《じゅんぷう》美俗運動などにともなう倫理観も大きく作用しているかもしれない。[16]せまい家、隣家にむかって開かれた「窓」なども一因とも考えられようが、しかし「せまい家」「ひらかれた窓」であっても、「ヨバイ」の習俗というのは、「見て見ぬふり」「聞いて聞かぬふり」をするのが、親も含めての周囲の配慮であった。むしろ、大阪府の被差別部落の生活形態が、ほんらい農村的形態になかったというのが、もっとも当を得た解答であるかもしれない。

(6)　婚姻の基層

「部落の英知」の結晶は、むしろ「嫁ぬすみ」であった。「嫁ぬすみ」ということばを使ったが、これは民俗学用語であって、民衆の生活のことばではない。「カケオチ」（中城・道祖本・光明町・堺）、「アシヌケ」「ヌケソ」（高槻富田）、「カタゲて逃げる」（飛鳥《あすか》・日之出・貝塚）、「カツギ」（北条）、「カツギダシ」（寝屋川・荒本）、「デタデ」（向野《むかいの》）、「ボテニゲ」（住吉・西郡《にしごおり》）など、さまざまに呼ばれている。

これは被差別部落の習俗のみとは限らず、江守五夫も指摘しているとおり、[17]「関東を北限とする日本の西南部に分布し」、「嫁自身が盗まれるのを承知している場合が通常」であった。したがって、「掠奪婚」ではない。しかも、ムラの若衆組がこれを応援した。

「本人どうし好いてんのに、親が頑固でやな、『あんな男にやれん』とか言いまっしゃろ。そうする

と、若い衆友達どうし寄ってな、『カタゲて逃げよか』ちゅうことになった」（飛鳥）

「あんまりつきあいはしてなかった家やけど、とんとん戸を叩いて事情をいうたら、ああそうかと、座敷で寝るかというて泊めてくれた」（高槻富田）

「親が承知するまで、嫁さんを天井裏なんかに隠したわ。食べもんは婿さんの友達が運んだ」（樫井）

「親類の人が二人の強い意志を聞いて『よし。わし拾てそわせる』言うて拾うんです。これを『拾い親』言うた」（鶴原）

「『どうせいっぺんはやらんなん子やから、やりなはれ、やりなはれ』いうて、組親のおかみさんが言いにきますわ。ほたら、親なんぼ怒ってたかて、負けてしまいますが」（貝塚）

「これ、（結婚）正式にやったら金かかるから、貧乏人の知恵や思うな」（日之出）

ムラにより少しずつニュアンスはちがうが、共通するものが見えてくるであろう。

ところで、「嫁ぬすみ」をムラの婚姻の一つの知恵とすれば、いま一つそれと対極をなすものに「トックリコロガシ」がある。「トックリコロガシ」は府下ほとんどの被差別部落で、普遍的に聞きとることができた。仲人が娘の家に行き、娘の両親の承諾を得ると、若衆組が酒肴を持ちこみ、娘方の両親と親戚、そして仲人との間で盃をかわす。これが「トックリコロガシ」の一般的なかたちである。

その呼び名には、ムラによっていくばくかのちがいがあって、もっとも多いのは「トックリコカシ」（北芝・沢良宜《さわらぎ》・高槻富田・両国・南方・浪速・加島・寝屋川・北条など）、ついで「トックリコロガシ」（矢田・飛鳥・西成・向野・野崎など）であるが、南の方にくると「トックリザケ」（樫井・鳴滝・多奈川《たながわ》など）、「タルザケ」（下瓦屋）という。「オヤコノサケ」（沢良宜・両国）、「オヤザケ」（高槻富田）とも言い、「モライザケ」（和泉・寝屋川・向野）、「シルシノサケ」（向野）とも言う。「トックリコロガシ」あるいは「トックリコカシ」というのは、トックリの酒をあけて、それを畳の上にころがした時、「結婚」が成立したと認めたからであり、だからそれを「シルシノサケ」というのであろう。「オヤコノサケ」というのも、おそらくは娘の「親」と、新しい婿（この場合は仲人と酒肴を持ちこんだ若衆組が代行している）が「子」として、盃を交わしたことを意味していると思われる。

中村水名子も書いているが、「トックリコカシ」は夜行くのがしきたりであった。また、かならず提灯《ちょうちん》をともして行った。古来、日本の重要な祭りは、すべて「夜」に行われる。「夜の祭り」が祭りの原型である。「夜」は「神」の現われる時であったから。そして「提灯」は神を迎えるものであった。「トックリコロガシ」は西岡陽子も問題提起しているとおり（『被差別部落の民俗伝承』上巻、一七六頁）、①トックリコロガシ、②サケアゲ、③シュウギ（嫁入り）、④ラクサク、という婚姻儀礼の流れのうち、その「口切り」の行事のように見えるが、じつはこれが婚姻の「核心の儀礼」である。つまり焦点化してみれば、「トックリコロガシ」が「結婚」である、とも言える。

「トックリコロガシ」を婚姻の核心と見るわけは、高槻富田では「むかしはトックリコカシの前に仲人が女性の家に提灯を持っていった。みんなついて見に行った」、「話が決まったら、夜なんかでも女の家でな。夜中によう行きましたな。トントン夜中に起こされてな。『どこそこの娘さんもらわれましたで。来ておくんなはれや』いうて」（『被差別部落の民俗伝承』上巻、一八八頁）と、一九一三年生まれの女性が語っている。寝屋川でも「仲人と男の友達が、モライザケを女の方へもっていく。女の家では女の方の親戚がみんな寄っている。そのうちの一本をトックリコロガシいうて青年達が飲む。これでムラに公表したことになる」と語っている。

二、三の事例だけで結論を下すことは慎重でなければならないが、少なくとも「トックリコロガシ」の段階で、「サケアゲ」や「シュウギ」「ラクサク」を待たずとも、この婚姻はムラ人達によって公認されている。

「トックリコロガシ」は、野崎では「サケアゲ」とも言った。婚姻儀礼が煩雑化していって、娘の両親と親戚が、同じ場で一緒に盃を交わしたものが、親戚が分化し近所の人をまきこんで、別の時、別の場をつくっていく。すると呼び名が二つに分かれる。そんな分化以前には、「トックリコロガシ」も「サケアゲ」も同じことである。「トックリコロガシは印をつけること」（北芝）である。

メタフォアとしては、「トックリ」はあるいは「陽物」であるかもしれず、「アゲ」は「水アゲ」などに通じるかもしれない。だから「トックリコロガシ」がすめば、「ムラのなかであったら、ムコはヨメの所に遊びに行ける」（豊中）、「婿さんは嫁さんの家へ通う」（樫井）、「『こかし』がすんだら『布団入れ』」（加島）、「男が女の家へ遊びに行き、夫婦の契りをしてもよい」（多奈川）、「嫁さんを婿さんの家へ連れて去《い》んで寝る」（下瓦屋）のであった。

もっとも、これらの事例には、それとは正反対の事例も聞きとられている。「夫婦の契りをしてもよい」という同じ多奈川で、「トックリザケは結婚する前に娘をさわらないとのかため」であるという別の古老からの聞きとりもある。話者の階層が問題になる。和泉の古老も「モライザケすんでも、結婚式までは絶対に手ェひとつふれへん」と誇らしげに語っている。「トックリコカシの酒を青年達が飲めば、これでムラに公表したことになる」と話した先の古老は、「この日以後、女はお針などの花嫁修行、男はアトツギ以外はベッケする」と語りついでいる。いずれも男性である。

これらはムラの始源の婚姻形態からいえば、「婿入り婚」から「嫁入り婚」に移行する過程での、後世の付加であろうと私は思う。前者は『国の光』を中心に青年団の倫理を確立したムラであり[18]、後者のムラではこの時の聞きとりに関するかぎり、男性の発言が女性に発言の機会を与えないという印象を受けた[19]。『綜合日本民俗語彙』を見ると、「トックリザケ。愛知県播豆郡佐久島村（一色町）で、縁談成立の際に仲立ちの人が嫁の親と酒を飲むこと」、「トックリコガシ。愛知県、新潟県刈羽郡などで、縁談がととのうと直ちに仲人が嫁方へ届ける酒のこと」が載っている。大阪府下の被差別部落では、「トックリコロガシ」の婚姻習俗がほとんどどの部落でも聞きとれたが、同じ府内「部落外」のムラでは、どの程度この習俗が聞きとれているのか。残念ながら『大阪府民俗地図』だけでは、それはわからない。もしこの習俗が、「部落外」とは相対的に、被差別部落に濃密に分布するとすれば、「部落」は資産を持たず、しかも通婚をとざされたゆえに、中世期武士階級の擡頭とともに、頂点から徐々に父権化していく婚姻形態の変化にもかかわらず、「嫁ぬすみ」などとともに、民衆の婚姻の始源形態を残すことになりはしないか。

(7)　柳田の婚姻論

柳田國男は「嫁盗み」（『婚姻の話』、一九四七年、定本第十五巻）のなかで、「すみ酒」のことを次のように書いている。

「戸口に片足を入れて、
　こちらのお何さんを、誰それが盗みました。ちよつとお知らせ申します。
といふやうなことを早口に述べてさつさと還つて来る。家に待伏せなどの用意の無いうちに、成るだけ早目に告げるをよしとして居るが、別に後から改めて貰ひ受けの交渉に行く役もあるので、その二役を兼ねる場合には、すみ酒と称する小さな酒樽を携へて行つて、そつと戸の口に置いて来るといふこともあつた。すみ酒は縁談のまとまつた即座に、仲人が持つて来て嫁の親と、汲みかはす酒のことであつて、之を飲んでしまふともう変改は出来ぬことになつて居るので、仲人は少しでも早く之を出したがり、そつと携へて来て上り口に隠して置くなどといふことも毎度あつた。嫁盗みの手伝人までがそれを支度して居るといふことは、要するに彼等が亦一種の、やゝ粗暴な仲人であつたことを思はしめる」

「すみ酒」は、もちろん「トックリ酒」につながっている。柳田の幼時、彼の故郷中国地方の東部でも、「ボウタ」という婚姻形態のあることを、彼はしばしば聞いた。「ボウタ」は「奪うた」であるから、住吉・西郡でいう「ボテニゲ」は「奪うて逃げ」であろう。柳田は「ボウタでならば遣つてもよろしいと、親がさういふから連れて行つたものも多かつた。(中略)主として大阪南郊の村里にあつた例なのだが、それが近年まで続いて居たのみならず、区域はなほ右の如く、汎く中国地方にも及んで居た」ことを指摘している。端的に結論だけを言えば、「トックリコロガシ」と「ボテニゲ」は通底している。

くわしくは柳田の原論文にあたって頂きたい。「啓発」されるところが多いはずである。「一つの村の中では、男女が互ひに知り且つ選び、心を通はし得る場合は有り過ぎるほど有つた」「その選択の自由が、家又は一族の方ではやゝ限られ、未婚者当人たちには幾分か広すぎた、と謂つてもよい位に広かつた」「嫁入を以て開始する婚姻方式が普及して後までも、何とかしてこの家長権を制限する一つの手続きを残して置かうとした」――それが「嫁盗み」であつた。

柳田が言おうとしたことは、「ドラ打ちは決して男女単独の駆落ちではない。伊豆方面に近くまであつたものは、双方の若者組が中に立つて成功させた。（中略）ドラは本来は出て行くこと、即ち女は家居して夫聟を迎ふべしといふ、古い原則を破つたことであつた」「配偶者の選択は最初は完全に自由であり、後には色々の制限も生まれたとは言ひながら、大体に当人の自由を本則として居たことは、近頃までも変りは無かつた。それを全く無視したやうな婚姻を、上品とも穏当ともいふことになつたのは、実はよつぽど新しい風潮であつて、盲目《（ママ）》なる武家道徳の追随であり、又常識の衰頽だつたとも言へる。（中略）嫁入りを婚姻の開始とする考へ方が、すでに法律にまでなつて居る以上は、（中略）それを救出する一つの方法は、先づ結婚の目的といふことに心付かせ、家は新たに彼等の手によつて、作り且つ維持するものなのだといふことを、知らしめること」であった。「嫁ぬすみ」の「主調を為すものは、結婚せんとする者を結婚させようとする努力であつた。社会の力が幸福なる一生の結合の為に、働いて居たといふ点は、今ある『成るやうに成れ』といふだけの自由よりは、一歩進んで居た」と彼は問題を提起している。

文章の随所をカットする非礼を犯しながらも、長々と柳田の文章を引用したが、それは要旨をかいつまんで私の文に置きかえるに忍びなかったからであり、また原文を読まずに議論する風潮が強いからである。

一九四七年の時点でも、まだ柳田は、このような視角から「民俗」を見、そこから「行動」につながる課題を引きだしていた。その彼が、その後しだいに「家長権」の賛美者に変質していった。その変質が何に起因するか、また柳田民俗学の後継者たちの問題意識と方法が、なぜに「被差別部落の民俗」をとらえ得なかったか、そういう詰問をする前に、私たちは「被差別部落の古老たちの語り」を提示しようとしている。紙数のゆるすかぎり、その提示を続けようと思う。

(8)「路地」と「街道」

〔『被差別部落の民俗伝承』〕「映像資料編」を見てほしい。二つの守り子歌に重ねられた映像は、一九七六年ごろの和泉部落の町並みの姿である。軒と軒を接する暗い路地。このような路地のことを、和泉部落では「アワエコソ」と呼んでいた。

図4は、「大正」のころの和泉（南王子村）の町並みを思い出しながら、植田由春さんが描いてくれた地図である。〇・三平方キロメートルの面積のなかに、そのころ約三千三百人が住んでいた。一平方キロメートル当たりの人口密度は一万人。ひとつひとつの家の間を縫うのが「アワエコソ」である。堺では「ハンラク」と言った。

「ハンラク」はムラのなかを迷路のようにめぐっていた。その途中に、いくつかの共同便所があり[20]、共同井戸があった。阪本ニシ子さんは、今その井戸からバケツ二杯の生活用水を汲みあげて両手にさげ、曲がりくねったその「ハンラク」を、自分の家に運んできた。その時、逆の方向から、ムラの若者が駆けこんできて、まっこうからニシ子さんにぶつかった。せっかく汲みあげた水の大半は、地面にとび散ってしまった[21]。

ぶつかった男にむかって、切って返すように「上夫《じょうとこ》じゃわい、わいは（悪い奴や、おまえは）」と、どなりつけている。十数世帯で使う井戸は、順番を待たねば汲むことはできない。やっと汲みためた水は、運んでくる距離と労力がたいへんなのである。だから「すかんぽじゃ（好かん奴や）」というのである。「すかんぽじゃ」と怒りながら、「そら走れ」と言う。「どこへでも逃げくされ」と言う。急転――「な、いとしいやつや」という、ぬくもりのことばに変わる。「はんらくぬけていき」と言うのである。

図4

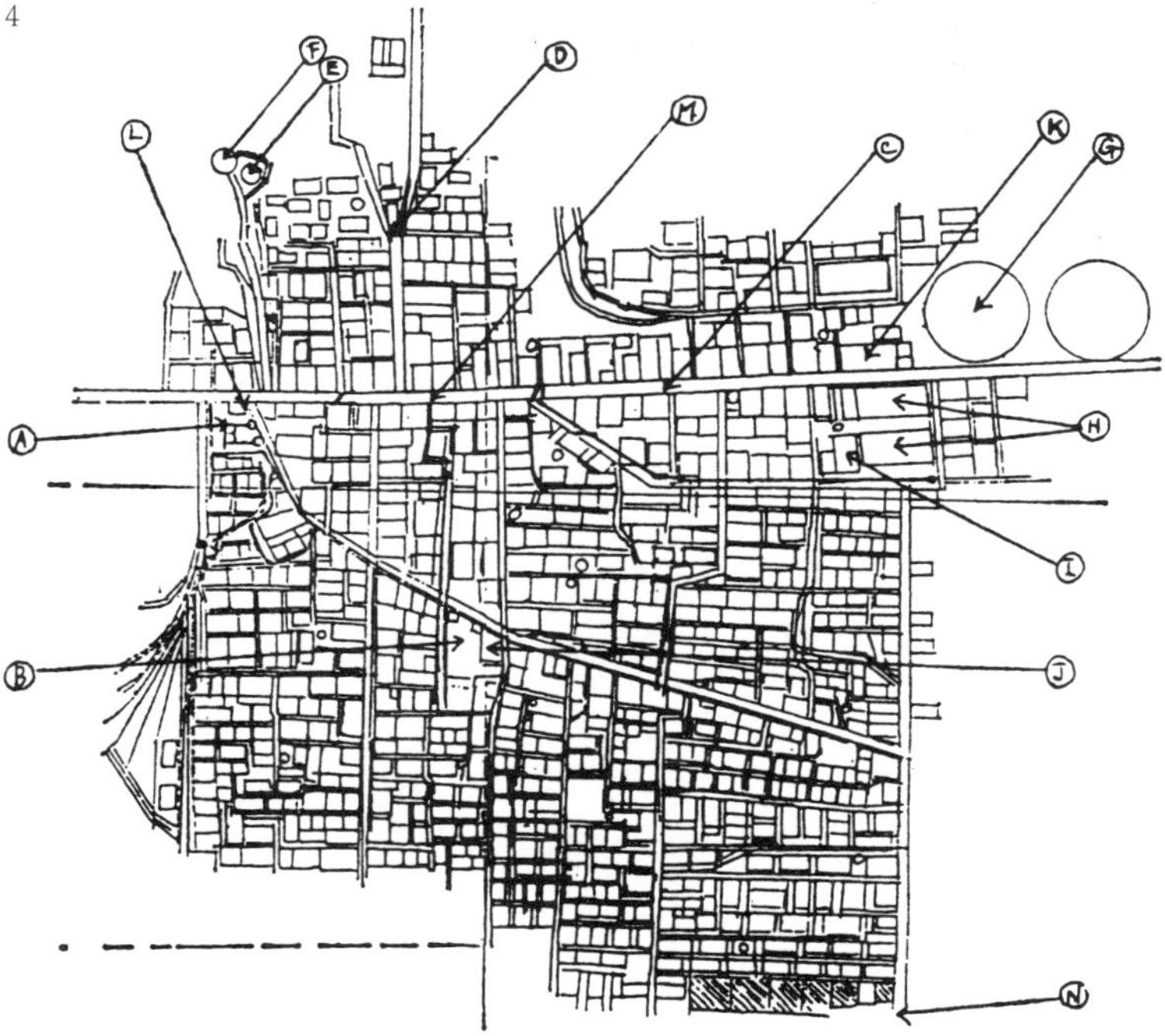

Ⓐ八坂神社……村の単独の氏神。村びとは聖神社（信太大明神）の氏子であるが、村単独の社も持ち、二重氏子のようになっている。

Ⓑ西教寺……浄土真宗西本願寺派。村びと全部の旦那寺。

Ⓒ小栗街道……院政期以降さかんになった熊野詣の古道。小栗判官伝説の道。

Ⓓ極楽橋……下から上がってきて、この橋を右へ行けば墓へ。左へ行けば今池・惣の池へ。

Ⓔ明神塚　Ⓕカワ池
Ⓖ空池（カライケ）……現在は公園になっている。ここで盆踊りが行われる。

Ⓗ南王子小学校　Ⓘ役場　Ⓙ村営浴場
Ⓚ自立座　Ⓛ小栗判官笠掛松　Ⓜ明坂（アケサカ）。小栗判官が通った時、ここで夜が明けた、と伝えられる。

Ⓝこの地点を少し西に下がれば、ジュウゴの橋

図5　下駄なおし

ここでは、ニシ子さんと若い衆は、「ハンラク」という場の中で生活を共有している。しかし、ムラの外から若い衆を追ってきた巡査に、「ハンラク」は迷路であった。「ハンラク」に逃げこめば、逃げおおせることができた。

鳴滝《なるたき》の「守り子歌」に、「たたやまわろら」と歌う。「タタヤ」もまた「路地」のことである。この場合、「タタヤ」は、守り子たちの遊びの場・共通の広場である。和泉の古老は「アワエコソ、抜け道ですね。ない道をつけたんですね。みんなが通って」（『被差別部落の民俗伝承』下巻、二七〇頁）と言っている。「ない道をつけること」、それは「文化」である。その道が、外から来た者には「迷路」になる。「アワエコソ」「ハンラク」のもつ、こうした両義性は、被差別部落の民俗伝承を考える時、かならず私たちの前に立ち現われる。

ムラうちの道は「路地」であるが、ムラの外に延びる道は「街道」である。その「街道」に出て行く「行商」は、部落のたいせつな「しごと」の一つであった。

「箱の荷いのて（担って）、『ナオシ、ナオシ』いうてな、『ゲタナオーシ、オマヘンカ』てふれ回るんですわ。
下駄、ひもへさして、十足でも二十足でもかたげてずっと回って、そんなしてるうちに心やすなったら、そこ得意になりまっしゃろ。この人来たら置いとこかて、置いてくれる人がおまんのや。下駄なおしはむずかしいよ。ただもう入れたらええわでさし込んでみいな、こそっと抜けるわな。むずかし、むずかし。雨降りに仕事しといて、日和《ひより》に履いて、ことっと歯落ちたらなあ、そやから信用や。得意先もってるもんはな」(貝塚、『被差別部落の民俗伝承』下巻、二五四頁)

図6　金魚の行商

「信用や。得意先もってるもんはな」と、この古老は誇らしげに言っている。しかし、この「信用」を勝ちとるまでに、どれだけの積みあげが必要であったか。「行商に行っても『富田や』いうたら買わへんねん。このムラの人は、どんだけ商売していても、得意先いうのは少ない」(高槻、『被差別部落の民俗伝承』上巻、一一八頁)という時代であった。

「名古屋でオンとメンと分けるんですね。メンは養鶏場へ行って、ハネたオンをこっちへ送ってくるんですわ。オンは大きいやつやったら、もうしっぽちょっと出てますわな。そのしっぽ、バアーッ卜抜いたりしてね。で、家で白い鶏を赤茶に染めますねん。それは奥さんどもの仕事ですわ。売りに行く本人が、手ェ染まってたらあきまへんからな。冬やったら、そばに籠乗せた七輪置いてね、その上へ染めたやつ置いといたら温もりで乾きまっしゃろ。夏やったら外へ出しゃ乾きまっけど。四条畷の駅に籠でどーっと着くんですわ。ムラのなかで入札があって、一匹二銭なら二銭で百匹くらい買うて、家へ持って帰って染めて、ほでいっぺん行《い》たらおなじとこ行かれしませんねん。地鶏《じどり》やいうて売ってまっしゃろ。染めとうからはげてきますやろ。そやからだんだん、だんだん、遠いところへ行かんならんようになるんです[22]」（北条、『被差別部落の民俗伝承』下巻、六五～六六頁）

「だんだん、だんだん、遠いところへ行く」「行かねばならぬようになる」――閉ざされたムラのムラびとは、「街道」沿いに、「村境」をこえて、その行程をどこまでも延ばす。北海道までメシフゴを売りに行った人もいる（高槻、『被差別部落の民俗伝承』上巻、一一八頁）。寝屋川では、牛肉や履物の行商人による職業別の講集団が出現した（『被差別部落の民俗伝承』下巻、一七八頁）。

「行商」に行くためには、「仕入れ」をする必要がある。池田の植木市。貝塚のバクロウ市。そこでは但《たじ》馬《ま》や淡路《あわじ》から来た牛が売買される。都市的に完備された「市」は「天満の青物市場」である。南方《みなみかた》の人びとのなかから、「畑買い」が現われ、その収穫物を市場に卸す「商人《あきんど》百姓」が出現する。さらには市場の仲買人も登場した（『被差別部落の民俗伝承』上巻、三二六頁）。

　和泉では、ムラあげてオモテ作りを人造真珠作りに切り換えたことによって、一九五〇年代後半から六〇年代前半にかけて、「玉」の最盛期には「この土地さして五人入ってくるか、多かったら十人入ってるか、外国から買いに外人が来た。それでまあ、リョウカクのように対等で話し合いできるようになった」（『被差別部落の民俗伝承』下巻、二六三頁）。

　このように、ムラによってその様相は異なるが、民俗学的には、農村民俗学の構造を素通り、あるいは乗りこえて、都市民俗学の対象ともなるべき民俗事象があちこちに出現する。

一八八七（明治二十）年に、いち早く浪速に設立された「大阪屠畜株式会社」（『被差別部落の民俗伝承』上巻、三五〇頁）なども、都市的生産のその先駆であった。

(9)　重層する「しごと」

古老の語りには、細心に耳を傾けることが必要である。

たとえば、『被差別部落の民俗伝承』下巻、六三頁から六五頁にわたる古老の語りである。全文引用したいが、紙数の関係でそれはできない。この続きを読む前に、まずこの語りを読んでほしい。読み終えて、まず感じとれるのは、この古老の律義さであろう。それは語りくちの端々に現われている。そこで、この古老の「仕事」の内容を子細に見てみる。

「最初は注文を聞いて配達に行くくらい」「配達いうても、自分とこのもありますし、その時分、屠場へ牛の内臓を他府県から買いにおこしになる女のかた、荷物重いんでこれを配達してくれいうことで。ナカシていうんやけど。石油缶に一杯入れて、入らんやつ両手に持って運びました」「大正十三年ころからボチボチ行商へ行ってた」「昭和十年におやじが亡くなったんで、そのあとついで、屠場の雑役にも行きました。解体した後の内臓を運んだり、清掃の仕事をしたあとで、午後から行商に行ってました」（向野　一九一二　男）

図7　収穫したヒシの実

食肉関連のしごとであっても、小学生のころは「配達」、十二歳のころからは「行商」、二十三歳のころからは「屠場の雑役」と、一代で三種のしごとをしている。この三つのしごとのうち、「配達」のしごとは「自分とこの配達」と「ナカシ」とに分かれる。「屠場の雑役」も「内臓の運搬」と「清掃の仕事」。そして午後は「行商」に変わる。
このように、部落の人びとのしごとは、年齢・時の流れとともに内容を変える。

「そんなん言うてたら、なんぼでも出てきまんがな」(高槻富田、『被差別部落の民俗伝承』上巻、一一六頁)
「わしは今、下駄の仕事してるかと思うと、ヘシ、あれもやりましたで。なおしの間にな。あれも時期あんやし。ねぎ仕事したり……」(貝塚)

これは前章でとりあげた「下駄なおし」の古老の語りの続きである。「ヘシ」というのは、水辺に生えるヒシの実のこと。たらいを池に浮かせてヒシの実をとる。「ねぎ仕事」というのは、玉ねぎ収穫の手伝いである。季節により、一日のうちでも午前・午後・夜と「しごとはいくらでもあった」(樫井)。
「しごと」の伝承の仕方もちがう。「大工の左官やのいうたら、三年教えてもろて、奉公して、六年、七年、八年せんと一人前にならしません。そんな余裕、一日もおまっかいな。ほやから、みんな我流や。みんな器用やった」（樫井）。「フゴもぞうりも見よう見まねでおぼえる。早う作らんなんからと、怒り倒されておぼえる」（高槻富田）。——そういう「技術の伝承」である。

しかも「人に教えたら、儲《もう》からんようになるから誰も教えへん」——そういうなかでの「技術の習得」である。どういうふうにして覚えるのか。古老の語りは鬼気迫るものがある。「駅へ行って、この品物がどこから出てるか、見るようなこともした。駅へ行ったり、運送屋へ行ったりするんや。たとえば、シュウロひとつにしても、どこから出ているか見る。和歌山やったら、和歌山へ行く。ランプなんかでも、三丹の方まで行く。そこの町で調べる。宿屋で聞いたりする」（高槻富田）。

目をひらかれる思いであった。私は宮本常一の著述の一部を思い出した。彼が郷里を離れる時、宮本の父はいくつかのことを子に教えたが、そのなかに——「汽車へ乗ったら窓から外をよく見よ、田や畑に何が植えられているか、育ちがよいかわるいか、村の家が大きいか小さいか、瓦屋根か草葺きか、そういうこともよく見ることだ。駅へついたら人の乗りおりに注意せよ、そしてどういう服装をしているかに気をつけよ。また、駅の荷物場にどういう荷がおかれているかをよく見よ。そういうことでその土地が富んでいるか貧しいか、よく働くところかそうでないところかよくわかる」（『民俗学の旅』）。この時の父のことばが、後年の宮本民俗学形成の原点になったと私は思う。

右の高槻富田の古老の語りは、宮本の父のことばに通じている。現代の民俗学は、こうした原点から再出発すべきだと思う。

「うちのムラは、ほとんど百姓で、ほんの二、三軒がそれ以外の仕事。その百姓も、このムラは百姓だけで食べていかれへんから日雇い、ナオシ屋とイカケ屋、ラオシカエ屋、百姓の暇な時はそれやってた。どっちが内職か、わからへんかったけどな。ひょっとしたら百姓が内職やったかもしれんな」

（中城）

『部落台帳』（一九一八年、大阪府調査）記載の職種をふまえての分析、それを意味ないとは言わないが、それ以前に方法について、問いなおすべきことは多い。

前章に述べた北条の、ヒヨコの行商のことにもどる。「オンのしっぽをバアーッと抜く」「白い鶏を赤茶に染める」――これは奥さんの「しごと」である。メンに仕上げたオンのヒヨコを、「籠に二枚重ねに入れて、「オウコで四杯」、「自転車で」、遠いところは「汽車に乗って」行商に行く。「抜く」手間、「染める」手間、「運ぶ」運賃、それを売るのだから、これは商売である。売るに値する「しごと」である。しかし、この「しごと」は「生産」であろうか。

「しごと」を即「生産」としてとらえた「調査項目」にも、調査を終えて、私は疑問を覚えている。だから私は「生産」と書かずに「しごと」と書いた。ヒヨコの行商は「生産」か。貝塚の祝福芸「三吉馬」は「生産」か。しかし、それはまぎれもない「しごと」である。しかも、正月を迎えるにあたって、餅を「仏壇やかまど、あるいは神棚、また、仕事用の道具、たとえば行商用の車」に供えたのが、「部落」である（『被差別部落の民俗伝承』上巻、四八〇頁）。

冒頭に書いた「貝塚の守り子歌」の中で、「ねんね念仏起きたらつとめよ、つらいつとめもせにゃならぬ」――この最初の「つとめ」は「念仏のお勤め」である。次の「つとめ」は「子守奉公のしごと」である。

「つとめ」は、さまざまな意味に使われている。堺で「娘をつとめに出す」というとき、この「つとめ」

は「身売り」のことである。遊廓にからだを売り、「商品」として買われることを「つとめ」という（『被差別部落の民俗伝承』下巻、二四四・二四七頁参照）。この場合、売られた娘にとって、「遊廓のつとめ」は「生産」か。いな、みずからの心身をむしばみ、命をすり減らす「消耗」であったろう。しかし、この「つとめ」は、まぎれもなくこの娘の「しごと」であった。

⑽「語り部」のゆくえ

「もう、世の人の心は賢《さか》しくなり過ぎて居た。独り語りの物語りなどに、信《しん》をうちこんで聞く者のある筈はなかつた。聞く人のない森の中などで、よく、つぶつぶと物言ふ者がある、と思うて近づくと、其が、語部の家の者だつたなど言ふ話が、どの村でも、笑ひ咄《ばなし》のやうに言はれるやうな世の中になつて居た」――唐突ではあるが、折口信夫の小説『死者の書』終章の書き出しである。

十年前、私たちは数百名の古老達から聞きとりをしたが、その「語り」を今はほとんど聞くことができない。お会いできる方は、そのうち数名のみである。

もとより未熟な聞きとりであった。十年の間に、録音テープも「風化」した。四年間の継続事業で聞きとりの整理作業にたずさわった一九九〇年から今日までの間、その「未熟」と「風化」をいささかでも補完すべく、追跡調査の聞きとりを行ったが、その時の話者のほとんどは他界されていた。仮に現存されていたとしても、ここ十年の間の「ムラ」と「家族」の変貌、さらには「情報」の氾濫は、古老達の記憶から十年前の語りをすら消し去っていた。まして十年後の次の世代の古老たちは、すでに十年前の古老たちが語ったことについてさえ、「知らない」「体験したことがない」と言うのであった。

私たちは、そんな貴重な、かけがえのない十年前の語りを、その「語りくち」をそこなわずに記録にとどめたいと思った。その古老の「生きざま」と「息づかい」、できれば「心臓の鼓動」まで書きとどめたいと思ったのである。

もとより、その試みはほとんど失敗している。もしそれが伝えられているとすれば、稀有のものである。古老の大部分の方々は、幼いころに学校の教育を受けておらず、「差別」によって「文字」を奪われた人びとであったから、私達はこの古老達になり代わって、現代の「語り部」に変身したいと思った。「この世」で見たこと、聞いたこと、差別されたこと、それらをすべて書き残しておきたいが、「文字」を知らない。すべてを話す。私の「語り」を書き残しておいてほしい。そう私に言った古老もいる。非力にもかかわらず、心をこめて書きとどめたこれらの「語り」は、だから私達の側から言えば、そのひとつひとつが古老達への「鎮魂歌」である。

向野の寺西シカエさん（一九〇〇年生）は、あの時「トンド」のことを語って（『被差別部落の民俗伝承』下巻、一五三頁）のち、続けて次のように言った。「七、八年前にやったきりやな。やっぱりこれ祝いやさけな。こういう祝いごとは、のがひ《(し)》たらあかんのやで。ムラの『あくよみ』や」――「あくよみ」の意味はわからない。あるいは「厄よみ」、「年占」のことであろうか。「祝い」は「斎《いわ》い」で、「神」をまつることである。

各ムラムラの年中行事のほとんどが、「部落外」のそれと類似して普遍的であるなかで、きわめて特徴的なものが矢田の「ジュウロクセンの祭り」である。十二月十六日の夜、子ども達が背中に赤ちゃんを負い、赤や白の豆提灯に火をつけて、「北の神（さいの神）さん」から出発し、歌を歌いながらムラの周縁の道を回った。大和川の河原（堤防の下）を通り、最後はまた「北の神さん」に帰ってくる。「火を出せ、

図8　ジュウロクセンの祭り。この絵は、古老の語りをもとに、先生と子どもたちが合作したものであるが、その当時はまだ聞きとりが十分でなく、前ページの文章のようには描かれていない。

あかり出せ、ともり出せ。ジュウロクセンの祭りや、提灯もて出らいせ。ほら赤いもんじゃ、ほおずき提灯持って出よか」——意味はもはやわからなくなってしまったが、類似の行事は全国的にも見当たらない。ムラびとたちは、提灯の火を絶やさぬよう、次々とロウソクを渡したという。あるいは年送り・年迎えの「境界儀礼」であったかもしれない。家の密集した矢田のムラ人達にとって、「火事」はもっとも怖ろしい災害であった。かつてはムラを火災から守る行事とも言われていたが、住宅が鉄筋化され、「子ども会」に助成金が出ると、この行事も消えた。そこで「失われたもの」「得たもの」の意味を考えることが、「解放」へのエネルギーにつながるのだろうと思うが、そのことに目ざめた「運動」も「啓発」も、今のところあまり見かけないと、私には思われる。

「子ども組」も「若衆組」「娘組」も崩壊し、

「人間」を喪失した現代社会のなかで、「伝承」の意味を問いなおし、それを「人間復権の文化」にまでつなげる条件を持っている「ムラ」はないのか。それは「子ども会」「青年部」「婦人部」をもつ「部落解放のムラ」だけではないか。そのムラから「文化」を立て直し、「人間のかがやきの輪」への参加を呼びかけること、それが「部落の誇り」になる。そうあらねばならぬ。

多奈川には、ムラの境界に立っていた「笠松」の美しい話が伝わっている（『被差別部落の民俗伝承』下巻、三七七頁）。その木は切れば「血が出る」とおそれられていたが、戦時中「松根油《しょうこんゆ》[23]」を取るため皮をむいた。敗戦後、その松は枯れた。ムラ人達は「笠松枯れるくらいやから、日本敗けるのあたりまえや」と言った。これが被差別民衆のことばである。しかし、「伝承忘れるくらいやから、解放遅れるのあたりまえや」という声はどこからも聞こえてこない。

註

（1）『日本民俗事典』（弘文堂、一九七二年）二六八頁。

（2）こうした「守り子歌」が出てくる背景には、「守り子」たちにつながる、より上の世代の娘達（「女中」奉公にきた娘達）がいて、その娘達の心情が「守り子」達に伝えられたという状況が考えられる。つまり、ムラのなかには、民俗学でいう「年齢階梯集団」のほかに、「通年仲間集団」ともいうべき集団があった。抱え主、あるいはその子息達によってはらまされ、泣き寝入りのかたちで暇をとらされ、はらんだ子を「流された」娘達の事実のいくつかを、今回の調査ではなく、私は個人的に聞きとっている。

（3）『日本民俗事典』（弘文堂、一九七二年）二六八頁。

（4）『日本歌謡辞典』（桜楓社、一九八五年）四五三頁。

（5）しかも、今回の私たちの聞きとり調査でも、明らかな結果として出てくるのは、被差別部落に歌いつがれてきた「子守歌」の、そのほとんどは「守り子歌」であるという事実である。このことは、従来の「民俗学」の方法が、被差別部落の「子守歌」を正当に取り上げ、意味づけていないことを示す。これだけまとまった歌謡群があれば、民衆の生活と文化を研究する「学」は、当然それを学の対象とすべきである。

(6)柳田國男は「織屋紡績などの工場から出て来る声、それよりも更に夥しい数は、村の小さな子守娘らの口すさびであった。……彼等は忽ち群を為し群の空気を作り、一朝にして百、二百の守唄を作ってしまった。……号令無く又強制もなくしても、歌は悉く既に彼等の共有になって居る」と書いている（『民謡の今と昔』、地平社書房、一九二九年）。その柳田が民謡を「田歌・庭歌・山歌・海歌・業歌・道歌・祝歌・祭歌・遊歌・童歌」の十種類に分類している（『民謡覚書』、創元社、一九四〇年）。ここには、歌われる場所と目的、ちがった次元のものを同一の次元で分類しようとする混乱がある。両著ともに『民謡覚書』として『定本柳田國男集』第十七巻（筑摩書房）に収録されている。

(7)『被差別部落の民俗伝承［大阪］古老からの聞きとり』（上・下・別冊索引・映像資料編、解放出版社、一九九五年）〔以下『被差別部落の民俗伝承』〕下巻、三八三頁参照。

(8)部落内外をとわず、普遍的に存在するものとして、「農耕民俗」のほかに、いま一つ「ケガレ」の意識にともなう民俗がある。たとえば「産後の忌み」や「ホウソウ送り」の民俗であるが、これは重要かつ難解な問題である。限られた紙数で分析できることではない。後日を期したい。

(9)『被差別部落の民俗伝承』下巻三八三頁以降の「調査項目」のうち、「9社会生活（A）（B）」を見てもわかるとおり、ここで「社会生活」として調査されたのは、わずかに「年齢階梯集団」「各種の講」「相続」そして「擬制的親子関係」のみである。

(10)宗祖親鸞の忌日。その遺徳をしのんで、浄土真宗の寺で行われる法会。

(11)すべての部落が、このようにして報恩講で役員その他ムラの大事なことを決めたわけではないが、ハツヨリアイなどという行事や役員の決定の場も、ほとんどが寺である。

(12)親鸞の忌日は十一月二十八日であるが、東本願寺では十一月、西本願寺では一月九日から十六日までの間「報恩講」を行う。八日七夜にわたるので「お七夜」ともいう。

(13)大晦日から元旦にかけて、訪れてくる「年の神」を迎えるため、夜、眠らずに待つこと。「年越し」ともいう。神は夜、来訪するものであり、十四日は小正月の前夜であった。

(14)矢田では新世界へ行った。「芝居見たり、映画見たり、中野まで歩いて、ほてチンチン電車乗って新世界へ」と古老は語っている。都市に息づく「ハルゴト」である。
(15)「諸事入用」(『奥田家文書』第十巻、部落解放研究所、一九七四年)
(16)それが、「差別」から「解放」される道だと考えられていた。
(17)『日本民俗大系8・村と村人』(小学館、一九八四年)三八四頁。
(18)『被差別部落の民俗伝承』下巻、二一二頁参照。
(19)この二つのムラでは、「トックリコロガシ」「オヤコノサケ」のことを「モライザケ」と言っている。「オヤコ」は娘の親と婿のことを指しているはずであるが、「モライ」というのは、娘を嫁にもらうことであろう。
(20)『被差別部落の民俗伝承』下巻、二七一頁、詩「とんぼり」参照。
(21)『被差別部落の民俗伝承』下巻三七三頁、詩「はんらくまで」参照。
(22)下駄なおしの古老の「誠実」と、ヒヨコ売りの古老の「欺購」。この両義性が解けないかぎり、被差別部落の「民俗文化」はわからない。
(23)軍用機を飛ばすためのガソリンが不足し、松の根を掘り起こして、その松ヤニから油を抽出する窮余の策が考えだされた。このようにして取り出された油を「松根油」と言ったが、それがどの程度に役立ったかは民衆は知らない。ただ終日、松の根起こしの作業に駆りだされただけである。

「仮面」をかぶった祝福芸

「春駒」の芸のかたち

佐渡では、「春駒」のことを「ハリゴマ」という。美しいひびきだ。

佐渡相川の春駒には「女春駒」と「男春駒」があった。ふたつの違いについては次号〔『ヒューマンライツ』No・65〕で述べるが、いま私たちが見ることのできるのは、井坂照さんと寺尾作治さんがペアになって演ずる「男春駒」の方である。まずその芸のかたちを見てみたい。

井坂さんは踊方、寺尾さんは地方《じかた》を勤める。

踊方は身体の前に馬の頭の作り物を紅白の紐で吊り下げ、後ろにはざるで作った馬の尻をつける。顔にはゆがんだ表情の黒い面をかぶり、頭には「金銀山大盛」と墨書した一文字笠をかぶる。馬の耳のうしろには、左右それぞれに、のちに使われる幣束と扇子が挿されているが、最初の「さまよ踊り」では、手に鳴り輪を持って踊り出るのである。

地方は帯の間に先きが二股に分れた木の枝を挿し込む。この二股の先きは、左右それぞれ、薄い締太鼓

図9　春駒

の締紐の間に通されるから、太鼓は身体の前に固定されることになる。左右の手にはそれぞれ細いバチを持ち、左手のバチは右手のバチとほぼ直角に、縦に太鼓の縁に沿えられている。右手のバチが歌に合わせて太鼓を打つと、そのひびきが縁に軽く沿えられた左バチに伝わって震動し、右バチが刻む強弱のリズムに、微妙なバイブレーションをつけて行くのである。（図9・10）

この春駒には、さまざまな演目がかつてはあった。しかし井坂・寺尾さんが継承する「男春駒」の基本スタイルは、現在ではほぼ、

①さまよ踊り
②ご祈禱踊り
③めでた踊り

の三曲に固まってきていて、この順序で踊られる。

「さまよ踊り」については、次の項でくわしく述べる。

「ご祈禱踊り」は、幣束を手に持ってするご祈禱の踊りであって、「伊勢は津でもつ……」の伊勢音頭に乗せて踊られる。伊勢音頭が全国にひろまるのは文化期以降であり、伊勢信仰の島への浸透、また春駒のはじまりの時期等を解く鍵にもなる。

「めでた踊り」は、「めでためでたや、春の初めの春駒なんぞや、夢に見てさえよいとや申す」の歌で始

図10　さまよ踊り　踊方と地方

まる。広島尾道の春駒の歌詞も「めでたや、めでたや、春駒なんぞ、夢に見てさえよいとや申す」である。大阪貝塚の三吉馬もまた、「年の初めの初駒なれば、夢に見てさえよいとはいわよ」と唱える。地もとの研究者本間雅彦氏の著書『春駒の文化史』(一九八三)によれば、春駒の伝承は東日本だけに限られているかのような記述があるので、とりあえず西日本の二例だけを付け加えておく。そして相川も加えてこの三つの「春駒」は、いずれも被差別部落に伝承された芸能である。

「祝福《ほかい》」としての春駒

「むかしは正月から二月はじめのころまで、三人一組になって、あんた方は国中《くんなか》の方へ行け、あんた方は海府の方へ行けというふうで、幾組も出かけて行った。門付けだからね、願いをかけて踊る。踊るだけじゃおもしろくない。アドリブも入る。踊り終わって、もらいものは盆に盛ったお米。その米のまん中に、指先でちょっと○をかいて、何かが足りないと合図してまた踊る。お金もらって、次の家へ。衣しょう着けておるし、雪も降っておるし、……ありがたいと、よろこんで泊める家があった。春駒宿という。もらった米を一人がかたげて、たまった米は宿に預けて、島内の旅をつづけた。」

「祝い」の芸能が、どのような人びとによって荷われ、どういうかたちを通じて、そのなかにどのような思いがこめられたか。このことを「相川の春駒」ほど如実に照らし出す芸能は他《ほか》に類を見ない。

井坂さん・寺尾さんが見せてくれた「さまよ踊り」で、具体的に検証してみたい。

（踊）ハーヨイ　来た来た　金銀山大盛り
　　いかな夜も日も金銀山の

地方が正確にきざむ太鼓のリズムに乗って、鳴り輪を手に踊方が踊り出た。辞を低くして、「新年、あけましておめでとうございます」と、まずは開口の挨拶。

（踊）金の光で町をてらす
　　まずはひとつ祝いまして

地方の太鼓は、一転して軽快な調子に変わり、踊方は馬の足どりに合わせるように、身体を上げ下げしながら「チャント、チャント」と踊り始めた。

（地）さまよさまよと恋いこがれても
（踊）オサオサオサから芽がでる
　　ヤチの方から米が上った

鉱山から金が出た
どんとでた
ドンドンドンドン
(地)逢わせたまえや　いまいちど
(踊)こんなことじょじょない
若い時ゃ二度ない
どんとやれ　ドンドンドン
(地)カモメにもの問いかけてよ
(踊)一かけ　二かけて　三かけて
しかけたご商売やめらりょうか
どんとやれ　ドンドンドン
(地)わたしゃ立つ鳥　波の上
……………

相川は金山で栄えた町である。佐渡金山は幕府の大財源のひとつであった。幕府直轄の奉行所が置かれていたが、実質的な山の差配者は「山師」であった。

「金の光で町をてらす」――まずはこのことばから、祝福は始まる。つづいて踊方は、快い鳴り輪の音をひびかせながら、「ヤチ（田）の方から米が上った、鉱山から金が出た」と、躍動的な歌としぐさで祝い《ほか》つづける。

その間を縫うように、地方は絶妙の節まわしで、艶っぽく歌い続けて行く。「様よ様よと恋いこがれても」「逢わせ給えやいまいちど」――「祝福」

しかし、いま相川の被差別部落に、その「ハリゴマ」は伝承されていない。伝承されていない「ハリゴマ」のことを、私は書いている。周縁から迫る、これは「虚像」としての被差別部落の「ハリゴマ」である。

「鎮魂《たましずめ》」としての春駒

「ハリゴマ」の最後の人は吉野福蔵さんである。

吉野さんは、ハリゴマのあらゆる演目を駆使した。「さまよ」「ご祈禱」「めでた」などの踊りのほかに、《段もの》と称する別のジャンルの演目群があって、そのなかに「保名《やすな》狂乱」が含まれている。

一九七八年、吉野さんが国立劇場でその「保名狂乱」を舞った時、寺尾作治さんは地方をつとめた。その時の貴重なビデオを拝見した。

「保名狂乱」は言うまでもなく、竹田出雲『芦屋道満大内鑑《あしやどうまんおおうちかがみ》』（享保十九・一七三四）第二段の途中に現れる「小袖物狂《ものぐるい》」の場面のことで、のちに清元の名曲『保名』として、独立して舞踊化された。愛人榊の前を殺害された保名が、その榊の前のかたみの小袖をもって、いちめんの菜の花畑にさまよい出る。夢まぼろしの舞台である。王朝絵巻から抜け出したような保名に蝶がかいもつれ、保名は現身《うつしみ》と死者の世界の境界をさまよう。その境界線上の彷徨を「物狂」と呼び、「恋や恋、われ中空《なかぞら》になすな恋」と歌ったのである。

ハリゴマの「保名狂乱」では、そこが「こいや来い、アレなかそらに、ヤスナ来い」となる。歌舞伎舞

図11　水替無宿の墓

図12　木像の観音仏

踊の舞台など見る機会もなかっただろう被差別民は、「夢幻の世界」を「保名を呼び出す声」に転じた。このことは重要なことと思う。

去年の秋、水替無宿の墓に詣でた時、大工町の坂を登ってきて、あの袋小路のような薄暗い空間に曲がり込んだ。その時、にわかに冷たい雨が降ってきた。いくつかの墓石が並んでいて、ひときわ大きい供養碑に、無宿たち二十八人の名が刻まれている。二十歳台から三十歳台前半の者が多く、生国は野州から江戸・越後、西は伊賀まで広く各地にわたっている。その片すみに、だれが刻んだ木像か、一体の仏が風雨になかば朽ちたまま、しずかな微笑をたたえて立っていた。「馬頭観音」と私は気ままに決めて、「春駒」とその仏とのつながり、「人も馬も道ゆきつかれ死にゝけり」の釈迢空の歌などを、脈絡もなく思いつづけていた。

その時、鐘の音が聞こえてきたのである。それまでしきりに鳴いていたヒヨの声がピタとやんで、降りしきる雨の中を梵鐘のひびきが流れてくる。音のくる方へ行ってみると、釣鐘堂の鐘のむこうに、まざまざと「道遊の割戸」が見えた。権力の欲望は巨大な斧である。その斧は、金を求めて山を割った。

図13　道遊の割戸

毎年四月に瑞泉寺で行われる「無宿人供養祭」でも、「春駒」を舞う。水替無宿の墓の前でもいくたびも舞ったと井坂さんは言う。無宿への鎮魂の歌「やわらぎ」も、佐渡の春駒の曲目の中にはある。それもまた寺尾さんが歌ってくれた。この曲ばかりは、春駒通有の力動感あふれる曲調でなく、うちしめった哀切なものであった。ところがこの歌は、おめでたい席でも歌われる。それが不思議だと、寺尾さんは言った。

そして、むかしの被差別部落の「ハリゴマ」は、いつも「保名狂乱」で舞い納めたとも寺尾さんは語った。

「ホイト」の芸を継ぐ

「ハリゴマ」は「ホイトの芸」と言われた。「ホイト」とは「乞食」のことである。しかし、それはもともと「祝《ほか》い人《びと》」――祝福を運んでくる人びとのことであった。その「ホイトの芸」を継いだのが、井坂さんと寺尾さんである。

もともと井坂さんは相川の人ではない。いまは相川町に編入されているが、もとは二見と言った村の人である。その二見へも、井坂さんの若いころは、よく春駒がきた。正月から節分過ぎるころまで、雪を踏みわけてくる。子どもたちはよろこんで、そのあとをついて歩いた。

その春駒が来なくなったのは、一九七〇年ごろからである。ついに相川で春駒を舞う人は、吉野さんひとりになってしまった。このままでは「春駒」がなくなる。切迫感が井坂さんをとらえた。井坂さんは車を相川まで走らせた。相川には吉野さんがいた。吉野さんのムラとは道ひとつ隔てた隣りに、いま地方を勤める寺尾さんもいた。

このあたりの事情は、裏方を支えた奥さんの話が生々しい。

「男の人ちゅうな、あんまりそういうことを言いたがらんだけども、うちのおやじなんでも、もう熱中するもんだから、ハリゴマだけはなくしてならん。佐渡に何か所もありますよね、ハリゴマは。だけども、ほんとうのハリゴマの発祥の地というのはこの相川だから……ちゅうことを目ざめて、それで家《うち》へ吉野さんを呼んだんですよ。毎日迎えに行って、また三時か四時ごろになると送っていって。冬だからね。雪が降ってる時に、外《そと》仕事ができないから、その時に習おうという思いがついて、習ったですよ。ほんとにまあ毎日々々、吉野さんご苦労なら、迎いに行くのもご苦労だったわのう。」

そのころの、吉野福蔵さんの舞姿を写した貴重な写真が、井坂さんの手もとに秘蔵されていた。しかし、佐渡の「ハリゴマ」は仮面をかけて舞う。だから、写真は残っても、吉野さんの顔はわからない。芸だけしか残らぬのである。その「芸」について、さらに奥さんに語ってもらう。

「吉野さんの踊りは、もう七十過ぎとったから、足あげるところも、こう弾力つけるところも、吉野さんできるかなあと思《おも》ても、さっと立つともう全然人間が変わったようになって、シャッとしたっちゃ、まあびっくりしたもんね。その足が、そんなに上げていないんだけども、チャッとこう上げるようにも見えるし、それから同じヒョッとこう手をやるんでも、大きいんだよ。吉野さんのあの振りは大きいなあと、……だから吉野さん帰ってから、まあおやじにアドバイスした。ああいう人だから、『おまえ何知っとる』――口じゃ言うても、やっぱしょっちゅう見とるんだからね。その時分から見たら、おやじもほんとうにうまくなったもんだなと思うよ。」

「面」をかぶった芸が、吉野さんの没後十年を経た今も鮮烈に私たちの前にあって、その吉野さんの「顔」がないということは、何を意味するのだろうか。

佐渡・春駒　寺尾作治　追悼

相互行為を行う二人は
決してただの人ではなく、
集団を表象する者である。
（A・L・ストラウス『鏡と仮面』片桐雅隆監訳・世界思想社）

一、再会

両津港で船を下りると、寺尾作治が待っていた。彼は律儀な笑顔で私を迎えたが、八年ぶりに会う彼を見て、老いたなと私は思った。頭が大きくなって、顔も身体も太っていた。相川行のバス乗場に案内してくれるのだが、彼は迷って、かえって大阪から来た私に乗場への道を教えられた。日本海の冬の波浪。そのうねりがやさしくなり「島がひらかれた」ばかりの陽春四月。バスが行く道の左右は花々が満開であった。しかし、その花のように彼ははしゃがない。再会のよろこびをじっと内に秘めている。この秘められたものの深奥に、私は近づこうとする。最晩年の彼のことばを、一語残さず書きとめようとして、私はこの「島」に来た。

思い出す。一九九三年二月。私が見た「春駒」を。佐渡の春駒には、踊方《おどりかた》と地方《じかた》という決まった役割が

図14　吉野に師事し、稽古中のころの寺尾作治。水金大黒屋前にて（1970年代後半か）

あって、その二人がペアになって演じたのであった。

踊方は腰の前に大きな馬の頭《かしら》の作り物をつける。うしろには尻に見立てたざるをつけて、馬にまたがったかたちになる。そして佐渡の春駒独自の、ゆがんだ黒い面をかける。

地方は二俣の枝の間に固定された薄い締太鼓を帯の間にはさんで、細い撥《ばち》を右と左直角に交叉させて持つ。絶妙の節まわしで祝言の歌をうたい、右手で太鼓を打つと、添えられた左手の撥がその響きに振動して、繊細なバイブレーションを生む。寺尾はその地方である。

踊方は地方が刻むリズムに乗って、馬の足どりよろしく鳴輪を上下させ（別の踊りでは幣束を振り、扇子をかざし）、腰を前後に運びながら踊る。

ハア、ヨイ、きたきた、

金銀山大盛《おおさか》り………

と「さまよ踊り」を踊りつづけた。

私が見たのは、一九九三年二月の「春駒」である。しかし八年前のその時も、寺尾は多くを語らなかった。

語ったのは、みずからの幼時の差別体験だけである。――「浜べ。吹上の岩の下。せまい所。むかし金山の、山から掘ってきて捨てた石が、波にもまれて丸くなってる。そこに三十二軒住んでいたんです。道ひとつ距てて、こちらへは来られないんだから……。ちょっと、それだけの道しかないんだ。俺たちの方はおおぜいかたまってる。それでケンカやる。『ドロボウ、ホイト、乞食』ってからかうんだよ。すると、むこうの子どもは石投げたり……。親たちが怒ってくると、俺たちはパアッと逃げた」――彼が語ったのは、それだけである。一九二〇年代の思い出であろう。

世の中は変わる。門付祝福芸としての「春駒」が来なくなったのは、一九七〇年ころからである。年老いるにつれて、人には見えなかったものが見えてくる。被差別部落が生んだ最後の踊方、吉野福蔵から寺尾への呼びかけがあった。

八年前、寺尾は多くを語らなかったが、帰阪してからの私に、彼から幾通かの手紙が届いた。その手紙のひとつ。

「老人（故・吉野福蔵）は最後に、近所にいた自分に相談をもちかけたのです。老人は太鼓（地方）がなければ、自分の踊りの生命もこれで終りと感じたのだと思ひます。太鼓を老人が私に渡すや、私に太鼓は十年かかるからと念をおされました。ヒマさへあれば、カラ箱でもタタイてケイコをせよと言われたのです。

老人の仕事わ、おもに竹切りの仕事で、冬は仕事ができません。冬は毎日の様に私宅に来て、おしえておりました。家庭教師の様でした。むずかしくて、やめようかと思ったこともあります。ホイトの芸をやっておるとのことばもいく度となく耳にしました。私は老人と各地へ出かけてゐましたが、どこへ行かうと相手まかせでした。

少しできる頃に、私は老人と国立劇場へ出演したのです。私は今、ビデオをみて『保名《やすな》』のむずかしいのを、どうやら老人に合わせたものだと思ひ、ふしぎでたまりません。うたのふしを、ふし廻しを上手に

図15　吉野福蔵と同道、旅の途中。【右】吉野、【左】寺尾（1975年７月26日）

うたひ、それを太鼓を流れる如く合せ、その上老人の踊りに合せ、老人の変る踊に又合せ、バチサバキを次々変えなければなりません。見ている人わ簡単にみえますけれど、やってる人は気をつかっておるのです。
コタツに入って、二人でよく話したのです。老人は年毎に年をとるので、思ひだすのか『あと十年も若いとなあー』と、春駒をなつかしさうに、芸のことを思ひ出してか、残念さうに話します。いつまでも長く踊りたかったのでせう。老人がいつも言う言葉にわ、『ホイトをきらっておるのだ』と言ってゐました。それで春駒《はりごま》が成りたたないのだと言ふ老人であったらしいです。夜ねむれないとき等考へます。心の中ではかなしかったのだと思ひます。」（原文のママ）

寺尾は、もはや地方をつとめているのではない。踊方吉野が亡くなってのち、しばらく別の踊方とペアになっていた。八年前、私が見たのはその春駒である。しかし次第に観光化してゆく春駒の推移の中で、寺尾は絶望した。「あんなものは春駒《はりごま》ではない」——寺尾は地方をやめた。地方を辞めるということは、相互行為の上に成立つ「春駒」の場合、「春駒」を辞めるということである。寺尾はいつも踊方を探していた。彼からくる年々の年賀状には、いつも「初春めでたや佐渡の春駒」とだけ書かれていた。

その寺尾の家へ、私は行く。彼の部屋には、吉野と共に演じた日の写真が幾枚も額にして掛けられ、たんすの中に春駒の衣しょうや、地方の太鼓が整頓されて蔵われている。そしてとりわけ、彼の前面の壁には、「春駒」のゆがんだ面が祀られるようにして、ある。

二、語り

再会は二〇〇一年四月一七日。寺尾の話を細大もらさず聞きたくて、私は佐渡に来たのだが、彼の耳は遠くなり、期待する答えは返ってこない。終日の対話があって、彼は帰る。夜があけるのを待ちかねて、私の宿を訪ねてくる。そして同じ話をくりかえす。それは多分、彼の生涯のなかでももっとも大切な話なのだろう。そう思って、私は耳を傾ける。

くりかえされるのは、四つの話である。その一、彼の師であり、踊方であった吉野福蔵のこと。その二、八年前に私が見た、あの時の踊方との断絶のいきさつ。その三、「春駒」を生み出した、むかしの被差別部落の潜在力。その四、春駒「元面」のこと。「面」のことは、私が意識して、集中して聴いたことである。

「じいさん（吉野福蔵）出る時、こうやって出る時、なかなかあの真似できん。『ハア、ヨイ、きたきた』鳴輪もあれ、コツあるんですよ。そして『いかな世も日も……』この発音がむずかしいんだ。節ができると、太鼓で歌の節をえぐっていく。馬が歩く時、頭下げます。もっと上げ、もっと下げ。もう少し引け。きびしいんだ。それから鏡へ行って……。とにかくもう、じいさんのを保存するという気持あったから、じいさんのするの、そのままおぼえて。容易なものじゃなかったですよ。ああでもない、こうでもないって、じいさん怒ったりするから。俺、なぜ『ホイト』に怒られにゃならんか。そう思ったこともあるんですよ。太鼓の胴のしめ方も、みんな知らん筈だ。じいさんがやるのをじっと見ておった。」

「踊方」と「地方」がひとつになった語りである。だから故吉野の顔がチラチラ見える。

「表でよろこばして、裏でいやしく見られるのが『春駒《はりごま》』ちゅうもんだよ。歩いてる間差別はないんだ。戻るとまた、きびしい対抗にもどる。吉野は門付け芸を教えることは嫌がった。教えやせんです。私には何でも教えた。だまかされやせんですよ。俺がどこまでもやるということがわかってるもんだから、教えてくれた。やりとげたことは事実なんだ。上越線、トンネルばっかり。いつか明るいところへ出る。その時、午歳《うまどし》（一九七八）、国立劇場から言うてきたんです。『保名狂乱』――一月半でおぼえた。」

　くりかえされる対話、くりかえし刻みつけられる感動に疲れて、それに寺尾も少しは休ませたくて、十九日午後、私はひとりで相川博物館へ行った。「盆踊り絵馬」や「水金遊郭身売資料」など目を惹きつけたが、「春駒」の展示はなかった。

　帰途、フィルムがほしくて小さなカメラ屋に立寄った。店の壁に目を移して、息をのんだ。磯部栄一の面がかかっていた。ひと目見て、それとわかった。吉野が生前執念をかけた「元面《もとめん》」が行方不明になってからは、磯部の彫ったいくつかの面が使われている。懇望して、その面を手に入れた。

　翌朝、寺尾の家でその面を見せると、「磯部の家へ行こう」という。寺尾に案内されて行った。磯部は堤防近くの団地に住んでいた。彼はよろこんで私を迎えたが、もはや面は彫っていなかった。

　寺尾が磯部と話す時、寺尾の耳はよく聞こえた。活き活きと弾む二人の会話を脇で聞いていて、三日めになる滞在の間、寺尾から引き出すことのできなかったいくつかの話を書きとめた。

磯部　寺尾さんは吉野さんといっしょにやったころ、むかしあったほんとうの面（元面）を扱ったことあるじゃろ。

いま寺尾さんが持ってる面はのう、写真を見せてもらって私が彫った。なかなか、もとの形は出んもんでっちゃ。表情ちゅうのはむずかしい。むかしの面はくずれて、彫ってみたけど、なかなか到達できん。

寺尾　あのころは、一日も二日も預っていたこともある。あんたのは、これ深すぎる。

磯部　ちょっと顔に乗るくらいか。

寺尾　そうじゃ。あとは手拭で隠すから……。こうやるとのう、鼻とこれが合わん。目もちがう。

磯部　そう。こんな目してなかった。こわれた感じ。カスガイ打ってあったもの。

寺尾　口もちがってる。唇はもっとこうやらなきゃ。比べりゃ、わかったんだ。

磯部　写真だけじゃ、立体感がわかるようでわからん。ほんもの、あれは明治か。もっと古いか。生まれた時は、こういうものだと思って彫った。

塗りは、寺尾さん研究してくれた。

寺尾　あれは教えられん。吉野じいさんも正坐して磨いていたよ。

寺尾はいっこくである。持参した自分の面を顔にあてがいながら、感じたままを言って非礼にはなっていない。磯部がその不満に、すなおにうなずく。

その夜、また寺尾は私の宿に来た。面をつけて「春駒」を踊りだした。

翌四月二十一日朝、私は相川を去った。

＊

六月十四日、写真家篠崎隆と同道し、ふたたび佐渡相川町に寺尾作治を訪ねる。

「さまよ踊り」「保名狂乱」をはじめ、寺尾の記憶しているかぎりの、すべての地方の歌を映像に収める。

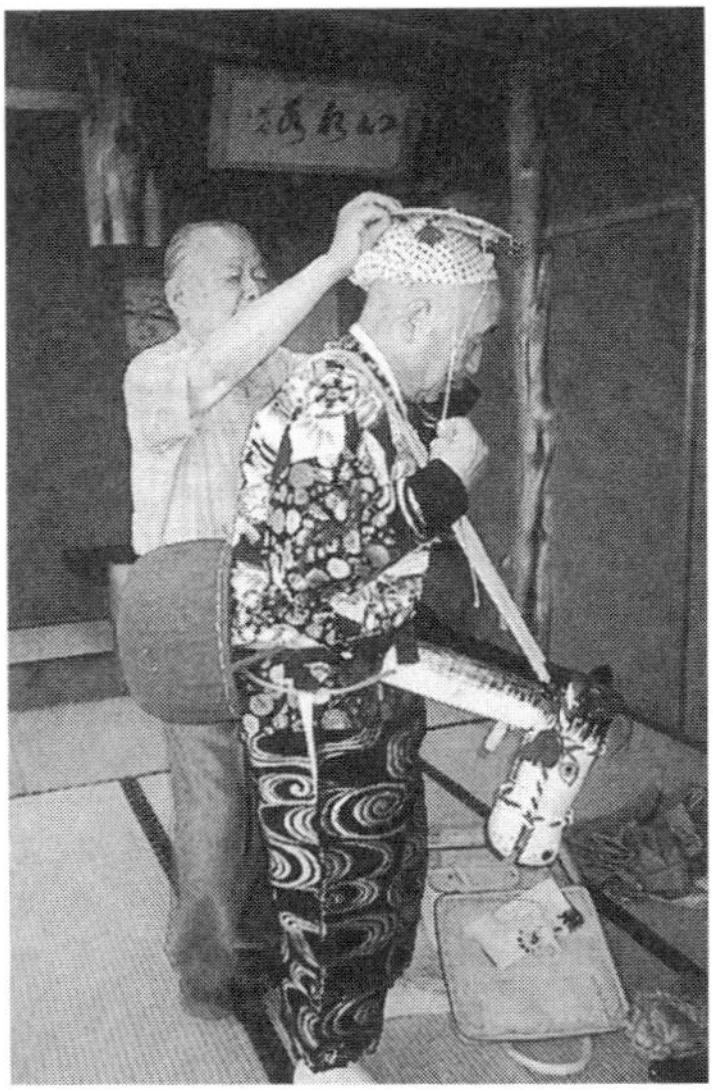

図16　踊方の衣装を着ける寺尾作治。後方は著者（2001年6月11日）

「保名狂乱」は、佐渡春駒では「段もの」と呼ばれる替り狂言のひとつ。竹田出雲『芦屋道満大内鑑』の第二段「恋や恋、われ中空《なかぞら》になすな恋……」の「小袖物狂」が、ここでは「保名来い」に転化した。

恋や恋、アレなかそらに保名こい、恋風が吹いては袂にかいもつれ、思うなかをば吹きわくる、アレ心なるあらせにつれ、うら吹きかえす、かたみの小袖、見るに思いのまつ、上にこそ、くるソーレ、いころぞや、ワレワンソーレ、阿倍の保名が安からぬ胸に、迫りきた数々ゆるみの水も、うたかさんと、たらよ姿が乱れ髪、裾を袴を踏みしだく、うかり〳〵と、ケリシャン〳〵、ただやらぬ、オーイ〳〵と招くは招く、いよ〳〵に、勘平《かんぺ》走り着きゃ

これはこれは正体もなき、若旦那の有様よ、いざお帰りなされませよと、いずみすかして引く手を払い、かしこに繋るささぎの枝、君が小袖を打ち着せて、アレ〳〵いなみすかして人が見えたるわ、うれしやと、あいりゃくは胸にこがす、いかにあさましやと、せんかた涙で打ち沈む

サテ打沈むとは、ことおかしやな、心にあればこそ時は違《ちが》わず、ハードレ、ドーコーエ、ソレソーコーに、しんじつしんから君に逢いたくば、アチリトテテン、チリトテテン、いやしのだなる、社《やしろ》へ歩みを運んで、アチリトテトン、チリトテテトン、七日なん〳〵七夜さ、思うはごりしょ、まさしく改

め、恋しき人じゃとしょうがえす
やあ保名、保名、よるなく〳〵、むこうに伏せたるはせめ太鼓、ちゅうにおいては相違はない、たとえ何百人を斬って斬って斬りまくるはやすけれど、ここらで待ちましょう……「阿倍保名狂乱」の踊りも終わりました
　ではみなさま、また来年お目にかかります

と寺尾は語りおさめた。
この「保名狂乱」を語り得る人は、いまではおそらく寺尾の他にはいない。（「寺尾作治　最晩年の記録」大阪人権博物館制作、二〇〇三年、映像記録参照）
なおこの日、寺尾から、吉野福蔵・村上藤太郎の踊歌、吉野福蔵・寺尾作治の「めでた踊」「ごきとう踊」等、貴重な録音テープ五本を預かった。

＊

六月二十一日、寺尾から「春駒衣しょう等、大阪人権博物館に寄贈したい。仲介してほしい」と電話あり。

七月十五日、馬の頭も含め、春駒用具一式届く。この皆、大阪人権博物館に連絡。「面だけは私のおもちゃ」と言って放さなかった。

三、急逝

寺尾作治の訃報が入った。二〇〇二年一月十四日、病名は心不全である。

今年元旦、彼から寄せられた年賀状をあらためて見た。例年のとおり「初春めでたや、佐渡の春駒」「本年もよろしくねがひます」と書いている。その左に、今年に限って書き添えがある。

「佐渡の春駒はすみなれたふる里をあとに大阪人権博物館へいくことにきまりました」

この二行に、寺尾の感慨がにじんでいる。

もう佐渡に行っても、「春駒《はりごま》」を見ることはできぬ。観光ホテルのステージで、あるいはお座敷芸としてなら見ることはできるかも知れぬが、ほんとうの春駒は寺尾の死とともに、もはや見ることはできぬ。

去年四月、佐渡に寺尾を訪ねた。六月にまた島を訪ね、彼の記録を撮った。

寺尾に導かれて「春駒のムラ」を歩いた。彼は地図を描いてきて、現状と照らし合わせて、一々について語った。「佐渡おけさ」をひろめた人の生家跡には説明板があったが、吉野福蔵の生家跡は店になっていた。春駒が出て行った辻は舗装されて駐車場になり、白線が車の位置を区切っていた。そこに立つ柱状の看板――「人権のまち」という文字を、彼は誇らしげに指さしたが、ムラは整理されて平明なあかるさであった。

六月に島を去る時、来年四月「島びらき」以降の再会を約して去った。寺尾は「保名狂乱」を「また来年お目にかかります」と語りおさめたが、それが永訣の時とは、寺尾も私も知らなかった。

寺尾作治ほど、幾重にも裏切られた人を私は知らない。芸の相手からも、ムラからも、そして運動や研究者からも。

忠実に吉野福蔵に師事し、踊方吉野を地方として支えた。吉野亡きあと、逆に地方寺尾を支える踊方はいなかった。寺尾が吉野と共に、国立小劇場の舞台をはじめて踏んだのは一九七八年のことである。「祝福芸の系譜・万歳と春駒」という公演であったが、いま寺尾の死は研究者も地元の文化を管轄する人も知らなかった。「春駒は部落民の誇り」と、寺尾は口ぐせのように言っていたが、行政も運動も、これを重要な文化財として位置づけ支援することはなかった。イベントの時、あるいは記事を書く時に、持ち上げただけである。そののち訪う人も、その芸の伝承や変容を追跡する研究者もなかった。

寺尾の歿後、彼が生前「おもちゃ」と言って手放そうとしなかった「面」が送られてきた。彼の部屋に額ぶちに入れて掛けられていた吉野との「春駒写真」八枚も、人権博物館へ行ったのとは別の、いま一揃いの春駒用具と共に、その「面」に添えられていた。「この面を乾に」と、寺尾は言い遺したという。責任の重大さを私は感じる。これら一式の品々は、この展覧会〔「特別公開　佐渡・春駒」展〕が終われば私は大阪人権博物館に寄贈するが、展覧会期中は私の所蔵である。寺尾は遺愛の品を託する所がなかったのだ。ほんらいこうした品々は、現地で活きて使われることが望ましい。活用できぬとしても、現地で保存されるのが理想である。しかし現地に芸の後継者がなく、託すべき館も研究者も見当たらなかった。「春駒」がたどった芸とその研究の伝承の道筋と結末をあきらかにするため、いま私に託された品々は乾所蔵と明記しておく。

新潟の、雪、ひたに降る駅舎で、私は寺尾作治のご子息と会い、故人の遺志を聴き、その遺品の活用を約束した。そして別れた。冬一月、日本海の波は高く、私は島に渡ること、かなわなかった。

寺尾作治への挽歌六首

生死《しょうじ》をわかつ波浪のうねり越えがたし知らず寺尾は逝きにけんかも

図17　寺尾作治が撮影していた、故吉野福蔵遺愛の元面

たえまなく波浪にそそぐ雪つぶて耐えがたき刻《とき》を息つめており
その刻をともに知らざりき両津にて会いて別れき四月・六月
面打たぬ面打ち磯部を訪いし日も堤防は海鳴りを遮断しいたり
「ホイトの芸」譲り伝えてひそと逝きぬ遺りしはただ「面」のみにして
味爽《まいそう》を叫び翔びたつ青鷺のその羽のうねりかえしがたき悔い

四、仮面

地方寺尾作治がいちばん大事にしていたのは、いうまでもなく「太鼓」であるが、別の意味では「仮面」である。「面だけは私のおもちゃ」と言って放さなかった。この「おもちゃ」という言い方の中に、寺尾作治の韜晦《とうかい》がある。韜晦とは姿をくらませて、世間から見えないようにすることである。

たとえば金山奉行が支配する町で、民衆とともに「金銀山大盛《おおさかり》」を祝福する時、その祝福のかたちはどのようになるか。佐渡春駒の代表的な演目である「さまよ踊り」によって分析してみる。

（踊）いかな夜も日も金銀山の……

地方のきざむ太鼓のリズムに乗って、踊方が踊り出る。この「夜も日も」は対句であるが、「いかな世も」というふうにも聞える。課税や荷役《かえき》がきびしい「世」であったとしても、まずは治世をことほいでいる。

（踊）金の光で町をてらす
　まずはひとつ祝いまして

地方の太鼓は軽快な調子に転じ、踊方は馬の足どりよろしく「チャント、チャント」と踊り始める。すると、地方が絶妙の節まわしで艶っぽい世界に誘ってゆく。

（地）さまよさまよと恋こがれても……

この「さまよ」の歌詞によって「さまよ踊り」と呼ぶのであるが、「さまよ」は表向きは「金山奉行さま」である。表面はそのようにことほいでおいて、地方はじつは民衆との共感の世界をひそかに用意し、その世界に転換しようとしている。

（踊）オサオサオサから芽がでる
　ヤチの方から米が上った
　金山から金が出た
　どんとでた
　ドンドンドンドン

「ヤチ」とは「田」のことである。
「豊作」と「金銀山大盛」を祝福し、踊方に目を引きつけている間、地方は映画のオーバーラップのように「さまよさまよ」のつづきの世界に入っていく。

（地）逢わせたまえや　いまいちど

巧妙なトリックであるが、この転換はあまりにも快よくて、祝福されている側も気づかぬほどの詐術である。

踊方は馬の足どりに乗って、腰を上げ下げしながら同調する。誰も気づかぬうちに芸の世界は「祝福」を越えている。

（踊）こんなことじょじょない
　　若い時ゃ二度ない
　どんとやれ　ドンドンドン

「じょじょない」というのは、「常にはない」「めったとあるものではない」の意であるから、「どんとやれ」の呼びかけは、無数の可能性、無限の願望にむかってひろがってゆく。

地方がさらにも艶っぽく、「色」の世界に聴く人びとを導く。

（地）カモメにもの問いかけてよ
（踊）一かけ　二かけ　三かけて
　　しかけたご商売やめらりょか
　どんとやれ　ドンドンドン

「四かけたご商売」は、「しかけた金山」「しかけた坊さん」「しかけた○○」と、どのようにも辛辣に、あるいはきわどい所で、その場によって色分けされる。

（地）わたしゃ立つ鳥　波の上……

と、地方は美の世界の節度は踏み外さない。

これが韜晦であり、「仮面」である。

「仮面」の機能を、極限まで押し進めたのが「佐渡春駒」の芸であった。

「変装すれば、自分自身の何か新しい面に気がつく。そしてこの自分自身の新しい側面を試したいと思うようになるだろう。反対に、以前には疑いの目で見られ、軽蔑さえされていた役割を、今や思いがけない成功と喜びをもって演じていることにあなたは気がつく。」（A・L・ストラウス『鏡と仮面』）

　佐渡春駒の失われた元面が、どのような機能をはたしたかは、もはや自明であろう。金山奉行の顔を模したという伝承は、その真偽を実証する必要はあるまい。そうした民間の伝承が発生したことの方がめでたい。この論ではいわゆる「男春駒」のことだけしか書かなかったが、いまひとつ「女春駒」と呼ばれる芸も佐渡相川には伝えられていて、その面は奉行の妻の顔を模したともいう。「女春駒」の面は「ヒョットコ」に近い面である。

「仮面」に顔をつつんで、「金銀山」を祝福し、「奉行」を揶揄《やゆ》したのであった。


　大阪人権博物館学芸員の太田恭治が二〇〇一年十二月二十一日、受贈書類持参のため寺尾宅を訪ねた時、寺尾は語ったそうである。「『水替無宿』供養の場で白紙の面をつけて春駒を奉納する。この供養踊から、春駒は始まる。白紙面の春駒がなければ、『春駒』はない。この二つは一体のものだ」と。寺尾急逝二十五日前の語りである。もしこの語りが真実とすれば、「春駒」はまさに「供養の踊り」ということになる。

「面」は供養のためにもつけるのである。


　とすれば、佐渡春駒「保名狂乱」が、「恋や恋、なすな恋」を「やすな恋」と歌うことも、それは単純な誤りとして見過ごすことはできぬ。「なすな」という禁止律よりも、「保名来い」という魂呼ばいが、佐渡春駒の核心に迫るからである。

「失われた元面」について、いくつかの伝承がある。寺尾はそれを、吉野から聴いた。寺尾がそれを私に伝えた。しめくくりとして、私はそれを書きとめておく。

「吉野のじいさん、正坐して元面を拝む。そして手にとって、私に見せる。『どうだ。表から見たら笑ってる。横から視たら、にらみつけたような、すごい面になるだろう』と。

小さい、浅い面です。だれが作ったか、わからん。とにかく荒彫りで。村の共同物だった。吉野じいさん、十七の時から元面はあった。鳥居の中に祀られてた。

ある時、この面をもうひとつ作ろうとして型をとった人がいる。その人の手がしびれて、動かんようになった。

吉野さん、なんべんも私に言うて聞かせた。ある時、ムラに火事があった。近所から、だれも助けにこなかった。この面拝んで、屋根に投げたら、火事がとまった。むかしの話です。

額のカスガイ、世の中いろんなこと言う。ケンカして割られたなどともいう。

新潟の美術館へ行けば見られると書いている人もいるけど、どこへ行ってるか、わからん。

吉野が知らん間に、私はこっそりと写真だけ撮った。

『面』というものは、かぶることによって血液が通う。じいさんはいつもそう言うていた。だから私も、箱に入れていたのをとり出して、壁にかけています。」

「元面」が消えたいまは、寺尾が所持していた「面」が佐渡春駒の象徴である。地方であるにもかかわらず手放さなかった。「象徴」のことを「おもちゃ」と言った。

「寺尾の面」は、磯部英一が作ったもののひとつである。作行きは、私が偶然手に入れたものよりよいとは言えないが、私のは白木である。寺尾のその面を丹精こめて塗った。「元面」に近づけようとした。その塗りの秘密はだれにも教えない。「先生になら教えてもいいですよ」と言った。「秘伝」などというものは他愛もないものである。しかし、寺尾は自分の面を手にもって、私に言った。「下から笑ってくるでしょう。先生なら持っていってもいいですよ」と、自分も笑いにまぎらせて言った。

弱法師

説教『しんとく』と謡曲『弱法師』

「身毒丸《シントクマル》の父親は、住吉から出た田楽師であつた。けれども、今は居ない。身毒はをり〱その父親に訣れた時の容子を思ひ浮べて見る。身毒はその時九つであった」――折口信夫『身毒丸』の書出しである。「住吉の御田植神事《おんだしんじ》の外は旅まはりで一年中の生計をたてゝ行く田楽法師の子ども」という設定である。さらに読み進むと、「身毒は、住吉の神宮寺に附属してゐる田楽法師の瓜生野といふ座に養はれた子方」と書いている。住吉大社百済寺《はくさいじ》に隷属し、芸能をもって奉仕する「座」(芸能者集団)の子である。父は信吉法師といわれ、この座の長《おさ》であったが、身毒九歳の時、この子を捨てた。弟弟子源内法師にわが子を託して、姿をくらませた。

折口がえがく虚構の世界では、「瓜生野の座」は「大和を越えて、伊賀伊勢かけて、田植能の興行に」出かけている。「田楽師はまた村々の念仏踊りにも迎へられる。ちょうど七月に這入つて、泉州石津の郷で盆踊りがとり行はれるので、源内法師は身毒と、制吒迦童子とを連れて、一時あまりかゝつて百舌鳥の耳原を横切つて、石津の道場に着いた」——「念仏踊り」が「盆踊り」に移行する時期であるから、中世末期を想定しているのであろう。いずれは「住吉おどり」の原型のようなものを考えている。原型を考えることによって、「芸能の発生」を考察しようとしている。

しばしば言われることであるが、一九一四（大正三）年に発表された『身毒丸』は、『折口信夫全集』（一九五六・中央公論社）では「作品（創作）篇」の中には収録されていない。「第十七巻・芸能史篇第1」の中に、芸能史論文と共に収められている。この「作品」のうしろには（附言）があって、そこで折口は「わたしどもには、歴史と伝説との間に、さう鮮やかなくぎりをつけて考へることは出来ません。殊に現今の史家の史論の可能性と表現法とを疑うて居ます。史論の効果は当然具体的に現れて来なければならぬもので、小説か或は更に進んで劇の形を採らねばならぬと考へます。わたしは、其で、伝説の研究の表現形式として、小説の形を使うて見たのです」と書いている。つまり、折口の「芸能史論」（あるいは「伝説の研究」）が「具体的に現れ」たものが、『身毒丸』である、ということになる。だからこれは、「小説」の形式をかりた「論文」であって、それで編纂者は、『身毒丸』を「作品篇」の中にではなく、「芸能史篇」の中に入れたのであろう。

しかしこの「小説の形」をかりた「伝説研究」を読み解くことは、生やさしい作業ではない。折口は「高安長者伝説から、宗教倫理の方便風な分子をとり去つて、最原始的な物語にかへして書いたもの」とも言っているが、『身毒丸』がはたして、折口のいう「最原始的な物語」になっているのか。「最原始的な物語」とは何か、について本格的に考えた人もいない。

「宗教倫理の方便風な分子をとり去って」云々を裏がえしていえば、折口のいう「物語」に宗教倫理的な分子が付け加わって、能『弱法師《よろぼし》』と説経節『しんとく丸』という二つの流れを生んでいったということになる。

山折哲雄は『身毒丸』について若干の分析を加えているが（『物語の始原へ―折口信夫の方法』一九九七・小学館）、その出発は誤解から始まっている。右に引いた折口の（附言）を、山折は三点に要約することからその論を展開している。①「俊徳丸」伝説には二つの系統があって、「中世謡曲の『弱法師』の流れと、もう一つが江戸近世に入ってからの説経節の流れのものである」。②「折口自身は『俊徳丸』伝説にかかわるこの二つの系統のさらに源流、その「原始様式の語り」にまでさかのぼってその根元をおさえてみようとしていた」。③「『伝説の原始様式』においては『俊徳丸』はもともと『身毒丸』だったのではないかという折口の仮説」。――この三点に要約している。

まず何が誤解かといえば、山折は説経節を「江戸近世に入ってからの流れのもの」と考えている。説経節を「近世に入ってからの流れ」と考えることは大きな誤りである。折口自身「世間では、謡曲の弱法師から節をひいた話が、江戸時代に入つて、説経師の題目に採り入れられた処から、古浄瑠璃にも浄瑠璃にも使はれ、又芝居にもうつされたと考へてゐる様です」（傍点筆者）と否定的に書いている。それは「誤解」だ、という記述である。

謡曲『弱法師』と説経節『しんとく丸』と、共に中世の発生と考えて、その間には「ひどい懸隔がある」とし、その二つは「一つの流れから岐れた二つの枝川か」と考えている。『弱法師』と『しんとく』と、共に「中世」の発生と考えなければ、折口論の分析はできない。

二点め、山折は、折口のいう「最原始的な物語」という語を「原始様式の語り」と言い換えている。三点めの、その「原始様式」が「身毒丸」（傍点筆者）だったのではないか、という「折口の伝説」――この二点めと三点めは相互に関連して、きわめて重要な問題である。私なりに考えていくことにする。

「異例」についての折口の考え

「身毒丸」には父「信吉法師」と訣れる直前の、父の記憶がある。「その時五十を少し出てゐた父親の顔には、二月ほど前から気味わるいむくみが来てゐた。父親が姿を匿す前の晩に着いた、奈良はづれの宿院の風呂の上り場で見た、父の背を今でも覚えてゐる。蝦蟇の肌のやうな、斑点が、膨れた皮膚に隙間なく現れてゐた」。

私蔵の能面「弱法師」である（図18）。入手して数年も経たぬに、この面にむくみが出てきた。この隙間なく現れた斑点は私をおどろかせた。塗りの不充分さに起因するのかもしれないが、私にはこの斑点は「面」の内部から発するものに思われた。そして私はこの「面」に、気がねのない親しみを感じた。私の「弱法師」という愛着が湧いた。

能『弱法師』は、この病いを捨象している。弱法師の障害を、盲目の一点にしぼっている。

説経節はちがう。もっとも中世民衆の語りである。この語りの世界では「しんとく」は継母の呪いによって、「人のきらいし異例となり、にわかに両眼つぶれ、病者《やもうじゃ》と」なった。

母の呪いを説経は次のように語る。「六寸釘夜の間にあつらえ、清水にお詣りあり、鰐口ちょうどうち鳴らし、『南無や大悲のくわんせおん、信徳が、命を取ってたまわれと、人のきらいし、異例を授けてたまえ』と、ふかく祈請奉り、これは信徳が、四つのよそくに打つぞとて、縁日を、かたどりて、御前の生《いき》木《き》に、十八本の釘を打つ。下に下がりて祇園殿、月の七日が縁日なれば、御前の格子に、七本の釘を打つ。御霊《ごりょう》殿に八本打つ。七《なな》の社《やしろ》に七本打ち、今宮殿に十四本、北野殿に参り、二十五本の釘を打つ。下《しも》に下が

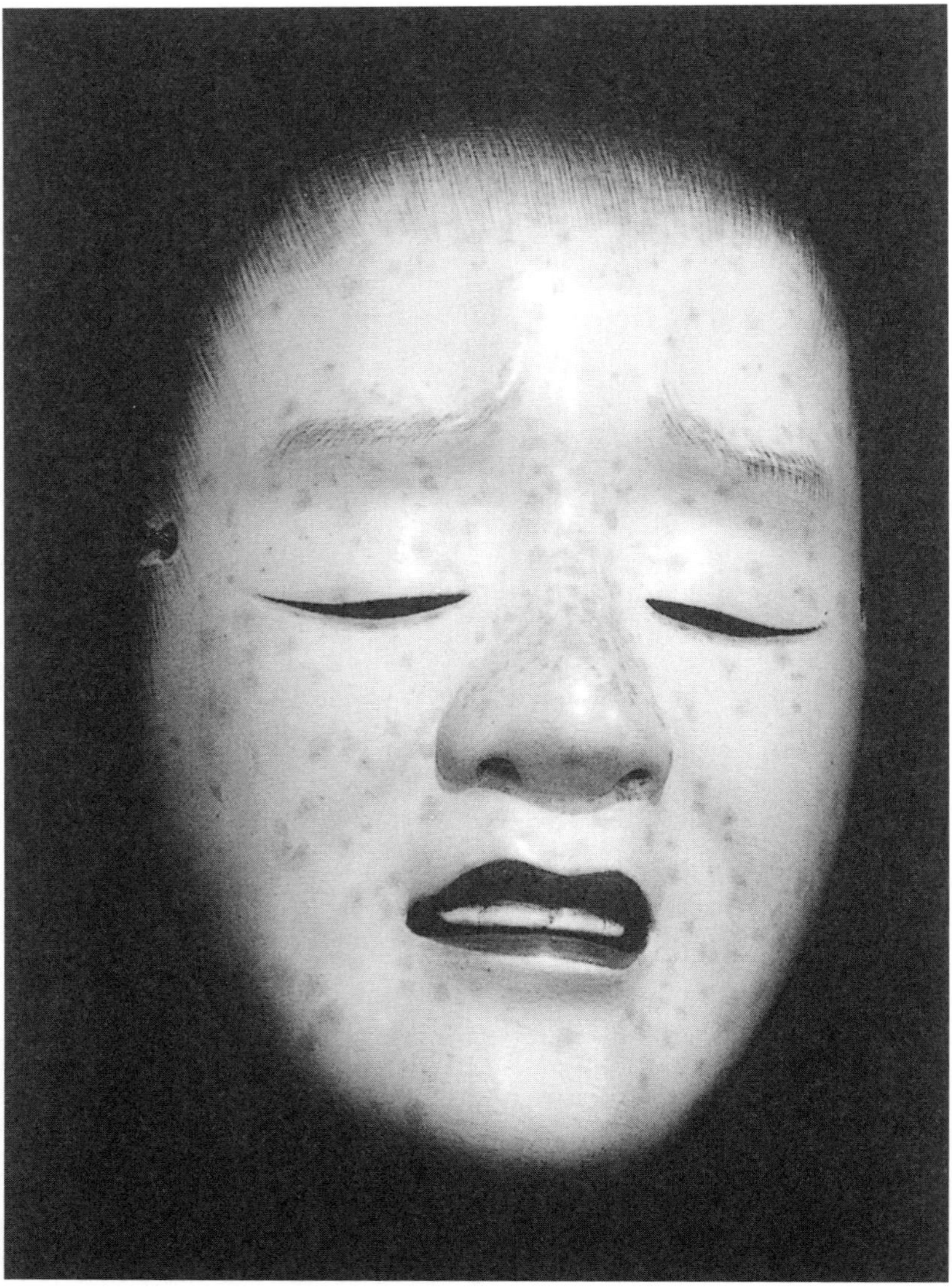

図18　能面「弱法師」

りて東寺の夜叉神、二十一本お打ちある。稲葉堂に参りては、これは信徳が、両眼に打ち申すとて、十二本お打ちある。あまったる釘を、鴨川桂川の水神蹴立てとお打ちある。都の神社社《やしろ》に打ったる釘の、数《かず》えてみたまえば、百三十六本とぞ聞えたり。また清水に参りつつ、御前《おんまえ》三度《ど》伏し拝み、みずから下向申さぬまに、異例を授けて、たまわれと、……」ここでも「釘打ち」の「呪殺」が語られる。

「しんとく」は継母の「釘打ち」によって「両眼つぶれ」「人のきらいし異例」となった。「両眼つぶれ」たのは稲葉堂での釘打ちの結果であり、「人のきらいし異例」を受けたのは清水観音への祈請の結果である。「異例」（違例）は「（一）常例ナドニタガフコト。（二）例《ツネ》ニ違フコト。病ムコト。（貴人に云フ）」（『大言海』）「①普通の例と異なること。前例のないこと。珍しいこと。②（体の状態がいつもと違う意）貴人などの病気。不例。」（『日本国語大辞典』）とあるが、なぜ「貴人」に限るのであろうか。もともと「民衆」は、つねに「異例」なのであった。「異例」は「常例と違《たが》う病気」のことであるが、「人のきらいし」という修飾語がつき、「病者《やもうじゃ》」としてしめくくられれば、この時代の通念では、それは「癩者」のことであった。そして「しんとく」は、「父」の指示によって四天王寺の南門に捨てられる。捨てられた時「しんとく」に添えられたのは、金桶《かねおけ》・小御器《こごき》・ほそ杖・円座・蓑笠であった。これらは「乞食」の五つ道具である。

ここで重要なことが三つある。ひとつは、説経では（継）母が重要な位置を占めているのに、謡曲では「母」がまったく登場しない。現行の演出ではワキ高安通俊がまず登場し、〔名ノリ〕で「さてもそれがし子を一人《いちにん》持ちて候ふを、さる人の讒言《ざんげん》により、暮れに追ひ失ひて候」と言うが、岩波古典文学大系本が底本とした世阿弥自筆本では天王寺の住侶の〔名ノリ〕から始まり、「さる人の讒言」すらも語られない。折口の『身毒丸』にも「母」は影のようにしか登場しない。「父及び身毒の身には、先祖から持ち伝へた病気がある。その為に父は得度して、浄い生活をしようとしたのが、ある女の為に堕ちて田舎聖の田楽法師の仲間に投じた」――これだけである。これだけであるが、この謎ときは意外に重要である。

　ふたつめは、説経はなぜ「しんとく」を「癩者」にするのか。さらにいうならば、「高安長者伝説から、宗教倫理の方便風な分子をとり去って、最原始的な物語にかへ」すことが、折口の『身毒丸』執筆の意図であったとするならば、折口はなぜ説経から「癩」の分子をとり去らなかったのか。しかも「父及び身毒」を「癩者」にしたのか、という問題である。このことについてはいままで、真向から掘り下げた所説を私は知らないが、きわめて重要な問題である。

　いまひとつは、さきの問題に比べれば些細な問題（宗教倫理の方便風な分子）ではあるが、「清水観音」がしきりに出現することについても一瞥《いちべつ》しておく必要がある。高安の都信吉長者の祈請に答えて、夫婦に「しんとく」を賜わったのも「清水観音」であり、後添《のちぞい》である継母の祈請を納《い》れて、「しんとく」を「異例」にしたのも「清水観音」、説経の最期に四天王寺で再会した「しんとく」と「乙姫」が共に詣で、「異例」から回復するのも「清水観音」の宝前においてである。このような荒唐無稽、あるいはおおらかさは、説経のすばらしさであって、目くじらを立てる必要はないが、大事なことは山折が、「（説経「俊徳丸」の）系統の話では、日想観のテーマや天王寺の物語はでてこない。謡曲・弱法師の中核をなしていた天王寺信仰の説話がまったく影をひそめている。それに代わって登場するのが、観音の霊験でありそれにかかわる救済の物語である」とし、「中世的な謡曲の系統と近世的な説経の系統」（前掲『物語の始原へ』、傍点筆者）と誤読していることである。

　説経「しんとく」から「宗教倫理の方便風な分子」をとり去るとすれば、まず「清水観音」が切除されるであろう。しかし「四天王寺」をとり去るわけにはいかない。「四天王寺」は「信仰」ではなく、物語の「空間」として登場する。「空間」の意味、これこそが重要なテーマである。

「身毒丸」のテーマの分裂

「父及び身毒の身には、先祖から持ち伝へた病気がある。その為に父は得度して、浄い生活をしようとしたのが、ある女の為に堕ちて、田舎聖の田楽法師の仲間に投じた」――この二行足らずの文章には、「父権」主義者である折口の醜悪さが露呈している。

重大なことを書くのに、いともあいまいな表現に終わっている。「父及び身毒の身」には、「先祖から持ち伝へた病気」がある、といっているから、「身毒」はすでに「父」からその病気を受けついでいる。これが物語の前提である。「母」は、という疑問がすぐに湧くが、それは影のように消されている。「その為に」というのは、その「病いのために」「得度して、浄い生活をしようとした」。「浄い生活」をしようとしたのは、その「病い」を一代かぎりで断とうとしたからである。にもかかわらず、「ある女の為に堕ちて」「身毒」を生んだということになる。そうとすれば、「ある女」は「身毒の母」か。「浄い生活」をしようとしたのに、その「女」によって「堕ち」たのであるから、女は「浄」に対する「穢《え》の女」ということになり、「身毒」は「穢《え》」の中から生まれた子ということになる。しかし、「ある女の為に堕ちて（身毒を生んだ）」とは書かれていなくて、「田舎聖の田楽法師の仲間に投じた」と書かれている。「堕ちた」結果は「身毒」ではなく、「田舎聖の仲間いり」である。だから「身毒の母」は、この「ある女」ではなく、「父」の「堕落」以前の「母」の存在も考えられる。その「母」は描かれていない。折口は「物語」の本質にかかわるきわめて重大な二つのこと、「身毒の出生」と「田舎聖の社会的位置づけ」を安易に考えている。それはあえてそのような韜晦《とうかい》した表現をえらんだというよりも、折口はそのことをあいまいにした

図19　『一遍聖絵』巻七・堀川のほとり（模写・藤原重夫）

まま、彼の芸能史論を書いていると私は思う。

「癩」の病いは「先祖から持ち伝へ」るものではないことは、こんにち医学的にも証明され、この病いにたいする社会的偏見もただされつつあるが、これは「中世」の物語であるからそれは許容しておく。というよりも、「癩」というのは、中世では特定の身分の人びとに対して、「社会」から被《かぶ》せられた「仮面」である側面が強い。さきに引いた『大言海』や『日本国語大辞典』が共に釈するように、「異例」とは「貴族」から見て「貴族」以外のすべての民衆の日常をさす感覚である。「民衆」の生活はすべて「異例」であるが、そのなかでも社会的「敗者」は、すべて「癩者」と考えられていた。

そうした社会的構図を、端的に集約して見せたのが『一遍聖絵』第七「空也上人遺跡市屋道場」につづく「堀川のほとり」をえがく場面である（図19）。堀川とは別に小さな溝川で区切られた一面があって、そこがかつての「東《ひがし》市《のいち》」の遺構であろうか。そこに舞台造りの板屋を建てて、「踊り念仏」が興行されている。その興行を見飽きた人びとが、溝にそって立ち並ぶ「非人小屋」の方をながめている。二台の牛車《ぎっしゃ》がとめられているが、よく見ると区切られたこの川原にもまた一段高い処があって、そこにひとりの「貴族」が二人の伴を従えて立っている。扇の骨の間から非人小屋をすかし見ているが、これは「異例」なものを見る際の作法であった。私は網野善彦のこの卓見に目をひらかれた。「大道や河原、寺院や道場の周辺など、いわば『公界』の場で」「突発的におこった出来事、突如としてその場の状況を一変させるような事件を見なくてはならない状況に遭遇したとき、あるいはすでに予想されるそうした事態に自ら加わるさい、手に持った扇で面をかくし、人ならぬ存在に自分をかえる意味を、このしぐさは持っていた」(『異形の王権』一九八六・平凡社、傍点筆者)。「扇の骨」は、この場合「仮面」になっている。

　非人小屋のなかでも、とくに注目されるのは左下から二番目の小屋にいる二人で、覆面で顔をおおっている。「癩者」であろう。手に足駄《あしだ》をはいた右端の二人の歩行障害の人とともに心に残る。一段高い一画の三人家族の小屋だけには、ささやかな屋根がかけられていることも見落とさずにいたい。黒田日出夫の洞察によれば、『聖絵』にえがかれた「乞食」には、「地付《じつき》」(その場所に住みついている)乞食と、一遍の「遊行」に随従する乞食がある(『中世を旅する人々』一九九三・朝日新聞社)。彼の見解には従えば、段高い処に屋根をかけている方は「地付」の、その上方にえがかれている一段低い場所の七名ほどは「随従」する乞食とも私には読みとれないこともないが、しかしなおいくばくかの疑問は残る。たとえば手に足駄をはいた二人の障害者は、「遊行」の旅にどのようにして加わったのか、仲間の「乞食」たちは「土車」を曳いたのか、という疑問である。

　説経の時代から、おそらく一世紀はさかのぼるであろう。十三世紀最末葉の京の構図である。このような構図は川原のみでなく、聖地霊場といわれる寺社の周縁でも見られた。おなじ『聖絵』第二「天王寺の周縁」の図である(図20)。画面手前右端の門は南門で、「しんとく」が捨てられた場所である。この門を

南に行けば、能野への道に通じていた。南門の左右にめぐらせた築地塀、その塀に沿って東西につづく道があるが、築地の切れた処からは土塀になり、その外側に非人小屋が並んでいる。車をつけた小屋が多いのは、移動しつつ物を乞うたのであろう。なかには手足不自由な者がいたかもしれない。竹馬に乗る子どもが描かれていて（枠囲み部分＝拡大図・図21）ほほえましいが、これを遊戯とみるか、あるいは田楽とのつながりを若干でも読みとるとすれば、折口の仮説にやや近づくことになる。築地塀が南北に折れた処が西門で、そこに布教する一遍がいる。西門のさらに西は鳥居で、西の海にむかっているが、その鳥居の脇、外側にも二人の「乞食」がいる。金桶・小御器を前に置いている。説経『しんとく』が描かれる空間は、おなじ天王寺でも、能『弱法師』の「日想観」の場とはまるでちがう、この寺の聖域空間の「周縁」が提示される。

『聖絵』は十三世紀最末葉の絵、説経は多分十五世紀初頭（室町時代初期）には存在していたであろうが、聖地周縁のこのような構図は、その後一九三〇年ごろ

図20　『一遍聖絵』巻二・天王寺の周縁（模写・藤原重夫）

までは変わっていない。私は一九二一年和歌山の生まれであって、高野山極楽橋から急坂をのぼる参詣道や、紀三井寺石段の山門付近にたむろしていた「癩者物乞」たちの姿は、幼少時の記憶のなかに生々しい。折口は一八八七年大阪市木津の生まれ、私より三十四年の年長であるから、天王寺中学への登下校の途次、寺域周縁の風俗はくりかえし見ていた筈である。住吉大社も、彼の生地からさして遠い距離ではなかった。

その折口のなかには、「田楽法師」のある部分を「癩者」のある部分と重ねようとする意識がある。それは多分、折口の「芸能史論」の重要な部分であった筈である。それでなければ「しんとく」を「身毒」と表記する必要はない。「父及び身毒の身」に「先祖から持ち伝へた病気」を刻印する必要はなかった。

にもかかわらず、『身毒丸』はこの主題を掘り下げようとしない。「身毒」が「父」と訣れたあと、折口は物語の八分の七の分量を費して、「源

図21　竹馬に乗る子ども

内法師」と「身毒」との異常な「父子関係」をえがいていく。目をおおいたくなるような、差別的な主題である。「伊勢の関の宿で、田植ゑ踊りのあった時」、「身毒」をしたって鈴鹿をこえ、水口の宿まで迫ってきた娘がある。「関の長者の妹娘」である。説経の天王寺の「舞楽」を関の「田植え踊り」にかえ、「和泉の長者の乙姫（妹の姫）」を「関の長者の妹娘」にかえている。「原型」に近づこうとする意図はあるのだ。

「源内」は「娘」を「慳貪《けんどん》な声を上げて」追いかえした。「其夜一番鶏が鳴くまで、」「身毒」は「源内」の「祈檻に会うた」。「剃り毀《こぼ》つには堪えられない程の愛着」で、「十七になるまで、剃らずに」残されていた身毒の頭は「青々と剃り毀たれ」ていた。「母」を消去した折口は、説経の「継母」を「継父」に置きかえて、異常な執念でホモセクシュアルともいうべき「源内」と「身毒」の関係をえがく。「身毒」は『龍女成仏品《りゅうにょじょうぶつぽん》』一巻を渡され、その経の血書を命ぜられる。『龍女成仏品』というのは『法華経』のなかに沙竭羅龍王の女（八歳）が男子に変成して成仏したという教説であるが、「宗教倫理の方便風な分子をとり去って」みれば、「女」は穢れている、救われぬということである。ゆがんだ「父子」の関係を強調するために、「血縁」も「女性」も、さらにはいちど提示した「芸能と癩者」の主題もまた、追求から排除される。それが「最原始的な物語にかへ」されたかたちであるという。これは冒瀆ではないか。

冒頭に提示された主題と呼ぶにはあまりに未発展な、「芸能と癩者」という重い主題を「未熟な第一主題」とよぶ。「源内」と「身毒」の「歪んだ父子」の主題を第二主題とよぶとすれば、折口が書きたかったのは、この第二主題の方ではないか。しかしこの第二主題は、折口の「出生」と「生育」にかかわる。彼自身の屈折した近代的自我の投影にすぎない。いわば「私怨」である。「中世」のなかに「古代」を、「近世」「近代」のなかに「古代」を、それぞれの時代のなかに「芸能の発生」を見るのが折口の方法であるが、『身毒丸』に関していえば、このような第二主題の行きつくはてを、「最原始的な物語」などと認めることはできない。折口は「ある伝説の原始様式の語りてといふ立脚地を認めて」ほしいと、手前勝手な甘えたことを言っているが、こんな差別的な主題を「弱法師」と「説経しんとく」のむこうにある「芸能の原型」と認められるであろうか。

「父」の過ち・能面の斑点

さきにも書いたが、能『弱法師』では、まず高安の長者通俊が登場して「さてもそれがし子を一人《いちにん》持ちて候ふを、さる人の讒言《ざんげん》により、暮れに追ひ失ひて候。あまりに不便《ふびん》に候ふほどに、天王寺に一七日施行《せぎやう》を引き候」と名のる。「施行」というのは、功徳のために寺の周縁にむらがる非人たちに食をほどこすことであるが、この父の〔名ノリ〕にはあまり痛みを感じることはできない。「施行」は分限者《ぶげんしゃ》の遊びのようなひびきさえある。そしてここでも「母」は消されている。「さる人」とおぼめかすゆえに、「暮れに追ひ失」った行為の主体がだれであるかあきらかにしないゆえに「父」の痛みはよそごとになる。

〔一声〕の囃子につれて、盲目の俊徳丸が揚幕から出て、三ノ松でとまる。「出で入りの、月を見ざれば明け暮れの、夜の境をえぞ知らぬ」——「出る月」「入る月」、それの見えない「盲目」の身には「明け・

暮れ」の境界はすでにない、と相対の世界を滅却した澄んだ心境がまず謡われる。しかしその心境はつかのま、「あさましや前世にたれをか厭ひけん、今また人の讒言により、不孝《ふかう》の罪に沈むゆゑ、思ひの涙かき曇り、盲目とさへなり果てて、生《しやう》をも変へぬこの世より、中有《ちうう》の闇に迷ふなり」の〔サシ謡〕がつづく。弱法師は歩み始めるが、

　橋がかりにまさしく影はななめなり弱法師われに近づきてくる

責苦が私に襲いかかる。私は私の人生で、二人の子どもを追いやってしまった。

　家計は火の車だった。にもかかわらず、私は娘を銀行に就職させた。そして何もしなかった。就職してまだ数か月しか経たぬに、娘は紡績工場へ転職したいとしきりに言った。私の「父権」は娘を叱った。「始めたことは最後までつづけよ」――幼時からくりかえし教えられてきた独善的な教訓を、私は娘の悩みを聞くこともなく一方的に押しつけた。大原の紅葉を見に行くという日曜日、娘は当日の朝になって頭痛がするとて同行をやめた。私はひとりで紅葉に酔っていた。その間に娘は死んだ。私の四十四歳の時の体験である。

　息子は重度の脳性小児麻痺で足腰がまったく立たなかった。その世話を、私はほとんど妻に任せていたが、その冬、妻も息子も高熱で臥っていた。当時私は教育委員会の責任ある位置にいた。連日の激務で困憊の極にあった。その朝、重要な交渉があって、遅れそうになって家を出ようとした。その時、息子は「水がほしい」と私に言った。私は叱りつけて、そのまま家を出た。交渉をすませてすぐ休暇をとるつもりであったが、午後の府の会議へ出てくれと命ぜられた。会議を終えたのが三時過ぎ。早々に帰宅し、疲れはてて息子の横に添寝した。目がさめると、息子は私の横ですでに息を引きとっていた。五十四歳の時の体験である。

二人の子を殺したのは、「父」である。私である。「弱法師」の登場は、私にそのことを問いつめてくる。シテ柱にたどりついた「弱法師」は、「天王寺の、石の鳥居ここなりや」（傍点筆者）と杖で柱をさぐりあてる。この型が、私の過ちを確認させる。

「石の鳥居」は「西門」につづく。説経『山椒太夫』で「土車」にのせられ、「宿《しゅく》送り村送り」された厨子王の腰が立つのも「石の鳥居」であり、説経『しんとく』で乙姫がしんとくと再会するのも鳥居と西門の間にあった引声《いんぜい》堂の後ろ堂においてであった。能『弱法師』が「日想観」をとり入れたのは、「盲目」の弱法師にありありと見える「落日」を焦点化することに美的なねらいがあったのだろうが、「弱法師」は「父」に捨てられたのである。捨てられた場処は四天王寺「聖域」の「周縁」であったし、「父と子」の相剋は「施行」や「日想観」などによって解消されるものではなかった。

私蔵の能面「弱法師」には斑点が出ている。私はこの面《おもて》をかけて橋がかりに出現する能『弱法師』の舞台を見たい。「斑点」は「呪い」の象徴であった。それは「今は狂ひ候ふまじ、今よりはさらに狂はじ」などという救済の舞台ではなく、「子」から「父」への「弾劾」の舞台である筈である。

世阿弥（世阿）の長子元雅が、この台本を書いたのは、いつのころであろう。世阿は『五音』（永享のはじめごろ）の中で、「クドキ」の典型的な曲として「ソレ鴛鴦《エンナウ》ノ衾《フスマ》の下ニハ」という現行のシテ登場の〔一セイ〕につづく〔サシ〕謡の部分を引用して、「元雅曲」と書いているが、おなじ本の下巻では、「闌《らん》曲《きょく》」として「弱法師節曲舞《くせまい》」「〔クリ〕それ仏日西天《ぶつにちさいてん》の雲も隠れ、……、〔サシ〕しかればこの中間《ちゅうげん》において、……、〔クセ〕金堂のご本尊は《ナ》、……」を引用し、元雅の名は記していない。この部分は世阿弥の作であると岩波の『古典文学大系』本は注する。よりよい曲を生み出すための「父子」の共同作業とも読みとれるが、「父」と「子」の相剋をそこに読みとることも可能である。なぜなら、いま見てもこの「節曲舞」の部分と、その他の部分とは、あまりにも異質だからである。

元雅の代表的な名曲『弱法師』『隅田川』を、世阿を代表する名作『清経』『井筒』『砧《きぬた》』『恋重荷』などと比較すれば、その違いは歴然とする。

たとえば『清経』である。修羅物という戦さの能を創りだしたのは世阿であるが、「清経」は厭戦のものものふである。筑紫の戦さにも負け、豊後の国柳が浦の沖で、舟から身を投げて自殺した。そのかたみの髪をもって、淡津の三郎が清経の帰りをまつ妻のわび住まいを訪れる。妻は「見れば目も昏《く》れ心消え、なほも思ひの増さる」とて、そのかたみを拒絶する。「手向け返して、夜もすがら、涙とともに思ひ寝の、夢」に「清経」が現れる。橋がかりにかかる清経の霊が「うたた寝に、恋しき人を見てしより、……」とうたうとき、その詠は妻のこころである。世阿は、妻の夢と清経の霊を交錯させる。なぜ「自殺」したのか。妻はそれを恨んでいる。なぜ「かたみ」を返したのか。清経の霊はそれを恨んでいる。「恨みをさへに言ひ添へて、恨みをさへに言ひ添へて、くねる涙の手枕《たまくら》を、並べてふたりが逢ふ夜なれど、恨むればひとり寝の、……」ふたりは死後も、夢のなかでさえも逢うことはない。「自殺」を恨む妻の位相は共感をさそうが、「散りぢりになり浮かむ、一葉の舟」にとり残された清経の実存が「自殺」を選んだ必然もまたふかく肯《うべな》われる。世阿は「夢」と「現実」の、「女」と「男」の、重層し交錯する構造を「修羅」として描いた。「さて修羅道に遠近《をちこち》の」「憍慢の剣を揃へ、邪見の眼《まなこ》の光」の底光りを、足利の貴族武将たちの前に造型してみせた。

ひたすらに「日想観」を暗黒のはてに透視し、「父子」再会をはたす元雅の『弱法師』――その「再会」は反語であろうが、それにしてもそのひたぶるな単純さとは、対比すべくもない複雑な世阿の世界であった。

「父」の大きさ・「子」としての過ち

私の父は幼少のころ貧困のなかに育った。小学卒の学歴しか持たなかった。給仕として県庁に入り、のちには県の高官のなかに加わった。「立志伝中の人」と言われた。頑固一徹な人物であった。

父は「学校の先生」になりたかったらしい。私は小中学のころ、成績は人より優れていたから、父はみずからの果たせなかった夢を息子の私で果たそうと思っていたらしい。

「父」と「子」の「確執」ともいうべき対立は、和歌山中学四年在学の時から表面化する。私は二人の親友と進学について共通の盟約を結んでいたが、その意志を父に告げた時、父は烈火のように怒った。父の怒りは、父の意志に従わずに、父をさし置いて友人と進路を決めたことであった。父は、当時「教育」の最高学府であった「東京高師」を受けよ、という。私は「文学」をやりたかった。私は徹底的に怠けた。私は父に対する反逆から浪人生活を送った。一年の浪人生活ののち、しかしこのままでいても仕方ない、東京に脱出しようと思い、次の年「東京高師」を受けることにしたが、ここでも問題が起こった。私は「英文」課程を受けようとしたが、父は「国文」課程を受けよという。日本人がなぜ英文を学ばねばならないか。「英文」でなくても、「国文」もおまえのやりたい「文学」ではないか。それが父の、譲ろうとしない論理であった。父は徹底して「皇国史観」の人であったが、私の日常のものの見方や行動を見て、もし私を私の望む道へ進ませれば、いずれ私は「赤」になるという危惧も抱いていたらしい。

一九四〇年、私はやむなく「東京高師」(国文)に入学したが、入ったその日から私はそこの学風になじめなかった。当時の高師というのは各地方の「秀才」を集めて、教育の中枢に位置づけようというのである。学費はすべて「官費」であるから、卒業後は一定の年限、「教職」に就くことを義務づけられている。すべてが「国の教育体制」の枠の中での勉学であるが、「一円の小遣が入ったら、十銭のびっくりぜんざいを十回にわけて食う」考え方が支配的であった。加えて「大政翼賛会体制」にはいっていく前夜の、きわめて悪い時期である。私は能勢〔朝次〕以外の講義はほとんど聴かず、上映許可期限の目前に迫っている「敵性国家（フランス・アメリカ等）」の映画を、終日場末の映画館にこもって見るような日々を送った。「父」の夢を片っぱしから叩きつぶしていった。

不規則で鬱々《うつうつ》とした東京での生活は私の健康をむしばみ、私の学生生活はながくは続かなかった。中途退学を強く主張し、私は「父」の夢を完全に砕いた。なかば「勘当」に近いかたちで「家」を出たが、その時「父」は当時の金で三百数十円入金されていた預金通帳を私にくれた。今から思えば大金であった。

行くところがなかった。中学時代の恩師の肝いりで旧制和歌山県立日高中学の代用教員になった。その時仮の住まいを提供しかくまってくれたのは、被差別部落のさる夫妻であった。それから一年もたたぬうちに、私は日高川上流の高津尾の寺に行くことになり、私は父からもらっていた三百数十円の預金通帳をはたいて、母の実家に伝えられていた「日本刀」を、ただひとり生き残っていた祖母から買った。生徒たちと共に、「ゲリラ戦」に対応するつきつめた気持が若い私にはあった。淘汰寺の書院で、私は『正法眼蔵』をひもときながら、その刀に打粉を打っていた。

元雅の代表的な名曲『弱法師』も『隅田川』も、ともに「親子」の断絶をえがく。『隅田川』の演出で、「塚」の中から、「子方」を出さない方がよい、と世阿は言った。元雅は「えすまじき」（とてもそのような演出は、私にはできそうもない）と言った（『世子六十以後申楽談儀』）。次男の元能がそのように記録して、晩年の父世阿の検閲を受けている。「人買い」にさらわれて、遠く東国で、塚の中に葬られてしまった

「子」の姿を、「母」の前に出現させるのか、声だけにするかで、「子」(元雅)と「父」(世阿)の意見は対立した。この対立には、「元雅」の「父」に対する反逆が秘められていると思う。「してみてよきにつくべし」と言ったのは父世阿であるが、この寛大で自信にみちた現実主義を、元雅はどのように受けとめたか。

　父は私の進路のすべてを砕いた。私は父の夢をすべて砕いた。しかし「皇国史観」にかたまっていたと私が見ていた「父」の一側面をある時見て、私は「父」の大きさにおどろいた。前述したように私は健康をむしばまれ、「学徒徴兵」の時は結核で帰郷していた。毎日発熱がつづき、血痰を出していたが、「徴兵検査」の前日、父は軍の最高責任者の宅へ行ったそうである。私を「兵役免除」にしてくれと、頼みにいった。当時父は、軍を支援し、軍に協力する立場の責任者であったが、もし軍の責任者の怒りをかえば、父はその場で「切腹」をも余儀なくされたであろう。そういう時代である。そのことは敗戦後に母から聞いて知ったが、私は「父」に負けた、と思った。いまひとつ、母の実家から譲ってもらった「日本刀」であるが、敗戦のあと「進駐軍」から所持している刀剣類はすべて出すよう指令があった。その指令は高津尾の山の中にも確実に届いて、私はその指令にそむくことが怖くて、母の実家の象徴であるその刀を、村の駐在所へ出してしまった。母の実家は祖母ひとりが残ってやがて絶えたのであるが、そののち私の「父」も亡くなって、その遺品整理をしていた時、たんすの奥から「父」が隠していた「小刀」が出てきた。私が高津尾の村の駐在所に出してしまったのは「大刀」で、父がたんすの奥深く隠していたのはそれと対をなす「小刀」である。いまその「小刀」だけが私の手もとにある。母の実家のシンボルは、「父」の決断によってかろうじて残ったのである。

世間がえがいた「鬼」・変節のこと

『恋重荷』は、賤民の庭師老人の、女御への届かぬ恋をえがく作である。世阿の『三道』に、「恋の重荷、昔、綾の太鼓也」とあり、『綾の太鼓』は多分現行の『綾鼓』に近いものと考えられるから、それと対比すれば世阿のねらったものが何であるかがわかる。「筑紫の国木の丸の皇居」を「白河の院」に置きかえること自体、当時としては覚悟を要したことであろうが、世阿『恋重荷』の基本作『綾鼓』では、桂の枝にからめた鼓をだす。女御はそれを打てという。この鼓には綾の布が張られていて、それを打つ音が御所まで響けば、姿を見せてやろうという。「綾の鼓」は詩的であるが、世阿はそれを金襴で包んだ重い石に換え、舞台正面先に置いた。現実的な処理である。

しかし、もっとも対照的なのは、後シテの霊の解釈である。『綾鼓』の後シテは「魔境の鬼」となって。女御の前に現れる。「鳴るものか、鳴るものか、打ちて見たまへ」「打てや打てやと、せめ鼓」「しもとを振り上げ責め奉れば、鼓は鳴らで、悲しや悲しやと叫びまします女御の御声」「死霊となつて、女御に憑きたたる」老人の霊の姿が描かれる。「冥途のぜつき阿房羅刹の呵責もかくやあらん」と女御を責める。「綾の鼓」を打てといい、「恋の重荷」を待てといい、いずれもできないことである。老人は届かぬ恋に絶望して死ぬ。その死霊が「鬼」になって、女御の前に現れる。『綾鼓』と『恋重荷』と、物語の骨格は同じである。しかし、「綾の鼓」を打てというのと、「恋の重荷」を待てというのとでは、すでに後者に抽象性がある。さきに私は「恋の重荷」は現実的といったが、作り物として舞台正面先に出された「恋の重荷」は現実的であるが、「恋の重荷」という目に見えないものをさげるという行為は抽象的である。『恋重荷』はドラマが始まった当初から、そうした重層性をもっている。

『綾鼓』と『恋重荷』と、後シテの霊の解釈が対照的である、とさきに書いたが、当然のことながら、後シテの解釈のちがいは、すでに前シテの解釈を子細に見れば予見されることである。『恋重荷』は『綾鼓』の骨格をはずしていないから、「恋の重荷」をさげよというのは女御であるが、よく見ると「重荷」を荷おうとするのは老夫である。そうでなければ、老人は「なんぼう美しき荷にてはなきか」という筈がない。「重荷なりとも逢ふまでの」と、主体的に荷をになおうとするのは、老人自身である。老人の死は他殺ではなく、「自殺」であった。だから老人の死を知ったとき、女御は「恋よ恋、我が中空になすな恋、恋には人の死なぬものかは。無残の者の心やな」というのである。女御が「磐石に押されて更に立つべき様もな」くなるのは、老人の恨み・たたりによってではなく、「恋の重荷」を知った女御自身の側の具体像である。居グセにも似た女御の美しい像は、ドラマの最後までつづく。後シテの霊（鬼）は、ツレ（女御）の肩に杖を置くだけであるが、その間も女御の静止した像は動かない。それがかすかに動くのは、鬼が「さて懲りたまへや」という瞬時だけである。

「魔境の鬼」は「地獄の鬼」であるが、「一念無量の鬼」は消しても消してもにじみ出てくる人間の思いが鬼になったものである。だから「面《おもて》」も「重荷悪尉」など人間的なものを選んでかける。前シテでも「名誉せし笑ぜう」（評判になった笑尉面）をかけたのである（『談儀』）。「鬼。これ、ことさら大和のものなり。一大事なり」（『風姿花伝』第二物学《ものまね》条々）と言ったのは観阿弥（観阿）であった。鬼は大和猿楽の本命である、という。この意味を、戸井田道三は「大寺院に拘束されて鬼の役を演じ、杖にうたれていたものの子孫」と解している（『観阿弥と世阿弥』一九六九・岩波書店）。そこまでただちに煎じつめてしまうか否かには、なお若干の保留をおくとしても、中世の芸能を考える場合、戸井田のこの視点は大事であろう。

「これ、ことさら大和のものなり。一大事なり」――これは観阿のことばであるが、「一大事」である

「鬼の能」を、世阿は『恋重荷』後シテで描いてみせた。

「一大事なり」という父のことばを、世阿が記録したのは応永七（一四〇〇）年、三十八歳の年である。父観阿の没後十六年が経っていた。世阿ほどの自意識の強い人物が、亡父のことばにことよせて、みずからの考えをその中ににじみ込ませぬ筈がない。「まことの、冥途の鬼、よくまなべば恐ろしき間、面白きところさらになし」「恐ろしき心と面白きとは、黒白《こくびやく》の違ひなり。されば鬼の面白きところあらん為手《して》は、窮めたる上手とも申すべきか」――これは『綾鼓』から『恋重荷』を創造した時の、世阿の自負であったに違いない。元雅などの、はるかに及ばぬ方法であり、複雑な境地であった。

一九六七年、私が四十五歳で教育委員会に入った時、文学や組合活動の仲間たちは私を非難した。「変節」といい、「裏切」といった者もいる。私の選択には、「人間を差別から解き放つ」という私なりの主体的な戦略があったが、いまひとつ「父」の夢をかなえたいという気持ちが、その年齢になって働いたことも否定できない。この「変節」には、一年半前の「娘の急死」が大きく影響している。私は「文学」にいのちを賭けていたから、教委でのしごとに踏み切るまでには、躊躇があり逡巡があった。しかし私の「文学」が、この選択によって駄目になるほどの「文学」なら、そんな「文学」は自滅してもよいという気負いもあった。私の就任を父はことのほかよろこび、それからほどもなく他界した。文学の仲間は私を見限ったが、私の「文学」はそれからも三十年なおつづいている。この著述も私の「文学」である。

元雅の「自殺」・世阿の「地獄」

「鬼の面白きところあらん為手は、窮めたる上手とも申すべきか」と父観阿の遺言《いげん》に託して書きとめた世阿が、晩年になって「惣じて鬼といふことをば遂に習はず」（『談儀』）と言った時、長男元雅はそれをゆるせなかった。次男元能もゆるせなかったのではないか。「よも聞き違へたることあらじと存ずれども、もし聞き違へることもやあるべき。心中《しんぢゅう》ばかりの、なほざりならざりしところを見すべきばかりに、これを記す。御一見の後、火に焼きて給ふべきものなり」（よもや父の遺戒を聞きまちがえたことはないと思いますが、万が一にもその能芸論のなかに聞きちがえたこともあるかもしれない。私の父に寄せる信頼のこころは、いい加減なものではなかったことをお見せしたい念願だけで、芸に関するご遺戒十一ケ条をここに記しました。ご一覧ののち、火に投じてください）――『世子六十以後申楽談儀』の奥書に、そのように記して、元能は出家している。永享二（一四三〇）年、世阿六十八歳の時であった。

同じ年、長男元雅は、吉野天河の弁財天社に「尉面」を寄進している。その裏に「心中所願」と墨書しているのは、何を期するのであろうか。

元雅の『隅田川』は、祖父観阿の「嵯峨の大念仏の女物狂」（のちに世阿が改作し『百万』）と、基本構造があまりに似ていて、しかも相互に対照的である。『百万』は桜花らんまんの春であり、母と子の再会が結末である。『隅田川』もまた季節は春であるが、秋の夜の感が錯覚として残るのは、母と子の永訣が確認されるからであろう。嵯峨の大念仏に群集《ぐんじゅ》する衆生と、川堤にひっそりと寄りあう鉦打ち念仏の人びと。『談儀』に『百万』は「世子作」と明記しているから、世阿の作為によって組み立てられたとしても、そのもとである観阿の『嵯峨物狂』がどんな能であったか、知るべくもない。現在釈迦堂で演じられている「嵯峨大念仏狂言」の演目のなかの『百万』は、能『百万』からとり入れたものであるが、しかし「母見た」踊りの母子再会の現地で、そこに住む人びとによって伝承されてきた妖艶な楽しさは、「嵯峨の大念仏の女物狂」の雰囲気に遡及する手がかりとして充分である。「百万」は実在する曲舞《くせまい》の名手であったという。観阿のいまひとつの名作『自然《じねん》居士』の主人公「自然居士」も実在した説経師というが、十三世紀末葉に描かれた絵巻『天狗草紙』では、「尿《しと》」を衆生に賦算する一遍や、太鼓の撥《ばち》を中空に投げあげて曲芸する田楽法師などと並べて描かれている。「仏道」を滅ぼすには「念仏」をはやらせること、「芸能」を民衆の間にひろめること、この二つだと「天狗」たちが山中で相談している。そこを絵巻は描いている。「曲舞」といい、「説経」といい、「田楽」といい、いずれも民衆の芸能である。それにたずさわる人びとは、「賤」なるものとされていた。年とともに足利貴族の好尚に傾斜し、都市化していく父世阿の作風をつぶさに見ていて、元雅は祖父観阿への回帰を考えていたのではないか。次男元能も、さきの『世子六十以後申楽談儀』奥書に、「たらちねの道の契りや七十路《ななそぢ》の老まで身をも移すなりけん」他二首をつけている。この「老まで身をも移す」は讃嘆ともとれるが、非難のこころが強い。長男の元雅とて、おなじ気持ちであったろう。

『風姿花伝』は観阿の芸能論を記録したと世阿はくりかえしことわっているが、「第五奥儀云《おうぎにいはく》」のなかの「およそおろかなるともがら、遠国《をんごく》・田舎《でんじや》の卑しき眼には、このたけ・位の上がれる風体《ふうてい》、及びがたし。これをいかがすべき」というのは、あきらかに世阿若年の時の父に対する問いであろう。父観阿は答えている。「貴所・山寺《さんじ》・田舎・遠国・諸社の祭礼に至るまで、おしなべてそしりを得ざらんを、寿福達人の為手とは申すべきや」と。これを受けて世阿は書く。「しかれば亡父は、いかなる田舎・山里の片辺《かたほとり》にても、その心をうけて、所の風儀を一大事にかけて、芸をせしなり」と。このように『風姿花伝』にも、世阿の見解は随所に書かれている。

元雅が天河弁財天社に「尉面」を寄進してのち二年、永享四（一四三二）年、元雅は伊勢で客死するが、このころもなお「都」のみでない、「田舎遠国」での演能もあったことがわかる。しかしその「田舎遠国」の世界にもすでに「人買い」が侵入し、坂本への人身売買の街道ができつつあったことも、祖父の遺作『自然居士』を見ればわかる。時代は大きく変わっていくのである。世阿のドラマツルギーが、そうした時代の変化に正しく対応する、というわけではない。しかし、元雅にもし父の『清経』や『恋重荷』ほどのドラマを構築し得る力があれば、斑点のいちめんに浮き出た面をかけなくても、父に捨てられ天王寺の非人の群れに投じたほんとうの『弱法師』を描き得たのではないか、と私は思う。『弱法師』や『隅田川』の、あまりに純粋かつ単純なドラマツルギーを見て、そう思うのである。

弟元能出家の年、元雅「心中所願」あって尉面を天河弁才天社に寄進の年、元雅は楽頭職を解かれ、世阿も能の舞台から追放されている。錯綜する政治情勢があった。ために、二年後の元雅の伊勢での「客死」を「暗殺」と見る説もあるが、元雅ほどのスケールの人物を殺して何ほどの政治的利得があろうか。元雅の「自殺」ののち、残された世阿に「地獄」が待っていた。

II　民俗仮面の深層へ

面

その面を売つてくれませんか。

私は今夜、短かかつた青春を捨てゝ私の故郷へ帰るのです。その面を売つてくれませんか。

その面を、あのひとは、多分霧のたちこめたパリの夜更、モンマルトルの街角の、青い瓦斯燈の下ででも買つたのでせう。その面を見つめてゐると海の青いみなみのくに、たとへばそれはアルジェリア――かつてデュヴィヴェが映画に描いたペペ・ル・モコ――水のやうに切ない郷愁の潮騒の音が聞えてくるのです。

そしてその面は、あのひとと私とがふとしたことからさゞなみのやうにふれ合つたあの夜から、私の束の間の青春を、あたゝかいけむるやうなシャンデリアの灯影に照らされて、うす暗いその壁のかげにじつと秘密をまもり続けながら私たちをみてゐたのです。その面を売つてくれませんか。

煖爐の火が燃えさかる冬の夜、サモワールにはコーヒーがしんしんと湧き、窓の外には天使のやうに眞白な粉雪が足音をしのばせて降つてゐました。――あゝ、それら夜毎のやさしいかたらひ、その果ては疲れ果てたつゝましい沈黙のうちにわたしたちの愛はますます固く結ばれて行つたのです。時はせゝらぎのやうに二人をひたして流れ、あのひとの神話《ミュトス》のやうに深く澄んだ瞳はすべてを理解し、感謝のいのりにかゞやいてゐました。そんな夜、その面は子供のやうにおとなしくなり、うすもゝいろのたそがれにひらく花のやうに、すやすやとかすかな寝息を立てゝ眠つてゐました。

スヰトピーの甘い香りが銀色のカーテンのあたりをかすかにたゆたうてながれ入る五月のある夜、シャンデリアの光には黄色い蛾がくるめき翔んで、窓の外では桃の実をみのらせる雨がうたふやうに降つてゐました。その夜、その面は妖精のやうに嫉妬深く、血の気の失せた青い顔をその壁のかげからのぞかせて、唇ばかりは血のやうに赤く、その神経質な小さい瞳を射すやうにあのひとの瞳のなかにそゝいだのです。

その夜から、あのひとは胸を病み、行先を私にも告げずに星のやうに私のまへから立ち去つてしまつたのです。私はいつまでも待つてゐました。昨日といふ日のゆゑに明日を期待して。けれど私に残されたものは、水銀のやうにかゞやいた疲労と、水晶にやうにまどかな忘却と、そして泉のやうにきよらかな祈りでした。そして今夜、私は故郷へ帰るのです。その面を売つてくれませんか。

あゝ、またヴィオロンの声が聞えます…………

レイルは白く故郷までつづき、汽車は忘却をのせて轟々とその上を走るでせう。せめてはその日の思ひ出のために、祈りによつて私がその日の永久な忘却から逃れられるために、あたゝかいシャンデリアの灯影に照らされ、うす暗いその壁のかげに今も秘密をまもり続けてゐる、その面を売つてくれませんか。

1942

民間仮面のフォークロア

「民間仮面」の原型のひとつ

「民間仮面」の原型のひとつがここにある（図22・口絵19）。

伎楽面・舞楽面・行道面等、貴族や社寺が珍重した外来面からの影響を一切受けていない、美学的に完成された能面などからの反映もまったくない、純粋に民間信仰が生み出した仮面である。

厚さ二十センチほどの木を、額と鼻と頬の部分を残して、さつまいも型に彫り下げ、逆八文字に上まゆをそぐ。それを受けて八文字に切り下げた線との間に、鋭角の眼が現れる。眼の下の八文字の線を受けて、さらに鋭く下降する二つの直線が、鋭角三角形の鼻を彫り出し、眼下の直線と鼻の直線の間は彫り残されて隆起した頬となる。鼻から下は顎の丸みを残して平面にそがれ、やや左下がりの単純明快な直線が、浅くしかし鋭く切られる。切型だけで、穴はあけられていない。黙して語らない口である。直線がえがく鋭角三角形が眉間《みけん》に集約し、それと対照的にまろやかにそれを包みこむ頬と顎の曲面が一文字の口にやさしく調和している。全体は不均衡で左向きであるが、両頬の部厚い側面には、幾筋かの鉋目《かんな》が鋭く走っている。

三角形の眼の鼻梁寄りに、丸いキリ型の瞳孔が小さく、深くあけられている。鋭角三角形にとがった鼻にも直方形の大きな鼻孔がひとつ無造作にあけられ、四センチにわたって面裏にとおっている。巨大な呼《い》吸《き》が、この鼻孔をつうじて出入りする。それは「山」の呼吸であろう。口は前述のごとく、かたくつぐんだままである。薄い胡粉《ごふん》の上に、赤の彩色がほどこされているが、共に剝落を現在も進めていて、心うずく古色を呈している。彩色の剝落した頭部を自然のままの巨大な年輪が渦巻き、そのうねりがそのまま両頰の鉋目につながっていく。

私はこの面と寝所を共にしている。つまり、この面は私の寝室の壁面にかかっている。朝、東の窓が白んでくる。カーテンの上のすき間、壁面の下から上にむかって射す微光が、少しずつ強くなってくる。するとこの面はにわかに奥行きを増し、かげりのある深い表情に変わってくる。それが春ならば春、秋ならば秋、照る日、曇る日によって、微妙に表情を変え、私に語りかけてくる。あれはいつのころだったか。九州の山の社から、私をつれ去ったのはだれか。だれが、私を古美術商に売ったのか。古美術商から、お前は私をいくらで買ったのか。面は私に問いかけ、うねりのような鼓動を打ちはじめる。お前は、私を、なぜ寝室に飾るのか。そこまで言って、面はまた

図22　「山の神」か（民間仮面の原型のひとつ）

黙った。

赤一色の面である。赤は呪的な力を持つ色であり、こんな均衡を欠いた、しかも部厚い面は、人の顔にかぶるためのものではない。祀られる面である。祀る面、つまり信仰面であるのに、なぜ裏面をくりぬくかといえば、くりぬかれたその空間に「神」が宿ると考えたからである。「神の顔」が、くりぬかれたその空間にはまっている。その顔はわれわれには見えないが、「神」はその小さな瞳孔から「われわれ」を見る。そして巨大な呼吸《いき》が、左右一穴になったこの鼻孔を通じて出入する。「山」の呼吸であろう。

柳田國男は一九〇九（明治四十二）年、宮崎県椎葉を訪ね、「狩」に生きる人びとの「狩ことば」「狩の作法」、ならびに「狩の祭文」を記録した（『後狩詞記』）。そのなかで柳田は、猪を仕留めた時の、解体作法についても聞きとりしている。

猪がたおれたときは、ヤマカラシ（短刀）を抜いて、まず猪の咽喉を刺す。次にハイバライ（尾の端）を切取る。ハイバライは、まっ先にその猪を射たおした者の証拠となる。ついで耳を切取り、その耳とヤマカラシをひとつに束ね、次の呪文をとなえる。

「今日の生神三度三代。ケクニュウの神。山の神。東山カウソが岳の猪の鹿も。角を傾けカブを中受け。今成仏さするぞ。南無極」

猪は山で解体することもあるが、通常は里まで持下ろし、オダトコと呼ばれる決まった家の縁の上につるし下げ、そののち解体する。オダトコの縁につり下げるのは、丸のままに、まず神に供える厳重の儀式である。

獲物の分配の作法は、射あてた人には射あてた方の前肢と胆《きも》を与える。前肢の目方は、総重量の五分の一である。残りを、射あてた人も加えて、狩に参加した全員で平等に分配する。セコというのは包囲の輪の中に分け入り、竹笛を吹いて犬を呼び入れ、隈なく捜索して猪を追い出す者であるが、そのセコには二人分を与え、猟犬の分もまた一人前である。

解体が終わると、執刀者はヤマカラシを肉の上にX型に置き、次の呪文をとなえる。

「カブラは山の神越前のきさきに参らする。骨をば御先御前に参らする。草脇をば今日の日の三代ケクニュウ殿に差上ぐ。登百葉山が五万五千。降百葉山が五万五千。合せて十一万の御山の御神。本山本地に居直りたもうて、数の獲物を引き手向けたびたまえり。ハンゲの水を清ければ、ショウゲンして人びと生く。南無極楽々々々々」

分配が終わってのち、猪の心臓の尖端を切り、血で染めた紙の旗とともにコウザキ殿に献ずる。コウザキ殿というのは、巌石や大木の下に祀られた「山の神」のことであるが、「猪の心臓」もまたコウザキという。

このように厳重な作法があるのは、「コウザキ殿」をおそれる心意があるからである。「仮面」が成立するのはこういう場である。この「面」は「コウザキの仮面」ではあるまいか。

「血」と「神」

「コウザキの仮面」を、「猪の心臓」をかたどったものとすれば、これは「山の神」、あるいは「血の神」の仮面である。

バルタバスの映画『ジェリコ・マゼッパ伝説』（一九九三・フランス）は、「馬」を描きつづけた十九世紀の画家ジェリコと、「馬」に魅せられた男フランコーニとの、倒錯する友情を、マゼッパ伝説と重ね合わせて描いたものだが、一〇五分におよぶドラマよりも、メインタイトルが現れるまでの冒頭五分間の映像詩の方がはるかに重い。重過ぎて、だれもこの五分間を分析する批評家がいない。

皮が切裂かれる。切裂かれた皮の裂けめから、解体作業場が見えてくる。裂けめから見えてくるということは、その作業場が私たちのむこうにあることを示す。「異界」が私たちの前に現れるのである。

聖女がいる。長い柄の柄杓《ひしゃく》に、血を汲み入れた聖女は、その血を捧げるようにして、下手から上手の方へ、解体現場を静かによぎる。解体作業に従事する人は、だれひとり彼女の方を見ないから、よぎる彼女の動きは儀式のように見える。儀式のような歩みが、上手のはてに到達した時、そこにジェリコがいる。ジェリコは私たちの側ではなく、すでに「異界」の中にいる。

ジェリコのカップに血が注がれる。視点は上手から下手を見る方向に転じ、聖女は静かに去っていく。画面の中の動きを、上手・下手というのは、この冒頭シーンが異常に演劇的であって、その空間構成がぬきさしならぬ映像の批評をかたちづくるからである。

心臓の鼓動。肉を叩き切る、庖丁の音がひびき、とり出される馬の首。一枚皮をなめす、柔軟な老婆の手さばき。突如、あちらからもこちらからも笑いがおこる。ジェリコは血ぬられた唇を、血ぬられた手でぬぐい、ジェリコも笑うが、笑えば笑うほど、その笑いは空しく宙に浮いてしまう。聖女だけが笑わず、作業場から立去っていく。

聖女の消えた下手から見る石畳のむこう、いわば上手にジェリコの座像が極度に小さく孤立し、手前から音立てて、血が流れはじめ、石畳は見る見る血の河になり、血の河を中に挟んで解体作業はつづく。月の光が射してきて、血の河はしだいに澄んだ河になる。作業していた人びとの動きは凝固し、石畳の河は、ふたたびあぶくをたたえた血の河にもどる。

図23　銀鏡神楽の供犠（宮崎）

『播磨国風土記』讃容《さよ》の郡《こおり》の条に見える、生鹿の腹を割いてその血に稲を種《ま》く話は、狩猟から稲作への推移などというよりも、むしろ始源の稲作さえも、血を母胎とし、血に依拠することなしには、その生育が期待できなかったことをうかがわせて、興味深い。

「血の神」への探究は、私のこころをそそる。しかし、先学の探究は「血」に関しては、あまりにも稀薄である。柳田の業績をみても、彼がひらいてみせた民俗世界の広大さに比べれば、「血」の追求はきわめて貧弱であり、折口にいたっては皆無というに等しい。現代民俗学の成果をまとめたともいうべき『日本民俗文化体系』（一九八三〜八七・小学館）とても同断である。この辺が、柳田以降現代にまでいたる「民俗学」の盲点といえばいえようか。

椎葉に近い、銀鏡《しろみ》神楽の供犠である（図23）。「血」をともなうことなしには、猪の首を切断することはできないであろうが、それが「神」への供犠になっている。それにしても、切断され、「神」に捧げられた「首」は、もはや生きていた時の表情を失って、まさに「仮面」じたいに変容していることはふしぎである。「仮面」がそこから立ちあがってくるのであった。

ネパールの仮面との出会い

ネパールの仮面である。ヒマラヤ山岳地帯、シャーマンの仮面であるというが、私は現地を訪れたこともなく、拠るべき文献も当初はなかった。シャーマンがこの面を顔につけて踊ったのか、あるいはこの面を祭壇かどこかに祀って神託を口走ったのか、そういうことも明らかでなかった。

それにしても、オブジェとしてながめても、なんという美しさであろう。極度に小さい鼻梁の左右に四角い目を無造作に切り込み、長方形の口を無心にあけて、それだけでどうしてこのふしぎな美しさが生まれるのであろう。童画のなかから抜け出てきたようなこの仮面と出会ったとき、私はこの仮面にのめり込んでいった。この面がどのような場で、どのように生きてくるのか、どんなことがあっても知りたいと思った（口絵22）。

古美術店の店頭にかかっている仮面を、「蟬の抜け殻のようだ」と言ったのは知友の平田裕司である。私のねがいは一貫して、ジャン＝ルイ・ベドゥアンがいうように、「仮面をもとあった場所に戻してみる」（斎藤正二訳『仮面の民俗学』一九六三・白水社）ことである。

私は現地に行けないから、拠るべき文献も見当たらないから、詩的直観にたよるしかない。裏側のくり込み、それに目と口の位置からみて、多分この面はシャーマンが顔につけたものである。「コウザキの面」と同じく信仰の面であるが、「コウザキ」は祀る面、これはかぶる面である。よく見ると、ヤクか何かの毛であろうか、眉、鼻と口の間から左右の頬にかけて、そして顎にも膠着させている。毛髪をこのように膠着させる例は、これが呪術的な仮面であるだけに、そこに秘めた意味は考えてみねばならぬ。それに面全体のなかでのアンバランスな目と口の位置。異様に大きなスペースを占める顎は、ここから「血」のにおいが立ちのぼってくる。詩人としての、私の想像力も立ちあがる。

彫りあげたとき、その白木の広い顎の部分に、まず動物の血を塗ったのではないか。「血」の呪力を信じ、血を塗って、その上に塗料を塗っていった。だからこの仮面の、顎の部分の彩色はかくも奥深い。「赤」を基調にしたこの顎の部分の色調は、カオスの世界を内在させている。そう思った。

そう思っていた時、萩原直樹の好意によって MARC PETIT “À MASQUE DÉCOUVERT Regards sur l'art primitif de l'Himalaya” (1995, Stock/Aldines) を借覧する機会にめぐまれた。

C'est aussi un matériau vivant qui en vieillissant, au lien de se dégrader, de s'oxyder, de s'emietter, s'enrichit, en les incorporant à sa substance, de tous les apports: enduits sacrificiels-poudre rouge sang de *sindur*, jaune safran mélangé à l'huile de moutarde—, terre blanche ou ocre, bouse de vache porte-bonheur, noire fumée des foyers, poussière, patine du temps. Sans compter les blessures de guerre, les rafistolages, les décorations super-posées au fil des siècles: poils, crins, cheveux collés avec de la poix ou de la résine, ……

「それはまた、「老い」のなかで生きているもの。それ自身を破損する場所で。錆《さ》びさせる場所で。こなごなになる場所で。それ自身を豊かにする場所で。ものに溶けあい、すべてを提供する場所で。

赤い血の供犠としての下塗り。カラシ菜の油にまぜた黄色いサフラン、——白い、また黄土色の土、縁起のよい雌牛の糞、だんろの黒い煙、時代をこえたつや。戦争の傷、応急手当の傷、時の流れのきわめて落ちついた装飾の傷。獣の毛、馬のたてがみ、松やにまたは樹脂で膠着された人間の毛髪。……」

私はフランス語が読めない。ネパールの仮面について、拠るべき文献はただひとつ、それはフランス語で書かれている。そこばくかの知友に頼めば解読もしてくれようが、私は私の感覚でこの原文にむかいたかった。仏和辞典片手に、一々の単語の意味をひき、私の詩人的感性で再構築したのがこの文である。構文や文法に無知識な者の詩的構築であるから、原著の意を逸脱していよう。無学の者の執念が編み出し、染め出した染織の断片である。

このあと、私はふしぎな縁でルベ・エマニュエルに会って、多くのことを教えてもらった。彼女は誠実に私の疑問に答えてくれたので、私は原著の真意にいくらか近づき、訂正すべき多くのことに目ざめた。しかし右の無学の文は、私とこの本とのはじめての対決の記念碑としてこのままにしておく。以下はルベの教示を踏まえながらも、なおかつ私自身が読みとり、書くことである。

マルク・プティは、「血」をどのようにとらえていたのか。poudre rouge sang de *sindur* が、「血のように赤い粉末」と「血」を「赤い色」の直喩として使っただけならば、プティは「血」を私のようにはとらえていない。しかし、*sindur* の意味がわからない。*sindur* はなにか「聖なるもの」の名かと思うが、ここだけではわからない。著作全体を精細に読めば、きっとどこかでその正体が解けるのであろうが、いまの私には及ばぬことである。ここでは sacrifice（いけにえ・供犠）としてのさまざまな「顔料」について述べていく文脈のなかであるが、私はプティとともに、あるいはプティ以上に「血」にこだわっている。

このあとさらに私は、萩原直樹の重ねての好意によって、Thomas Murray "DEMONS & DEITIES masks of the Himalayas"（"ASIAN ART" 1995, Hali Publications Ltd）を借覧することができた。この著のなかでトーマス・マレイは The red pigment around the mouth may well symbolise blood sacrifice, either animal or perhaps (in former times) human.（口のまわりの赤い絵具は、動物か、あるいはおそらくはむかしは人間か、どちらかの血の供犠の象徴であるかもしれない）と書いている。プティよりも明確な表現と思うが、私はまだ入り口である。「血」に執着しつつも、批判は両著の完読ののちまで控えるべきである。

「血」と「皮剝ぎ」・「毛」と「釘打ち」

あれは一九四八年ころのことである。私は中学校の教師だった。校区内に被差別部落があった。長欠の子どもをたずねて「家庭訪問」に行った。「部落」に入ると、どの溝にも「血」が流れていた。いま屠《ほふ》ったばかりの牛の血である。その「血」はまだ生きていてあぶくを立てていた。私ははじめて会う私の「教え子」を訪ねたが、「中学二年」の彼は広いコンクリートの床《ゆか》がひろがる巨大な建物の一角で、大きな机の上に一頭分の牛皮をひろげて、その皮に水をかけ、それを洗っていた。私は彼の名を呼んで、彼とのつながりを求めたが、彼は一瞬私の方にふりむいただけである。彼の視線と、すべての身体の動きは、ふたたび牛皮の方にむかって、二度と「教師」の私にふりむくことはなかった。その少年の仕事台の脇に一段高くなった三畳ほどのむき出しの畳敷きの間があって、そこに病気の彼の父がふとんの中にくるまっていた。

「不就学」の子は「被差別部落」には何人もいたが、その日のスケジュールを終えて、私は親交のあった同僚の教師の寺へ寄った。彼は「部落」の寺の息子であった。彼の寺の隣りに「性」をひさぐ娘たちの宿があって、彼の「窓」からそれが見える。昼と夜のあわいである「たそがれ」の時刻であったから、客を迎える「娘」たちが化粧をしている。それが友人の窓から見える。当時の社会はこの娘たちを「淫売」といったが、じつは「淫」を売るのではなく、「淫」を買いにくる男たちがいる。それはおそらくは、部落の外からくる男も多いのであるが、商品にされた「性」は、部落内のそれはもっとも安い。安いから、男たちは「血の溝」を越えてもくる。「性」というものは、愛する男女の間では、女は男を包みこみ、吸収するものである。それが「淫売」の場合は、嫌悪し拒否しつつ迎え入れるのであるから、それは「皮剝ぎ」の苦しみである。そんな夜が、今日もくる。それを「ケガレ」として集団的に体系のなかから排除し、その排除によって安定を保とうとする「教育」や「宗教」とは何であろうか。私は「寺」というのは、深山の聖地に、枯山水《せんずい》の石庭をめぐらせてあるものではなく、「寺」は私の友人の寺のように、「皮剝ぎ」の少年や娘たちと隣接して、それらが窓から見える位相にあるべきものと思う。その位相に立てば、「血」もまた生きて、「聖」なるものとして見えてくる。

私が昨年の暮れに出会い、そのなかに吸い込まれたネパールの仮面は、「血」を顎のなかに秘めていると同時に、その顔面に「毛」を膠着させている。「血」とともに、「毛」になんらかの呪力を見たにちがいないのである。仮面に植毛することは随所にある。植毛のあとを残す古面は日本にも多い。しかし「植毛」は写実に傾くことが多い。「毛」を植えることと、「毛」を膠着させることは意味がちがう。膠着させたとき、それは仮面本体のわかちがたい一部となる。この仮面の場合は、顎の赤い彩色が「血」を内在させているように、「毛」は本体の材質である木に浸透し、ある意味では「木」を、毛の生えていたもとの

「皮」に変えてしまう。だから、その「毛」は呪力をもつ。

いまひとつネパールの仮面を見ておく（図24）。この面は湾曲した一枚の木にまず目と口をくり込み、それに鼻を別の木でつけている。つけるのは金属で接着させているが、この金属はただに実用的な使途でなく、仮面に加える「傷」、あるいは「呪《じゅ》」を打込むというような深い意味を内包する。右目の縁には赤、左目の縁には白、鼻には逆に右に白、左に赤の彩色がかすかに残っている。口のまわりにも白い彩色があるが、その周辺は赤褐色の顔料で彩られていたようである。そしてその面の額の上、下顎、さらに口ひげの部分には、何ものかの皮が貼りつけられている。それも横長のカスガイのようなもの、あるいは画鋲、釘などでとめられている。この皮には黒い長い毛が生えているが、下顎の毛は歳月の経過のなかですでにそのほとんどが脱けおち、皮だけが残っている。口ひげ部分の皮は途中で表裏逆にかえされ、かえされたその末をもとに戻らないようわざと釘でとめているのは、何かの意味があるのであろうか。これもヒマラヤ山岳地帯の古面である。

いまひとつネパールの仮面（図25）。これは山岳地帯から東南に下がった、インド国境に近いタルーの人びとの仮面であるが、彩色をほどこしたのち、その彩色の上から「毛」のような切り傷を入れている。これも本体への浸透であろう。額のL型の切込みも、彩色ののちの造作である。それに眉間と右眼に打ち込まれた二本の釘。これも「呪」としての打込みであろう。

植毛とちがって、毛のついたままの皮を仮面の表層に膠着ないし釘づけすることは、その面を、生きていた獣の精霊と一体化させる。あるいは「釘を打つ」ことは、その仮面にさらに「いのち」を吹き込む。このような仮面の作例を、私蔵のインドネシアの仮面ふたつによってさらに考えておく。

ひとつめは、ジャワの古面である（図26）。このおどろおどろしい仮面は、植毛というよりも、人間の

図24　ヒマラヤ山岳地帯の仮面（ネパール）

毛髪を仮面の頭部にあて、かぶりものの布とともにその上に革をおいて釘でとめている。全体は黒いが、露出した巨大な上顎の歯列、眼球、そして眼の上と鼻のひろがりにそって白線が流れ、動きを強調している。頭髪部の輪郭にそっても白線が描かれているのに、さらに人間の毛髪を釘でとめたのである。上唇の輪郭は赤い。写真で上顎歯列の下に黒く見えるのは、かぶりものの布をひとつにまとめたものである。下顎はない。欠け落ちたのではなく、上顎の裏に太い紐が横にわたされていて、それをくわえて踊ったのであろう。重要な節目のときにはかぶりものの布と毛髪はとりかえ、踊りのたびごとに眉や鼻の白い線は塗りかえたかもしれない。そのことによって面を再生させた。眉間に打たれた画鋲は、これもまたこの仮面に生命を吹き込む眼目の作業であった。信仰の上で植民地支配の影響を受けない古様をとどめている。しかし、いずれにしても画鋲を入手して以降の制作である。あるいは、この画鋲の打込みは、仮面制作の時と同時ではなく、のちに付加されたものである可能性もある。

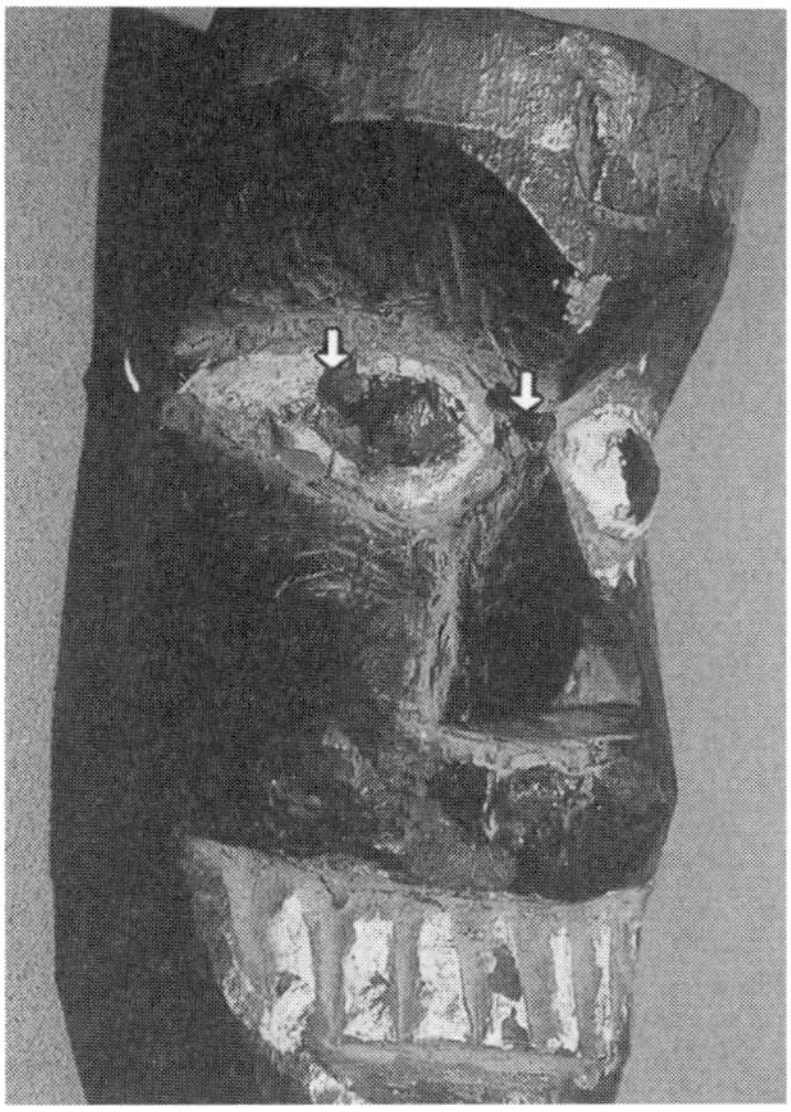

図25　タルーの人びとの仮面（ネパール）　矢印が「釘打ち」

いまひとつは、どこの島のものか、私にはわからない（図27）。顔面の彩色は、口から上と下とではその色調が変わっていて、上半分は黒い下地塗りに頰部分にかけて白い顔料が上塗りされている。眉間から鼻梁にかけて木地が露出しているが、ここにも白い顔料が塗られていたのかもしれない。この白の顔料は貝殻の粉末をなにかに溶か

図26　ジャワの仮面（インドネシア）

図27　「毛」と「皮」でおおわれた仮面（インドネシア）

したものであろうか。眼球の中心にも貝がはめ込まれている。口は右斜めに下がって白い歯列を露出しているが、左右両端に斜め上がりの黒い牙が彫り出されている。口から下、顎の部分は黒であるが、後述する顎ひげにかくれて、またそこに鼻孔と口のようなものが刻み込まれているのは、どういう信仰内容を意味するのであろう。そして顔全体を包み込むように密林さながらの黒い毛を密生させた生剝ぎの獣皮が、それは口のまわりにもそして眉の部分にも、二重三重に接着されている。そしてふしぎな第二の口を隠す顎ひげは、これは人間の毛髪であろうが、前者の面のようにして革をおいて釘でとめている。このような動物の毛と皮、そして人間の毛髪の併用は、もはや植毛であるよりも、はるかに深い意味をその奥に秘めている筈である。

呪としての「皮剝ぎ」

この偶像（図28・29）は何の目的で作られ、どのように使われたのだろうか。「もとあった場所に戻してみる」こと。それが私の執念であるが、文化人類学的な知見の皆無な私は、何の手がかりもないまま、ずっとこの像と対話しつづけてきた。この像はインドネシア・スラウェシ島の中心都市ウジュンパンダンの古美術店でもとめた。

王冠あるいは祭壇のような台の上に、かえるのようにうずくまった人物がいる。両手で支えた顔を異常に大きく前面に突き出している。クローズ・アップされたその顔が仮面に見える。仮面に見えるのは、縄文の遮光器土偶を思わせる眼もさることながら、この顔に何かの皮が貼られているからである。この薄い皮は、背中から腕、さらに足の部分にも断片的に及んでいるが、とりわけ大きく強調され前面に突き出さ

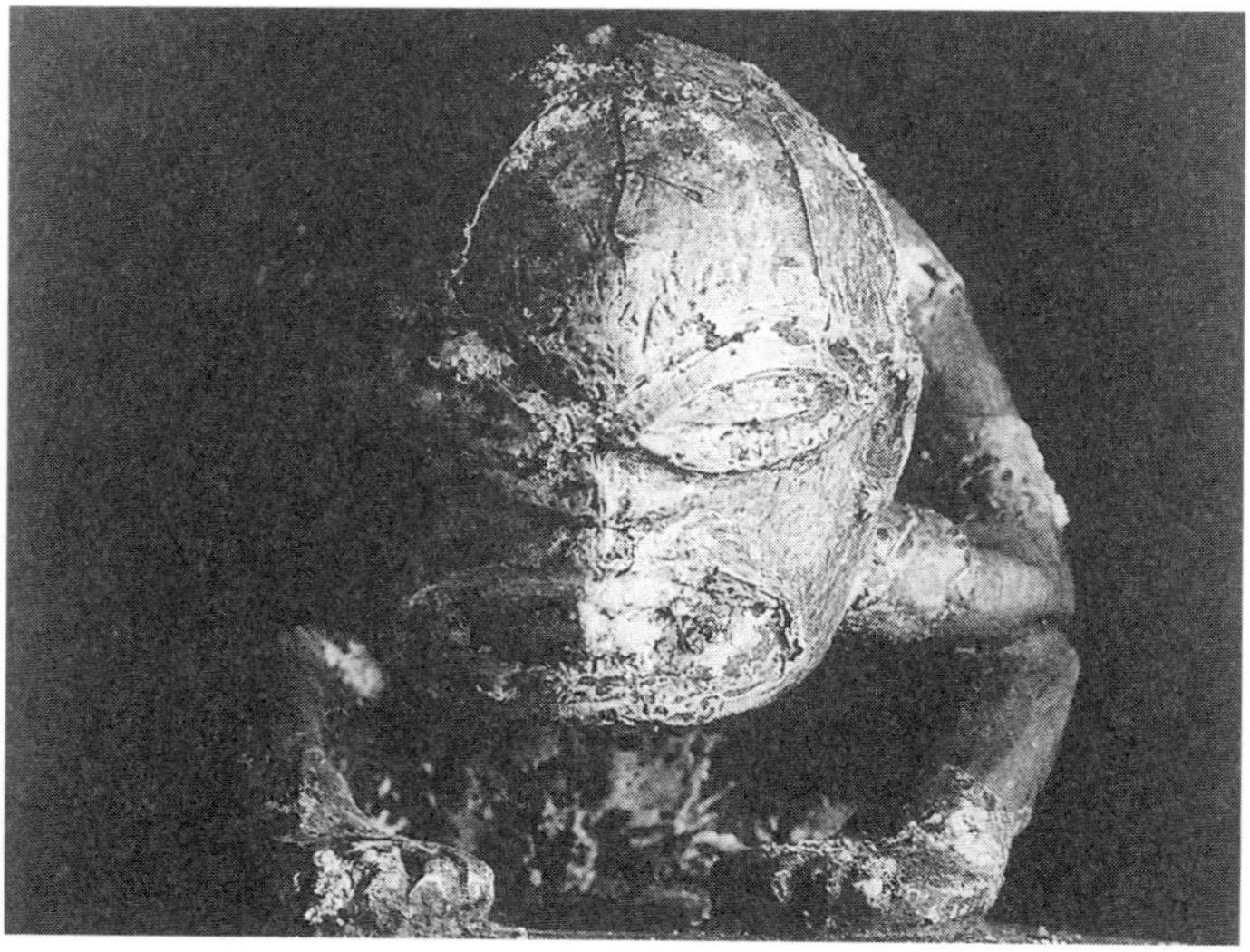

図28・29 「皮」でつつまれたうずくまる人物像（インドネシア）

れた顔全体をおおっている。何の皮か。あるいはたたかいで敗北させた敵の皮か。あるいは忘れがたい死者の皮をそこに貼りつけることによって、その霊魂のこちらへの分与をねがい、あるいは死者の再生を祈るのか、とも思った。このかたちは、胎児に似ている。あるいは、土車にのせられた餓鬼阿弥に似ている、とも思った。

宮田登は『ケガレの民俗誌』(一九九六・人文書院)の「皮剝ぎ」の項のなかで、「古い仮面に皮を剝いだ証拠のある」というナウマンの説を紹介している。この「証拠」に、私蔵のインドネシアのこの「偶像」も、おそらくはつながる。

ナウマンの原著は披見していないが、ここではナウマンの所説を踏まえた宮田の論述をもとに、私見を展開してみたい。宮田のいう「日本神話」の解釈は飛躍が多くて、ただちには納得しにくいものがあるからである。

スサノオは、「天の斑駒《ふちこま》」の皮を逆剝ぎにして、神衣《かむみそ》を織る機屋にその皮を投げ入れた。機織女《はとりめ》は、おどろいて死んだ。アマテラスはこれがもとで岩戸がくれし、スサノオはこの罪を負って追放される。

宮田の紹介によれば、ナウマンはこの「逆剝ぎ」は「祝福の行為」だという。それは「生を呼び起こす行為」だ、というそうである。

「逆剝ぎ」が、なぜ「祝福の行為」であり、「生を呼び起こす行為」なのか、宮田の簡略な記述だけでは、私にはわからない。「祝福の行為」「生を呼び起こす行為」が、なぜ「追放」に値したのか。その前に、なぜ「逆剝ぎ」でなければならないのか。また「逆剝ぎ」にされたのは、なぜ「馬」なのか。その馬はなぜ「まだら」なのか。

「まだら」の両義性

「斑駒」——「まだらな毛の馬」である。この「まだら」が濃淡をさすのか、斑点をさすのかは、あきらかでないが、「まだら」に対する古代人の感情は次の記述に現れる。『日本書紀』巻二十二推古二十（六一二）年に、「是歳《ことし》、百済国《くだらのくに》より化《おのずからにもうく》来る者有り。其の面身《おもてむしろ》、皆斑白《まだら》なり。若しくは白癩《しらはた》有る者か。其の人に異《け》なることを悪《にく》みて、海中《わたなか》の嶋に棄てむとす」（ことし、百済の国から、帰化してくる者がいた。その顔も身体《からだ》も、ことごとくまだらであった。あるいは白癩をもつ者か。人とちがった異相をきらって、海中の島に捨てようとした）——ここでは「まだら」は、棄てらるべきものとして忌避される。この「異相の人」が、伎楽を本朝にもたらした味摩之《みまし》であった。

しかし、「まだら」は次のようにも使われる。

今造る斑《まだら》の衣《ころも》目につきて吾《われ》は念《おも》ほゆいまだきねども

きべ人《ひと》のまだら衾《ふすま》に綿さはだ入りなましもの妹《いも》がを床《どこ》に

『万葉集』一二九六番と三三五四番の歌である。二首ともに、共寝したくとも、実現できない女性への思慕を歌っている。「まだ着ないけれども、あなたのことが、今はやり（流行）のまだら衣のように、鮮明に目について忘れられない」「まだら模様の寝具に綿がたっぷりと入っている。その綿のようにあなたの寝床に入って行きたい」と詠じている。この場合、このふたつの「まだら」は美しいものとして、讃嘆のこころをこめてながめられている。

このように「まだら」に対する感情は負と正、忌避と讃嘆の双方に働く事例がある。この両義性はどこから生じたのか、なぜふたつの意味が併立するのか、それははたして併立しているのか、それとも抗争しているのか。容易には解き得ない難問である。

　先を急がない。ここでは『書記』は朝廷の記録であること。しかも異国人《ことくにびと》の「皮膚」に対する心意であること。『万葉』の二首は、ひとつは「人麻呂集に見えている」と原本に注記があるが、人麻呂という人物は当時の国家構造の中でどういう位置にいた人なのかということ。そしていまひとつは東歌《あずまうた》――これは「衣類」に関する文様を介しての、愛しい女性に対する民間人の歌であること。このことを銘記しておく。

排除と帰依の構図

『書記』の「まだら」は「斑点」であるが、『万葉』の「まだら」は「濃淡」である、と思う。後者は、おそらくは「摺衣《すりごろも》」なのである。網野善彦は「摺衣と放免の関係」について考察し、それが「十一世紀前半まで」遡れることを指摘している（『異形の王権』一九八六・平凡社）。『万葉』の東歌は八世紀前後のものであるが、私が重要と思うのは、網野がこの著書のなかで引いている「贓物所㆓出来㆒物ヲ染摺成㆑文」という『江談抄』（十二世紀初頭）の記事である。

　群書類従本からの引用であるが、全文を掲出する。「被㆑命云。放免賀茂祭着㆓綾羅㆒事被㆑知哉如何。答云。由緒雖㆑尋未㆑弁。被㆑命云。賀茂祭日。於㆓桟敷㆒隆家卿問㆓斉信卿㆒云。放免着㆓-用綾羅錦繡服㆒。為㆓検非違使共人㆒何故乎。戸部《斉信》答云。非人之故不㆑憚㆓禁忌㆒也。公任卿云。然者雖㆑致㆓放火殺害㆒不㆑可㆑加㆓禁遏㆒歟。他罪科者皆加㆓刑罰㆒。於㆘着㆓美服㆒条㆖有㆓指証文㆒歟。斉信卿答曰。贓物所出来物ヲ染。摺㆓成文衣袴等㆒。件日掲焉之故所㆑令㆓着用㆒歟。四条大納言《公任》頗被㆓甘心㆒云々」――「放免」とは、刑を免ぜられ、かわりに検非違使庁での使役を命ぜられた下司である。

検非違使の供人であるに拘らず、放免が綾羅錦繍の服を着るのは何故であるか。非人の故に禁忌をはばからないのである。それならば放火や殺害の罪を犯した者でも、放免であれば禁忌をはばからないのか。罪科を犯した者はみな刑罰を加えられているのに、放免だけが美服を着ることについては、拠るべき証文があるのか。そこで網野による引用の文が出てくる。「拠るべき証拠」を言っている処である。「臓物から出てくる汁液をもって、衣服袴等を摺染にする。そのことが公認されていたから、着用させたのではないか」。四条大納言公任は、この答えにすこぶる感心し満足した。

文脈の流れからいえば、「拠るべき証拠」と「綾羅錦繍を着ること」とはつながらない。にもかかわらず公任が満足したのは、「放免」という非人身分が綾羅の着用を許されていることについて、「臓物」による合理づけが出されたことへの満足であろう。「臓物」という語彙は『時代別国語辞典』(三省堂)の古代編にも室町時代編にも見えない。しかし、「臓腑」ということばはあるから、動物の内臓とみれば、染め草の汁ですりつけて文様を染め出すのとは別に、動物の体液を染料にしたことがあるいはあったかもしれない。のちには、その衣服を着ることを「非人」のシンボルとするようなことも、あったかもしれない。

動物の体液(血液、精液、あるいは排泄物)に、呪力がこもっていると見られた心意があった。

ベドゥアンの『仮面の民俗学』は、ドゴンの人びとの「仮面を彫りあげるという危険な労働」について語っている。「新しい仮面を作ることを決めると、十人ばかりの男が、材料にするのに必要な木材を捜しに出かける。一本の立ち木が選ばれて、これがいい、ということになると、こんどは「カウリ」を献ずるのを条件に、土地の精霊たちから、その木を《買う》権限を得させてもらったうえ、その木の「ニヤマ」の祟《たた》りから身を守るための儀礼を行う。木を切り倒したり、仮面用の衣裳をこしらえる繊維を染色したりするに先だって、例の偉大なる仮面に供犠をそなえて、こうした作業のために部族共同体にふりかかってくるかもしれない、さまざまの災厄を防止するのである」――「猪」をしとめたときの椎葉の儀礼を思わせる「木のニヤマ」に対する儀礼である。「仮面」をつくることは、このように危険なことであるにもかかわらず、人は「仮面」を彫るのであった。

ここには「仮面」制作に関して重要なことがいくつも提示されているから、いま少し引用をつづけさせて頂く。「仮面の制作およびその付属品の製造は、踊り手たち全員の手によって、共同で実施される。踊り手たちは、このため、局外者たちの目からのがれて、部落のはずれに集まる。まず、木材が適当な長さに截断《せつだん》され、つぎに、四角に切り取られる。最初の粗造《あらづく》りが、やがてできあがる仮面のあらましの輪郭を決定する。その目鼻立ちと肉付けとは、だんだんと手を加えていくうちに、できてくるのである。（中略）最後に、仮面には、彩色がほどこされる。用いられる三種の顔料は、黒（焼いた木の実を、タンニンといっしょに磨《す》りつぶしたもの）と、赤（野生のスカンポもしくは黄土《こうど》の粉を煎《せん》じたもの）と、白（石灰石を米の粉とトカゲの糞とに混ぜたもの）とである。これらの顔料は、筆か、さもなければ、家禽の羽毛でもって塗られ、仮面が表す動物の毛の肌の感じを出すようにするのである。しかし、色というのは、ことに赤い色というのは、かてて加えて、呪術としての効力をもっているのだ。赤は、事実、生命の色である。この色は、恐怖を起こさせると同時に、その輝きによって、ひとを惹きつけ魅了する。たとえば、矢は《赤い目をもっている》といわれているが、ところが、ある呪文《アンカンタシオン》の中では、《矢の目をした仮面》とうたわれているのだ」（斎藤訳を抄出させて頂いた）。

この「矢の目をした仮面」については、のちに触れることがある。

私蔵の「カモシカの仮面」である（図30）。ドゴンの仮面は下顎部の左右にあけられた穴を貫く棒をくわえて踊られるそうだが、この角は接合されていないから、大地の精霊に「カウリ」を捧げた上で巨大な

図30　カモシカの仮面（アフリカ）

一木を買い、その木から彫られた。幾何学的ともいうべき三本の縦の彫込みと、それを直角に受ける横の彫込みがあって、縦三本の左右にそれぞれ目の穴が四角くあけられている。生きた「カモシカ」の顔として語りかけてくるからふしぎである。原木の「ニヤマ」を、彫り手たちが彫り出したのであろう。角にはドゴン独特の螺旋文様が宇宙の運動のようにダイナミックに描かれていて、その運動はどこまでも伸びていくようであるが、この角の顔面に対する角度がいいようもなく美しい。踊り手が棒をくわえて踊りだせば、身体の運動はこの仮面にたちまち「血」をかよわせるであろう。

角は螺旋文様によって彩られているが、顔は「白の斑点」である。「まだら」である。この「白」の顔料は「米の粉」と「トカゲの糞」に「石灰石」を混ぜてつくられた。「仮面用の衣裳を染色するに先だって、供犠をそなえる」とあったが、仮面の彩色にもまた単なる着色ではなく、原木の「ニヤマ」の再生を見た筈である。最初この仮面を入手したとき、私はその臭気に酩酊した。「トカゲの糞」（体液）が発する臭気もまた「神」であった。「神」の力によって、「仮面」が表す「動物の毛の肌の感じ」が甦った。「毛の肌」といえば、さきに見たネパールの、毛を膠着させた仮面を思いだすが、ドゴンのこの仮面の場合、「毛の肌」を再現するのが「白い斑点」である。カモシカは、ドゴンの神話では、太陽への道を守る

「聖」なるけものである。その「毛」と「肌」を表すのが、トカゲの体液がえがく斑点であった。『仮面の民俗学』の原著は一九六一年の発刊であるが、その後M・グリオールとG・ディテルランの共同研究（『青い狐』〔一九六五、坂井信三訳・一九八六・せりか書房〕等）と、J・ルーシュによる一九六七年から七年間にわたる「シギの儀礼」の映像記録によって、補足されるべきこと、正さるべきことは多く出てきたと思われる。しかしここでは、ベドゥアンの洞察にもとづいて、私蔵の仮面を見ておくのである。

逆剝ぎ・肉づきの面

「斑駒」の「まだら」にのみこだわりつづけた。

中心の問題は「逆剝ぎ」である。

『岩波古語辞典』『日本国語大辞典』によっても、また岩波日本古典文学体系『古事記』『日本書紀』の頭注によっても、さらには宮田登『ケガレの民俗誌』の所説によっても、「逆剝ぎ」は、動物の皮を尻の方から逆さに剝ぐことである。しかし、宮田のいうように、「逆剝ぎ」が一般的かつ効率的な皮の剝ぎ方であるとすれば、なぜことだてて「逆剝ぎ」といい、しかもその行為が「天つ罪」のひとつになるのであろう。

「逆剝ぎ」は、肛門から逆に剝ぐのであるが、この時皮は裏表反対になる。つまり皮膚の裏側、肉にくっついていた側が表になってむけてくる。この時、その皮は血まみれになっていることを忘れてはならない。アマテラスからみれば、スサノオは、血まみれの皮で、神にささげる織布をけがしたのであった。

「血」を穢れたものと見るとき、「逆剝ぎ」は「呪い」になるが、「血」を聖なるものと見るとき、「逆剝

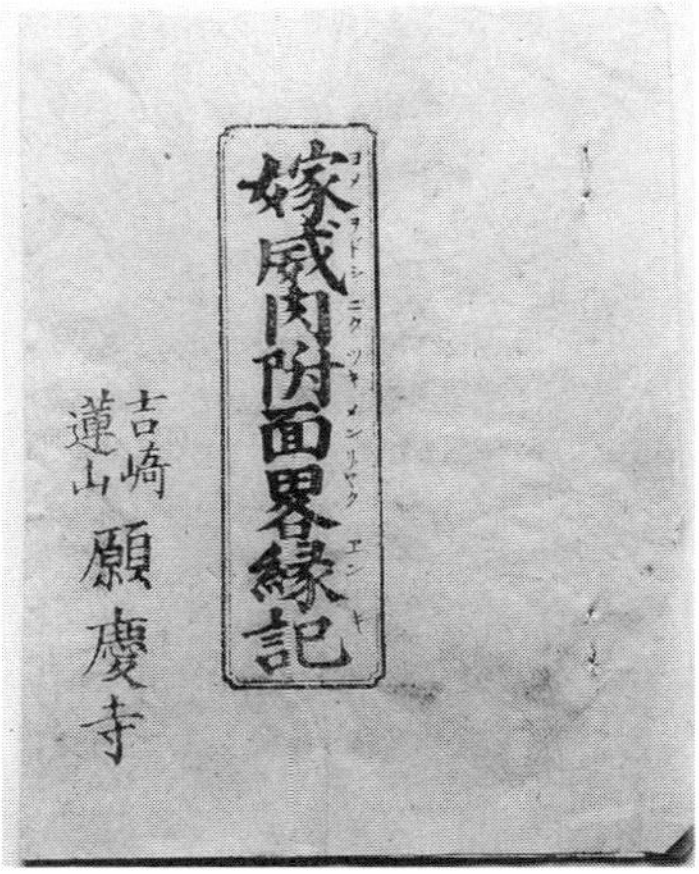

図31　木版本『嫁威肉附面畧縁起』

ぎ」は「祝福」になる。スサノオとアマテラス、弟と姉の裂けめがここに生じた。

「逆剝ぎ」は「仮面」の本質を語っている。

蓮如のもとにかよう嫁を脅そうとして、姑のつけた鬼女の面が顔から離れなくなったという説話は、説教方便の分子をとり除いていえば、「仮面」の心性をもっとも純粋に語っている。私蔵の木版本『嫁威肉附面畧縁記《ヨメヲドシニクツキメンリヤクエンギ》』（図31）は、板行の年次を記載していないが、嫁の勧めによって姑が念仏を称えたところ、「不思議ヤ面ハ直《ス》クサマ落《オチ》テ」と語っている。「肉附」というにそぐわないあっけない表現であるが、「念仏」の「不思議」な、ありのままの救いを語っている。しかし民衆の側には、「念仏」の救い以前に、深層として「肉づき」の恐怖が「仮面」にはまつわっていたと思う。

さきに「矢の目」ということを言ったが、「面」はつねに私たちを見ている。その目が怖いと、私たちは思う。これ（図32・33）は天狗の面であるが、よく見ると目の穴は、別の木片でふさがれている。この面にはなにか人間の理解をこえるできごとがあって、その目をふさいだものと思われる。「仮面」の目の穴は人がのぞくための穴ではない。そこからは、つねに「人でないもの」がのぞいている。だから「鬼の面」を姑がつけたとき、「姑」は「鬼」の視線をもつ。その面の裏側は、姑の顔面の肉について離れない。それが面である。

「肉づきの面」ということは、それが剝がれたとき、「姑の顔」は「面」の裏側に密着していて葬り去ら

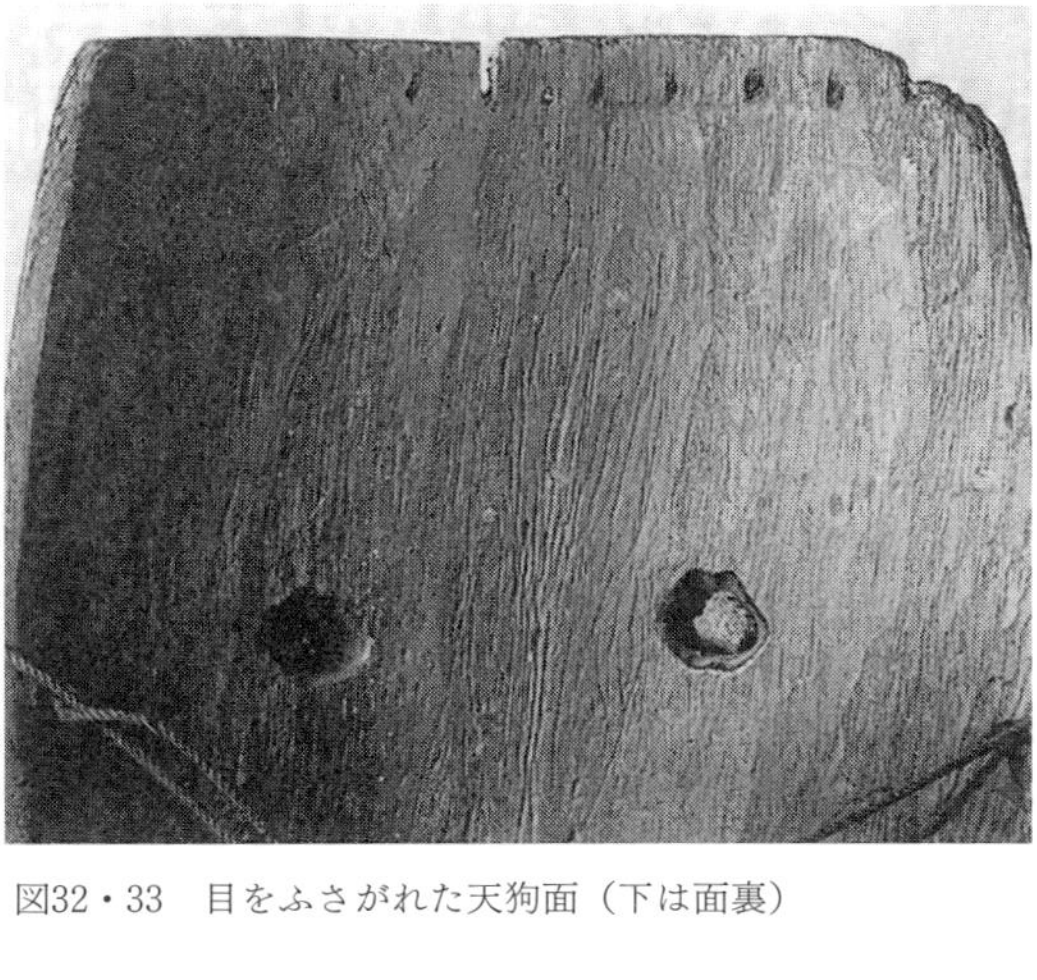

図32・33　目をふさがれた天狗面（下は面裏）

図34　淡島神社に持込まれた仮面群（和歌山）

れている。皮の剝がれた裏側の顔が、表になっている。「裏」側が「表」になっているということは、「見えない」側が「表」になっているということであって、その顔もまた「仮面」である。「仮面」はいつも「逆剝ぎ」で、だから「仮面」の表はいつも血まみれである。その「視線」が、私たちを見ている。

和歌山県加太《かだ》の淡島《あわしま》神社は、三月三日「雛流し」の行事で有名である。全国から境内いっぱいに所せましと持込まれた人形は、この日舟にのせられて沖に流される。流される「人形」とともに、境内いっぱいにひしめくのは「仮面」である（図34）。「災厄」がつづくとき、人はそれを家のどこかにある「仮面」のせいにした。「仮面」は「ケガレ」を荷わされ、「淡島さん」に持込まれた。

私の子どものころ、「淡島さん」と呼ばれる女性漂泊者がよく来た。背中に笈《おい》をせおって、その笈のなかには女の人の写真や髪の毛がおびただしくつり下げられていた。歩くにつれて、それが揺れた。いずれは女性の病気や災厄を一身に荷って漂泊していた宗教者である。それら写真や髪の毛は、淡島神社に納めるのだと聞いたが、そんな女性は、ふしぎな殺気と哀愁を身のまわりにただよわせていた。彼女が巷に現れたのは私の記憶のなかでは、ふしぎにコウモリなどの翔びかう「かわたれ」どきであった。

帰ってきた「サムトの婆」

柳田國男は宮崎県椎葉をたずねた翌年、岩手県遠野を訪れている。一九〇九（明治四十二）年夏のことである。この時の踏査が、佐々木喜善からの聞きとりと重なって、さらにその翌年の『遠野物語』の出版となった。

『遠野物語』には、冒頭の「獅子踊」の見聞を除いては「面」のことはどこにも書かれていない。それも「天神の山には祭ありて獅子踊あり。ここにのみは軽く塵《ちり》たち紅き物いささかひらめきて一村の緑に映じたり。獅子踊というは鹿の舞なり。鹿の角をつけたる面を被り童子五六人剣を抜きてこれとともに舞うなり。笛の調子高く歌は低くして側《かたわら》にあれども聞きがたし。日は傾きて風吹き酔いて人呼ぶ者の声も淋《さび》しく女は笑い児《こ》は走れどもなお旅愁をいかんともする能わざりき」という名文のかげに、わずかに伏せてあるのみである。

しかし、「仮面」への入り口は『遠野物語』の随所に見える。

「寒戸《さむと》の婆《ばば》」の話（第八話）。――「松崎村の寒戸《さむと》というところの民家にて、若き娘梨の樹の下に草履を脱ぎ置きたるまま行方を知らずなり、三十年あまり過ぎたりしに、或る日親類知音の人々その家に集まりてありしところへ、きわめて老いさらぼいてその女帰り来たれり。いかにして帰って来たかと問えば人々に逢いたかりし故帰りしなり。さらばまた行かんとて、再び跡を留《とど》めず行き失せたり。その日は風の烈しく吹く日なりき。されば遠野郷の人は、今でも風の騒がしき日には、きょうはサムトの婆が帰って来そうな日なりという」。

「いかにして帰って来たか」との問いに、「人々に逢いたかりし故帰りしなり」と老婆は答えている。この答えは「さらばまた行かん」というセンテンスにつづく。「逢いたかりし故帰りしなり」と「さらばまた行かん」との間には、無量の意識と時間が隠されている。二つのセンテンスの間の、めくるめくほどの落差のなかで、老婆の体験したものは無限大に大きい。そして老婆は「跡を留めず行き失せた」。隠された無限大に大きい老婆の声は、「烈しく吹く風」の音にかき消されて、里人たちの耳には聞こえない。「きょうはサムトの婆が帰って来そうな日なり」というところをみると、あるいはその声が聞こえているのかもしれないが、風にまぎらし、戸をとざして聞こうとはしない。聞こえない音、聞こうとはしない声を凝固させたのが仮面である。

この面は、出自不明の姥《うば》面である（口絵14）。静岡地方の面ともいうが、判定はつけがたい。中世的な笑みをたたえた実に美しい面である。額のしわ、への字型の目、広い鼻はのちの翁面にかようものがあるが、半月型の大きな口もとの笑みは能面などにはまったく類型を見ないものである。白い胡粉の上に、朱をまじえた茶褐色で彩色されている。民間仮面を母胎に、能面が形成されていく途中の仮面と私は考えている。

そんなことよりも、これは「風の騒がしき日」に、ふたたび帰ってきた「サムトの婆」ではないか。この姥面と対話すれば、「サムトの婆」の声が聞こえてくる。遠野だけでなく、全国いたるところに「サムトの婆」はいたからである。「姥」の面は、かならず「尉《じょう》」の面と対になって、「尉姥の舞」に使われたと、公式的・固定的に考えるよりも、この「姥面」を大胆に、たとえば「山の神」の面と考えてみたらどうであろうか。「山の神」の面というと「鬼の面」ばかりが登場するが、「山の神」は古来「女の神」というではないか。「山の神」の「女面」がひとつぐらい迷い出てもよい、これは「山姥」である。そう思って「民間仮面」の世界を見なおすと、実に多彩で奔放な世界が見えてくる。

「遠野郷には山神塔多く立てり、その処は曽て山神に逢い又は山神の祟を受けたる場所にて神をなだむる為に建てたる石なり」。『遠野物語』八十九話の注記である。「神」と出会った地点に人は「石」を建て、「神」を祀る。この場合、祀られる「神」の像は、つねに「人」の方からでなく、「神の世界からのかたち」として思念される。そういう指摘をどこかで見たような気がする。柳田は「仮面」のことは語っていないが、この指摘は「仮面論」の重要な原点にふれている。つまり「面」は「神」の視線として、「姥の面」は「サムトの婆」の視線として、「私たち」を見ていることになる。

「民間仮面」に重層するもの

秋葉街道ぞい、水窪《みさくぼ》の町並みを歩いていた時、細い脇道を入った民家の間に、何基かの小さい石碑が祀られていた。そのひとつ。「地神死粮」と刻まれて、割箸にはさまれた幣帛《へいはく》が立てられている。二・三基離れた石塔はあきらかに墓標であるが、上に○が描かれている。その下に「同皈空」とあって、二列に戒名が刻されている。いずれも七字ほどにわたる長い戒名であるが、むかって右はいちばん上が「狐」の字である。左は最後の文字が「得定尼」とあって、その左右の戒名の下に「共存」とある。「宝永」の年号が読めるが、他は判読不可能であった。それを読もうとしている私に、路地から出てきた娘さんがいきなり突きあたりそうになり、その墓石のなかの見えないなにかに出会ったように悲鳴をあげた。「人」と「神」、あるいは「人」と「動物」のあいだにはさまざまなドラマがあって、民間信仰は、幾重にも重層する世界である。

たとえば、いまいちど冒頭の「コウザキの面」にもどる。この仮面はいつ作られたのか、と問われれば、制作年代はわからない。いともたやすく時代判定をする権威者もおるが、民俗仮面の制作年代は基本的にはわからない。民間の仮面は、その土地その土地の独自の心意をその背後にもっていて、そこには「古代」から「近代」までが重層している。再度、柳田による椎葉の記録を見ても、焼畑の作法があり、「シバオリ」の作法がその上に重なる。「柴」は、もとは祭りの忌《い》みに入るしるしであるが、その「柴」も上瀬には「さか柴」。その柴に幣《しで》をつける。中瀬には「椎柴」。柴の上から粢《しとぎ》をかけ、「みさき」を祭る。「粢」は白米を水にひたしたものであり、「みさき」は稲荷信仰・熊野信仰、さらには御霊《ごりょう》信仰にもつながっている。柴の右の三方より「火」を放ち、「心経」読誦《どくじゅ》。「しゝ」（猪＝肉）はその柴にかけるが、この作法には口伝がある。中瀬には同時に「みてぐら」（御幣）三本を立てるが、これは「水神」へのみてぐらである。このように「民間」の民俗には、焼畑（火の信仰）や稲作（水の信仰）、その上に「般若心経」（密教や修験道）までが重なっている。別の個所には「狩の紛議」を「警官に訴へ法廷に持出すことなく、慣例に依り」解決した例がある。「裁判例の一二」もある。「判士は庄屋殿。又は小役人」。「古代」「中世」、「近世」封建制の上に「近代」が重層するのである。

彫技からみても、「民間仮面」の時代特定はむずかしい。その土地の専門的な面打ちによって彫られたもの、なかば専門的な人によって彫られたもの、土地のずぶの素人が彫ったもの（このなかで、「ずぶの素人が彫ったもの」がほんらいの「民間仮面」である)、他の土地から伝来されたもの等々さまざまで、「民間仮面」には一定の様式がない。だから制作年代の特定はむずかしい。

塗られた顔料の分析や、材質の種類、その老朽度を析出すれば、制作年代は多分かんたんにわかるのであろうが、そういうことをしても、さして意味のないことと、私などは思っている。

様式化された面に近づけば、制作年代はおおよそはわかる。さきの「サムトの婆」の面は、鼻から上が「翁」の面の様式に似ている。しかし大胆な笑いを含む口の造型は、能面にはない民衆の造型である。能面のくずれとは考えられない奔放な造型から、この面の制作年代がほぼ読めるのである。

修験における「火王」「水王」面

年代の特定できる面を見る。

阿吽《あうん》一対の面である(口絵15・17)。二つの面は彫技も同じであり、一対の面として入手した。阿の面は赤に、吽の面は青色に彩色されている。

赤い阿の面の裏に、次の墨書がある。

牛尾神社
肥前国小城郡　西□牛尾山神宮寺
若王子大権現□賢□□前神火王巴(也カ)
作者同□住□等□

右感□□為　施入□
神徳□□□
天長地久諸□□除
当山…□…者信心施主
武運長久…□…
子□繁□
如意満足□
住□□□
于時天正四年丙子……春

なお、顎の裏には次の墨書がある。

明治（破損欠落）
丙戌十一月九日
再色仕候
千百祭之□
工□造
氏子中（口絵16）

時代の推移とともに墨がうすれ、判読困難な個所も多いが、この面が「火王」面であり、天正四（一五七六）年この土地の人によって作られ、「当山信心、施主」によって、「武運長久」「子孫繁栄」等の祈願をこめて、「若王子《にゃくおうじ》大権現」の神前に奉納されたことがわかる。そのことを面裏に墨書したのは、神宮寺の住持であろうか。この面は明治十九（一八八六）年に「再色」された。明治の年代記入の部分は破損によって欠落しているが、干支の記入があることによって、それが「十九年」であることが指定できる。

「牛尾神社」は『角川日本地名大辞典　佐賀県』によれば、「延暦一五年、勅宣によって良厳が若王子大権現を勧請、福長寿院別当坊を建てたことに始まるという（牛尾山別当坊縁起）。箱根・熊野・鞍馬の別当とともに四大別当の一つであったと伝え」る。

中世から近世まで、「若王子大権現」として崇敬されたというから、面裏墨書右端「牛尾神社」の記銘は、顎裏の「明治丙戌再色」の記入とともに、明治期に氏子によって書き加えられたものである。筆跡ならびに墨色のちがいによって、そのことはわかる。なお、左端上部の「天正四年」にも墨のなぞりがあるが、それは基本筆跡の書体と干支の一致によって、この面の制作は天正四年にまちがいないことが言える。

阿吽一対の面のうち、「火王」の面裏に墨書を記したことには、「火王」を優先させる心意が見える。『肥後国風土記』逸文に、「肥後の国と肥前の国は、もとひとつの国である。夜、虚空《おほぞら》に火あり。燎《も》え降《く》下《だ》って、八代郡《やつしろのこほり》白髪《しらかみ》山に着焼《もえつ》きた」とある。深層に「火の記憶」をとどめる国であるが、世降っても牛尾山は、修験の根拠地であった。阿吽一対の形象化は、いずれにしても密教が定着してからのものである。「阿」は口を開いて発する字音の最初。「吽」は口を閉じてする字音の最後。「阿」は万物の発生であり、「吽」は万物の帰着である。こうした発想は、固有の民間信仰のなかにはなかった。

牛尾山の修験道は、どのようなものであったのか。さきに引いた『角川日本地名大辞典』あるいは『小城町史』にも若干の記述が見えるが、ここでは黒木俊弘「肥前牛尾山の修験道」(『山岳宗教史研究叢書』13・一九七七・名著出版)によりながら、私なりに問題の焦点をあぶり出す。

佐賀県の地図をひろげてみるとわかる。南の有明海を大きく包みこむように西に湾曲しながら展開する陸地が肥前国(佐賀県部分)である。東は筑後、さらに肥後へとつづくが、左右に手をひろげてかかえこんだような陸地の基幹部に位置するのが佐賀平野である。その西北に、何の変哲もない標高七十メートルの丘陵山塊があって、その山塊に南面して位置するのが牛尾山別当坊であった。

このような牛尾山が、なにゆえ箱根・熊野・鞍馬とならんで四大別当のひとつになり得たかと、まず疑問がわく。しかしその疑問は、ふたたび佐賀県地図に黒木論文掲載の「肥前国峰廿八箇所行場」の地図を重ねることによって解ける。

牛尾は標高七十メートルの丘陵山塊であるが、その背後北方から北東方にかけては雷山(九五五メートル)・背振山(一〇五五メートル)を主峰に背振山地がひろがっている。さらに西方には現在の武雄・嬉野・多良岳へとつづく山地がある。牛尾山はそれらの山地に点在する二十八の霊山に峰入り修行する駈け出しの山であり、終結の駈け込みの山でもあった。

私蔵の面がつくられた「天正」のころは、まだこの地では戦乱の世がつづいていた。元亀元(一五七〇)年といえば、私蔵の面が制作奉納される六年前であるが、十万を誇称し龍造寺の佐嘉(佐賀)城を包囲した豊後大友の今山本陣を急襲し、壊滅的打撃を与えたのが、のちの佐賀藩祖鍋島直茂である。この「今山夜襲」に参加したのが、牛尾別当坊琳信を中心とする山伏集団であったという。

「これにつづく龍造寺の多久功略の先駆や、天正十二(一五八四)年の島原出陣にも出陣した」という。別当坊所蔵の『天心流貝術免許伝書』一巻は、文政四(一八二一)年の奥書ではあるが、そのなかに貝の合図を分類し、「出陣貝」「軍事触れ貝」「敵夜討入り貝」「敵将討取貝」等々……「山伏の法具とされる法螺貝は、その内容のほとんどが軍陣合図にそのまま実用されるものであった」と黒木論文も指摘している。「火王面」の面裏に「武運長久」の記銘があるのは、このような時代背景の中では、実感をこめての祈願である。この面の造型は、ただちに民間の造型でなく、修験者の心意の反映であることが判明する。「火王面」縦二二・七センチ、「水王面」二二センチ、横幅はともに一八・五センチと大きい。かぶる面（芸能面）ではない。祀る面（信仰面）である。継木の鼻高面であるが、「水王」の方はその継木がとれている。しかし、とれた跡に釘目はない。鼻孔が双方共異様に大きい。「水王」の方は閉じた口の左右脇から牙が上向きに出ている。明治に「再色」したというが、色彩は古色を帯び、剝落が甚しい。どのような状況で祀られていたのであろうか。

地図をたよりに、土地の人びとに尋ねながら、牛尾神社を求めていった。私はいくたびもめぐったのであった。山と呼ぶにはあまりに低い。丘とよぶにはあまりに高い。ふもとの集落の、民家に隠されて、やっとみごとな石鳥居に出会った。笠木の部分が細く、左右の柱はそれに比べて長くそして下部に行くにつれて太いから、独特の構えである。そこから一筋に、上に向かって自然石の石段がつづいていた。この鳥居は、佐嘉本藩二代目藩主と小城支藩藩主とが寄進したもので、「若王子大権現」と刻した石の額が、中央に高くかかっている。その鳥居にむかって右脇に、美しい釈迦如来石仏、さらにその裏に六地蔵の灯籠があった。

自然石の石段は、コンクリートで平面に補修され、登りやすくはなっているが、かなり急なその石段を登っていくと、途中砦を思わせるような石積みの上に、白い土塀が少しばかり残っている。その坂道を百メートルほど登ると、左に別当坊の跡があった。意外に狭い。そして、そこにまた第二の鳥居があって、これは佐嘉本藩初代藩主が献納したもので、県指定重要文化財である。佐賀藩と別当坊の、強固な結びつきが象徴される。その鳥居の中央にも「若王子大権現」の文字が刻されていた。

そこから石段はさらに急になり、その石段を五十段ばかり登ると、正面に「牛尾社」の拝殿ならびに本殿、その前のかなり広い境内に出る。拝殿左右には整然と砂盛りがあり、人はいないが境内は清掃されている。

この本殿に、「火王」「水王」の面は祀られていたのか。あるいは、現在「牛尾社」と書かれた扁額のあたりに、この一対の面は掛けられていたのか。明治十九年「再色」の時には、この面はこの神社にあった。『小城町史』によれば、この神社は「明治六年村社に列し、明治四十年二月に神饌幣帛供進指定神社になった（『小城郡誌』）」とある。明治期、この神社が極度の衰退を迎えたとは思われない。この両面が、どのようにして流出したか、不明である。

ともかくも、四百年余の歳月を経た「面」は縁あって私の手もとにある。面裏に書かれた墨銘を読み、その所在を確かめるに、私は相応の時間を要した。所在はつきとめたが、そこに行けるか否か、正月には病院にいた。そして病気療養中の私は、知友には内密で大阪南港からフェリーに乗り、別府から自家用車を走らせて、いま確かにこの社前にいる。

拝殿の東に広い客殿があって、おそらくは祭礼の折用いられたと思われる。そこに座って、南方の平野を見はるかす。眼下にひろがる平野は広いが、牛尾の台地は狭い。衆徒が戦闘に参加したのは、元亀・天正の戦国末期のみではない。壇の浦合戦では、熊野別当坊湛増と呼応し、衆徒三千騎を率いて豊後に進出と『吾妻鏡』にある。源範頼の背後支援が目的であったという（黒木論文）。

かつて、この地に、そのような闘争の時間が流れたとは信じられぬ静けさである。現実にも、こんな狭い台地に三千もの衆徒が、という疑問がよぎったが、瞬時法螺貝の音とともに背後の峰々から蜂起する一山衆徒の黒い影がしばらくなだれた。時のはざまに私はいる。鶯の声がしきりに聞こえる。

支流晴気《はるけ》川が山麓で牛津川本流に合流し、私がいるのはまさに山と川に包まれた要害の地である。まことこの場所は、山嶽修験の核であると同時に、戦略の拠点でもあった。さらに黒木論文によれば、牛尾別当坊は「寛永十四（一六三七）年の島原一揆にも出陣している。肥前国主に密着した武力集団でもあった」。

別府から佐賀にくる途中、「空想の森美術館」（大分県湯布院町鳥越）に立寄った。高見乾司が集めた南九州の民間仮面が数百点あるが、そのなかに、赤の「火王」、青の「水王」の美しい民間仮面が幾組かある。「火」に対して「水」というとき、その水は「灌漑用水」などを争う以前、もっと始源の「みなかみの水」であった筈だ。「火へのおそれ」「水へのおそれ」が、「火王」「水王」の面を生んだ。それが「武運長久」「子孫繁栄」のねがいに変質していく。別当坊も、藩政が確立するにつれて、徐々に「藩主の慶弔祈願」、「個人や部落の除病息災の祈願（代参）も請け負うようになっていく」（黒木論文）そうである。そうした状況を背景に生まれたのが、私蔵のこの阿吽の面である。「民間」を離れると、「仮面」もまたこのように様式化されてくる。

こんな面よりも、「サムトの婆」の面は、さらに古く、心をときめかせると私は言っている。

紀州の面売りがのこした尉面

むかし、紀州の面売りが、土佐の山の中を歩いていた。

ある場所を過ぎたとき、面売りの脚は、一歩も進めなくなった。

ある場所というのは「神社」である。面売りはおそれ、背負っていた面箱の面を神社に奉献するとの祈誓をした。すると、脚が動いた。

この時奉納された十二の面が十和《とお》村《わ》三嶋神社に所蔵されているが、そのうちのひとつが八社神楽《はっしゃかぐら》「翁嫗の舞」に使われる尉面であるという。

この伝承は、『仮面の神々』（一九九二・高知県立歴史民俗資料館）ならびに高木啓夫『土佐の祭り』（一九九二・高知新聞社）にも紹介されている。私はこの伝承に、異様な興奮を覚える。興奮を誘うのは、「面売り」という職業がいつごろから登場したのか、そしてこの伝承の場合、その「面売り」が、なぜ「紀州の面売り」なのかという疑問である。

「面売り」という以上、彼が背にする面箱のなかの「面」には、すでに「商品」としての価値が期待されていた。紀州の面売りが、土佐の山道をえらんで歩くことは、「面」に対する需要が土佐の山間には分厚くあったということでもある。その需要を期待する「商品としての面」が、時代の層を破砕しながら、「信仰の面」に音立てて復帰する、これは眼《まなこ》くらむような物語である。

「面」が商品化し、海をこえ、国境をこえて、街道を運ばれていくのであるから、この伝承はいずれ中世末ころに語られたものであろう。三嶋神社の「尉面」を見ても、そのころのものである。

土佐の仮面文化は山間部に集中している。高木啓夫のいう「四国の裏街道」、つまり「尾根道」を往来した「平家の落人」「木地師」「猟師」「杣人《そま》」「鉱山に従事する人々」「山伏修験者の群れ」のうち、「面」の制作に関係あると思われる職種を求めれば、木地師あるいは修験者であろう。落人・猟師・鉱山従事者にも面制作の可能性は充分考えられるが、「面」を運んだ者といえば「木地師」「修験者」あるいは「面売り」である。ここではまず、伝承にしたがって、すなおに「面売り」として考えてみたい。

しかしその「面売り」は、なぜ「紀州の」面売りなのだろう。

後藤淑の『中世仮面の歴史的・民俗学的研究』（一九八七・多賀出版）は、青森県から鹿児島県まで、全国の中世仮面を精査されたものであるが、その総数は一二七〇面におよぶ。そのうち紀州の面はわずか一〇面に過ぎない。さらに氏のつづく業績『民間仮面史の基礎的研究』（一九九五・錦正社）は、おもに近世民間仮面を中心に、やはり全国にわたって（北海道と沖縄は除外されている）調査されたものであるが、その総数は一六一三面におよぶ。しかし、そのなかに紀州の面は一点もない。

紀州に仮面文化が稀薄なのは、奥駈けの修験者らが、自然と身体との間に媒介物を置かない荒行にのみ走ったからだろうか。あるいは熊野信仰が外にむかってする布教、たとえば熊野比丘尼の「絵解き」などに傾いたからであろうか。人にむかって「解く」文化からは、「仮面」は発生しない。

熊野川町正覚寺には「熊野観心十界曼荼羅」と「那智参詣曼荼羅」各一幅が所蔵されている。その「那智参詣曼荼羅」図の右上方に「仮面」をつけた人がいる（図35）。大きな丸太の上に乗ってはやしている。その丸太に綱をつけて曳く人がいて、丸太のまわりには鼓・太鼓・鉦を打ち、笛を吹く人物も描かれている。この図柄から、熊野比丘尼は何を絵解きしたのだろうか。絵の構図からいえば大滝の左、那智大社社殿の右に位置しているから、青岸渡寺のあたりであろう。現在の同寺本堂は、天正十三（一五八五）年再建に着手、天正十八（一五九〇）年の落慶であるが、堂宇の建立を説いて、勧進をすすめたのかもしれない。しかし、ここではやされている芸能は何か。太鼓は田楽に用いられるが、鉦は念仏踊りを思わせる。丸太の上に蹲居《そんきょ》し、幣をふってはやす人物がかぶるのは「赤い鬼面」（？）である。この図を見るかぎり、紀州でも「仮面」は使われていた。

図35　那智参詣曼荼羅図（部分）（和歌山県熊野川町正覚寺蔵）

しかし、現在伝承されている「那智の田楽」には仮面は使われていない。びんざさら四名・腰太鼓四名が、笛方の笛の音にのって、ささらを響かせ、太鼓を打ち、相互に交錯し合いながら、拝殿に対して舞殿せましと舞う。那智の田楽については、のちに章をあらためて述べる。

「熊野の秘境」と「土佐の秘境」

その那智の険阻な山を越した裏側、秘境色川の神社に九面の古面が所蔵されている。うち二面は「永禄二九」の銘記をもつ白と黒の翁面で、「越後国苅羽郡利国（花押）、北条住人おやま孫九郎作之」と記されているから、紀州で刻まれたものでなく、越後の面打ちが刻んだのである。紀州の面売りは土佐に「仮面」を運んだが、同様に越後の面売りが紀州熊野の山深い里にまで「仮面」を運んだか、あるいはふたつの翁面の裏書には「誂也」の文字も記されているから色川郷の人が越後に発注したか、あるいは京都あたりで求めたか、とにかく中世末期の物資交流が意外に広範自在に行われていたことを、この二面が示していて興味深い。それにしても、「永禄二九」という年はあったのか。この当時「二九」という表記の仕方はあったのか。その様式は古様であるが、二面を「永禄」期に特定することには疑問が残る。

色川郷というのは、太平洋岸に面した国道42号（旧大辺路）の下里から入れば、約二十キロの奥地である。二十年ほど前、私はハンドルを握ってはじめてこの山里に到達した。茶畑にかこまれた山峡の一画に、ひとりの少年だけがものも言わずに座っていた。私は山の気に吸い込まれるようになり、無謀にもさらに車を奥にむかって進めたのであった。

地道はしだいに狭まり、車幅いっぱいになり、千仞《じん》の谷底が誘い込むような道である。ガードレールもなかった。折返すこともできぬ。ようやくの思いでやや広い道に出た。熊野の山は限りなく深い。しばらく行くと、左手の山の中に、巨大な廃坑跡があった。赤銹びた鉄の建物が残っていた。このあたりは「ひとつだたら」の出た場所である。「一つ目」「一本脚」の妖怪がムラびとを悩ませた。「一本脚」でたたらを踏み、「一つ目」で燃えさかる火焰をのぞく。「ひとつだたら」は、いずれは「金《かね》掘り」が「異人」として差別視されたかたちである。その廃坑を経て、私はようやく補陀落《ふだらく》渡海の海辺から那智山に登っていく、その道の途中（口色川）に出たのであった。

色川郷の「九つの面」にもどる。「黒」「白」二つの翁面は、「永禄」か否かは別として、作者も制作年代も同一と断定してよいだろう。色川大野では、正月「お弓の神事」があった。そのあと、かならず「万歳楽」が舞われた。そのとき謡われた新旧の詞章も残されていて、本田安次の精密な校合がある。この

「万歳楽」については、次の項で述べるが、気にかかるのは、「黒」「白」二つの翁面をのぞくあとの七面である（図36）。この七面には記銘がない。だから、制作の年代は特定できない。ひとまず「室町前期か」という、その道の「権威者」の断定に従っておく。しかし、これらの造型を「伎楽面・舞楽面を模したもの」という別の「権威者」の類推には従いがたい。みずからの分類範疇をこえる民衆の自由な造型と出会った時、それを「伎楽面」「舞楽面」「行道面」あるいは「能面」「狂言面」のいずれかの枠組みに強引に押込み、そこで「仮面史」の分類体系の保全をはかろうとする「権威者」の視点は認めることができない。みずからの分類の範疇をこえるなら「わからない。ふしぎだ」と言えばよい。そしてみずからの学問体系を組みなおせばよい。

「民衆の自由な造型」について考えてみる。高知県大豊町にも正月に弓の神事があった。「百手の神事」という。ここでは弓の神事には深入りしないが、その大豊町は谷ひとつ隔てて隣接する物部村とともに、「民間仮面」の宝庫である。ここでは現在高知県立歴史民俗資料館が所蔵する、物部村笹の仮面八面について見る（図37）。

「親面」と呼ばれる一面と、それに付帯している「子面」ともいうべき七面であるが、この「親面」と「子面」とは、あきらかに異質のものである。高知県立歴史民俗資料館『仮面の神々』の解説から要約引用すると、かつてこの仮面群は、五年に一度その年の新暦十二月夜、神主が「親面」（オオ面）をかついで（かぶって）五方に舞った。この舞は一時間かかった。一斗二升の小豆枕に寝ている十二人の「子面」（ゲイ面）をかついだ者をウシミツドキに起こして、神主とともに舞い鎮めた、という。いまある「子面」七面は、その十二面の「ゲイ面」のうちの残存であろう。「親面」は顔面根来《ねごろ》塗の色調で、平行線の皺《しわ》がたんねんに彫り込まれている。面裏に「永禄十年」の墨銘があるよしであるが、私は手にとって面裏

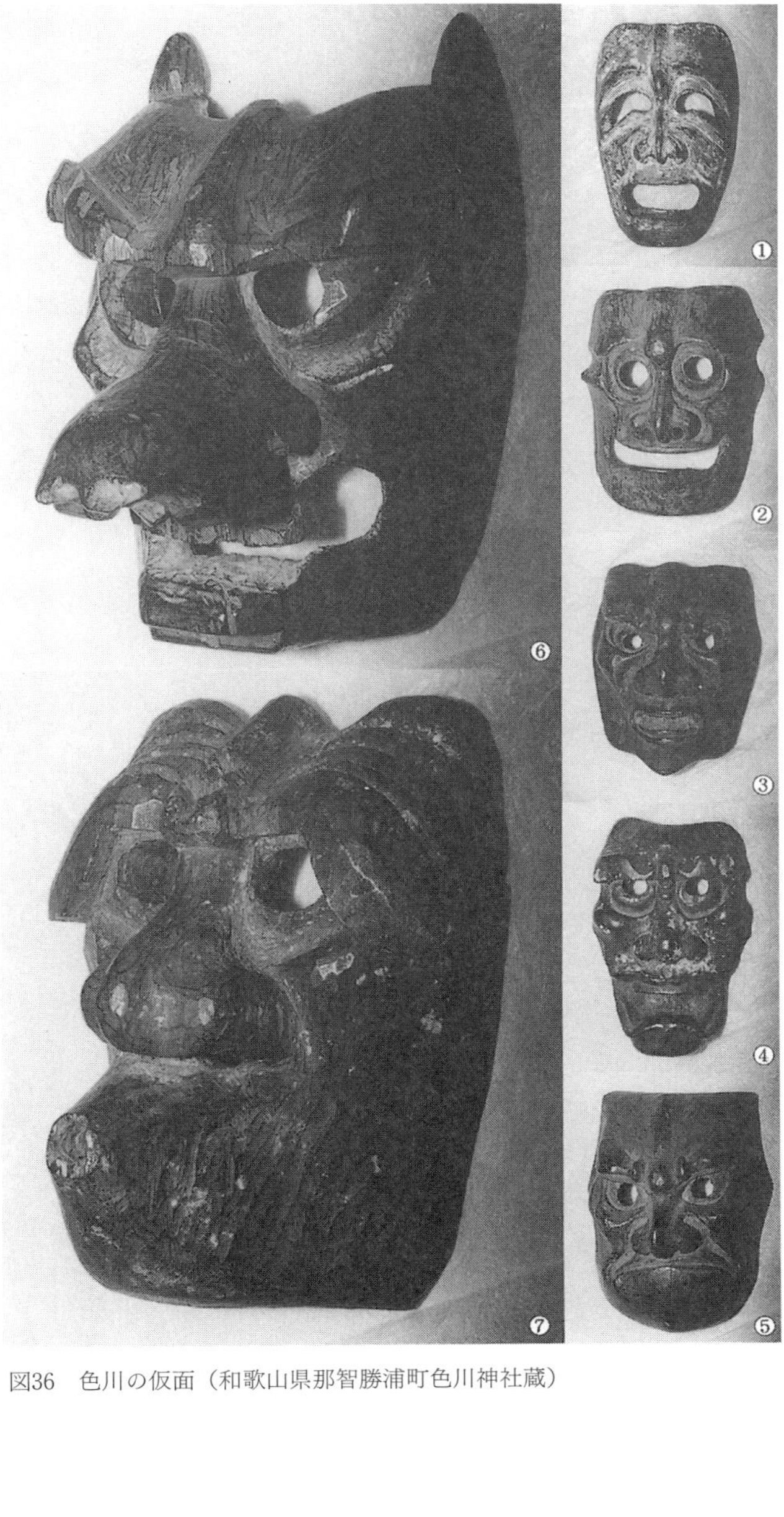

図36　色川の仮面（和歌山県那智勝浦町色川神社蔵）

図37　物部の仮面（高知県立歴史民俗資料館蔵）

は拝見しなかった。私は民衆の心意で拝見しているからである。この面は、のちに提示する私蔵の「浮立《ふりゅう》面」（口絵18）に酷似している。佐賀の「浮立面」は紀州根来塗の仕上げであるが、物部村のこの「鬼面」は、これこそ紀州根来から「面売り」が運び込んだか。そんな空想をかきたてる仮面である。

「子面」とかりに呼ぶ七面が、私のいう「民間の造型」である。吉村淑甫によれば、これらの面は家々の神として祀られていて、何年かに一度の大祭に本家の「親面」のもとに集まってくる。「親面」は「本家の跡取りが家を相続する時だけ対面する」ものだという。もしそうであるならば、本家はその権威づけのシンボルとして「親面」を入手したということになろうか。私はむしろ、分家が思い思いに刻んだ「子面」の方に、ほんらいの「仮面」を感じる。

さらに吉村によれば、物部では仮面は「祀る心が無くなれば、ひそかに渓流にアマされる（流される）。川にアマせば祟りがないという。運わるく川下でそれを拾いなどする者がいて、家に持ちかえり、何気なく室に掛けたりなどしておくと、大きく禍いして祟りをなす」という。そんな俗言があるそうである（『土佐の神ごと』一九八九・高知市民図書館）。

この七面は、高知県立歴史民俗資料館の管理に入ることによって、かろうじて流亡をまぬがれたのである。韓国では祭事がすめばその面は焼かれるように、祀る心がなくなれば川に流されるのは、民衆の心意に忠実なのかもしれない。物部の人たちは「面」と呼ばずに、「このヒト」と呼ぶという。家の一員であり、神であるゆえに、そのような結末になるのであろう。しかし文化財保護の見地からいえば、その流亡は極力防ぐべきではないか。「舞楽面」や「能面」を優視する誤った文化観が、この流亡を助長している。

この七面はやわらかい材質に彫られていて（右端の面⑦は木の皮）、褐色や白の絵具で化粧されている。人は「稚拙」と簡単にいう。しかも、その「稚拙」を真似ることができない。このような童画を思わせる仮面が、物部村や大豊町にはことに多い。全国的な規模で見ても、独特の仮面文化圏を形成している(『仮面の神々―土佐の民俗仮面展 展示解説目録』〔一九九二・高知県立歴史民俗資料館〕参照)。

「色川の七面」と「物部の七面」

白黒ふたつの翁面をのぞく色川の七面を、物部のゲイ面七面と対比すると、まず彩色に対する感覚が異質である。そして色川の方は材質が固い。多分ケヤキであろう。しかも造型が「作為的」であって、「稚拙」というには程遠いものがある。

「仮面」に対する心意は、最初は焼く、あるいは流す。次の段階では彩色して再生させる。やがて、堅牢な素材で保存する。このように変わってくるであろう。

物部の仮面について、さきに「稚拙」と書いたがそれは第一印象であって、子細にみれば意外に手の込んだものであることがわかる。たとえば面①の頬は別木、③の鼻、④の鼻、⑥の鼻も別木であって、木の皮で作った面⑦の鼻も付木である。彫り出すことと、釘でとめることと、技術的にどちらがたやすかったかというよりも、面④の歯の彫出しをみれば、「鼻」の彫出しもさして困難ではなかった筈である。木の原料に不足するムラではない。ここで、前出のネパールの仮面(図24)、その鼻の付木のことを思い出してもらうこともよい。面①③④の三か所の紐穴など残る疑問も多い。「親面」との関連で考えねばならぬ要素も多いと思うが、面①・面⑦(とくに面⑦は木の皮である)のそれぞれの面裏の「佐紺之丞」「南池村重平」の墨銘を見れば、面制作のいとなみのなかに作者の自意識、あるいは「神」との関係意識があったこともうかがわれて、「素朴」一筋縄ではすまないものがある。「祀る心がなくなれば」、このように心をこめて制作し、心をこめて彩色したものを流すのである。

疑問は次々と湧いてくる。それが「仮面」である。疑いだせば際限もないが、ここではまず「彩色」一点にしぼる。面⑥を除いて、「彩色」はなぜ「白」で、しかも「目」と「口」（面①は「鼻」も）なのであろう。これはネパール南部タライ地方の仮面（図38）であって、さきのシャーマンの面（図24ヒマラヤ山岳地帯）とはちがって、インドの匂いが強くなってくる。この面も、目と口が白く彩色されている。額に聖なる「第三の目」があるが、この「白」の彩色は、上部にかすかにその痕跡をとどめるのみである。「目」と「口」に「白」の彩色をすることによって、「仮面」を再生させる、そうした心意の存在が今後の課題として考えられる。

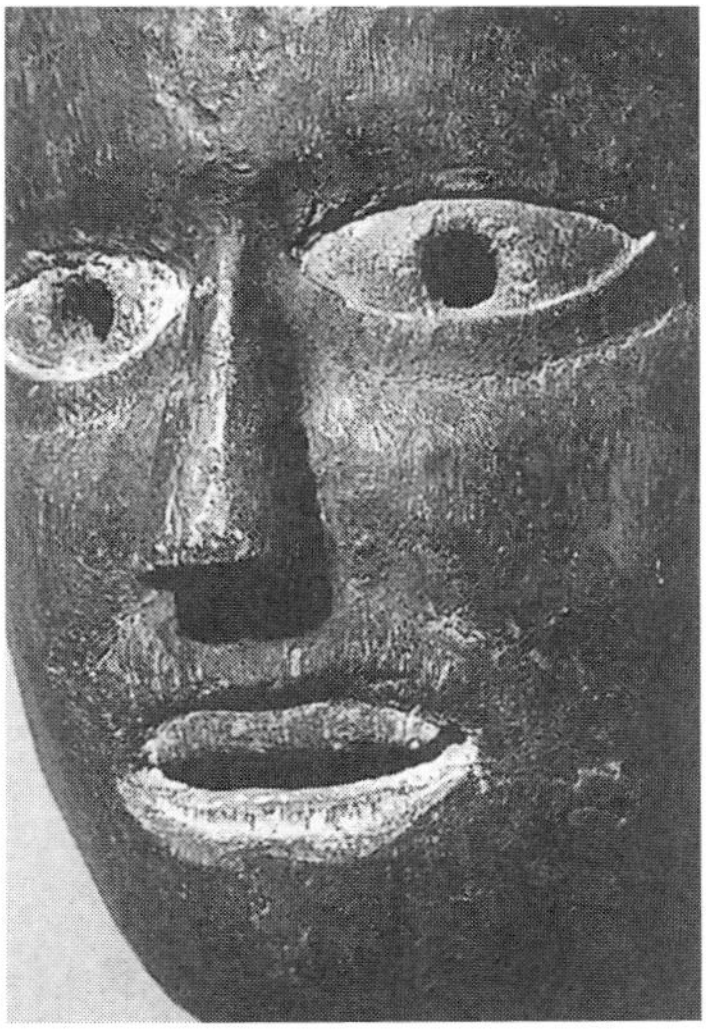

図38　タライ地方の仮面（ネパール）

色川の七面には、そうした心意は見られない。眉間の隆起と眉などの黒を除いては、いちめんに白く彩色された面①が、造形的に見ても物部の仮面に近く、もっとも「民間的」な仮面と思われる。面②には、全面朱に彩色された跡が残っているが、面③以下五面には彩色よりもむしろ造形的な意図が顕著に見られる。面③の造型は舞楽面の胡飲酒《こんじゅ》などにいくらか近く、前述「伎楽面・舞楽面を模したもの」との「権威者」の類推は、このあたりから出発するのであろうか。そういえば、面④は能面真蛇の変形である。面⑤は造形的に無駄がなく、美しい。この面のみが、しっかりと様式化されている。ともあれ③から⑤までの三面は、とりたてて私の関心をひくものではない。

⑥・⑦の二面がのこる。共に、他に類例をみない仮面である。この二面について考察を進める。

彫刻の心得のない民衆が、「神」のかたちを刻みたいときは、まず堅い材質を避ける。堅い材質に、もし民衆が彫るとしても、複雑なかたちを刻みはしない。物部の七面のとおりである。ところが色川の仮面、なかでも⑥・⑦の二面は、あまりにも造型が複雑である。鬼のような、猪のような、牛のような、狐のような、鳥のような、なんとも奇怪な仮面⑥である。このような造型を固い材質に彫ることは、専門的な彫技を要する。これは色川現地での造型ではあるまい。だから「たぶん何代目かの大庄屋の当主か誰かが、京都かどこかで入手したもの」（泉久三郎『熊野誌』34号・一九八八・熊野文化会）という推定も生まれるのであろうが、もしそうだとしてもすでに完成されたものをその場でもとめたものではあるまい。色川の山里での、生活のなかから生まれたイメージがあって、注文をつけて作らせたものと思われる。全体をつうじて、ここの面には造型の複雑なわりに、制作者の内面からの燃えるものが感じられない。

面⑦は、うそぶくように口をつぼめた仮面である。「ウソフキ」面にはゆがんだ表情のものが多いが、この「ウソフキ」はほとんど左右対称である。口のつぼめ方が極度に小さい。そしてその口にだけ朱の彩色がある。全体に黒い材質のなかで、その朱が印象的である。小さくつぼめた口に対して、鼻が異様に大きい。目が額近くにあって、その目の上に獅子のような毛が下がっている。獅子のようなと言ったが、現代人のヘアスタイルを思わせる造型である。植毛でなく、太くたれさがった太い眉の後ろから、つづいて波型に彫り込んだ造型であって、おまけに左右振りわけのその中央に突起がある。違和感をかき立てる造型で、他に類例がない。

この面については、かつて「お弓祭り」が行われたあと、かならず舞われた「万歳楽」に、「昔は舞手が今残っている口をすぼめた黒面をつけたのではないか」という本田安次の傾聴すべき指摘がある（水口清「色川郷・宝物日記」所収、『熊野誌』34号）。「黒面」というのは、さきの「永禄」の銘記ある「黒尉」でなく、この面のことを指すのであろう。このように細く小さくつぼめた口では、「万歳楽」の祝福のとなえごとは、ことばにならない。祝福のとなえごとは聞こえなくてもよい。ただうそぶけばよいのである。

「天狗」の原型

「紀州」というのを、吉野・高野・熊野をも含めたひとつの文化圏とみて、私蔵の二つの仮面のなかからいましばらく問題をひき出すことにする。

「烏天狗」は「天狗」（大天狗）の眷属《けんぞく》にされてしまったが、大天狗は烏天狗の末流である。『今昔物語集』巻二十には、その冒頭に十二の天狗の話が列挙されているが、総じて「魔縁ト三宝トハ更ニ不似ザリケル事」（第十二話）、「天狗ト名付テ人ニ非ル者」（第九話）と規定されていて、「仏法」に対する「魔道」の象徴と解釈されている。そのイメージはきわめて抽象的で、具体像はほとんど記されていない。かろうじて「比叡《ヒエ》ノ山ノ大嶽《オオダケ》ノ石ノ卒都婆《ソトバ》ノ許《モト》ニ飛ビ登テ」（第二話）、「比良ノ山ニ住ケル天狗、鵄《トビ》ノ形トシテ、其池ノ上ヲ飛廻《メグ》ルニ」、「木ヨリ飛来テ、僧ヲ掻キ抓《ツカミ》テ」（第十一話）等と飛翔のことがあるのみで、第十一話で、「鵄ノ形トシテ」以外、その「天狗」の具体像は貧弱である。「仏法」によって打ち落された「天狗」の姿も「大キナル屎鵄《クソトビ》ノ翼折タルニ成テ」（第三話）、「翼折レタル屎鵄ニテナム、大路ニ被踏《フマレ》ケル」（第十一話）である。

その正体は「屎鵄」とされている。「鼻高天狗」の姿ではなく、「烏天狗」のイメージに近い。

絵巻『天狗草紙』は十三世紀末の制作と考えられているから、『今昔』の成立に遅れることはほぼ一八〇年である。この絵巻の「延暦寺巻」は琵琶湖のほとりから始まって日吉社を過ぎ、鬱蒼《うっそう》たる山道を過ぎて西塔の惣持院のあたりに出る。その時、さりげなく「天狗」が現れる。法師天狗は「透明人間」のように線描だけで描かれていて、稚児天狗は淡彩で彩色されている。建物と山の陰に、気づかぬほどに出現するのであるが、この出現は「映画」のように衝撃的である。法師の天狗はとがった嘴《くちばし》の顔であり、美しい稚児には羽が生えている。惣持院の背後の山の陰からも、つづいてまた別の三人の天狗が出現するが、そのひとりの着衣は朱で彩られている。この天狗たちにも鵄《とび》のような羽が生えている。

さらに「三井寺巻A」の巻末には、肉をねらって仕掛けられたわなにかかる「天狗」が描かれるが、その姿はまさに「鵄《とび》」である。場所は四条河原で、わなを仕掛けた少年、とらえた鳶《とび》の首をねじる少年が異時同図法で描かれ、そこには「若鳥にてありける、良き羽かな」という詞が記されている。絵巻はこの少年の前に、まず河原の右岸で動物を解体する男を提示。そこには「今日は料の聞きけるぞや」の詞書。その画面をひろげると左岸に少年が現れるのであるが、その少年の左には、まだ血に染まった皮が釘でとめられひろげられている。その画面の前に天狗たちの酒宴の場面があって、酔い踊る人物の横に「おそろしきものは、よな、尊勝陀羅尼《だらに》・大仏頂・火界の真言・慈救呪《じくじゅ》・おこないふるす不動尊・ところさびのふる剱・あかきのつかのこしかたな・穢多・かきちきりまでも、おそろしくそ、おほゆる〱」と書かれている。おそらくは当時の歌謡であろう。「穢多」は「天狗」をもひしぐものと観念されていた。

おなじく「天狗」は最後にはからめとられるのであるが、『今昔物語』と『天狗草紙』との大きな違いは、『今昔』では「天狗」は「仏道」に対する「魔道の者」と見なされるのに対し、『草紙』では「仏道」を称する者の「驕慢」を「天狗」をもって諷していることである。一八〇年の間に「民衆」の目は深化したし、『絵巻』の作者は、その「民衆」の側に立っていることになる。その「民衆」の目が、なおも「穢多」を「おそろしきもの」と見ているのであった。

いずれにしても十二世紀から十三世紀にかけて、『今昔』『天狗草紙』に現れる「天狗」は「鵄《とび》」（のちの烏天狗）に近いイメージである。ところが後藤淑『中世仮面の歴史的・民俗学的研究』（一九八七・多賀出版）のなかには烏天狗（鳶《とび》）面は一点もとりあげられていない。前述したとおり、後藤のこの著書は青森県から鹿児島県まで、一二七〇点におよぶ中世民俗仮面を精査されたものであるが、中世民俗仮面のなかに、『今昔』『天狗草紙』のなかに現れるような「天狗」のイメージはなかったのであろうか。近世民俗仮面を中心に一六一三面を精査された次の著書『民間仮面史の基礎的研究』（一九九五・錦正社）を見ても、その中には二点の「烏天狗」面が登載されているのみである。富山市ならびに飯田市の、それぞれ個人蔵のものであるが、写真でみるかぎり、後者はとくにすばらしい造形と思う。この面について後藤は「獅子につくという。もと風越山白山神社にあったという。風流《ふりゅう》面・陰陽面か神楽面であろう。彩色及び烏天狗であることなどから、近世作と考えられる」と記している。後藤の両著には、鼻高の「天狗」面は、数多く収載されている。

『今昔』や『天狗草紙』で見るかぎり、「天狗」は「烏天狗」であった。にもかかわらず、中世民俗仮面の世界では、なぜ「烏天狗」が稀少なのであろう。飯田市個人蔵の「烏天狗」面は近世のものではあるが、後藤のその解説には多くの示唆と疑問とがある。もと「白山神社にあった」ということ。白山信仰と「烏天狗」との関連である。「獅子につくという」こと。仮面に関するかぎり、「天狗」面に「鼻高面」が多いのは、祭礼行列の先導に鼻高の天狗が多いからかと考えていたが、ここでは「烏天狗」も「天狗」として、「獅子」について行列を先導していたことがわかる。写真でみるかぎりではよくわからないが、後藤はこの仮面を「風流面」「神楽面」と考えているから、「信仰面」ではなく「芸能面」と考えているのであろう。とすれば、どのような芸態の中で使われたのか。また「芸能面」と「陰陽面」とを無雑作に並記することの意味は私には理解しがたい。「烏天狗であることから、近世作と考えられる」という論断からみれば、「烏天狗」と呼ばれるのは近世以降であり、中世には「鳶」と呼ばれて、もっぱら貴族社会でのみ用いられたことになろうか。「鳶」と「烏天狗」のそれぞれの造形上の特徴、ならびに民衆の心意の違いあるいは推移、それを明確にすることもひとつの課題である。

「烏」の仮面と「鼻高」の仮面

私蔵の「烏天狗」面である（図39）。嘴の合わせめ、その上にきわめて小さな鼻孔、そして目の中央にキリ穴はあるが、この面を芸能に使うことはあるまい。奉納面であろうと思う。信仰のために彫られた。十津川のあたりから出たと業者はいったが、人面としてみれば鼻はほとんどなく、目の彫込みは、じかに嘴の突起につづいている。その嘴のつけ根、左右に入れられたノミの跡はこの面を超人的なものにしている。この面を暗やみの、かすかな光の揺曳《ようえい》のなかで見ていると、熊野の山中の怪異がすべて聞こえてくる。木地の上に、じかに黒い彩色が施されていたようであるが、拝殿脇に絵馬などとともに掛けられていたと見え、風雨にさらされている。幕末あるいは明治初期ごろの作と思うが、神社合祀などの時代の流れのなかで流出してしまった。熊野の山道を歩いていると、時おり杉木立の間を烏が翔ぶ。平地の烏とちがって、やや小型の漆黒の鴉である。飛翔のかたちも直線である。歩いてみるとわかる。そんな要素もこの仮面にはある。さきに飯田市個人蔵の「烏天狗」面が白山神社にあったことを書いたが、これは熊野信

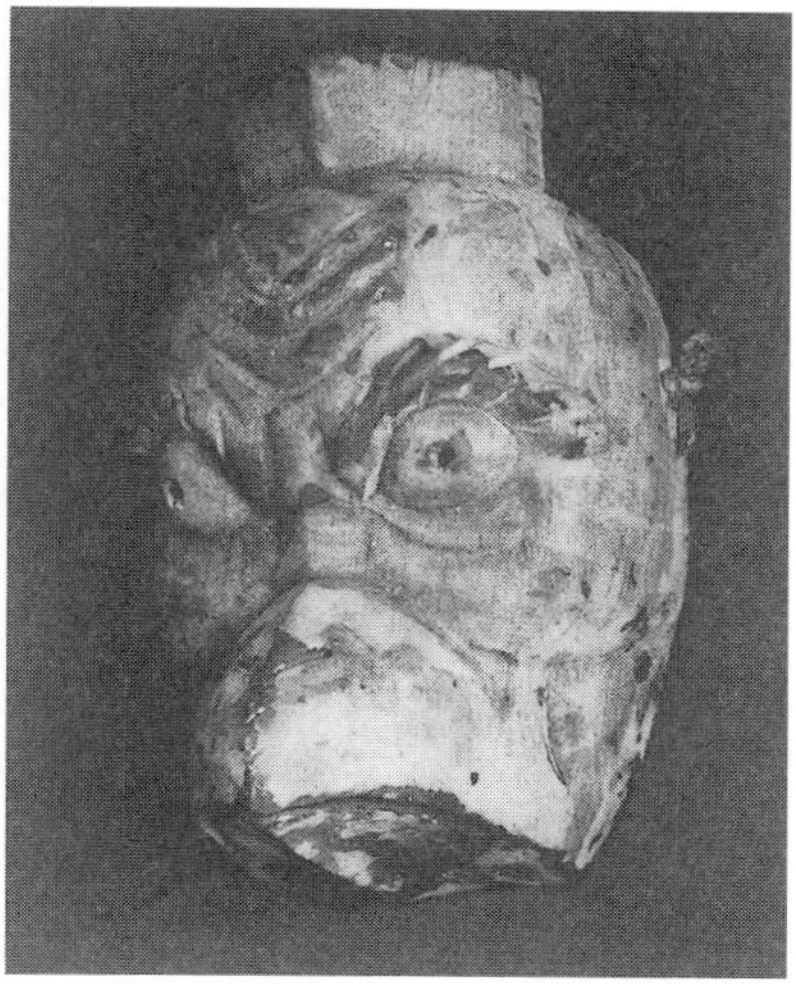

図39　烏天狗面（熊野地方）

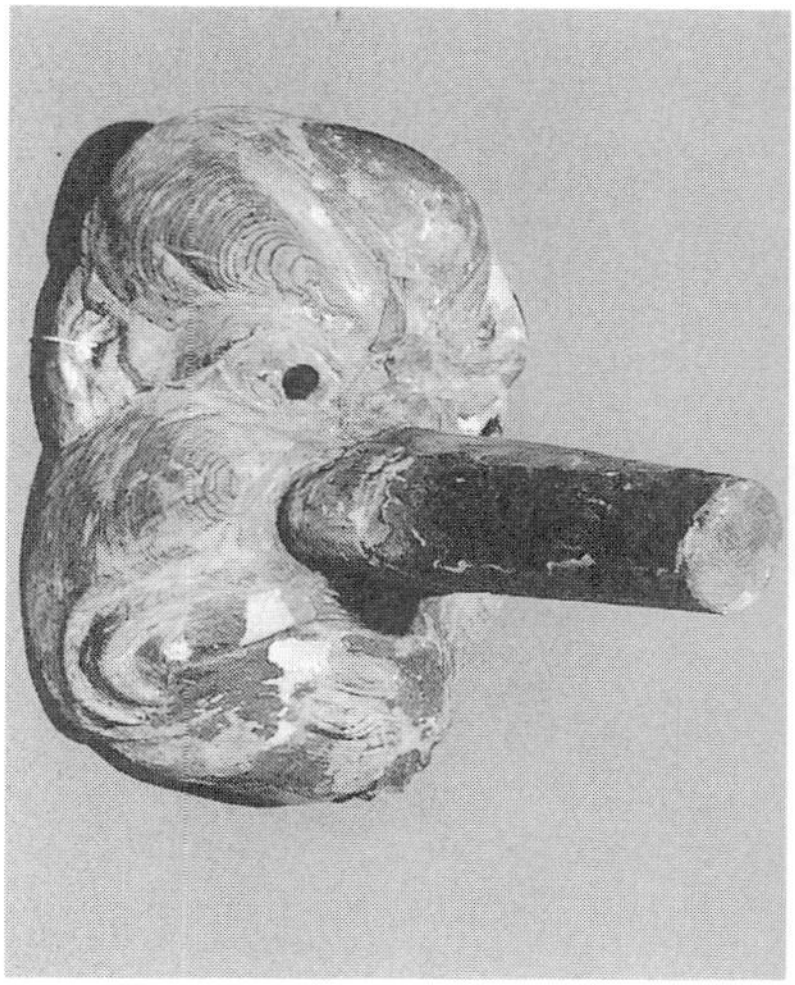

図40　鼻高天狗面（吉野地方か）

仰と密接につながる仮面である。兜巾《ときん》を頂いているのは修験者の象徴であるが、なくもがなと思う。

こちらは「鼻高」の天狗である（図40）。いずれは吉野の山奥あたりから出たと思う。様式化された「天狗面」であるが、巨大な鼻の下の口はかたく閉じ、その口はもはやないに等しい。独自の造形である。白の胡粉の上に赤の彩色を加え、頭頂、そして眉毛は太く黒く描かれていたが、ほとんど剝落し今もその剝落を進めている。左眼にわずかに金の彩色が残っている。左の耳の部分、下顎に補修部分があるが、さして古い面ではない。面裏、頭部右から左に横書で「奉納」とあり、その「奉」と「納」の中央に縦書で、「猿田□命」とある。むかって右の端に「明治十七」「八月□」と縦書二行に墨書されている。

いずれもさして古い仮面ではないが、なお精査すれば、紀州には本宮大社や根来《ねごろ》寺所蔵の能面以外の民間仮面はまだ隠されているかもしれない。あるいは散逸してしまったかもしれない。紀州の仮面は、高野山麓花園村と熊野色川のそれだけではない筈である。

＊

アフリカ西スーダン南部にすむセヌフォの人びとの仮面である（図41）。下すぼみに口をつぼめたきわめてつつましやかな女性の頭上に犀鳥がのっていて、その長い嘴が女性の額にとどいている。嘴が朱色を照らし出しているのは、この鳥、なかでもその長い嘴が聖

図41　サイチョウの女面（アフリカ）

なる呪力を秘めていることを表す。これらの仮面は、日常の農業生活空間と密接に結びついた聖なる場所（神の森のなかの小家）に収められていて、葬送儀礼の時などに姿を現すという（アンドレ・マルロー等監修『人類の美術』のうち、ミッシェル・レーリス、ジャックリーヌ・ドランジュ著／岡谷公二訳『黒人アフリカの美術』一九六八・新潮社、参照）。

このように鳥の嘴を強調する仮面は多い。ギニア湾岸西部にすむダンの人びとの仮面には、単純かつ奥深い造形のものが多々あって、私を惹きつけてやまないが、それらのなかに「ゲ・ゴン」と呼ばれる仮面がある。この「仮面は鳥の嘴のように長く伸びた鼻をもち、その鼻の下全面から黒い毛が垂れ下がる仮面である。この仮面をかぶった踊り手は、両手を広げて緩やかに旋回し、またときおり地面をつつく仕草を演じる。これは、ダン族の創世神話に登場するサイチョウを表したものだとされている」と吉田憲司に

図43　ジャワの古面（インドネシア）

図42　カナガの仮面（アフリカ）

よって解説されている（『赤道アフリカの仮面』一九九〇・国立民族学博物館）。

西アフリカ南部は、多様な仮面が群立する地域であるが、ドゴンの有名な「カナガの仮面」と呼ばれるものがある（図42）。幾何学的な顔の上に、天を指す二重の十字鉤型《かぎ》（他の造形では天と地を指す二つの鉤型）の造形を頂いたものであるが、この仮面もまた「その形がひろげた翼を思わせるところから、成人式を受けるものには鳥を暗示するものとして示される」（『黒人アフリカの美術』一九六八・新潮社）。

「鳥」と「神話」は密接に結びついていた。

この仮面（図43）は、ジャワの古面であると思っている。多分、宗教的な舞踊劇に使われたのであろう。その内容はわからない。仮面は古面を帯びていて、異様な美しさをたたえている。日本の鼻高天狗の仮面にかようものがあるが、両眼の間から三角形に突き出た

図44　神楽面（近世初期か）

図45　鬼面（鹿児島）

鼻は、もと嘴からの変形と思う。図44は日本の仮面であるが、どこのものかはわからない。近世の神楽面であるが、気品と迫力にみちた造形である。図45は鹿児島県の仮面である。小型の仮面で、さして注目するほどの造形とも思わぬが、その鼻のかたちが前者とともに嘴に似ている。鼻高の仮面について、伎楽面・舞楽面からの変形をいうのがすべての仮面研究者の解説であるが、こういう南の海上からの文化の流れもゆるがせにすることはできぬ。

嘴のかたちをした「鼻高」が、棒状の鼻高天狗に代わる時期について、後藤淑は『民間の仮面』（一九六九・木耳社、のちに『日本の古面』と改題して一九八九・同社から再版）のなかで「現在のような天狗面は秋穂八幡神社のものが最も古く、室町中期以前のものを私はまだ見ていない」という。「現在のような天狗面」というのは、棒状鼻高の天狗面のことである。「秋穂八幡型の天狗面ができる以前は防府天満型・鵜甘神社型の仮面ではなかったろうか」と後藤がいう二つの型は三角鼻のかたちのことである。後藤は防府天満宮のそれを南北朝時代に、鵜甘神社のそれを鎌倉時代の作と比定している。中村保雄の『古面の美』（一九八九・駸々堂）には四点の「鼻高面」が掲出されていて、ここでも三角鼻から棒状の鼻への「転換期は、室町時代の初期から中期あたりではないかと思う」と推定されている。

私蔵のこの天狗面（図46）は宮崎県あたりの面という。棒状の鼻は、男根を表すと私は見ている。「男根」は「父権」の象徴であって、「室町期（十五～十六世紀）」といえば民衆の力がたかまってくる時期であるが、それに対抗して「父権」（王権）もまた強まってくる。「仮面」の造形からいえば、それに拍車をかけたのが「修験者」集団の力であった。肥前牛尾山の「火王」「水王」の陰陽面もそのことを物語る。

「鼻高天狗」面が「サルタヒコ」と呼ばれるようになるのは、「近世」にはいってからである。

図46　鼻高天狗面（宮崎）

「熊野」を軸にする乱反射

昼なお暗い杉木立の間から、突如緋色と金色にかがやく扇神輿《みこし》が次々と現れる（図47）。なぜあのようにかがやくのか、それは大滝からの照りかえしなのか。先導するのは「左登り馬」を描いた大扇。むかしは「男根」を描

図47　那智の火祭り（和歌山）

いた大扇であったという（潮崎大邇「那智の神事覚え書き」『熊野誌』14号・一九六七・熊野文化会）。「那智の火祭り」から筆を起こしている。「男根」は「父権」の象徴といったが、民間の世界ではそうではなかった。それは「境界」の守り神であった。『今昔』巻二十の第三話、「光ノ大臣」の眼力によって地上に落とされた「屎鵄」は、五条の道祖神《さえのかみ》を祀る所の柿の木をすみかとしていた。「道祖神」は「境界」の神である。

おなじ熊野でも、熊野川河口にかかる大橋を新宮から三重県の方にわたって、七里御浜を過ぎると有馬の村の「花の窟《いわや》」が見えてくる。そこは『書記』の一書にかかれているイザナミの「死」の場所である。イザナミは火の神カグツチを生む時、「女陰」を焼かれて他界した。「神」の世界でのはじめての「死」である。「男根」の大扇に、燃えさかる大松明《たいまつ》が近づく。扇神輿の緋と金が、「境界」を切裂くほどに、痛いばかりに照りかがやく。

かわいた岸壁が目の前にある。「花の窟」の裏側は「黒」の世界であり、こちらは南国の光かがやく「白」の世界である。その岸壁の裏側に「女神」が消えた時、民衆は「花」をもって祭った。鼓笛《つづみふえ》、幡《はた》を立て、歌い舞って「祭」った。「死」と「生」の境に「岩」があって、そこで「祭り」が行われる。「岩」は「仮面」であった（図48）。

図48　花の窟（三重）　画面左の網には、いまも２月２日の例祭には「花」をかけて祭る

ミクロネシア・モートロック島の「白と黒の仮面」である（図49）。顔面の外周は淡く朱で塗っている。「台風の害を防ぐ、聖なる仮面」であるという（『世界美術全集　第23巻　民族芸術』解説石川郁雄・一九六五・角川書店）。

ミクロネシアの台風は知らない。「花の窟」を台風が襲うと、浪は国道をこえて岩壁に飛沫をあげる。その時、「岩」は赤みを帯びる。

燃えさかる火が扇神輿に近づくのであるが、その炎はじつは大滝の神霊であった。さきに「火王」「水王」の仮面を見たが、「那智の火祭り」は「大滝の水祭り」でもある。「火と水」が観念でなく、自然のままで一体になっている。その「水の神霊」（大松明）が、那智大社から出発した十二の「神輿」の渡御を迎える。

那智大社への古道の入り口、市野々《いちのの》の里では、十四日の「祭り」に備えて七月一日から

図49　台風よけの仮面（ミクロネシア）

神楽舞の稽古が始められる。その神楽歌のなかに、有馬窟《ありまのいわ》の歌「ありまやま、つりははなのはたたて、ふえにつづみにうたひまひ、うたひまひ」。いまも有馬町ではムラびとたちが百十尋《ひろ》の長い縄に春の花をくくり、窟の上から前の塔にその縄をわたし、三流の幡《はた》を立てて『書記』記述のままに祭る。二月二日の祭りである。この「花の祭り」をむかしは「火祭り」ともいった。那智の神楽歌では、さらにまた花の窟の歌「はなのいはやはかみのいはやぞ、いはへやごども、いはへこら」。「那智」と「花の窟」の間は、五十キロをこえる距離である。「那智田楽舞」の稽古も、この七月一日から始まる。

七月十日は「扇張り」。扇神輿の骨は、総杉材で高さ二丈一尺、白麻布を裏に、緋緞子《どんす》紋様を表に竹釘で打ちつけ、三十二本の金の扇子を八個の鏡で締めつける。全体を那智大社の姿に現す（図50）。（潮崎大

図50　扇神輿（熊野那智大社）　7月14日火祭り、大滝にむかって出発する前、神前に立てられる。

邇「那智の神事覚え書き」から抄出）

ドゴンの神話は語る。人は年老いれば蛇に変身する。ひとりの祖先は蛇に変身していたにもかかわらず、あやまって人間のことばを話した。このあやまちによって、人間にはじめての「死」がもたらされる。シギの祭り「祖先の葬式」の儀礼では、洞窟に十メートルにおよぶ白木の大仮面が隠されている。これは蛇に変身を始めた祖先である。翌年「喪明けの式」になると、大仮面に赤と黒・白の彩色がほどこされ、祖先の蛇への変身が完成する。大仮面は空にむかって立てられ、乾いた大地にくねった蛇のように長い列をつくって待機していたムラびとたちは、喪明けの踊りを踊り始める。これら一連の祭りは「仮面の起源神話の再演」であると吉田憲司はいう（『赤道アフリカの仮面』）。

空にむかって立てられる十メートルの大仮面。それは人間にかぶられることはない。大松明に迎えられた二丈一尺の扇神輿は、大滝の前に立てられる。「扇神輿」もまた「仮面」である。六十年にいちどのシギの祭りがすむと、大仮面は秘密の場所に隠される。この「秘密の場所」は、熊野の「花の窟」に似ている。

大仮面は隠されたが、ムラに「死者」が出るたびに、大仮面に似た「シリゲの仮面」が現れる。「シリゲの仮面は箱型の面部の上に、高さ五メートルの細長い板飾りがつき、大仮面の出現を思わせる。シリゲの踊り手は、上体を前に傾け、板飾りの先端を遺体の包み布の両側の地に打ちつける」。吉田はこの儀礼を「人間は自分自身の過ちのために死というものを出現させてしまった。それゆえ、新たな死者が出るたびに、人間は自分たちの原初の過ちに対する許しをその死者に乞う」というグリオールのことばを引用しながら解説している。

ナイジェリアで「イボ族」と呼ばれる人びとの「白と黒の仮面」である（図51）。文化人類学等で「民族」「部族」という分け方が、なにに基づくのか、あるいは「ドゴン」「イボ」等々の呼称がもとそれらの人びとの文化から出てきた呼び名であるのか、不明確なことはあまりにも多い。

とにかくこの「白と黒の仮面」を生んだ人びとは、耕地がせまく都市にむかって進出した。だからこの「仮面」の造型にはヨーロッパ文化からの投影がある。頭頂と左右に三角形に突き出た髪型もアフリカの他の仮面には類型を見ないものであるが、その髪型を別にして美しく下にむかって流れていく顔の輪郭と、細い切れ長の目、このようなフランスの仮面を私は若い日に見たことがある。顎のまんなかに、さりげなく引かれた黒い直線が、額中央の黒い点と呼応して小さな鼻にも、目立たぬほどに黒が彩色されている。この縦の影ほどの直線を、目と口の黒が大胆に横切る。この口は切顎になっていて、口をひらくとその闇の奥に、金属の歯が現れる（図52）。六〇年代後半の「ビアフラ」の記憶を重ねてみることも可能である。

図51　白と黒の仮面（アフリカ）

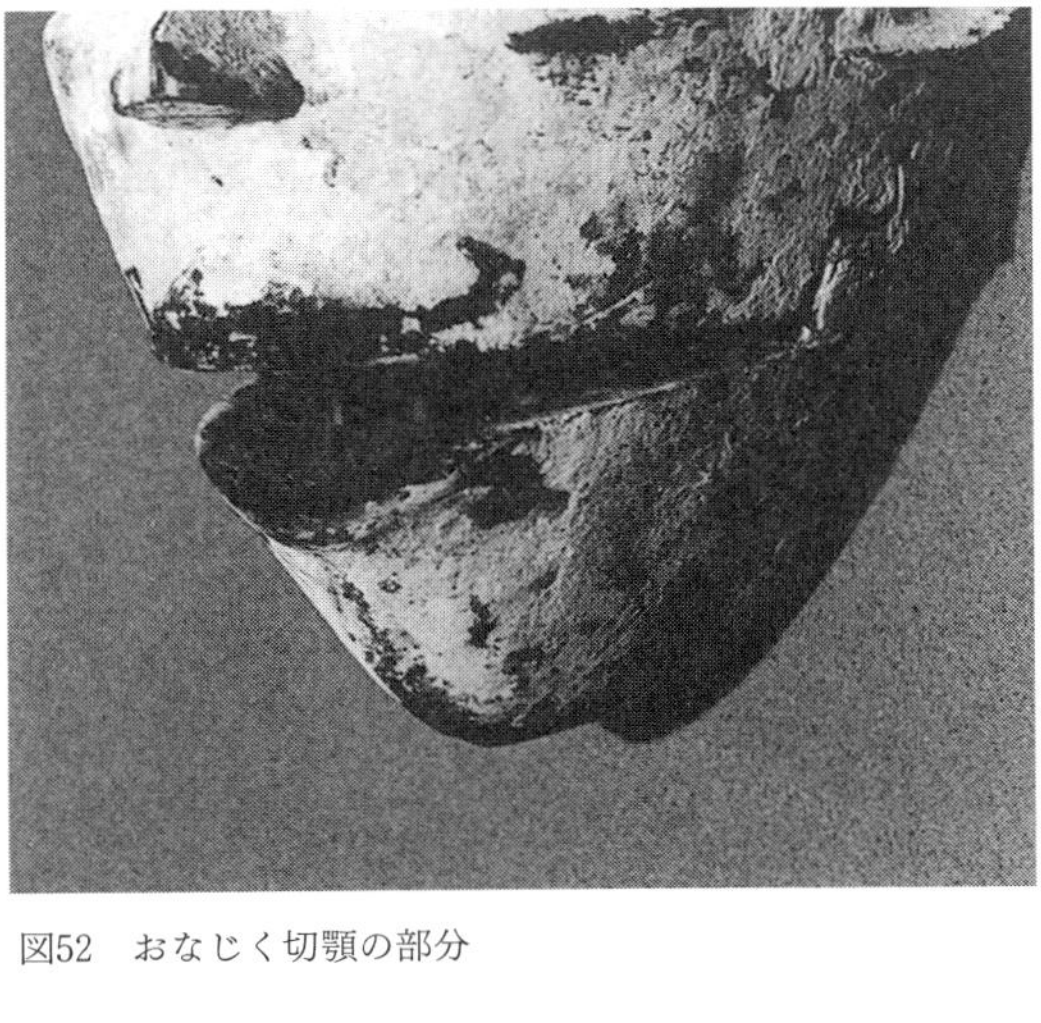

図52　おなじく切顎の部分

そのような「仮面」分析の視角が、日本の「翁」面の「白」と「黒」の分析にもつながる。

ドゴンの葬送儀礼。最終段階に「シリゲの仮面」とともに「カナガの仮面」(図42)が現れる。カナガの仮面は「鳥の飛翔」を象《かたど》ったものとされていたが、高次の知識によれば「アンマの世界創造の営み」を思念させる。「アンマ」は創造の始源である。カナガの仮面から直立する柱は世界の軸を、そしてそこから左右にひらく柱は天を指すという。アンマは回転しながら、みずからの空間をひらいていった(ドゴンに関する記述は、『赤道アフリカの仮面』の吉田憲司解説から抄出、NHK・ETV特集『シギの儀礼と神話』をも参考に再構成した)。

＊

仮面がかかえるいくつかの主題を、「熊野」を軸にして乱反射させてみた。この回転運動は、「那智の田楽」に収斂していく。

私の仮面論（仮面展記念講演）

先日、この仮面展〔「神・鬼・道化―乾武俊が見た仮面世界」展〕で、ある人から「仮面と被差別部落の関係をどのようにお考えになっていますか」、そしてまた「仮面は部落の人が作ったのですか」という非常に難しい、しかもきびしい質問をうけました。「仮面と被差別部落の関係」というのは大変な問題で、芸能とか信仰――民間信仰について考えようとすれば、被差別部落・被差別身分という問題は避けて通れない。そこを避けて通ったら、芸能や民間信仰のいちばん大事なことが欠落してしまう、と私は考えています。

今回八十五点ばかり仮面を展示していただきましたが、その内のいくつかについてお話をしようと思います。

享禄三年銘の「女面」について

ここに享禄三年と面裏に墨書された女面があります。享禄三年といいますと一五三〇年、いま〔二〇〇一年〕から約四七〇年前に作られた仮面です（口絵1・2・図56）。これを求めたとき、業者は加賀藩城下町の旧家から出た能面ですと言いました。しかし先日この仮面展を紹介してくれた毎日新聞に、私はこれは能面ではないと書きました。まず眼の位置を見ていただきますと、ほぼ人間の顔と似た写実的な高さにあります。これをお能の女面と比較します。実際にお見せしますが、これは「雪の小面《こおもて》」といって秀吉が愛用した能面、その精巧なコピーです。これを僅かに上に向けます。お能の方では「面《おもて》を照らす」と言います。すると喜びの表情、幸せの表情が出ます。今度は僅かに下に向けます。「面を曇らす」と言います。すると悲しみの表情が出ます。役者が能面をつけて面を照らしたときは喜び、曇らせたときは悲しみの表情が出るという、こういうふうに能面はできているんです。ではそれはどこから出て来るのかと言いますと、能面にはいろいろ微妙なかげりがありますけれども、顔がかすかに湾曲していたり、唇が受け口になっていたり、そういうふうなことで、面を照らしたり曇らせたりすることで喜怒哀楽の微妙な表情が出るように作られている。そういうふうに能面は演出効果を計算して、工夫に工夫を重ねて造形されている。

ところが享禄三年の女面、これを私は能面ではないと書きましたが、それは能面のような演出効果を考えていない、考えずに女性の顔を造形しているからです。この女面は、面を照らしたり曇らせたりしても能面のような効果は出ない。これは能面の元になった猿楽の面です。

ではこの女面はどういう人間の顔が元になっているかと言いますと、これは神がかりした巫女の顔を写実的に描いたものです。今から四七〇年も前にできた面で、しかも粗末に扱われてきたから色彩がほとんど剝落していますが、髪の毛はおそらく能面のように額の中央から分けずに全体に黒く塗られていたと想定されます。こういう能面の前段階の女の面は髪の毛を分けていない。男性に見てもらうための化粧はしていない。さらにこの仮面には無いのですが、両頰にえくぼの入ったものがあります。中世の古い女面に多い特徴です。民間仮面研究の第一人者である後藤淑《はじめ》先生は、このような古い女面を、「無表情の仮面」

と言われました。しかし私は「放心の仮面」というほうがより適切ではないかと思っています。神がかりして放心した女。女がこういう放心の表情を浮かべるのは、例として少し不謹慎かもしれませんが、セックスの頂点に達した時の顔。それは非常に美しい。なぜ美しいかと言うと、愛する男性と結ばれているという思い、その男性との間に新しい生命を宿すという深層の意識。そのとき女はこういう美しい顔になる。愉悦のえくぼが現れるのです。新しい生命の創造、それは神との結婚です。神と人間との結婚。そのとき女は神がかる。神さびた表情になる。

日本の仮面というと、能面を考えます。博物館に行きますと能面が展示してあって、日本の仮面の代表は能面だと思っている。しかし能面はある日突然生まれたのか。観阿弥や世阿弥の頃になって、突然能面ができたのか。もちろんそうではありません。能面を生み出す源流《もと》には、民間の仮面があった。民間の仮面が母胎にあって、それが洗練され昇華されて能面になったのです。だから民間の仮面が大事だと言うのです。能面を研究する場合、民間の仮面から見ていかなかったら、そしてそれをきちっと捉えていかなかったら、日本の仮面史が判らなくなる。さらに仮面を生んだ民衆のこころを追究していくこともできなくなる。能面だけ見て、その造形や技法、その美術的価値だけを云々しても、それだけではほんとうの能面研究にはならない。

ところで民間の仮面は能面に較べてはるかに安価ですから、それだけ粗末に扱われます。粗末に扱われて、どんどん消えてゆく。国や自治体、博物館・美術館も相手にしないから、そしてかえって外国人の方にその価値の解かる人がいるから、バイヤーの手でどんどん海外に流出してゆく。こういうふうに民間仮面が消えて行くと日本の仮面史、日本の民衆のこころは何を手掛かりに探ってゆけばいいのでしょうか。

「血」と「皮」の記録

ここに一つの仮面があります（口絵19・図22）。私を民間仮面に導いてくれた縁の深い大切な仮面です。全体に赤く塗られている。素材になった木が分厚くて、重くて、顔につける仮面ではありません。柱などに掛けて拝んだ仮面です。芝居や祭りに使われた芸能面に対して、信仰面と呼んでおきます。神さまとして拝んだもので、この面に神さまが降りて来るのです。しかしどういうところに神さまを感じたのであろうか。このことは能面をいくら見ていてもわかりません。まったく共通点が有りませんので……。

私には長い間この仮面はわかりませんでした。ところが民族の境を越えて見てゆきますと、ヒントが出て来ます。ここにネパールの、それもヒマラヤ山岳地帯のシャーマンの仮面があります（口絵22）。シャーマンというのは、日本にも恐山のイタコなどがありますが、神のことばを受けとって、あるいは死んだ人のことばを受けとって、生きた人間に取り次ぐ仲立ちに立つ人間のことです。そのシャーマンの仮面ですが、顎のあたりに赤い色が見えます。この赤い色が気になるのです。どうもこれは血の色ではないか。もちろんこれは絵具を塗ってあるのですが、もともとは血であったのではないか。それでいろいろ調べてゆくうちに、シャーマンがこの仮面を着けて神や死者のことばを伝える時に、動物の血をこの顎のあたりに塗りながら神がかっていったということがわかって来ました。さらに、口や顎のあたりに毛を貼りつけています。これは単に口髭や顎鬚を写実的に模したものではなくて、毛に人間を超えた力を感じたから貼りつけているのです。毛というのは人間の一部で、なお言えば毛の下には皮がある。

これ（図28・29）はインドネシアのスラウェシ島、その中心都市ウジュンパンダンの古美術商で手に入れたものです。顔全体に皮を貼ってある。顔だけ取り出せば正しく仮面です。そのほか手のところ、足のところ、背中、全部皮を貼っています。この皮に人間の力を超えた力――呪力を感じたから貼っている。これは神さまの像です。こういうものが出てくるのです。こう見てきますと、さきほどの私を民間仮面に導いた仮面の異様な赤い色、それはもとは血を現す色ではなかったか、と思えてくる。

柳田國男が一九〇九（明治四十二）年に――これが民俗学の出発点になったのですが――宮崎県の椎葉を訪ねて、猪を狩する人びとの狩の作法・そのとき唱える狩のことば等々を記録しています（『後狩詞記』）。その中で猪を仕留めたとき、真っ先に猪の心臓の尖端を切り取って、その血で染めた旗とその心臓の尖端とを神さまに捧げる。猪は山の神さまから頂いたのだから、まず山の神さまにそれを捧げる。その山の神さまをコウザキさまと言い、猪の心臓もコウザキさまと言うと書いています。

日本の仮面から血や皮が消えてゆくのが非常に早い。インドネシアやネパールの仮面には血とか皮とかがまだ生き生きと活きているのに、日本ではそれが急速に消えていった。なぜ早いかというと、血や皮を穢れたものとする考え方が日本では早く広まって、日本の仮面――神に近づく仮面から血や皮の記憶が消えてしまったのです。だからそれを取り戻すためには、ネパールやインドネシアやアフリカの仮面を見ないと日本の仮面だけ見ていてはわからないのです。

しかし、日本の仮面にも、血と皮の記憶が残っています。福井県金津町の吉崎御坊。蓮如上人が布教した有名な地に、「嫁おどし肉付面《にくづき》」というのが伝承されています。ある嫁さんが蓮如上人の教えに帰依して、仕事が終り、夕方になると毎日のように蓮如上人のお説教を聞きに行く。姑さんがそれを嫌って、嫁さんが蓮如の御坊に行く途中、鬼の面をつけて竹藪にかくれていて、嫁がくると、わーっと飛び出ておどした。だから嫁おどし。ところがその面をはずそうとすると、くっ着いてしまって姑の顔から離れない。

嫁さんが「南無阿弥陀仏、南無阿弥陀仏」と唱えたところ、面ははずれた。それからその姑さんも嫁さんと共に蓮如上人の信者になった。そういう話なんです。

この嫁おどし肉付きの面。くっ着いてはずれなかった。はがしたら、面の裏側に姑の顔の皮と血が着いていた。だから肉付きの面です。蓮如上人の教えの有難さを説く話ですけれども、その宗教的方便の要素を全部引き去ってしまって、面に対する民衆の心意、気持というものを考えてみますと、面には血と皮のイメージが、蓮如の伝説が語られる頃まで民間にはあったということです。それをネパールやインドネシアやアフリカの仮面を見てゆくことによって、血や皮の記憶、私たちが失ってしまった血や皮に神を見てゆく記憶をとり戻したいと思うのです。

バラミ族の「仮面」理解に近づくために

今度の展覧会の中で、ネパールのバラミ族の仮面が出ています。おそらくバラミ族が日本で紹介されたのは初めてではないかと思います。紹介した責任上、私が今わかっている範囲でバラミ族の仮面についてお話をいたします。こういう細長い仮面です（図53・口絵23）。このバラミ族が現地ネパールの新聞に紹介されたのが一昨年、一九九九年の夏ごろ、一年半まだ二年にもなりません。これがそのネパールの新聞です。「カシリプール」という新聞名だそうです。

右側の上の方にバラミ族の人びとが、左の方にバラミ族の人びとの村の写真が載っています。私にはまったく読めませんので、ネパールへたびたび足を運んでいる萩原直樹君――この方からバラミ族の仮面をいくつか頒けていただいたのです――彼がネパールの友人に英訳してもらって、この展覧会の直前に私のところへファックスで送ってくれました。それからもうひとり、ラジャさん。ネパールから日本に留学して美術の勉強をし、学費を稼ぐためにアルバイトもするという忙しい方ですが、ネパールの文化を日本人に紹介したいと多角的な文化活動をしている人です。このラジャさんにもこの新聞の内容の要約を日本語にしていただきました。萩原さんがネパールの友人に英訳してもらったのと、日本に留学しているネパールのラジャさんの日本語訳と、内容がピタッと一致していますので、これからご紹介することは間違いないと思います。

この新聞には、「ネパールは多様な民族・言語の花が咲き乱れている庭である。バラミはその花の一つ

図53　精霊（ネパール・バラミ族）

である」と書いています。ラジャさんに最初お会いした時には、「ネパールには三十三の民族が共生している」と聞きましたけれども、バラミ族のことはラジャさんもご存知なかった。ということは三十三の民族プラス一になるわけです。しかしまだ知られていない民族もほかにいるかも知れないので、三十三プラスαというようにみなければならないでしょう。そのバラミ族は「正確につかめないけれども、五千人ないし六千人と推定される」と書いています。「少数の人びとが、主に農業に従事している。しかし土地所有率が極めて低い」と書いています。

おもに農業に従事していて、土地所有率が低いということになりますと、当然農業だけでは生活してゆけない。ここから先きは私がその記事から推測してゆくことになるのですが、農業だけでは生きていけないとすると、他にどういう仕事をするのかということが当然問題になってきます。まず農業以外というと、漁業あるいは狩猟ということが考えられます。それから芸能あるいは信仰にかかわる仕事も考えられます。バラミ族は山に住んでいますので、小川で小さな雑魚《ざこ》を獲るぐらいのことは別として、生計になるような漁業はできない筈です。芸能や行商で生きてきたとすれば、出かけて行った先きざきでバラミ族の人が来たことがわかりますから、一昨年はじめて新聞に紹介されたというようなことではなく、もっと早く知られていた筈です。だからかなり山の中で閉鎖的に生きていたとすると、狩猟ということがいちおう考えられてくる。新聞には、バラミ族のお祭りとか習慣が書かれていますが、何がこの人びとの生活を支えているのか、この仮面を作った人びとが社会的にどういう位置に置かれているのかというところまでゆかないと、バラミ族に近づいたことにはなりません。

さらにこの新聞の記事を読んでゆきますと、「バラミ族は社会的理由によりバクタプールを去ってバラミになった」と書いている。バクタプールというのは、ネパールの首都カトマンズから東の方へ十二キロのところにある町です。そこにバラミの人びとは住んでいた。こういう伝説があるんですね、「バラミ族はほんらい飲酒肉食はしないことになっていたが、バクタプール王の祭りの時に騙されてドブロクと水牛の肉を食べた。それでバクタプールを去ってバラミになった」と書いています。ひじょうに含蓄の深い象徴的な話と思うのですが、今そこまで深入りすることはできません。とにかくカトマンズから東へ十二キロのバクタプールという町は、伝説といろいろなお祭りがある町だということです。

都市の周縁・聖地の周縁

そこで十二キロという感覚ですが、たとえば大阪の街で、中心が大阪城であるとします。いま私たちは浪速区のリバティ大阪にいますので、大阪城からこちらへ十二キロ線を引いたとしますと、おそらく住吉さんの北の方あたり、住吉まで行かない。大阪城からだいたい住吉大社ぐらいまでの場所に住んでいる人の生活が、一昨年になって初めて新聞に紹介されて、その生活が非常に珍しいものだといわれる。これはいったいどういうことなのか。たとえば浪速区や住吉区の生活が新聞に出て、非常に珍しいものだと言われることはちょっと考えられません。で、その飲んではいけない酒、食べてはいけない肉を食べてバクタプールを去ってマクワンプールというあたり、バラミの人びとがいま住んでいる場所、そこへ移ったというんです。そのマクワンプールでこのバラミの仮面を手に入れたと萩原さんがいっている。マクワンプールというのは、こんどは逆にカトマンズから六十〜七十キロ南西の方へ、インド国境に近いタライの方に向かって行った所だといいます。そこにバラミの人びとが住んでいる。大阪城からまた六十〜七十キロ南へコンパスを当ててみましょう。だいたい和歌山あたりになります。そのあたりのことが一昨年になるまでわからない。これでバラミの人びとが置かれている社会的な、また民族的な位置がわかると思います。〔企画展の〕『図録』の中に「バラミ族の人びとの文化は正当に評価されていない」と書いたのはどういう意味かといいますかと、営々として五千人・六千人の人が生活し文化を創り、仮面を刻んでいながら、一昨年になって初めて、ひじょうに珍しい習性や生活をしている人びとだと紹介される。これでは正当に評価されていない、と言っていいと思います。

私は今年〔二〇〇一年〕の九月で八十歳になります。今言っておかないと、わからなくなってしまうことがいっぱいありますから言っておきます。私は和歌山市で生まれました。家から四キロ、五キロぐらいのところ、今はひろく和歌浦という町名で呼ばれている一画で、私は穴居生活をしている人びとを見ました。民俗学なんかを少しばかり勉強するようになってから、ある時期、「サンカと呼ばれる人びとだったんかな」と思ったりしましたが、事実はわかりません。そういう人びとが和歌山市の中心から四、五キロ離れた所で生活していた。七十年前の記憶です。

さらに紀三井寺。和歌浦から二、三キロ、和歌山市の中心から七、八キロ離れた所にある紀三井寺。今でいうハンセン病、ハンセン病であったのかどうか実際はわかりません。とにかく、おそらく医学的にきわめて不確定で、皮膚病やなんかにかかった人も偏見によって村から追い出されて、聖地の周辺に集まっていました。石段を登って行くその左右に、病に苦しむ人びとが群がっていました。子ども心に、そのことをきっちりと憶えています。「癩予防法」という法律を国が制定したのが一九三一（昭和六）年。その前後でしょう、私が見たのは……。

高野山の、今ではケーブルで登って行きますけれども、極楽橋からずっと山道を登って高野山に至るところ、親に連れられて、その道にもやはり病気に苦しむ人びとが群れていました。私たちが不潔だと考え感染《うつ》ると考えて排除してきた人びとは、七十年前にはこのように私たちの傍《そば》にいたのです。『一遍聖絵』という絵巻。鎌倉時代、一二九九年に完成した絵巻です。その巻二を見ますと天王寺の周縁、南門・西門その外側に「非人」の生活が描かれています。南門脇の土壁の外側には彼らの住まいがあり、西門側の鳥居脇には参詣人相手に物乞いをする彼ら二人が描かれている（図20）。巻七の京堀川のほとりには、もっとどん底の障害者や病者の生活が描かれています。七百年前の『一遍聖絵』に描かれているのと同じ姿が和歌山市の私の住んでいた所から四キロ、七キロ離れた所にあったというのが七十年前の私の幼時の記憶です。そういう状況の中から日本の民間仮面が生まれてきている。そういうことを考えずに、仮面をただ見ていても、その仮面の意味はわからないのです。そういう七十年前の状況というのは今ここで言っておかないと、若い世代の人にはもう理解できなくなってしまうでしょう。

泉南市での文化講座の聴講をしてくださった方、私より二歳ぐらい年下の方ですが、講座のあと、こういう話をしてくれました。「私は大阪市の生まれです。幼いころの話ですが、川のむこう側に村があるんです。小さいその川に橋がかかっている。橋のむこうにその人びとが生活している。巡査もその橋を渡ってむこうへよう行かんのです。女の人は上半身裸で、男は褌一丁で生活している。そういう村を私は子どものころに見て知っています」と。この方の話を聞いて、位置関係から類推しますと、大阪市の現在もある被差別部落であると思われます。その方の幼時の記憶に残っているその村の姿です。上半身裸とか、橋を渡って巡査も入ってゆけないんですというようなイメージの中には、多分に偏見や怖れや排除の感覚があって、そういう記憶が残っていたのでしょう。

「天満の市」。大阪の子どもたちが、くりかえしくりかえし、物心つくかつかないかのころ母親から歌って聞かされた「大阪の子守歌」です。「ねんねころいち天満の市で大根揃えて船に積む、船に積んだらどこまで行きやる、木津の難波《なんば》の橋の下、橋の下には鷗《かもめ》がいやる、鷗獲りたや網ほしや」。「木津や難波」――この辺《あたり》です。で、「鷗獲りたや網欲しや」ですね。いろんな古老から聞きとりをしてゆきますと、「木津や難波の橋の下、橋の下には狼《おおかみ》いやる」という風に歌う方も多くいます。「鷗がいやる」が「狼いやる」に変わってくる。で当然「狼獲りたや」となりますと、「竿欲しや」とかいうふうに変わってくる。「橋の下」という所は、何か狼がおるような怖い所だとイメージが重なってくる。さらにこの狼が変って「橋の下にはおかめがいやる」、オオカミがオカメに変わって「おかめ獲りたや網ほしや」とか、またこういうふうにも変わります。

宇野浩二。有名な作家です。折口信夫よりも四つぐらい年下です。宇野浩二は福岡の出身であったと思いますが、幼いころ大阪へ移ってきて大阪で育った。折口信夫は大阪生まれの大阪育ち。どちらも天王寺中学へ通っていました。その宇野浩二が幼いころのことを回想して書いた文章があります。その文章については別のところにも書きました(「折口信夫をどう読むか」、自選 乾武俊著作集第二巻『被差別民衆の伝承文化』所収)。「折口がそこで生まれて住んでいた木津あたりは、場末であったから、ごたごたした町が多く、夜は、暗くて淋しい所であるように言われていた。私の少年の頃、日の暮れかかる時分に、子供たちが、『ナンとかナンとか、木津や難波の……』という、今日の言葉でいえば、民謡のようなものを、うたっていた。そういう子供たちは、夜、木津や難波に、うかうか行くと、人買いにさらわれると、殆んど真面目に信じていた。少年の私も、日が暮れてから、町の方に、遠く近くに、この『木津や難波……』の歌を聞くと、怪しく恐ろしい気持ちに、かすかにふるえた」と書いています。

木津や難波が、大阪の中心・大阪城から言って七キロ・八キロの所が宇野浩二の少年のころでもなお、「恐ろしい所」「人買いにさらわれる所」そういう風にイメージされていたということ。都市の中心と、七、八キロ離れた都市の周縁。その間にそういう感覚が出てくるということ。ついこの間までの、そのことを抜きにして、仮面を考えても、それはただ仮面を前に置いて仮面を見ているだけの仮面論になってしまいます。

いまいちど「天満の市」の歌詞に戻りますと、「橋の下にはおかめがいやる、おかめ獲りたや網欲しいや」というような所が、「橋の下にはこわい蛇《じゃ》がおるげな、こわい蛇々《じゃじゃ》げな嘘じゃげな」とかわります。こわいものを「蛇《じゃ》」に置きかえて、「嘘じゃ」の「じゃ」に引掛けてオチをつける。最後には「嘘じゃげな」となるんだけれども、「嘘じゃげな」と言われても、そのこわさの生々しさは消えないんです。とくに幼い子ども心に刻印されたイメージは消えない。「嘘」の方が「ほんとう」なんです。「嘘じゃげな」と、言われればいわれるほど、嘘がほんとうに見えてくる。実像よりも虚像が、虚像が実像の生々しさをもって迫ってくる。この「嘘じゃげな」という「嘘」のところに仮面が成立する。仮面は人間の顔ではありません。しかし人間の顔以上の、「嘘の顔」をもって私たちに迫ってくる。だから「橋の下にはおかめがいやる」と言ったときに、「おかめの仮面」に、以上述べたような心情が重なってくる。

図54　おかめ面

展覧会場の終わりの方に、「おかめの小さい仮面」があります（図54）。面の裏側に棒が渡してありまして、その棒を口にくわえて幇間《ほうかん》、たいこもち、色里のお座敷に呼ばれた人びとが、わずかなおひねりをもらって、旦那さんの機嫌をとる。滑稽な面をかぶって芸をしてみせた時の面ですけれども……。

「中間表情」についての私的考察

昨年の三月、私は妻を亡くしました。私的な話をこういう場所でするのは遠慮すべきだとは思いますが、仮面というものを考える上で、是非聴いておいて頂きたい。今まで「苦しい、苦しい」「お父ちゃん、お父ちゃん」と呼んでいたその顔が一瞬ふっと変わるのです。安らかな顔に変わる。安らかな顔に変わったと思うと、心臓の動きを映していたモニターの波動がすうっと止まる。五十年間つれ添って来てその間一度も見せたことのない顔。永久に忘れられない顔が、そこにありました。

「中間表情」ということを能面の研究家は言います。面《おもて》をすこし上向けると喜びの表情、すこし下向けると悲しみの表情が出ますが、その中間、つまり喜びと悲しみの中間にある表情を言うのです。そういう演出効果的な意味で「中間表情」と言いますが、肉親を失った時に感じた実感から言いますと、死と生の境界、死と生のあわい、そこで出る表情を私は「中間表情」と考える。おそらく能面における「中間表情」もそこから出てくるのだと思います。境界の表情です。都市の周縁、聖なる場所と俗なる場所の境界、そこに世間から隔離され、排除された人びとがいたり、農地を耕すだけでは生きてゆけない人びとがいたり、最近になって珍しく取り上げられる人びとがいたりしますが、この境界、境目の人間の表情を固定したものが仮面になるのではないか。そう考えるようになってきました。私が昨年経験した肉親を失った悲しみ、その何層倍、何十倍かの悲しみを経験してきたのが民衆です。民衆は「中間表情」を数限りなく見てきた。

たとえば戦争で多くの愛する者を失った、その失った者の表情を見た、飢饉で死んで行く肉親を見た、あるいは虐殺される肉親を見た、子どもと別れる「子別れ」の親と子、そういう「中間表情」を私の何層倍も見てきたのが民衆です。

能面「河津」の民間での変容

「河津《かわづ》」という能面があります。長い病気。病気と闘い、病気に苦しみながら死んでいった人の顔をモデルにしたと言われています。『阿漕《あこぎ》』とか『善知鳥《うとう》』とか、『藤戸』といった舞台でシテがかける能面です。『阿漕』というのは漁業を営んで多くの魚の命を取り、さらに獲ってはならない禁漁区の魚を獲り、露見して捕らえられる。海に沈められて地獄に堕ち、業火に身を焦《あぶ》られるというもの。『善知鳥』というのは狩猟を生業として多くの鳥獣を殺し、死んで地獄に堕ちた。生前殺した鳥が飛びかかってきて目玉をくり抜いて去っていく。それでもまだ飛んで来て肉を啄《ついば》むというものです。日本では殺生をした人は、死んで地獄に堕ち永劫に苦しみを受けると言われてきました。農業をしようにも耕す土地を持てず、漁業や狩猟をしなければ生きてゆけない。にもかかわらず、死ぬと地獄に堕ちると言う。だから「河津」は怨霊の面です。『藤戸』は源平合戦の折、佐々木三郎盛綱という武将が土地の若者に浅瀬を教えて貰い、そのおかげで戦功を立てた。だが非道にも教えてくれたその若者を殺すというもの。だから若者の怨霊がでてくるのです。「河津」は怨霊の面です。

ここに近世、江戸時代の神楽面があります（図55）。能面の「河津」と並べてみると、二つはきわめてよく似ている。この神楽面は「河津」を変形したものです。顎がグッと飛び出て口が大きく、眼もガラッ

図55　道化（河津）

と大きくなっています。蛙の顔に似ています。もともと「河津」は蛙なのです。蛙の顔からの命名なのです。おそらく神楽面としては道化役に使われたものと思います。もとは能面から変形して、つまり陰から陽へ、怨霊から道化へ民衆は能面を元にこういう大胆な造形をし、これに道化役をやらせる。これが能面でないというのは対照してご覧になれば判りますが、眼も大きく、口も大きく開いて、こんな面をつけて舞台に出たら、謡をうたう口が見えて見られたものではない。またお能では耳以外のところを持って面をつけません。ところがこの神楽面は顎のところが大変汚れている。この面は、顎のところを持って着けたり外したりしたのだということがわかります。

民衆は陰惨な怨霊面を道化の面に変え、陰を陽に変え、悲しみを笑いに変えていった。底抜けに明るい大きな力を持っていました。顎をもって無造作に着脱したといえば粗末な扱いと思うでしょうが、この面を裏側から見ると、眼のところが大きく破損している。それを丹念に、裏側に別の木を貼り付けて修復している。表から見るとまったく判りません。破損した所を心をこめて修復してきたところに民衆の仮面に対する気持、しかも陰惨なものを底抜けに明るいものに変えて神楽面にしてしまった気持、こういうことも私たちは仮面を通して学んでゆくのです。

素描　仮面位相論

ジャン＝ルイ・ベドゥアンがいうように「仮面をもとあった場所に戻してみる」――これが基本である。その三十年以上前、折口信夫は「翁舞の起源を説いて、元に戻してみる」と書いている（昭和三年「翁の発生」旧版全集第二巻所収）。

折口は「翁舞」から説き起こしているが、私は「仮面」から先ず説いてゆく。

「仮面展」（「仮面の諸層―乾武俊氏の収集資料から」展）は終わった。

展示室に入ると、「享禄三年銘の若い女面」「田主《たあるじ》の翁面」「顎の欠けた黒い道化面」の三面（図56・口絵1〜図58・73・口絵4）がまず展示されていた。

私は「田主の翁面」と「顎の欠けた黒い道化面」を、同じ時、同じ店で同時に買ったと長い間ずっと思いつづけてきたが、日記を読み返してみると、それはまったく別の時、別の店での入手である。それが一

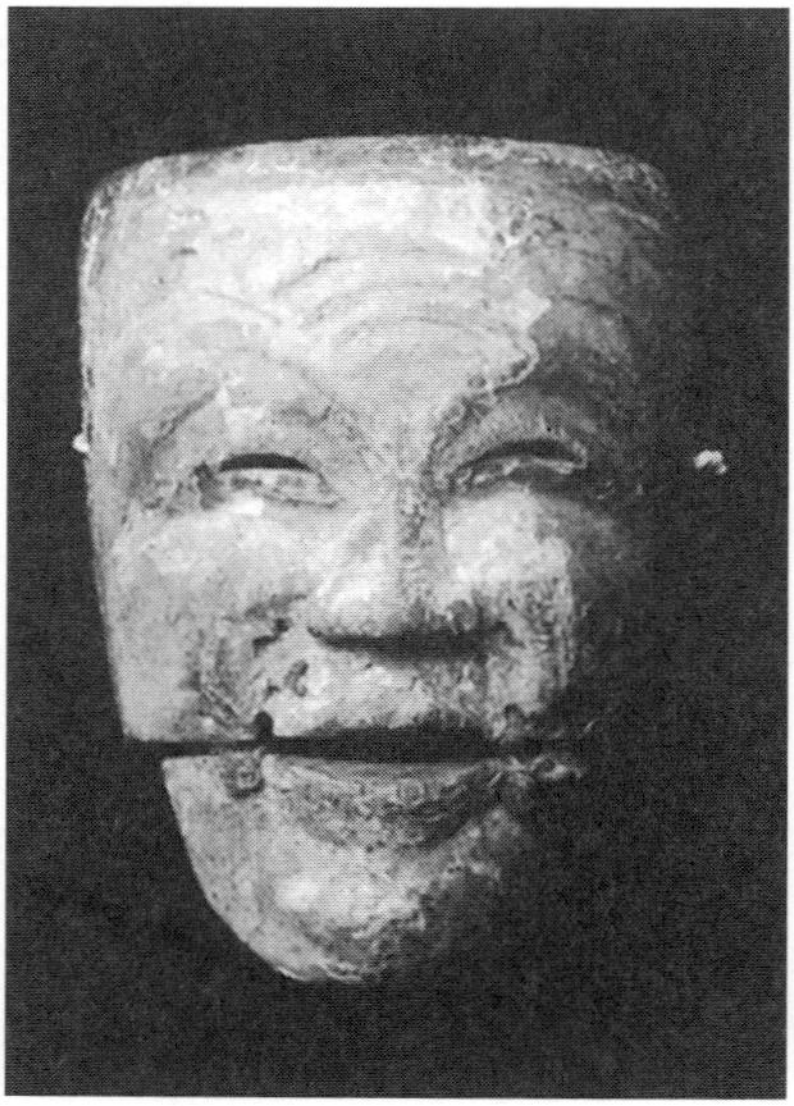
図57　田主の翁面

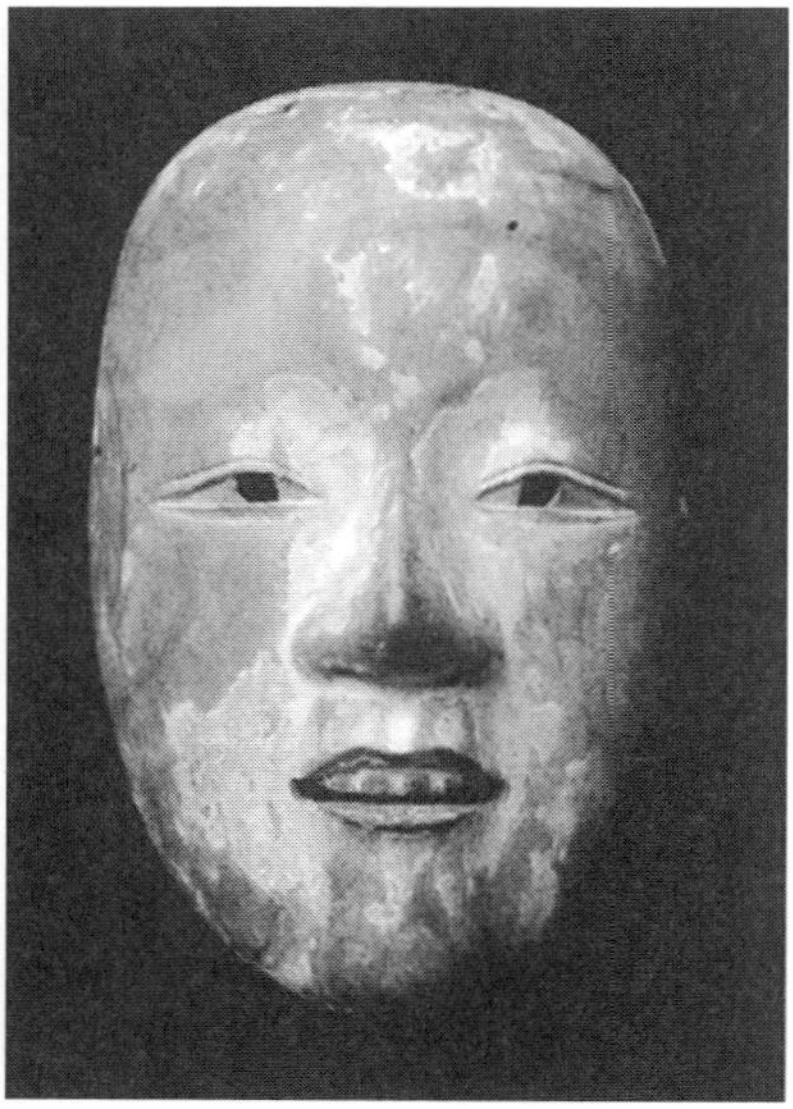
図56　若い女面（裏に享禄三年〔1530〕銘）

つに結びついている。こういうことを「位相論」という。「仮面」が「仮面全体」という漠とした想念のなかで、現れる「位置とかたち」と考えておいてもらってよい。

「享禄三年銘の若い女面」については、何をねがって、どのような面打ちによって打たれ、どのように使われたか、が問題である。

面裏に書かれた「享禄三年（一五三〇）云々」の墨書は、制作年ではなく所持した者の後の書き入れである。

面裏の、しかも額に所有者の名を書き入れるなど、不謹慎なことはそれ以前にはなかった。

唇の左脇に別の運筆で、伸びやかにしかも小さく書かれた「ウスニク」を彩色指定の覚書だなどという人もいるが、私は呪言と思っている。

この「若い女面」は、高野山と熊野、そし

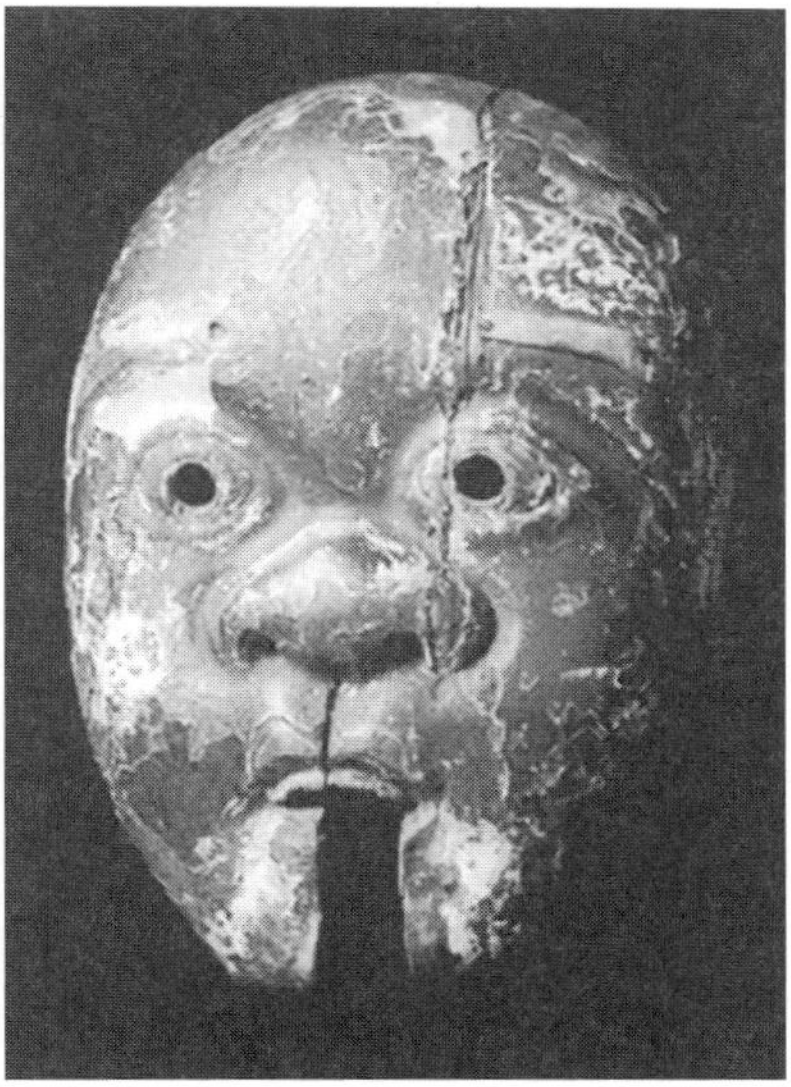

図58　田楽面・田男、黒い道化面

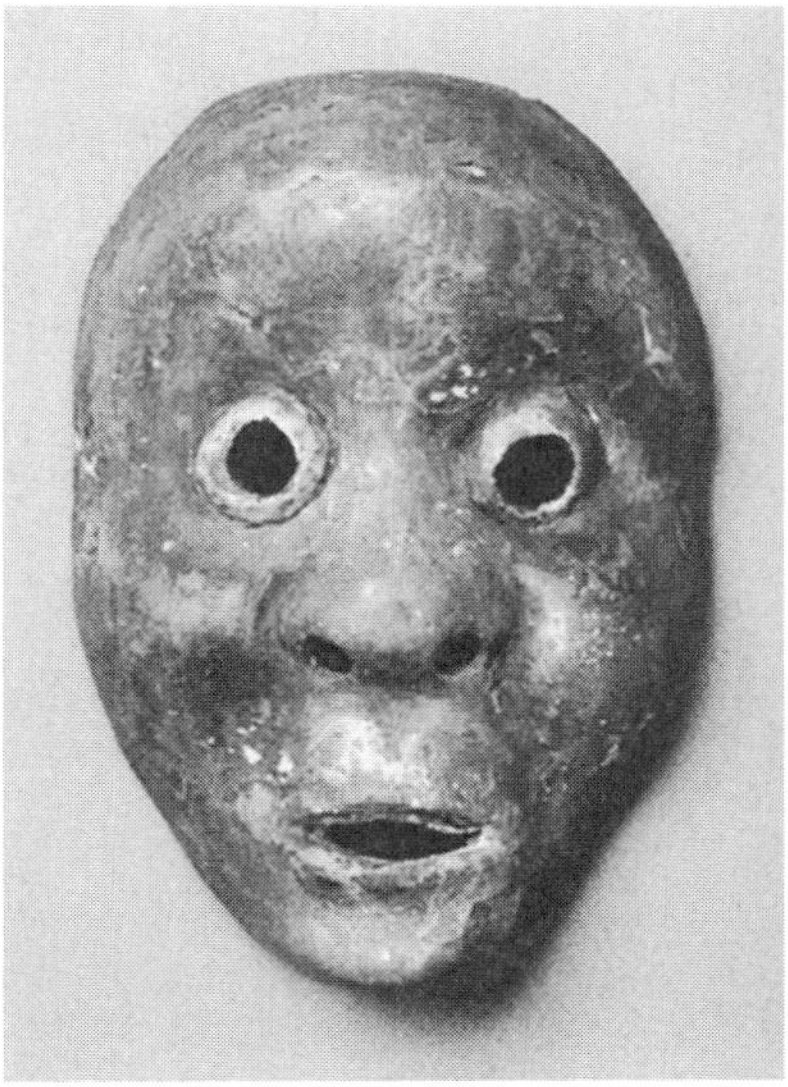

図59　ムラの面

て大峰を複雑に結んだ紀州日光社とつながりがある、と今も私は考えている。

狂言師小笠原匡は、仮面をみると途端に手を出して顔につけ動く人で、その動きが面によってさまざまに変わる。

その小笠原が、この面にだけは手が出せなかった。「どう動いてよいか、わからない」といった。このことも書き添えておく。

「仮面展」は終わった。

終わってから、私は二つの面を買った。「ムラの面」と「ホイトの面」である。

「ムラの面」（図59・口絵5）は一五センチメートル×二〇センチメートルとやや大型で、額が大きく突き出ている。だからつけてみると顔がすっぽりと隠れ、「うしろの正面だあれ」というふうに変身する。演者自身のことである。

瞳孔は大きく丸くくりぬかれ、下半分は突出しつぼまって「あれはたそ」とうそふいている。こういう面はムラの神域的存在で、平たくいえば、バクチのカタになり得る。陽灼けした「田男」の魯鈍な面《おも》ざしであるが、深く隆起した額の裏に縦書き二行の文字のようなものが見られ、その文字は削りとられている。「削りとられている」ことが重要である。こうした顔をすっぽりと隠すやや大型の面は、ムラの祭りに使われることが多く、神格をもっている。平常はムラの共有財産として、ムラの有力者のもとに保管されていた。「ムラの有力者」といっても、格式の高いムラばかりではない。佐渡の故吉野福蔵さんは、いまは行方不明の「元面」でしか舞わなかったが、春駒《ハリゴマ》の舞ごとに五〇〇円出してNさんからその面を借りにいった。「面」は神格をもっているから、「相互贈与《ポトラッチ》」の儀礼に価する。バクチのカタになるのもそのためである。

＊

「ホイトの面」（図60・口絵6）は、見る者がそれを剥がしたくなるように、額の一部を見せる必要があった。これをくわえて門口《かどぐち》に立った。娘を売ったことを詫びながら、「子別れ」を舞った。「ホイトの芸」の原型である。

舞う者が、故寺尾作治のように「来いよ来い、保名来い」と錯覚していると、さらに霊媒のような招き寄せるような手ぶりになる。

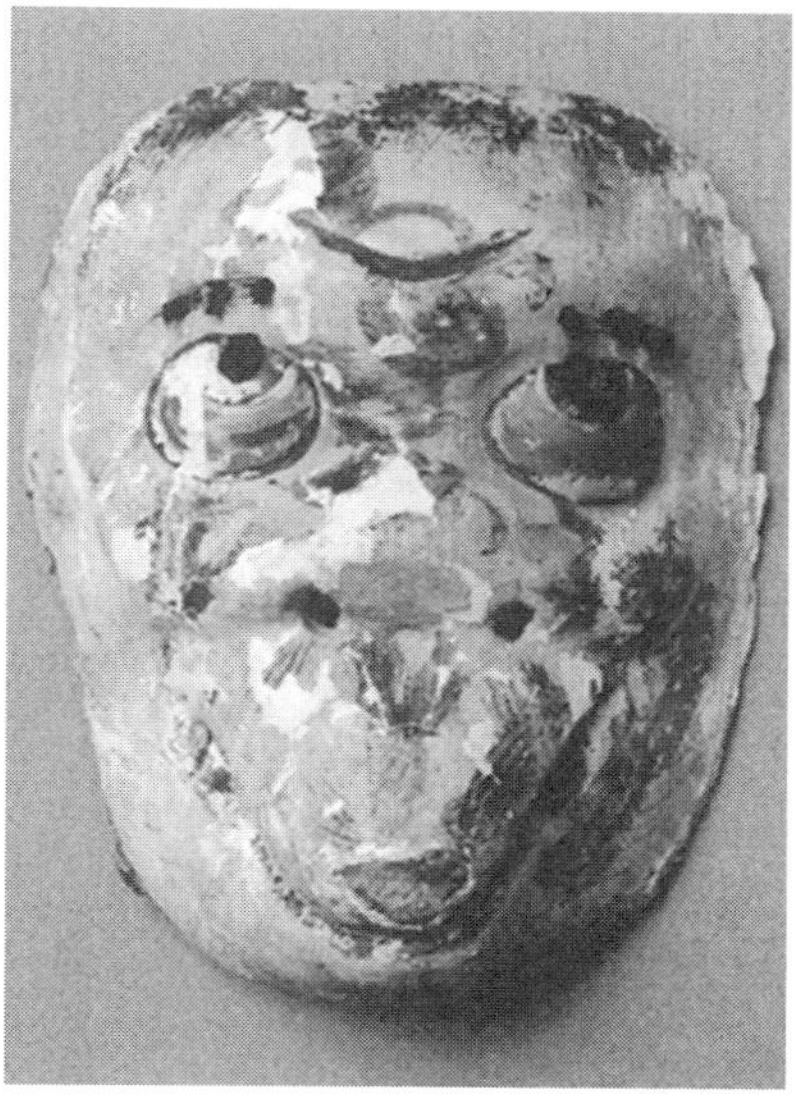
図60　ホイトの面

図61　父尉面（和歌山県・丹生都比売神社蔵）

＊

まず、いけにえが捧げられた。

時代が降ると、炎が焚かれた。

燃えあがる炎《ほむら》を象って、舞いが生まれた。

「舞」が「仮面」と一致する所以《ゆえん》である。

＊

高野山麓丹生都比売神社（天野社）に、折口信夫の表現を借りれば、「ほうとする父尉面」が遺されている（図61・口絵7）。

折口は「翁も純化はしましたが、やはり黒尉が猿楽の原型を伝へてゐる」と言っていて、「翁」といえば、その原型はすべて「黒い翁」であった。この点は、折口と私の考えは一致する。

折口はしかし、「父尉」のことは言っていない。黒澤明の映画『七人の侍』のなかで、野盗の来襲に困《こう》じはてたムラびとたちが、村

図62　父尉面

図63　父尉面（和歌山県・上花園神社蔵）

境の水車小屋の爺にその対策を相談にゆくシークエンスがある。爺は言う。――「やるべし。腹を空かしている侍を集めることだ」――この「爺」が「父尉」である。「ムラの長老」ともいうべき者であった。「長老」は、つね日ごろはものを言わぬが、こういう時は口をひらいた。精霊としての「黒尉」と通じていたからである。

私の二〇〇余面のなかに「父尉面」はない。四〇年間にわたる収集の途中でも、「父尉面」に出会ったことはなかった。

収集仮面寄贈の際、ひとつだけ「父尉面」（図62・口絵8）を手許に残したが、これは桑田能忍が三ケ日町宇志八幡の「父尉面」をイメージしながら打った面である。「黒」の彩色に苦労したという。友情のしるしとして、私にくれた。「父尉面」が、その存在意味《レゾン・デエトル》をわがくにの仮面史にとどめたのは、わずかの期間であった。

「父尉（ムラの長《おさ》）」がいて、「土地の精霊」がいて、

図64　黒尉面（和歌山県・上花園神社蔵）

図65　黒い翁

相互が交信するのは常のことと思われるが、大和猿楽の「式三番」などというものが侵蝕し固定化されて、この基本の図柄は崩されていった。

＊

上花園神社に「父尉面」（図63・口絵9）と「黒尉面」（図64・口絵10）が遺されているのは、おのずからなかたちである。

別の処から「白尉面」と「延命冠者面」が発見されて、これで「式三番」四面がそろったと断定するのは早計であろう。発見された二面は形も大きく、とくに「白尉」は切顎でなく、『紀伊続風土記』慈尊院村勝利寺の項が、

仮面二　豊太閤野山散楽の時用いし面といふ古色あり

と記述するように、後世秀吉の代に至っての寄進と見るのが至当と考える。

＊

あらためて、「黒い翁」について述べておきたい。

図66　黒い翁

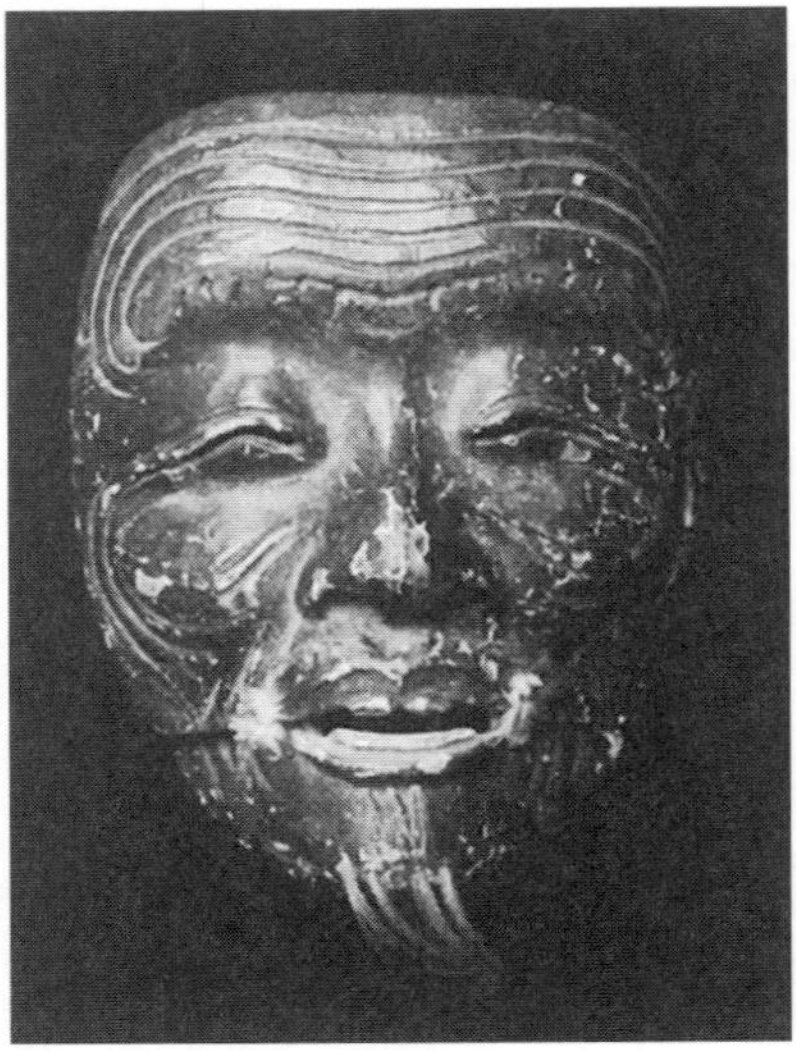

図67　黒い翁

図録『歌面の諸相』（和歌山県立博物館）七ページに、「黒い翁」三面が提示されている（図65・口絵11〜図67・口絵13）。

「黒い翁」の生命は下唇である。

上花園神社の「黒尉面」を思い出してほしい。その下唇は、卑猥さに濡れている。

下唇の卑猥さに、〝下品《げひん》さ〟を感じる後《のち》の世ともなれば、人はその下品さを削るのである。

仮面展『図録』の仮面（図65・口絵11）が原型に近く、しかもそれを品下《しなさが》るとみる意識への堕落の歴史をとどめている。

図65→図66→図67と形を整えてゆく過程をふりかえるもよい。マージナルな力が消えていく、それを額の皺《しわ》のうねりに追い見るもよい。

年ごとの涅槃絵《ねはんえ》に、菩提寺（護念寺）のご本尊の左脇に掛けられる「釈迦涅槃図」を拝しても、横たわる釈尊の前の三人の「黒い人」は、図像的に決まっているのであろうか。

＊

ふたたび丹生都比売神社の「父尉面」にもどれば、その存在の意味が忘れられて、「黒尉面」の代替物として荒々しく大事な面として扱われる時、その顎は欠けていった。そして、「ほうとする父尉面」になった。

＊

西浦《にしうれ》田楽に「面さひづり」ということがある。

神事の進行に先立って、使用する仮面を並べ弊帛をつけ色を塗り変えることであるが、大野晋はこの「さひづり」に明快な解析を加えている。

さひづり《サヘヅリの古形》意味のわからない言葉をしゃべること。また、その言葉。「辺呪語、古経云、鬼神辺地語、佐比豆利（さひづり）」（華厳音義私記）

←safiduri（『岩波古語辞典』）

「さひ」は邪魔することであるが、「つれ」は縦に一線につづく意である。

「さひづり」は「辺境からの群行」であった。

たかだか二〇〇面ほどの群行であっても、そのアニマはさまざまである。「深層からの問いかけ」が角度を変えて突きささってくる。

「仮面」は「音」である。造形でなく「音」である。

その「音の群れ」との直面《ちょくめん》を探り出すこと。「面」は「役」によって決まっているのではなく、祭事にあたって探り出される。

それが「面さひづり」であった。

＊

バリ島の「ケチャ」を見た。

魔女ランダと聖獣バロンのたたかいとか、そういう物語を誘うものには興味はない。

もし1/36拍子というようなものがあるならば、その拍子にのって動く無数の身体とは、それを一つに統御する表現とは、と。

のちに、それを空中から俯瞰した写真（図68）を見たが、ひとりひとりの姿勢は様々である。決められた型で動いているのではない。

そのまんなかのブラック・ホール※に雪崩《なだれ》になって葬《ほうむ》られた人間たちが1/36拍子の声と共に仮面群になって起ちあがってくる。

それが怖い。うつくしいのである。

※ブラック・ホール
大質量・高密度で、大重力のため外部に物質も光も放出できない天体。重い星がその終末に達して自らの重力で崩壊することにより生ずる。（『広辞苑』）

図68　バリ島のケチャ（Leonard Lueras"BARI：THE ULTIMATE ISLAND", Times Editions, 1988）

Ⅲ　黒い翁――芸能の秘密――

黒い翁

那智の田楽「シテテン」の位相

那智の田楽は、「シテテン鼓一打《つづみいちだ》」から始まる。

拝殿に面した舞殿に田楽衆が入場し、所定の位置につく。するとまず「シテテン」のひとりが、舞殿のまわりを二周半し、正面下手にとまって、神前にむかって「テン」と鼓を一打する。「シテテン」はふたりいるが、共にガッソウと呼ぶ紙幣を顔にたらし、日輪烏帽子をかぶっている。少年である（図69）。

この「シテテン」について、芸能事典はあまり詳細に記述していない。たとえば『民俗芸能辞典』（一九八一・東京堂出版）では、「和歌山県東牟婁郡那智勝浦町那智山、熊野那智大社の七月十四日の大祭（俗に扇祭・火祭と呼ばれる）に行われる田楽。演者はいずれも那智山内の青年で、役の構成は腰太鼓四名、ビンザサラ四名、シテテン二名。いずれも直垂に括り袴をつけ、太鼓役とビンザサラ役は綾藺笠《あやいがさ》をかぶり、笛方とシテテンは立烏帽子をつける。曲は次の二十一の部分からなり、祭当日の午前、祭典のあと拝殿前境内の四方吹抜きの舞台で、大和舞に引続いて演じる。『乱声《らんじょう》（調子合わせ）』『鋸刃《のこぎりは》（鋸刃または機織のご

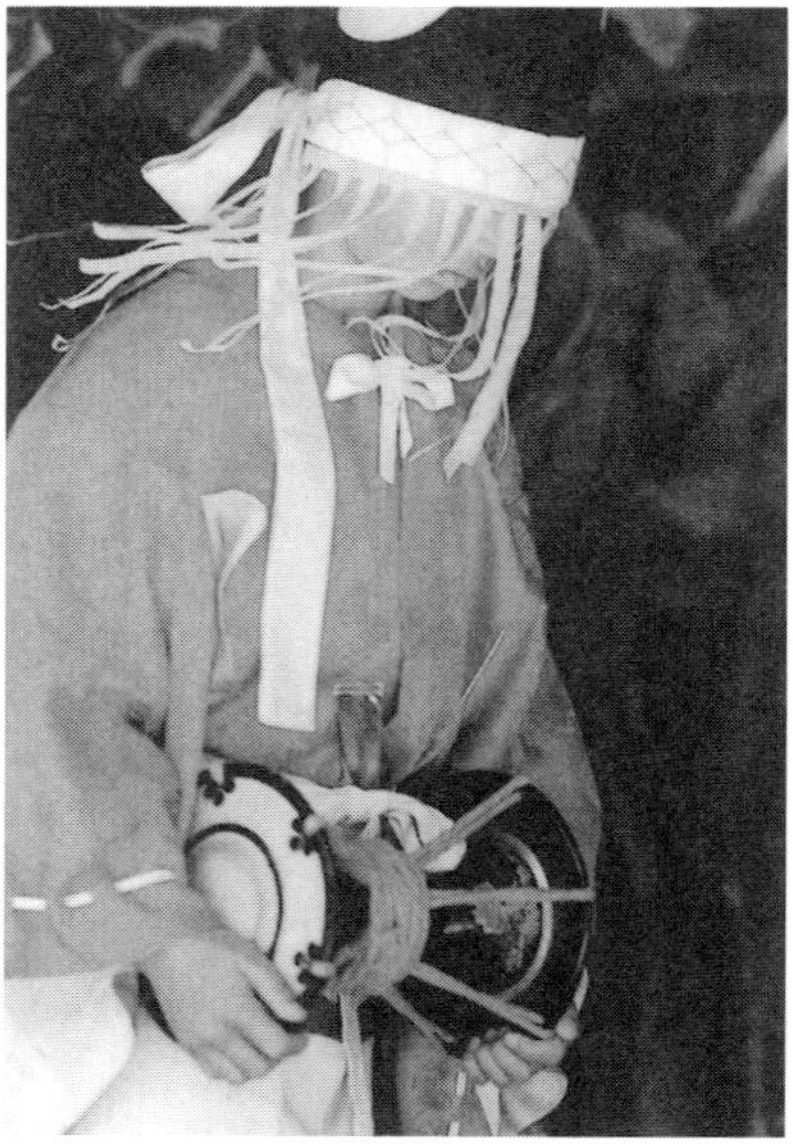

図69　那智田楽の「シテテン」(和歌山)

とくジグザグと舞人がその隊列や向きを往来させる)』『扇の手』『遶道《ぎょうどう》(円形行進)』『二拍子(太鼓・ササラで舞台を二度突く)』『三拍子(三度突く)』『本座《ほんざ》駒引《こまびき》(太鼓・ササラで向い合って踊る)』『新座駒引』『ビンザサラの役』『太鼓起こす(太鼓役が太鼓のふちをさする)』『撥《ばち》下げ(太鼓役向きを変えて撥を下げる)』『肩組む(ササラ役・太鼓が進み出で肩を組む)』『たらり行道(太鼓役は太鼓のふちを撥でなで、ビンザサラは低音で演奏)』『入り組む(太鼓・ビンザサラ役が交互に入り組み合う)』『本座水車(回中心の舞)』『新座水車』『本座鹿子躍《かのこおどり》(跳躍中心のもの)』『面《おもて》の現像《げんぞう》(太鼓役・ビンザサラが顔を見合わせる)』『新座鹿子躍』『大足(大きく足をひらいて動く)』『皆衆会《かいしゅうえ》(終結部)』、番外『シテテンの舞(二人のシテテンの華麗な舞)』。以上、一つの流れの集団舞踏の中に多彩な芸態の変化を見せ、古い時代の田楽技法の豊富な残存をしのばせる。当社の田楽の発生期は不詳だが、現在全国の熊野権現信仰を伝える社寺に田楽の数多く残されているのをみると、本拠である熊野三山に相当古くから田楽の行われていたことも想像される。『熊野年代記』後小松天皇応永十年(一四〇三)の条には、京から田楽法師二名が熊野新宮に来たとの記事がある。那智山でもこれを学んだかも知れぬ。那智山では戦国時代いっとき田楽が中絶し、慶長四年(一五九六《(ママ)》)に復活、その後たびたび中断しながら、大正十年に復活した」と記述されている。

『辞典』執筆についてまわる極度の字数限定のなかで、「シテテン」は大蛇《おおなた》を振われ、「番外」としてわずか一行のみの扱いを受けている。

しかし「シテテン」を番外と見たのは、『辞典』編纂者の恣意的な判断ではない。熊野那智大社発行『那智叢書』第四巻『那智田楽の解説』（一九六三）、ならびに第十三巻『田楽要録』（一九七〇）は、現地から発刊された貴重な資料であるが、なかでも一九二一（大正十）年にこの田楽の復興を指導した潮崎多《幹》賀《済》美・奈《泰》留《済》美共編の『田楽要録』は精細重要な記録である。その記録でも「シテテン」は番外の扱いを受けているから、これを枠外のものと見る伝承は、かなり以前から存在したのであろう。

『那智田楽の解説』は宮司篠原四郎の執筆であるが、寛文の「田楽板」（曲目順序書）と、大正期復興時の『田楽要録』の曲目を対比した記述のなかでも「シテテンの如きは番外として演ずることが掟でありますから昔のものには略してあるようであります」（傍点筆者）とあって、番外「シテテン」の扱いは、「掟」であったことがわかる。

「シテテン」は、最初の「鼓一打」のほか、田楽奉納中、目立たぬ行為をいくたびかする。「新座駒引」が終わって「ビンザサラの役」に移る。ここを『要録』の記述によって追ってみる。――「笛エも暫く吹奏を休み、太鼓編木《ささら》も其定席に於て憩ふなり。其の憩ひある間に、二ノシテテンは自席より出て、一ノ太鼓の前に至り、扇を開き、大足に右へ右足より一足開くと共に、横に大きく煽ぎ、更に其右足の行き止り処に立ち、横に大きく煽くと共に右足を大きく開き、又た同様に大きく横に煽くと共に右足を大きく開き、左足を揃ふ、太鼓一列四人を三回に横に煽ぐなり。更に四番の太鼓の前より逆に前項と同様三回に煽ぎ、一番の太鼓に至る。此の往復を一度目とす。かくすること三度のち往復九回を累ぬるなり。而して二ノシテテンは再往復三度目に、一番の太鼓の左側にて一の太鼓を縦に三度煽ぎ右折、背進して自席に帰着するなり。此の帰着までの間が休憩の時間となるなり」。

今日では、この九回が三回に簡略化されている。なおさらに、またたく間に過ぎてしまって、その謎をとく暇もなく、次のビンザサラの所作に移ってしまう。ビンザサラの所作に移るまでの、このしばらくの間を「休憩」と呼んでいるが、私たちはひとつの演技から次の演技への空白、そこにこそもっとも重要なものが隠されていることを知らねばならない。

二の「シテテン」が自席に帰ると、笛役は「ビンザサラの役」の笛を吹き始める。ビンザサラ四人は蹲《そん》居《きょ》のまま三度ササラを鳴らしながら進み、三度目の笛の吹き切りで、少しずつ腰を伸ばして直立の姿勢となる、一の「シテテン」は自席を出て、一のササラの左側に進み跪《ひざまず》いて扇を戻し、以下順次二、三、四のササラの左側で同様の所作をして、ふたたび一のササラの前に戻る。これで「ビンザサラの役」の舞が終わる。

「シテテン」はこのように、最初の「鼓一打」のほか、田楽奉納中、目立たぬ行為をいくたびかする。「ビンザサラの役」の前の所作は上述のようであるが、その前にも「鋸刃」の曲の時、ササラ役が扇を落とし、それをシテテンが拾いに出る。拾った扇を、ここで戻すのであるが、これら有機的につながった一連のシテテンの謎のような行為は、瞬時に過ぎる目立たぬ行為であるため、躍動的で花やかな田楽の動きに埋もれて、見過ごされてしまうのであろう。

最後に「番外」として登場し、しめくくりの舞をまうのも、紙幣で顔をかくしたふたりの「シテテン」である。まず一のシテテンが進み出て、一のビンザサラ役から笠とササラをもらい受け、それを舞台中央に置いて、その前後をまわりながら第一回は袖を振りつつ、第二回は袖を握り両肩にかけて舞う。この時の囃子には笛のほかに太鼓（腰太鼓ではない。シテテンのための太鼓である）が入り、舞は躍動的になる。つづいて二のシテテンが出て、前段は扇をひらき、後段は袖を握り両肩にかけて、一のシテテンの後段と同じように舞う。

　これだけの所作をする「シテテン」が、「掟」として「番外」に置かれている。「シテテン」は「シテテイ」からの転訛であって、「シテテイ」は「鼓」のことである。「鼓」のことを「シテテイ」というが（『岩波古語辞典』、『角川古語大辞典』）、さすれば那智田楽の開始を告げる「シテテン鼓一打」は「鼓が鼓を一打する」ということになり、語意が重複する。中世には「鼓」のことを「シテテイ」と呼んだが、『時代別国語大辞典　室町時代編』（一九九四・三省堂）のなかにはもはや「シテテイ」の語はない。『体源抄』など、きわめて限られた貴族層のなかでの用語としてはなお生きていたかもしれないが、民衆のなかではもはや死語であった。「シテテン鼓一打」という時、その「シテテイ」の原意は忘れ去られてしまって、「シテテン」は文字どおり埋もれた「シテ」であり、「テン」は鼓一打の音であるという感覚があったと思う。

　篠原はシテテンの舞を「三番叟の如きもの」とも解説しているが、こちらは当を得た指摘である。左右に紅白の日輪・月輪をかたどった立烏帽子も、ただちに三番叟《さんばそう》とのつながりを感じさせるが、その袖の振り方や脚の跳躍もまた三番叟である。潮崎幹済・泰済両老が『田楽要録』のなかで重要な指摘をしている。那智の田楽には「田あるじの翁といふものなし。シテテン二人、或はこれに相当するか」——「シテテン」は「翁」である。この重要な仮説から「芸能」の深層に入っていく。

水海の「あまじゃんごこ」と「阿満」

「毛越寺《もうつうじ》延年」のなかの田楽にも「シテテイ」の少年が二人いて、ひとりは鼓をひとりは銅鈸子《どうばっし》を受持っ

図70　水海田楽能舞の「あまじゃんごこ」（福井）

ている。田楽の隊形はさまざまに回転し交錯するが、くぎりめの要処々々ではこのふたりの「シテテイ」が中央で向き合い、腰太鼓とビンザサラは左右に分かれて伴奏の位置についているように見えることがしばしばある。「田楽」の次の「唐拍子」では、このふたりの「シテテイ」が残って「路舞」を舞うが、ここの「シテテイ」も、那智田楽のそれと同じく紙幣をかぶっている。かつて芸能の中心にいた者、そして周縁に追いやられた者が顔をかくしているのである。

水海の田楽能舞。そのなかの「あまじゃんごこ」は、さらにも深く顔をかくす。白・赤（代赭）・黒のシャグマが、一切の表情を切断している。身をかがめた三人の舞人が、「アンハアー」という締太鼓のかけ声のくりかえしに導かれ、手に下げたビンザサラを、単調にサッサッと足もとにむかって揺り動かしながら、右まわりに三回、左まわりに一回、冥

図71　水海田楽能舞の「阿満」（福井）

界にのめり込んでいくようにゆるやかにまわる。時が際限なくおなじかたちでつづいていくような、そして三人の舞人が旋回のなかで少しずつ凝固していくような所作である。（図70）

「あまじゃんごこ」というふしぎな呼び名は「あま田楽」が訛ったものではないか、との説もあるが、あえてセンサクする必要はないかもしれない。

しかし、かりに「あま田楽」とすれば「あま」（海人）と「田楽」との間には、深いつながりがあることになる。それをもどいているのが、「あまじゃんごこ」につづく「阿満《あま》」である。

「阿満」は、眼球が腐敗して抜け落ちたような、空虚な眼窩をもつ面をつけている。漆黒の面である。この面が、祝言の面であろうか。（図71）

水海の田楽能舞は、「烏《からす》とび」「祝詞《のっと》」

「あまじゃんごこ」「阿満」、ここまでが一連の田楽の古型であって、それ以降は「式三番」を冒頭にもつ能舞である。私はひとつらなり四番の田楽だけを見る。その一連の構造のなかで「あまじゃんごこ」を凝視すると、隠されていたものがはっきりと見えてくる。

まず、「鳥とび」と「祝詞」、「あまじゃんごこ」と「阿満」は、基本的には相《あい》対応する二つの類似構造になっている。「鳥とび」は「あまじゃんごこ」と同じように腰をかがめてまわるのであるが、「あまじゃんごこ」が前述のように冥界につながるほどの単調な所作であるに対し、「鳥とび」は太鼓と掛け声に合わせ、片足ずつ交互に跳ぶ。「祝詞」は白い翁面をかぶるに対し、「阿満」は黒い面をつけている。そして、双方共に右手には中啓、左手にはチリ（幣）をもつ（ただし「阿満」の後段では、このチリは鈴にかわり、しかも右手鈴、左手中啓に持つ手もかわる）。

このように基本的には、「鳥とび」「祝詞」と、「あまじゃんごこ」「阿満」は、同じかたちで対応し、なかみは相互に動と静、白と黒というふうに反対になっている。しかも、「鳥とび」は「祝詞」のもどきであり、「阿満」は「あまじゃんごこ」のもどきというふうに、前後補完関係が逆転している。

「祝詞」は代々神主がつとめるという。これに囃子は加わらない。ほとんど見るほどの所作もない。チリと中啓をひらいて起ち、今日の田楽を踊ることの趣意を語ることが中心である。もともと「翁の舞」というのは、「語る」ことが中心であったのかもしれない。

「昔比叡山に天狗あつまり、宝《ほう》の葉を笠とし、笹の葉をささらと定め……」祝言のことばを捨象してしまえば、田楽の起源を語っている。その語りをもどくのが「鳥とび」である。「鳥とび」は後世の「三番叟」でも前半の揉《もみ》の段にとり入れられ様式化される。「鳥」は農耕に縁深い鳥と説明されてきたが、農耕としてもそれはむしろ焼畑につながる鳥であろう。種まきなどとの連想で考えるよりも、熊野の神鴉《かみがらす》、あるいは烏天狗などとのつながりで、始源にもどして考えるべき所作なのである。

四番一連の相互に重層するこの構造の、中心構造は二番の「祝詞」を三番の「あまじゃんごこ」が呪術的にもどく処であるが、この基本構造を理解するには、春日若宮おん祭りの「細男《せいのお》」の舞にもどる必要がある。芝舞台での演目は、そこで日本芸能史を通観できるなどという。けれども舞楽も田楽も猿楽も、すべて大社寺の伝承のなかで、時の経過とともに様式化されたもののみである。しかし「細男」だけはいまに古義をとどめている。

清和帝貞観の代、宮中の神宴で、「磯良《いそら》が崎」を歌った時、変事があり、以後この歌を停止《ちょうじ》した。磯良というのは、海に滅《ほろ》んだ海人族安曇《あずみ》氏の精霊である。神功皇后新羅出兵の時、すべての神々を請じたが、磯良はこれに応じなかった。庭火をたき、風俗・催馬楽《さいばら》を奏して招き出したところ、海底から現れた磯良の顔面には、無数の貝がらや藻にすむ虫が付着していた。あまりに醜いから顔を見せないと言った（『太平記』巻三十九）。「細男」は白布を顔にたらしている。さらにその眼を袖でおおっている（図72）。しのぶような笛の断続にのって、春日の闇のなかを鼓を一打々々しながら、神前に近づいたり退《すさ》ったりする。それだけの芸能が、「あまじゃんごこ」にかようすごさをもつ。人は「日本芸能史の謎」と呼んで、深淵をのぞくことを回避している。

水海にもどる。「あまじゃんごこ」は、翁の「祝詞」を呪術的にもどいている。しかしその「もどき」は、あまりに神秘的で難解なので、さらにその「もどき」を「阿満」でもどくのである。

「阿満」の面は、眼球が腐敗して抜け落ちたような、空虚な黒い面である。このことはさきに書いた。採物《とりもの》は「祝詞」の翁と同じであることもすでに書いた。「祝詞」と「阿満」は、後代の能でいえば、「翁」「三番叟」の関係になっている。「三番叟」の後段は鈴の段であるが、「阿満」の後段は「チリ」を「鈴」

図72　春日若宮おん祭りの「細男」（奈良）

に持ちかえて力強く舞う。残された中啓に関していえば、それは右手から左手に移動していることも、さきに言った。一番目の「烏とび」とも照応して、まさに後代の「三番叟」である。というよりも、「三番叟」の原型がここにある。そして「阿満」は退場するとき、「烏とび」の足どりで入る。一番目の「烏とび」に回帰している。

剝落した黒い「田男」の仮面

「シテテン」も、「あまじゃんごこ」も、「細男」も、中心から周縁に排除されている。「ケ」から隔離された「ケガレ」（ケ離《が》れ）た存在なのである。「ケガレ」た存在は、つねに顔をかくす。「シテテン」の紙幣も、「あまじゃんごこ」のシャグマも、「細男」の白布も、「仮面」なのであった。

　その「あまじゃんごこ」をもどいたのが

「阿満」であって、ここに「黒い仮面」が発生した。水海の「阿満」は、舞楽の「案摩《あま》」などの影響は受けていない。民間からの、別途の発生である。もし関連があるとしても、むしろ舞楽の「案摩」、そしてそれにつづいて現れる「二の舞」、すなわち笑顔の「尉」の面と、腫れあがった「姥《うば》」の面は、逆に民間の「阿満」からの影響とも考えられる。文化はつねに「渡来文化」から「国風文化」へ、「上層」から「民間」に、「都」から「鄙《ひな》」へと影響を及ぼしていくという考え方は、いまいちど問いなおされる必要がある。

私蔵の面を提示する。鼻の低い黒い面である。近世初期の民間田楽に使われた「田男」と呼ばれる面であるが、「田男」は「阿満」のくずれであり、さらにこの「田男」は「ひょっとこ」にくずれていく。下唇から顎へかけて縦に割れ、破損欠落している。見るとおり、粗悪な黒漆は随所で剥落しているが、眉にはやや八の字型にさがった、ひょうげた毛が貼りつけられていたようである（図58・73・口絵4）。多分、白い毛であろう。「田男」の面と、「阿満」の面と。両者に共通点はどこにもないかに見えるかもしれない。しかし、三日月型の眼がまん丸の目になり、鼻が短いだんご鼻になり、口が小さくウソブいた形になり、粗悪な漆が剥落した。海底から潜《かず》き出た黒い顔が、笑われる黒い顔になった。これが零落の姿である。

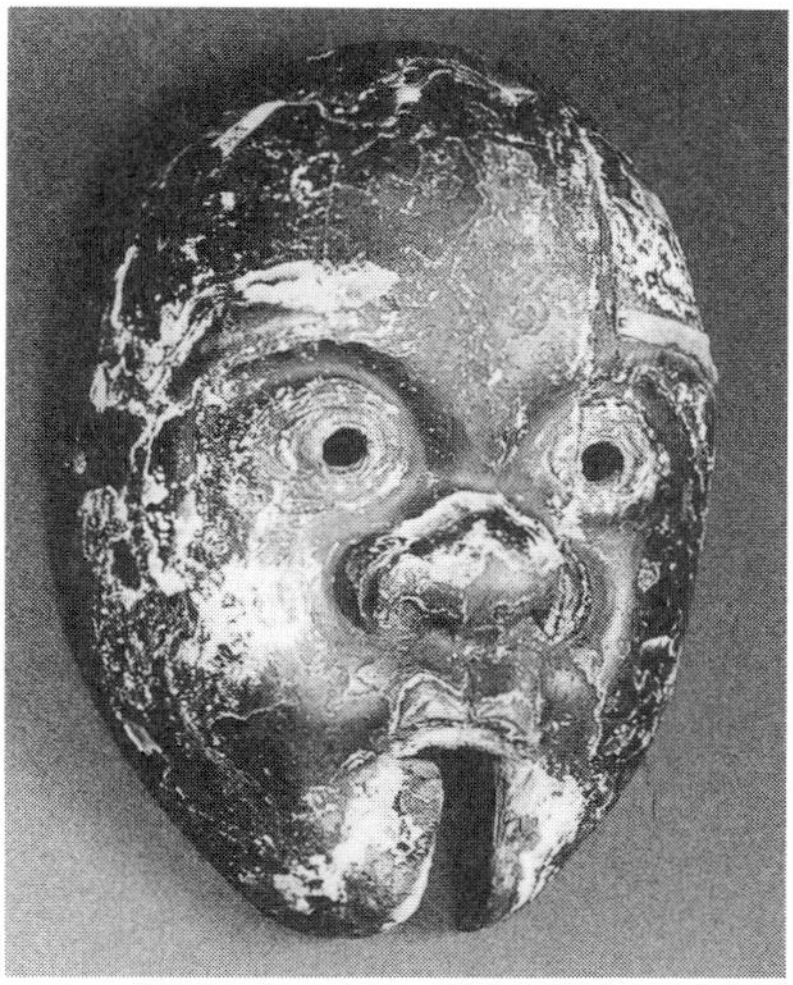
図73　田楽面・田男（近世初期）

このころの「田楽」といえば、すでに室町のころ

図74　田楽の図（近世初期）

から「猿楽」に押され、もはや見るかげもなかった。別に私蔵の、これも近世初期ごろと思われる「田楽」の絵がある（図74）。どこかの襖絵の断簡か、煤ぼけて輪郭も見分けがたい。画材といい、色調といい、まことにわびしい限りである。泥田に足もとをのめり込ませて、四人の男が跳躍している。中央の男は座頭《ざがしら》であろうが、その顔の部分はおそらく襖の下地枠の交点にあたっていて、もっとも損傷が甚しい。しかし左脚を右上に跳ねあげて、右脚で直立し、両手で鼓を空高く投げ上げ、落下を待つ姿は田楽の立鼓《りゅうこ》であって、受けとめてまた鼓を打つのであろう。左右の烏帽子をかぶった二人の男は、むかって右は太鼓を打っているが、左の方はふんどしを露わにしながら、それぞれの手に棒をもち、右手は高く左手は尻の方にまわしている。絵の褪色でよくはわからぬが、コキリコの大きいようなものであろうか。あるいは棒ザサラの可能性もある。手前の少年は締太鼓を肩にかかえているが、右手は見えない。

田楽は猿楽におされて、近世には完全に衰退していたという。しかし地方では、なおこういうかたちで田楽が生きのびていたことがこの絵でわかる。

おなじころ「田男」の面をつけた芸能もなお存在した。私は、中央の鼓を投げ上げている男に、私蔵の

「田男」の面をかぶせてみる。

「田男」は、もともと顎が欠け落ちる運命にある。顎が欠け落ちても、身体言語で過激に言うことは言い、もどきつづける。顔面がケイレンするほどに、泥まみれになってもどきつづけるのである。このことは、のちの「三番叟」が舞い始めるとまったく詞章がないことと関連している。「のち」というのは、時代的には能の「翁」が先行していても、民間の芸能はそれ以前の古型をなおとどめているから、先行芸能である。

上鴨川住吉神社の「万歳楽」

兵庫県社町上鴨川住吉神社の神事舞は、能楽形成以前の中世芸能のかたちを伝えてきた。神事舞のうち、いわゆる「能舞七番」は「いど」「万歳楽《まんざいらく》」「六ぶん」「翁《おきな》」「たからもの」「くわじゃ」「父の尉」で構成されている。

このうち「六ぶん」は幔幕《まんまく》の内で唱えられるもので、質的にはやや異ったものの混入であるから、ここでは論が多岐にわたることを避けて、ひとまず捨象しておく。「たからもの」は、他所の「翁」でもしばしば現れる「宝かぞえ」で、「翁」と同一仮面の同一人物によって演じられるから、一括して「翁」と考えられる。すると、「いど」「万歳楽」「翁」「くわじゃ」「父の尉」となる。「いど」を「露払」と考え、「万歳楽」（図75）をいま仮に「三番叟」と考えれば、能「翁」の古型であるといわれる「露払」「翁」（白い翁）「三番叟」（黒い翁）「延命冠者」「父の尉」のかたちに近づいてくる。ただし、「白い翁」と「黒い翁」の先後関係は入れ替わっている。つまり、上鴨川では「黒い翁」が「白い翁」に先行し、しかも「露

図75　上鴨川住吉の「万歳楽」（兵庫）

払」である「いど」と共に、神事芸能の先端を切っていることになる。

この「万歳楽」は動かない。両袖を合わせて、直立したままである。そして何も言わない。幕のうしろから、単調な笛・小鼓・太鼓の囃子にのって「万歳楽々々の仰せのおん声により憬れ、手の舞い足のふみ処覚え候わず」と謡われているが、直立したままである。「まがり立っても候て、天性元より固くなし、何をいいても忍べるべしとも存じ候えて」――もともと頑なな天性、何を言っても（何を言われても）忍んでいる「黒い翁」である。「衣通《そとおり》姫に小野小町、和泉式部……」云々の、むなしいことばの潤色がつづくが、「葎《むぐら》の宿に寝もせいで、起き伏し共に袖を濡らし絞りけり」が本命であろう。詞章が終わりに近づくと、幕のうしろの囃子は急テンポの六拍子になり、黒い「万歳楽」は地だんだを踏む。桐山宗吉は「猿楽『翁』の前身的なもので、鴨川では現行『翁』以前にこの『万歳楽』だけが舞われていた時があったのではないか」(『鴨川住吉の神事』一九七一・社町学術文化振興協会)と解いている。同感である。

「万歳楽」の仮面の特徴をしっかりと見ておく。ここでもガッソウが深く面を隠しているが、隠されているこの面は口吻をつぼめ、下顎の部分から斜め上にむかってゆがんだ形で突き出させている。黒面である。その突出した口吻の下に、かたまって白く長い植毛がある。この髭の白と、ガッソウの白が、この面の黒をひきたてている。これが「万歳楽」の仮面である。このふしぎな存在を脳裏に灼きつけておいて、まず別格の能といわれる現行『翁』の構造を見ていく。

「白い翁」と「黒い翁」の瞬時の対面

現行の能『翁』では、面箱を先頭に舞台に進み出た一座が、それぞれ所定の位置に着座すると、まずシテの「翁太夫」が正面先に進み出て、深々と拝礼をする。がんらい民衆は、「神」に対しても、「王権」に対しても、あのような拝礼の仕方はしなかった。

拝礼を終えた「翁太夫」は、定められた位置(笛座の前)にもどる。「千歳」が舞っている間に、「翁」は「見物の見てゐる所で、面箱を取り寄せて面をつけ」ていた。「譬へばかう言ふ形を考へてみたらよい。──路傍の広い所に沢山の人が集まって輪を画いてゐる。其中で数人の人が芸をしてゐる。所謂衆人環視の中の大道芸である」──それが「芸能」である、と言ったのは折口信夫であった(「日本芸能史序説」一九五〇)。

千歳の舞が終わると、「翁」が謡い始める。「あげまきやとんどや、ひろばかりやとんどや。坐してゐた

図76　本川神楽の「翁」と女性（高知）

れども、参らうれんげりやとんどや」――これは催馬楽の前半をとり込んだもので、催馬楽では「さかりて寝たれども、まろびあひけり、とうとう。かよりあひけり、とうとう」とつづく歌詞である。「総角《あげまき》」は十七、八歳の少年の髪型であって、「ひろ」は両手を左右にひろげた長さ、五尺ないし六尺である。それほどの距離をおいて離れて寝たけれども、転《まろ》びあったよ、通《かよ》いあったよと歌っている。催馬楽は民間の歌謡を平安期雅楽のなかにとり入れたものであるが、この民間のセクシイな部分はさすがに切捨てがたかったと見える。高知県長沢白髪神社の「本川《ほんかわ》神楽」では終わりに近く、「黒い翁」が現れ、ムラびとたちと問答のすえ、若い女性にからみついていく。その写真を掲げておく（図76）。「翁」はみだらなことをして笑わせる存在であり、同時に笑われる存在であった。

「離《さか》りて寝たれども」を「坐してゐたれども」と言いかえた「翁」は、ここで立って「翁の舞」に移ろうとするが、その直前にふしぎなことがおこる。いままで常座に控えていた三番叟役が突如立ち上がり、大小前に進み出た翁と対面する。この対面は瞬時で終わり、三番叟は背をかえして元の位置にもどり、翁は「翁の舞」に移るのであるが、この時、なぜ「三番叟」は「翁」と対面するのであろうか。あのふしぎな対面は、あれは「白い翁」と、のちに出る「黒い翁」とが敵対しているのであろうか。それとも、お互いに鏡にみずからをうつすように、映じ合っているのであろうか。一方が他方を思い出すように、互いが鏡にうつるみずからを確かめ合っているのであろうか。

『翁』は謎につつまれている。「翁」が祝禱として歌う「およそ千年の鶴は、万歳楽とうたうたり。また万代の池の亀は、甲に三極を具へたり。渚の砂《いさご》、索々として朝《あした》の日の色を朗じ、滝の水、玲々として夜の月あざやかに浮んだり。天下泰平国土安穏《あんのん》。今日《こんにち》の御祈禱なり」は潤飾にみちた後代の付加であろうが、つづいてまた謎にみちたことばが出る。「翁」がとつぜん「在原《ありわら》や、なぞの翁ども」と言い、地《じ》が「あれはなぞの翁ども、そやいづくの翁ども」と受ける。シテの翁は「そよや」と地の謡《うたい》を受けとめて、それから「翁の舞」にはいるのである。

「翁」が「天下泰平国土安穏。今日の御祈禱なり」と寿詞《よごと》を述べて、ふと「在原」を思い出すのは、遠い追憶につながるのであろう。「なぞの翁ども」と呼ばねばならぬほどに深層の追憶である。

『伊勢物語』八十一段に、「そこにありけるかたゐをきな、いたじきのしたにはひありきて、人にみなよませはててよめる」とある。「塩竈にいつか来にけむ朝なぎに釣する舟はこゝに寄らなん、となむよみけるは」と詠嘆の終助詞でとめている。「かたゐ」は「傍居」であって、のちに「乞食」の意になるが、ここでは「かたゐ」が「をきな」と一体として語られている。折口は「『在原』を称するほかひ人の団体があって、翁舞を演芸種目の主なものにしてゐたのではないか」（「翁の発生」一九二八）と考えていた。

「在原や」と感動をつたえる間投助詞から始まって、「なぞの翁ども」という疑いの問いかけが入る。問いかけを受けて、地謡が「あれは……」とこだまのように答えるのは、遠称の指示代名詞ともとれるし、「われは……」という自称代名詞のようにもとれる。それほどに「翁」の存在は、もはやわからなくなっている。「そや」というこだまに、翁は「そよや」と答えるしかてだてはないのである。

そういう次元で「翁の舞」は舞われる。「千秋万歳《ばんぜい》のよろこびの舞なれば」、地謡とのエコーのなかで「万歳楽」「万歳楽」「万歳楽」と歌われながら、「翁の舞」は舞い納められる。この「万歳楽」が、上鴨川の「万歳楽」と交響する。「万歳楽」は脳裏に灼きつけておいてほしいとさきに書いた。

「翁の舞」を終えた「翁」は、面を外し面箱に納めたのち、ふたたび正面先に出て深々と拝礼をし、千歳をつれて帰っていく。「翁がえり」である。前段と後段の大きな区切りめになっているが、「翁がえり」は冒頭の「翁わたり」に対して「面」を捧持していない。「白い翁」の面は、面箱のなかに残されたままである。

「翁がえり」が終わると、笛と小鼓の囃子に太鼓が加わって、「三番叟」の出となる。ここからが『翁』の後段になるが、謡本『神歌』にはここからさきは書かれていない。狂言方が舞うのだから、シテ方の謡本にはその詞章はとりあげないのであろう。もっとも「三番叟」の舞は、そのほとんどが身体による表現であって、ことばによる表現は量的にはほとんどないから、省いたとも考えられる。その量的にわずかな表現に、また深い謎が隠されている。

「千歳」と「三番叟」の謎の問答

笛・小鼓・太鼓の揉みの拍子で「三番叟」が走り出る時、「ハア。おさいおさい、おう。喜びありや、喜びありや。わがこの所より、外《ほか》へはやらじとぞ、おもふ」と彼は叫ぶ。「この所より、外へはやらじ」とは、だれに対して言うのであろうか。「この所」とは、どのエリアを指すのだろうか。

現在、「翁」はシテ方が舞い、「三番叟」は狂言方が舞う。そういう分担は、いつごろから定まったのであろう。かつて能のことを「シテ一人主義」の芸術と言った人もいたし、今でも新年には「ワキ方」「囃子方」「狂言方」のおもだった人びとが、「シテ方」宗家に年賀に集まると聞くから、シテの舞う「翁の舞」が能『翁』の中心なのであろう。しかし、不思議なことがある。面箱持が捧持する面箱の中には、シテが舞う「白い翁」の面と狂言方が舞う「黒い翁」の面、その双方が入っていた。出演前の鏡の間には、双方の面が同格に祀られていた（翁かざり）。しかもここまでの演出をふりかえっても、前述したように、「白い翁」の面は舞台の面箱のなかに取り残されたままである。また、「翁の舞」の直前、このふたりの翁が対面した時、「三番叟」はまだ面をつけていなかった。「白い面」をつけた翁と、まだ面をつけていない三番叟が対面するのである。双方はもともと一体の親しい間柄なのであろうか。あるいは「三番叟」は、潜在的には「翁」に対して「面勝《おも》つ神」であるのだろうか。

「翁」が退出したエリアのなかで、「三番叟」は「揉みの段」を舞う。「わがこの所より、外へはやらじ」の「わが」は、おそらく「三番叟」自身をさすのであろう。「烏とび」と呼ばれる力動的な所作があって、農耕儀礼と結びつけて解釈されるのが通説であるが、前にも書いたように、この「烏」には別の深い意味があると、私などは考えている。たとえば世阿弥の『申楽談儀』には、烏が社壇から翁面を落とした。この上は申楽一途に志そうと決めた、などという伝承もある。「烏」は中世においてもなお、農耕文化以前の、さらにシャーマン的な鳥であった。

「揉みの段」が終わると、最後にもっとも難解な、謎の問答が現れる。

「三番叟」に呼び出されて立つのは「面箱」の役である。しかし下掛り三流、つまり金春・金剛・喜多三流の演出では、当初「面箱」の役は「千歳」を兼ねていて、それは狂言方から出ていた。上掛り二流（観世・宝生）では狂言方の「面箱」とは別に「千歳」の役はシテ方から出していて、シテツレである「千歳」は翁がえりの時すでに翁とともに舞台から去った。いずれにしても翁がえり以後『翁』の後段では狂言方だけが舞台に残っていたわけである。

　そういう状況のなかで、三番叟は「物に心得たるアドの、アドの太夫殿に見参申そう」と言う。狂言方どうしの呼び掛けだから「アド」なのである。

　しかし、つづいて展開する執拗な押し問答は、狂言方どうしのやりとりとしては、いかにも不可解である。下掛りでは「面箱」は「千歳」を兼ねているから、「千歳」と「三番叟」の問答として読みとっていけば、その内容が理解しやすい。

千「はい参りました」
三「だれがお見えになったのですか」
千「アドとおっしゃいましたから、ずいぶん気のきいたアドがまいりました」
三「ほうン」
千「今日《こんにち》のご祈禱を、千秋万歳《ばんぜい》めでたいように、舞うてごらんなさい、色の黒い尉どの」
三「この色の黒い尉が、今日のご祈禱を、千秋万歳めでたいように舞い納めることはやさしいことです。まずアドの太夫さまは、もとの座敷へ重々《おも》とおなおりください」
千「私がもとの座敷へなおることは、尉どのが舞われるよりもたやすいことです。まずお舞いくださ い」
三「まっすぐおなおりください」
千「まずお舞いください」

三「いや、まっすぐおなおりください」
千「それならば、鈴をお渡ししましょう」（傍点筆者）

「鈴」を渡された「三番叟」は
三「あら様《よう》がましや候」と言って、三番叟後段の舞「鈴の段」を舞う。
問題をわかりやすくするため、あえて口語訳になおした。

「アドとおっしゃいましたから、ずいぶん気のきいたアドがまいりました」——これに対して三番叟が「ほうン」と鼻であしらったように返しているのは、これが「もどき」なのである。上掛りではシテのツレである千歳は去ったが、同じ狂言方どうしで、「千歳」との間にあるべき問答を副演している。あるいは下掛りでは、「面箱」のもつ二重構造——「面箱」であって同時に「千歳」、その「千歳」の側面に対して、「三番叟」は副演出を試みている。「千歳」はことさらに「色の黒い尉どの」と呼び、「黒い翁」もことさらに「この色の黒い尉が」と答える。「黒い翁」が「千歳」に対して、「もとの座敷へ重々とおんなり候え」というのは、もともと「黒い翁」が「座敷ぼめ」に伺候した名残りであろう。中世賤民の「座敷ぼめ」「庭ぼめ」の民俗芸能への残映は数多くある（たとえば上神谷《にわだに》のこおどり。葛城おどり）。「黒い翁」が、「千秋万歳めでたく」祝言の舞を舞うことは、やさしいことだし、当然のことだと強要される。しかし（黒い）「尉どのが舞う舞」は、けっして「たやすい」ものではなかった。祝禱の芸は、すべて強要された芸である。押問答のすえ、あらがった「黒い翁」は鈴を渡される。鈴を渡されれば、もはや是非もないことであった。「鈴」を渡されれば、もはや狂うしかない。「鈴」は「神」の招代《おぎしろ》であり、同時に「乞食」のシンボルであるから。「鈴」をもった「黒い翁」は、「あら様がまし」という。二重性を荷わされた者の感懐である。「やうがまし」＝①いかにも様子ありげである。訳ありげである。②もったいぶっている。注文や条件などがうるさい（岩波『古語辞典』）。祝禱の芸能は、すべて「様がましい」ものであった。

「あら様がまし」と言って、「鈴」をもって舞いはじめる「三番叟」（鈴の段）が、どうして豊作を祈る農耕儀礼などであるものか。「鈴の段」は「種まき」をかたどるなどという、俗説が通説になっている。「呪師」の「方固め」と私などは見ている。

「鈴の段」を舞い終えても、「黒い翁」は「白い翁」のような拝礼はしない。鈴の段の舞をトメ、拝礼なしで帰っていく。

＊

「千歳」をシテ方から出す上掛りよりも、「面箱」が「千歳」を兼ねる下掛りの演出の方が古型であろう。「面箱」には、「翁かざり」で神と祀られた「白い翁」「黒い翁」のふたつの面が納められている。それを舞台に捧持し運び出すのは「面箱持」（狂言方）である。そして、「翁がえり」の時、「白い翁」の面は「面箱」のなかに残され、シテの「白い翁」はもはや「面」もなくそのままで帰っていく。『翁』一曲の構成を見ても、①「千歳の舞」、②「翁の舞」、③「三番叟の舞」（A揉みの段・B鈴の段）は、下掛りの演出では、①狂言方、②シテ方、③狂言方となって、「白い翁」の比重は小さい。上掛りは、シテ方の「翁」を重からしめるため、シテ方から「千歳」を出した。上掛りの演出に接する機会の多い私たちは、「千歳・翁」を一セットと見、「千歳」を「翁」の露払いと考えがちである。「延命冠者」「父の尉」を一セットとするスタイルの連想も重なっていよう。「源流」に遡って再考する必要がある。

能勢がイメージしていた仮面

私は一九四〇年四月東京高等師範学校文二（国文）に入学し、四四年六月中途退学した。通算四年三か月の在籍であるが、その半分は休学、結核療養のため帰郷しているから、実質は二年余の在学である。この間、能勢朝次先生との出会い以外、何の思い出もない。四三年秋は「学徒出陣」で、療養中の私は「兵役免除」になった。そんな暗い時代であったが、それ以上に私はこの学校の学風になじめなかった。

能勢先生はある時、こういうことを言われた。「一円の小遣が入ったとする。一杯十銭のびっくりぜんざいを十日間に分けて食うな。銀座の某という喫茶店へ行って、日本一のコーヒーを味わってきなさい。そして、あとの九日間は水をのんで、ひもじさを味わいなさい」。銀座のコーヒー店の名まえは忘れたが、その店のコーヒーは一杯一円であった。学校の寮のあった丘を下りると、次の小石川植物園の丘との間が氷《ひ》川下《かわした》で、そこに「びっくりぜんざい」の店があった。うどん鉢にたっぷりぜんざいが充たされて、大きな餅が二つ浮いていた。

私は先生のこの話に、いたく感動した。帰郷して父にこのことを話したら、父からひどく叱られたことを覚えている。今から思えば、私の学生生活は入学後半年も経たぬうちにとうに崩壊していたのであるが、父は東京での私の「ケ」（日常生活）のバランスが崩れることを怖れたのである。能勢先生のこの思想は、「ケ」から離れた「ケガレ」た思想であった。先生の「ケガレ」た思想が、『能楽源流考』（一九三八・岩波書店）を生んだ。

一九三八年といえば、私が入学して先生の授業を受ける二年前である。その時、先生はすでにこの偉業をなし遂げられていた。地方から出た一介の少年にその偉業の意味はわかる筈もなかったが、戦後徐々にみずからの芸能史観が見えてきて、まず驚いたのは先生がすでに「賤民猿楽者」を捉えておられたことである。

「ここに賤民猿楽と呼ぶのは、前述した貴族猿楽以外のものを一括して、この名を以て呼んだものである。即ち、大体より見て、民間の賤しい雑芸者の猿楽や寺奴散楽などをこの項で考へて見ようとするものである」（第一篇第二章「平安時代の賤猿楽」の書き出しの文）――しかし、ここでは「賤民猿楽」は「貴族猿楽以外のものを一括して」呼ぶていどのものであって、まだ「賤民」とは何かが追究されていない。「銀座のコーヒーの味」は緻密に追求されていても、「九日間のひもじさ」は「一括して」棚上げされている。

しかし、興味ある考究のいとぐちもある。「新猿楽記に見ゆる賤民猿楽者」の項に『妙高尼之襁褓乞』『巫遊之気装貌』『目舞之翁体』等の記述を見ると、物真似扮装が当時相当の進歩をとげて居たこと、大部分は仮面をも使用したものであつたらしい事も想像せられる」（傍点筆者）という記述である。「妙高尼之襁褓乞」については嵯峨大念仏狂言等の「大黒狩」を、「巫遊之気装貌」については毛越寺延年の「老女」などをただちに連想させるが、「老女」についてはのちに述べる。ここでは傍点の個所に焦点をあてる。『新猿楽記』の右の記述だけでは、ただちに「仮面の使用」は断定できないであろうが、先生が感覚的に「仮面」をイメージされていたことは興味深い。「同じく明衡の雪州消息の中、稲荷祭の猿楽を記して、若女と老翁に扮した者が舞場に現はれて、卑猥な物真似を演ずる由が記されて居るが、それなどを見れば、扮装仮面の存した事は、大体断定し得ると思ふ」と言うのである。客観実証を旨とされる先生にしては、珍しく直観的な推理である。師事した時に、うかがう力を持ち得ていたらと悔やまれる。「若女と老翁」については、さきに「本川神楽」のこと（図76）を書き、また韓国の仮面劇にもそれに「老婆」がからむ感動的な演目「ミヤルハルミ・令監舞」もあるが、ここでは拡散を避けて、能勢朝次に集中しなければならぬ。

能勢はつづいて、『今昔物語』巻廿八、「右近ノ馬場ノ殿上人ノ種合《クサアワセ》ノ語《コト》」に現れる「老法師」について述べている。能勢の論述にふれる前に、まず引用原典の本文を見ると、「種《クサ》合せ」（種々のものを持ち寄り、その珍しさを競う遊戯）に、左方から「競馬《クラベムマ》ノ装束ノ微妙《メデタ》キ」を出したのに対し、右方からは「老《オイ》タル法師ノ極気《イミジゲ》ナルニ□タル冠《カムリ》ヲセサセテ、狗《イヌ》ノ耳垂《タレ》タル様ナル老懸《オイカケ》ヲセサセテ、右ノ競馬《クラベムマ》ノ装束ノ旧《フル》ク幣《ツタナ》キヲセサセテ、枯鮭《カラザケ》ヲ大刀《タチ》ニ帯《ハ》ケテ、装束ヲモ片喎《カタユガメ》下襲《コシ》ニセサセテ、袴ハ踏含《フミフフマ》セテ、帞袼《マカウ》モ猿楽ノ様ナルヲ、女牛《メウジ》ニ結鞍《ユヒクラ》ト云《イフ》物ヲ置《オキ》テ、其レニ乗セテ出シ」たことをいう。左方の、「微妙《メデタ》キ」に対し、それを逆手からからかった。いわゆる「もどき」である。「京中《チウ》ノ上中下、市ヲ成シタル見物」は「手ヲ扣《タタキ》キ」どっと「咲《ワラ》」った。その笑いと同時に、右方の楽舞団は「乱声《ランジャウ》ヲ菝《オコ》シテ、落蹲《ラクソン》ヲシテ、落蹲ノ舞ヲ」出した。「落蹲」は、岩波古典大系本の注によれば高麗楽「納蘇利《なそり》」である。忍びで女車の間にまじって観覧にきていた関白道長が「其ノ落蹲ノ舞人《ブニン》、慥《タシカ》ニ搦《カラ》メヨ」と下知した時、舞人は「面形《オモテガタ》」をつけたまま、馬に乗って逃げた。この時の楽舞を「舞楽」と解すれば、その「面形」は「納蘇利」の面であろうが、その面は「鬼」の面であったと『今昔』は記している。

能勢はその楽舞に先立って、左方の「競馬」に対抗して、右方から女牛に乗って現れた「老法師」の扮装について、「帞袼も、普通は冠の磯又は額に巻く鉢巻と解せられて居るが、私は或は、舞楽の安摩の二の舞に用ひる布製の略仮面の如きものではあるまいかと考へてゐる」（以上引用、能勢『源流考』六七～六八頁）と述べているのである。それだと私の考察にも近い。「冠の磯」は「冠の縁（へり）」のことであるが、そうとすれば那智田楽「シテテン」の烏帽子の縁についた紙幣を思い出させる。もしまた能勢の推定に拠るとすれば、彼は若干の思いちがいをしてはいないか。舞楽の「安摩」は布製の面で顔をかくすが、

「二の舞」はそこへ尉と姥が現れて、前者は「咲面《わらい》」を、後者は「腫面《ふくれ》」をつけて舞う。「腫面」はゆがんだ顔の面である。この面は、民間仮面が舞楽面に影響を及ぼしたものと私は見ているが、「安摩」の所作をからかい、もどくから「二の舞」という。能勢は、そのどちらの面を指したのか不分明である。しかし、どちらにしても私の「仮面論」の展開に沿っている。「布面」とすれば、春日若宮の「細男《せいのお》」舞にかよい、「腫面」とすれば、これからの私の「黒い翁」面を論ずる展開の道すじにつながっていく。

「露払」は「キヨメ」の役

横道にそれてしまった。私が考えようとしているのは、「翁」に対する「千歳」の役についてである。

現行の能『翁』は、「千歳」「翁」「三番叟」という構成になっている。能勢は『法華五部九巻書』（平安末か鎌倉初期成立）の記事にもとづいて、「父叟」「翁」「三番」の順序を古型と見、「延命冠者」が「父叟」（父尉）に加わり、さらに「翁面の前に、児が現れるに到つて、父尉・冠者が、三番猿楽の後に廻されるやうになつた」と考えた（『源流考』一七〇、二三〇〜二三一頁）。

この「翁面の前に現れるやうになつた児《ちご》」を、「童顔の老年者ともいふべき特殊な表情のもの」と能勢は考える（図77の「キヨメの面」を見ておいてほしい。この仮面については、のちにていねいに述べることがある）。

この「児」を「面箱持」と考えるか、「露払」と見るかが、重要な論点のわかれめである。「面箱」の中には「白い翁」「黒い翁」、さらには「父の尉」の面が入っている。これらの「面」は「神体」と考えられていたから、したがって「神体」を納めた「面箱」は、いわば「神輿」である。「神輿」の渡御を捧持す

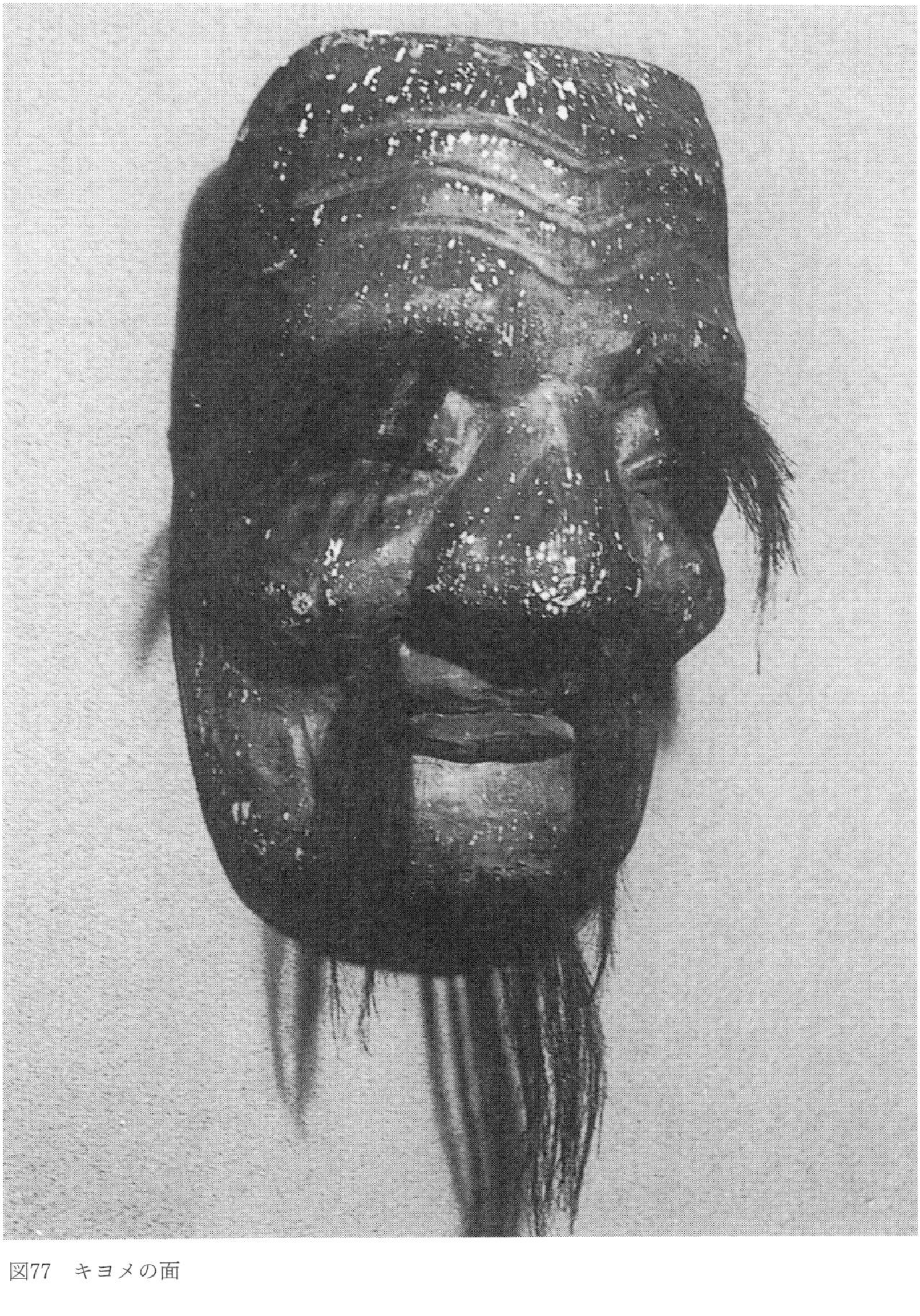

図77　キヨメの面

る「面箱持」は神聖な存在なのである。「露払」とは何か。「宮中蹴鞠の会の時、出御以前に必ず賀茂人が参上して鞠を蹴り、懸《かかり》の木の露を払い落とす」（『日本国語大辞典』）。それが「露払」の語の起こりであるが、それが「かならず賀茂人」の役と決められていた。そういうことを、このくにの文化を考える場合、私はきわめて重要なことと考えている。同辞典によれば、「露払」は「貴人の先導をして路を開くこと。また、転じて、行列などの先導をすること。また、その人」である。「露払」は、神聖な「仮面」の行列の道を開く者、魔障や穢れを払いつつ先頭を切る、いわば「キヨメ」の役であった。

能勢は世阿弥の『申楽談儀』を引用して考察を進めているが、論の重点は「露払」に移っている。その「露払」は「狂言方の舞ふのが普通」であったことも指摘している。そしてこの「露払」が「世阿弥時代よりも後」に「千歳」に移行するにつれて「延命冠者や父尉が翁式三番から省略せられるに到つた」と考察されている。これらの考察を踏まえて、「現在の千歳は、下懸りの諸流では、狂言方の役となり、上懸りではツレ（談儀に述べたワキ）の役となつている。それで、下懸り諸流のが本来の姿を伝へ、上懸りは『上手なれば脇の為手の中にも舞ふとやらん承りし也』といふ特例の場合の姿を伝へたものといふことが出来ようかと思ふ」と論断されている（『源流考』二三二～二三八頁）。これはさきに述べた私の考えと結論は同じである。

いまいちど断っておくが、能勢の『能楽源流考』は一九三八（昭和十三）年の出版である。戦後「翁猿楽」「能楽」の起源・源流についてもいくつかの資料が発見され、研究も深化した。それにともなって能勢学説のある部分には否定されたもの、あるいは再考さるべきものもある。ここではあえてそのことは問わずに、私の記述をすすめている。太平洋戦争に突入する前夜の、学園の状況のなかで、先生と私とのつながりを確認し、その視座から今の私の芸能論・仮面論を問いなおすこと、それが当面この章での私の副次テーマのひとつだからである。

「キヨメ」の翁面・「田楽」の翁面

『翁』の構造の変遷のほかにも、能勢は興味あるいくつかの問題提起をしている。

ひとつ。『翁』の詞章のなかに「農事に関する祝禱の言葉の如きものは全く見られない」こと（二二二〜二二三頁）。ふたつ。「翁猿楽は呪師の芸能が其の基本をなすものであり」、「翁猿楽の芸能は、呪師の芸の中にあった」こと（一七六〜一七九頁）。みっつ。「翁舞が田楽の系統を引くもの」であり、「田楽系より発生したものであるまいか」ということ（二二〇〜二二一頁）である。これらについて、順次私見を述べてみる。

ひとつめについて。能『翁』が、天下太平・国土安穏を祈願し、とくに後半「三番叟」の舞において農耕の豊穰を祝禱する芸能である、との通説に対しては、私はすでに疑問を提出しておいた。「翁」が、とくに「黒い翁」が、農作のみのりを祝禱するものなどでさらさらないことは、さらに徐々に反証をあげていく。この「黒い翁」の論は、一貫してその反証のための論である。

ふたつめ。『能楽源流考』のページをひらくと、能勢はまず「平安時代の貴族的猿楽」「平安時代の賤民猿楽」について記述し、つづいて「咒師考」から説きおこしている。それを「翁猿楽考」に発展させていった。

『翁』の発生に「呪師走り」が大きくかかわっている。

しかし現在、五月十一日午前十一時から、興福寺薪能に先立って春日大社社前で行われる「呪師走りの儀」は、もはや能の『翁』を複雑に演じているに過ぎない。いささか横道にそれるが、「奈良豆比古《ならずひこ》神社の翁舞」にもふれておく。この舞で「三人立の翁」に目をおどろかす人もいるが、「四人立の翁」は慶長期の「豊国祭図屏風」にも描かれている（天野文雄『翁猿楽研究』〔一九九五・和泉書院〕一五六頁）。春日大社の「呪師走り」も「十二月往来」という三人立合の特殊演出のもので、都ならびに南都では「翁」がしだいに風流化し、複雑なものになっていった。単数から複数へと拡散する道筋は、芸能のひとつの側面である。私はむしろ、奈良豆比古翁舞の始源にまつわる伝承に深くうなずき、忍性《にんしょう》が再建したという近くの般若寺にまずもうでて、北山十八間戸《きたやまじゅうはちけんど》の存在を確かめ、夜の翁舞ではむしろ篝《かがり》火に照らし出される「三番叟」の方に共感して帰ってくる。どこに共感するかといえば、千歳が三番叟に鈴を渡す直前の問答で、彼らはともに相手のことばに対して交互に顔をそむけあう。それが「千歳」の変質過程（本書二二三〜二二六頁参照）をくっきりと照らし出しておもしろい。さらに始源にまつわる伝承とは、「春日王には不慮の疾があった。ひそかに皇都を退出して奈良山に隠れ住んだ。二人の子が父に従い、四季の花果を採って市に出た。夙人の始祖であり、申楽翁三番は奈良坂から始まった」という。私の視点は、つねにこういう伝承と共在する。

春日大社の「呪師走り」を見ても、「呪師走り」が何であるかはわからない。その姿を今も忠実に伝えるのは、薬師寺修二会結願《けちがん》の日、四月五日夜金堂の中で行われる「呪師走り」である。

能勢は『源流考』のなかで、薬師寺蔵「呪師作法旧記」により、その作法を紹介している。

ランシヤウ　刀三反、鈴三反、又一反、鳴物畢テ一反

一　持劔指天一廻　走り　各正面ニテ輪廻

二　持劔指地一廻　〃〃〃
三　持劔天地両道一廻　〃〃〃
四　持鈴　三廻　各隅ニテ輪廻
五　拳印ヲ当腰一廻　〃〃

「ランシヤウ」（乱声）は、なにものかが「境界」をこえて現れることを告げる音である。

　重い扉がとざされ、私たちは金堂の中に遮断された。黒くかがやく薬師三尊が目の前にある。目の前にある仏に、私たちの悔過《けか》の声がとどくためには、これほどにも渾身の絶叫が必要なのか。逆光のなか、衆僧がのけぞるように天を仰ぎ、五体投地にも近く頭《こうべ》を下げ、波のうねりにも似て幾重にも重なる、地獄の底からの叫びの交錯。気がつくと、いつの間にか堂内は暗くなっている。ほら貝と喚鐘《かんしょう》の音がうす闇を充たし、須弥《しゅみ》壇《だん》のまわりを、影のようなものが上体を前のめりにかがめ、小刻みに足音を立てて、かなりの速度で廻っている。その影は後戸を通るときは足音のみになるが、不意に私の前に現れて、擦過する時交差した二本の刃《やいば》がキラリと光る。「末期《まつご》の夢」のようにおそろしかった。

　のちに『日本・歴史と芸能』第三巻のビデオ（一九九一・日本ビクター・平凡社）を見て、その動きがよくわかった。最初は両手に持った刃を天にむかって交差させて一遍、次に地にむかって交差させて一遍、次に右手の刃は天に、左手の刃は地にむけて一遍、そして鈴に持ちかえ、鈴の音すごく立てながら廻ったのである。『弁内侍日記』に「うしろと（後戸）のさるがう（猿楽）、けう（興）有りてぞ見え侍りし、すし（咒師）のすがた、すす（鈴）のこゑ、すごく聞ゆる折から」とあることは能勢も引いて、「鈴は咒師特有のものであるまいか」と言っている。「呪師走り」は結界をきよめ、魔障を祓ったのであった。

いまいちど図77の仮面を見てほしい。「童顔の老年者ともいふべき特殊な表情」とはこれである。この面は江戸末期あるいは明治初期のものかと思うが、おそらくは祭礼の先ぶれに使われたのである。「先ぶれの面」は「天孫降臨」をアメノヤチマタにあって先導したサルタヒコと習合して、どこのムラでも「天狗面」が使われたが、この面などはこのくにの民衆の古意を近世にまでとどめて、めでたいのである。

能勢によれば、「呪師走り」は中国から渡来したものでなく、わがくにに固有の発生である。密教呪法によって鎧《よろ》われているが、結局は「露払」であった。密教の「深遠」な呪法は法呪師が受けもち、その「外想」を散所法師や猿楽者に受持たせた。「法咒師の行ふのは古密教的な咒術である。かやうな宗教秘密の行は、猿楽者流のよくつとめ得べきものでもなく、又賤民たる猿楽法師等に行はしむべきものでもない。猿楽の行ふものは、其の外想である。咒術の威力内容を、一般人間の耳目に見得るやうな客観的な姿や伎《わざ》で以て、象徴的外面的に表示したるものである」(『源流考』一三一頁、傍点原著者)。それが呪師猿楽に展開したと能勢はいう。

図77の仮面は、「外想」を荷うものの表情である。そしてこの仮面が、祭礼の行列を先導した。「呪師走り」の民衆的造型である。つまりは「呪師走り」は、密教の鎧をはげば、「露払」であり、「キヨメ」なのである。

能『翁』で「翁わたり」の時、下掛りでは「面箱持」(狂言方)が「千歳」を兼ねて「翁」を先導する。つまり「千歳」が「露払」になっている。「面箱」は神輿であるから、「露払」「面箱」以下、「翁」「三番叟」がつづくのが順当であるが、「露払」「面箱」が下掛りでは二重写しになっている。二重写しになってはいるが、この場合、あくまでも「露払」が先導なのであった。そしてその「露払」は狂言方が勤めた。

上掛りでは「千歳」を狂言方から切離してシテ方のツレとしたから、「千歳」は「翁」に従属するものとなって、登場の順序も「面箱」(狂言方)、「翁」「千歳」(シテ方)、「三番叟」(狂言方)となる。これでは神聖な「面箱」を先導する役がなくなり、きわめて歪《ひず》んだ行列となる。シテ方の父権制が狂言方を侵蝕したかたちであるが、「千歳」の前身である「露払」は、さらに焦点化して言えば「キヨメ」の役であるから、シテ方はここで自家撞着に陥ったのであった。

「キヨメ」(露払)はもともと、神聖な「面箱」を先導する「聖」なる役である。その役は「面箱持」と共に狂言方が荷っていた。ほんらいは狂言方が舞った冒頭の「千歳」の舞と、後半をしめくくる「三番叟」の舞。その間にはさまれてシテ方が舞う「白い翁」の舞は、そこで謡われる美辞麗句そのままに、まことに浅薄で影がうすい。「翁の舞」を舞い納めた「白い翁」は、神体である「白式尉」の面を「面箱持」(狂言方)に預けたまま、素面で(何の権威もなく)橋がかりを去っていく。これは作為的に神格化された「白い翁」が無理にあとから挿入されたものであって、あるいは「白い翁」は「黒い翁」のなかからその神聖部分を昇華分離し、別人格化したものであって、「黒い翁」こそが「翁」の源流であることを示している。

いまいちど「キヨメの面」(図77)を見る。この卑しくもわびしい、しかも福々しくこころ和ませる造型と対話をつづける。百年、二百年、さらには中世までの時を超えて、聞こえてくるもの、見えてくるものがある。その額のしわ、大きく居すわるあぐら鼻、そして何よりも「へ」の字型に切り下げられた柔和な目。口もとこそ切顎ではないが、これは「翁面」そのものではないか。

いまひとつ、民間の「翁面」(図57・78・口絵3)である。近世初期の田楽面と思う。前出の「田男の面」(図58・73・口絵4)とともに、私蔵の愛惜おくことのできぬ面である。この面を中世末にまで遡らせれば、田楽面と明言することができるが、私は控え目に近世初期と見ている。だから田楽は、猿楽に押さ

図78　翁面（近世初期の田楽面）

れてすでに近世には見るかげもなかったという通説には私は同じない。「支配者側」からでなく「民衆の側」から芸能を見る私の芸能史観は、従来の芸能史論には容易に賛同しないのである。

　この面は能「翁面」の祖型ではなく、あきらかにその模倣である。だから私は近世初期の作と言っている。しかし民衆が「高貴」のものを模倣する時も、かならずそこに「民衆」ならではの美が生まれるのである。

　近世初期という時代は「民衆」にとってはわびしい時代である。百点余が現存するといわれる『洛中洛外図屏風』を比べ見てもそれがわかる。慶長期（一六〇〇年ごろ）を境にして、それ以前とそれ以後では画風が変わる。前出の田楽図（図74）を見てもそれがわかるが、この翁面も細面《ほそおもて》で「福々しさ」に欠ける。その分だけ果たし得なかった「わびしさ」と、肩の凝らない「親しさ」で私たちに語りかけてくる。「白式尉面」を摸したものではあるが、民衆の造型であるから、技法は未熟であっても心意は祖型に近づくのである。時代の経過とともに「白」は剥落し、顔面は「黒」ずんでいるが、ここまでくると「白い翁」も「黒い翁」もない。「翁」とはもともと何であったのか。その始源にまで遡るべきところに来た。

「万歳楽」「三番神」のゆがんだ面

能勢は「翁舞が田楽の系統を引くもの」「田楽系より発生したものであるまいか」と言った。

現行の能『翁』で、シテが翁の舞を舞い納める直前、「万歳楽」と謡い、地謡がこれに答えるように「万歳楽」と謡う。ふたたびシテが「万歳楽」と謡い、地謡がこだまが響きかえすように「万歳楽」と謡う。シテの「白い翁」が「万歳楽」と謡うのは、これは「黒い翁」の後段の「鈴の段」を呼び出しているのではないか。私なりの問題意識にひきつけて表現を言い変えたが、私の理解に誤りがなければ、本田安次のこの提起（『民俗芸能』49・51号、のち『芸能論纂』一九七六・錦正社に再録）は、私を震撼させた。芸能の構造というものは、このように捉えるべきものと思った。

ここには深層の記憶がある。能『翁』で、「白い翁」が「まいらうれんげぢやとんどや」という地謡の声にのって立ち、「翁の舞」に移ろうとして大小前に進み出た時、影のように（のちの）「黒い翁」が立ち、瞬時向かい合う。「黒い翁」はすぐに後見座に消える（背を向ける）が、それが「白い翁」の前をかすめた「万歳楽」の記憶なのである。さらにまた、「およそ千年の鶴は、……また万代の池の亀は……」と空疎で文飾にみちた祝言の謡《うた》をうたい、「天下泰平、国土安穏」と祈禱したのち、ふと思い出したように（あるいは、文脈からいえば木に竹をついだように）「在原や、なぞの翁ども」「あれはなぞの翁ども、そやいづくの翁ども」と、後見座の方に歩を進めながら、かたちにならぬかたちを追うが、その「翁」が「万歳楽」となって、上鴨川住吉では冒頭に姿を現している。

さきに「脳裏に灼きつけておいてほしい」と言った上鴨川住吉神社「万歳楽」は、那智田楽「シテテン」のガッソウ、水海「あまじゃんごこ」のシャグマ、春日若宮「細男」の白布とともに顔をかくしている。ガッソウで顔をかくすのは、上鴨川の田楽・毛越寺延年のなかの田楽も共通で、それは田楽の基本扮装のひとつだといえば、それならなぜ田楽はガッソウで顔をかくすのか、ということが問題になる。

上鴨川住吉の「万歳楽」の面は、水海の「阿満」ののっぺらぼうな面とちがって、ゆがんだ表情、そして「ウソフキ」の口である。「顔をかくすこと」、そして「ゆがんだ表情」「ウソフキの口」、「黒い色」が上鴨川住吉「万歳楽」の面の特徴である。

水海の「阿満」は右手に鈴、左手に扇をもっていて、それはおなじ水海の後の能舞に出る「三番叟」とおなじ持物である。奈良豆比古の場合も、おなじく鈴と扇を持っていた（図79・80）。そして上鴨川の「万歳楽」は、終わりの段階で急テンポな足踏みをする。この所作が「三番叟」を連想させる。水海の「阿満」、上鴨川の「万歳楽」、それぞれが共に「三番叟」の祖型であると、私は考えている。「万歳楽」が「黒い翁」の祖型とすれば、上鴨川では「黒い翁」が「白い翁」に先行している。

高知県室戸市吉良川八幡宮の御田祭の場合もそうである。ここでも「黒い翁」が「白い翁」に先行する。この祭りは、「田楽」の練りから始まる。一文字笠をかぶった七人が、それぞれ手に小さなビンザサラを持って、ムラの周辺のいくつかの聖地をめぐり、最後に海べにくる。身体を左右に揺り動かしながら円になって廻る。円の外から別のひとりが太鼓を打ち、波の音がそれにかぶる。「田楽」が「海」につながる要素をもつことを、この神事はそのかたちにとどめている（図81）。

海べの舞を終えると、「練り」の列はさらに八幡宮の拝殿に移り、そこでふたたび円陣の舞を舞う。この舞が「女猿楽」以下の芸能の口あけになる。

「女猿楽」は、「猿楽」とはいっていても、実は「田楽」であると思っているが、その理由はここではくわしくは述べない。この芸能は興味ある問題を多く内包している。かしげた大笠。その内側に隠し持った

図79　水海田楽能舞の「阿満」（福井）

図80　奈良豆比古の「三番叟」（奈良）

図81　吉良川八幡・海べの田楽（高知）

扇。その骨の間からの視線は、「神」をのぞき見しているのである。

いま追究しているのは「翁」のテーマであるから（この「女猿楽」もまた「翁」と密接に関連するが）、核心に迫ることを急いで「翁」にもどる。「女猿楽」につづいて、「白い翁」と「黒い翁」が連れだって社前に出る。しかし「白い翁」は「黒い翁」の唱えごととと舞が終わるまで、脇で待機している。

「黒い翁」の唱えごとは「おく山外山がをくのゆづり葉、こぞの人もむかへず、今年の人も迎へず、命ながらへ、なんのゆずり葉……」。以下「ふき」（富貴）、「めうが」（冥加）の草の名にことよせて、祝福のことばに転換していく（「御田祭記」『日本庶民文化史料集成』第二巻〔一九七四・三一書房〕所収）。後半は祝福であるが、引用した前半の唱えごとは、およそ祝福にふさわしくない。鎮魂のことばである。「田楽」は田行事との関連のみで考えられがちだが、中世的気運が高まるなかで、「御霊会」のなかから発生した芸能である一面を常に忘れてはならない。

鎮魂の唱えごとが終わると、「黒い翁」は「アンヤオ、アンヤ」という地謡の単調なくりかえしにあわせ、右手に扇、左手に鈴を振りながら（この持ち方は、水海・奈良豆比古などとは逆）、東・南・西と力強く足踏みしめて「方固め」を行う。「方固め」は「呪師走り」であり、「キヨメ」である（図81）。神社では「三番神」と呼んでいるが、この「三番神」は「黒い翁」の面をつけている。このあと「白い翁」が出て翁の舞を舞うのであるが、私はこの「三番神」までが田楽で、「白い翁」以降は猿楽と考えている。

それはさておき、吉良川の「三番神」は「黒い翁」の面をつけているのであるが、吉良川八幡社にはいまひとつ「黒い翁」の面が伝承されていて、それはいちじるしくゆがんだ顔の面である。後藤淑は『民間の仮面』（一九六九・木耳社）のなかで、この仮面を上鴨川の「万歳楽」の面と左右に対比掲載し、「吉良川御田八幡の御田祭の時に使用されたと思われる仮面の中に、うそふき型・黒色・切顎形式の仮面がある。三番神と称する黒尉が他にあるので、この仮面を黒尉とただちに断ずるわけにはいかないが、古様を

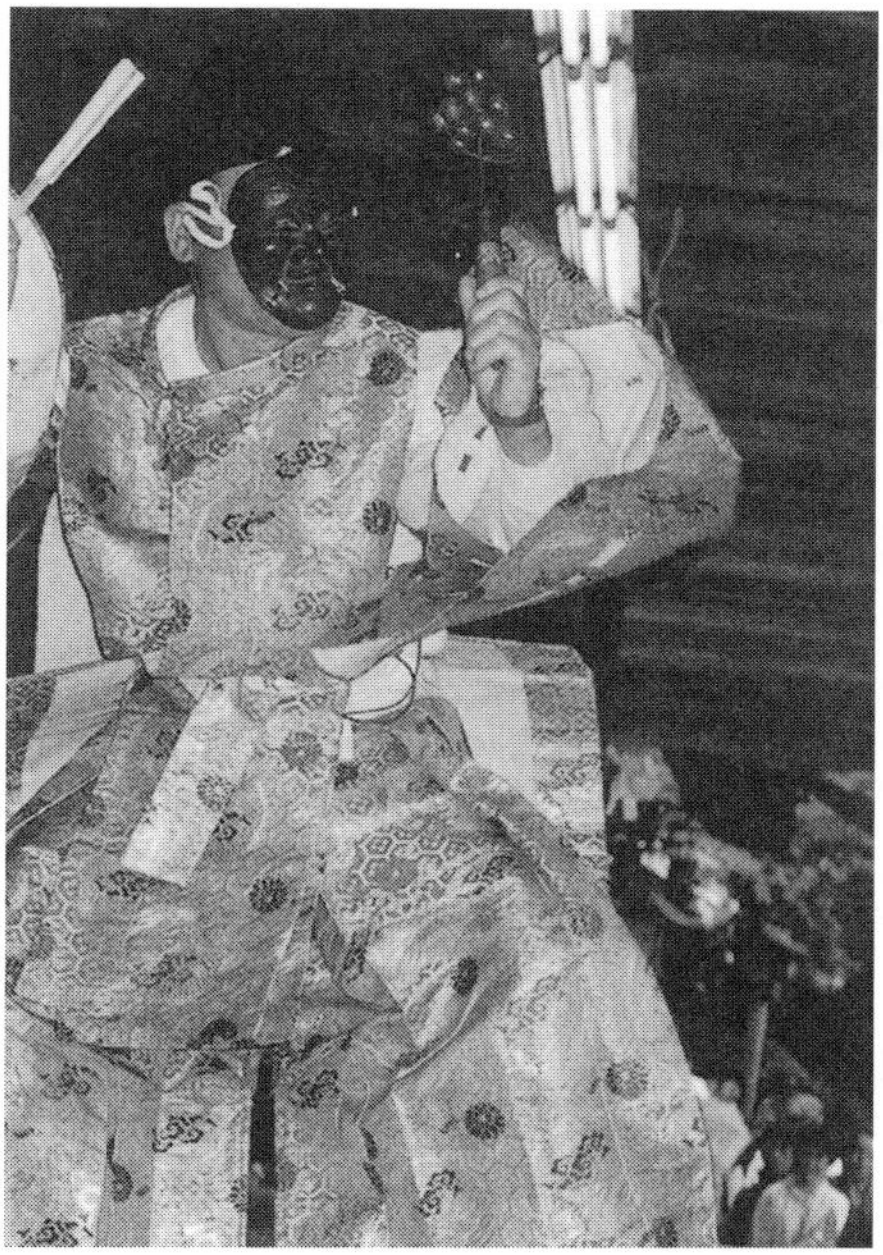

図82　吉良川八幡の「三番神」（高知）

伝える芸能・仮面とともにある切顎・黒色・うそふき型仮面は注意していいと思われる。この仮面が今日使用されていないのは、この面を使用していた曲が廃止になったからか、あるいはもう一面の黒尉面との交代のためなのか、いずれかであろう」（抄出）と述べている。この面を手にとって拝見したことはないが、写真で見るかぎり古様の面と思われる。おそらく手にとられた後藤は「製作年も古いとはいえない」と断定しているが、少なくとも現在使用されている「三番神」の面よりもはるかに古いと私には思われる。

前引「御田祭記」（『庶民文化史料集成』収載）の奥書には「右者古帳及大破文句わかりかたく候に付別当寺住竜海古帳之通写置者也」とあって、「寛政五癸巳天五月朔日」という日付がある。そこに記されている「田祭」の「規式」は現行のものとほぼ同じ順序であるが、そこには後藤のいう「この面を使用していた曲」の記載はない。寛政五年は一七九三年であるが、その年は癸丑の年であって、記録の干支にくいちがいがある。そのことを除いてここに記載されている「規式」の演目を信ずれば、二〇〇年前にすでに「古帳大破」していたが、その「古帳之通写置」いたのであるから、このゆがんだ「うそふき面」は、現在使われている「黒尉面との交代のため」と私は思う。つまり「三番神」はもと、このゆがんだ面をつけて舞われていたと思う。

上鴨川住吉の「万歳楽」の面と、吉良川八幡のもと「三番神」の面と、対比しても相貌はまるで違う。しかし、黒い面であること、うそふき型でゆがんだ面であること、この点は共通している。「黒い翁」はそれに先立つ「白い翁」のもどきというのが定説であるが、「黒い翁」は「白い翁」に先行し、しかもゆがんだ相貌のうそふき面であった。それが古態である、というのが私の考えである。

このような、ゆがんだ、うそふき型の黒い面を探していくと、天竜川流域の古態の芸能だけを見ても、西浦《にしうれ》田楽の「三番叟」面（口絵20）、古戸《ふっと》田楽の「国重もどき」の面、藤守田楽の「振取り」の面、懐山《ふところやま》田楽の「猿」の面など、かなりの数にのぼるが、山内登貴夫『民俗の仮面』（一九六七・鹿島出版会）に豊富な写真と共に、切れ味のよい紹介・分析があるから、ここでは一々には深入りしない。ただ西浦田楽の「三番叟」面は「姥の面」であって、「額に瘤がある」ことを山内は指摘している。このことにこころをとめておく。

もの言う仮面・もの言わぬ仮面

折口信夫は、すでに一九三八年に「仮面」について述べていた。「日本文学における一つの象徴」と題する小論で、能勢の『能楽源流考』が発刊された年の記述である。和辻哲郎の『面とペルソナ』に遅れること三年である。

『源流考』が執拗に文献資料に固着し、しかもわずかに「仮面」資料をとりあげた時、「能面」にのみ視線を限定したこと。なぜ「民俗芸能」や「民間仮面」に目を向けなかったのかと、今も変わらぬ学界の動向をもにらみ合わせて私は不思議に思う。能勢のころは折口の「芸能史研究」のみならず、すでに早川孝太郎の『花祭』（一九三〇）なども世に問われていた筈である。また「面は本来動くものである」ことを提示した和辻が、「その肉づけの感じは急死した人の顔面にきわめてよく似ている」能面に視線を集中したこと。「笑っている伎楽面は泣くことはできない。しかし死相を示す尉や姥は泣くことも笑うこともできる」のは、「面は元来人体から肢体や頭を抜き去ってただ顔面だけを残したものである」からで、抜き去られた肢体を「ペルソナ」（我れ・汝、地位・身分、人格）によって回復しようとした和辻に対し、折口の「仮面論」の独自性が見えてくる。

いずれにしても、能勢や和辻や折口や、さまざまな方法が並立したすごい時代、数年をまたずしてその芽は軍閥政治によって摘みとられるが、まばゆいばかりの時代であった。

折口の仮面論は『源氏物語』末摘花の「しゞまの姫」（もの言わぬ姫）から説き起こされている。末摘花は「鼻筋が曲つて」「其先が赤かつた」。この姫は光源氏の求愛に対してものを言わない。「我々の国の詞章文章を辿つて行くと、果は実に何とも頑なしゞまに行き当る」ことから折口は論を始めた（傍点原著者）。折口はまず、「日本人が独自の物として持つていた仮面については、どこまで遡つて行けるのかわからないでゐるやうである。よい加減な処まで進むと、もう伎楽の面などが前面に立ち塞つて居て、先は唯、異郷からの借り物らしく見えてしまふのである。元来仮面を持たなかつた民族なのか、持つて居たが、早く外来の優秀な仮面に気圧されてしまつたものか。（中略）相応に長い月日を、此考へに使つてきた私は、仮面の、国土の上の存在の早さを知るやうになつた」――しかし、「多岐なる迂路を曲折して来なければ、明らかに出来ないことだから」「今は其を述べない」（抄出）と断っている。その上で、彼の仮面論を「もどき面」にしぼっていく。

「おなじ源氏物語若菜の巻の住吉詣での条に出て来る神楽面の記事などは、其芸能が芸能だけに、単純に伎楽・舞楽の面とは思はれない。此はどうも、後に言ふもどき面らしいのである」――これは多分、『源氏』原文に「神楽おもて」とあるのを、たとえば岩波大系本のように「神楽を奏する人々」などととらずに、「神楽面」としたのである。「万歳〳〵と、榊葉を取りかへしつゝ、祝ひきこゆる御世の末、おもひやるぞ、いとゞしきや」（傍線筆者）の傍線の部分、光源氏の「御世の末」「いとゞしき」を大系のように「めでたさ」ととらず、反語として、つまり「もどき」として折口はとらえた。

平安時代・通説の「仮面史」では、日本固有の民間仮面はない。外来の伎楽・舞楽の仮面だけがあって、室町の時代（せいぜいが鎌倉・南北朝期）にいたって、「能面」「狂言面」（あるいはその前身）が突如現れる。また、宮廷・貴族の「神楽」には仮面は用いず、神楽に仮面が現れるのは近世に入って、突如民間に「里神楽」が現れてからである。これに対し、折口は平安時代に、日本固有の「もどき面」の存在を考えたのである。

「多岐なる迂路を曲折してこなければ、明らかにできない」といった折口の、固有仮面論はついにまとまることはなかったが、折口はここでは「もどき面」としての「うそふき面」に焦点をしぼっていった。「うそふき（後のしほふき）面」は「もどき面」である。これと「鬼」とは、田楽とは関係の深いものであった。

「うそふく」のは、「物を言ふ者としてのしるし」（傍点原著者）であり、「うそふき面」は「もの言う約束をもった面」である。「主たる神に対してもどく精霊の表出」であり、「芸能の種類が古ければ古いほど、このもどき面の跳梁ぶりは激しくもあり、また必然な感じを起させられ」た。

しかし、（主たる）「神の威力ある語」に対して、（精霊が）「口を開けば、直に神語に圧せられて、忽ち服従を誓ふ詞章をのべなければなら」ぬ時、「もの言はゞ奉仕を誓ふことになる。不逞の輩は、かうして、頑に口を緘しとほそうとした」。「もの言う約束をもった面」と「かたくなに口を緘した面」、「沈黙と饒舌」の両義性が「うそふき面」の表情を生んだ。折口の右往左往する論理展開を、同じ体質の私が可能なかぎり理解しやすくまとめた。誤解がなければさいわいである。

こういう「答えせぬ」モチーフは、このくにの宮廷をめぐってしばしば出現する。さきに「あまじゃんごこ」のところで書いた「磯良の霊」もそのひとつであった。

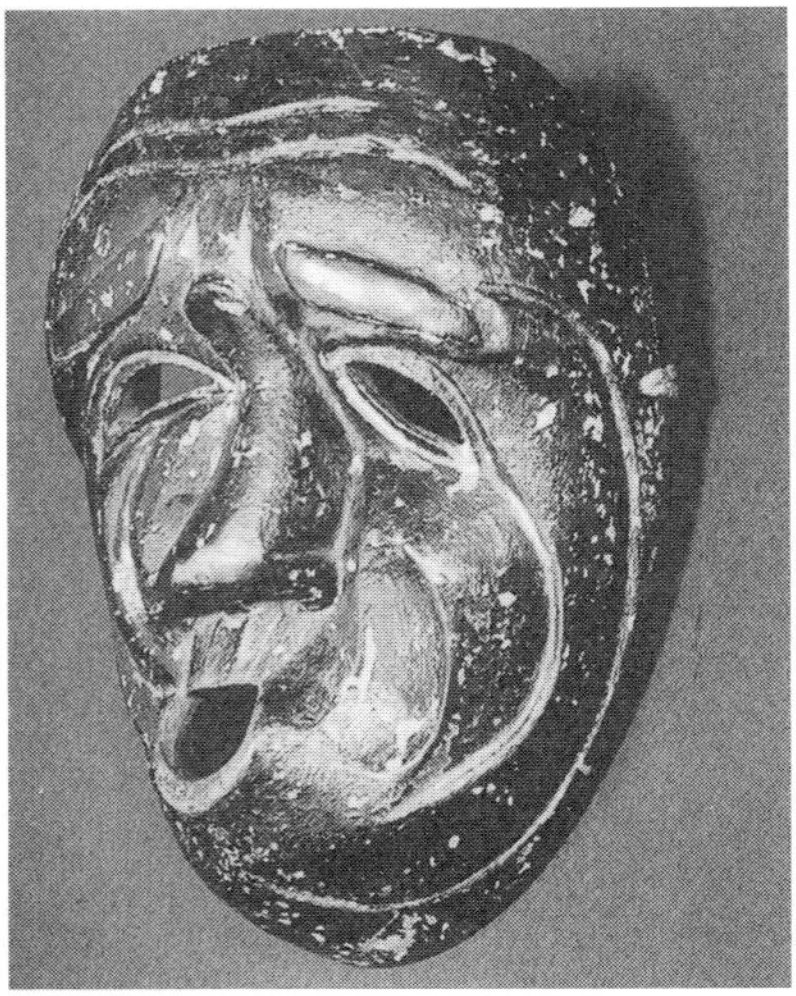

図83　ウソフキ面（秋田）

「ウソフキ面」と「ハリゴマ面」

「天孫降臨」を先導して帰ってきたサルタヒコ（折口はこれをサタヒコと訓ずる）の終焉の地は伊勢である。

『古事記』は「漁《すなどり》して、ひらぶ貝に、その手を咋《く》い合はさえて、海塩《うしほ》に沈溺《おぼほ》れましき」と語っている。

「うそふき」の面を、なぜのちに「しほふき」面と呼ぶかといえば、その面に潮《しお》におぼれて死んだサタヒコの最期の息吹きを感ずるからである。

「うそふき」ということば、ならびにその仮面には、サタヒコ以後各時代の民衆の、それぞれに複雑な心意が重層している。「うそふく」は口をつぼめて息を吹くことであるが、同時に「嘘ふき」でもある。古代の踏歌では、「言吹」が天皇の前に出て「賀詞を申し、歌曲を奏した」（森末義彰「民間芸能の問題」『国語と国文学』三六六号）。この「言吹」が「嘘吹」になる。「嘘」をいうことが、抵抗であり、みずからの存在証明でもあった。のちには「身過ぎ」の道にもなった。折口の表現を借りていえば、「言語の表面どおりの意義に考えられ、実はその反対の効果の現れるように使われた」ことば。仲間にはわかって、相手にはわからないことば。わからないが相手を刺していることば。そのことばで相手の「祝福」をいうことが、このくにの芸能の発生であった。それは近代まで、たとえば「佐渡の春駒」の地方《じかた》が、踊方との間の暗黙の諒解のもとにうたう詞章のはしばしにも、みごとに跡をとどめていて、それは別著のなかでくわしく分析した（『民俗文化の深層』一九九五・解放出版社）。

「うそふき」は同時に「磯ふき」でもあって、海の記憶にもつながっている。

口をうそぶかせ、表情をゆがめた黒い面。この面の系譜は、日本の仮面史を貫く重要な流れのひとつである。私蔵の面のひとつを登場させる。この面は秋田の面である（図83）。近世中期ごろの作かと思うが、なんともかなしい表情である。造型的にいえば、うそぶきつき出した口が必然にとび出たおでこを呼び、そのおでこと口をつなぐ鼻は内にむかって曲がらざるを得ない。左の頬はそげざるを得ない。鼻が右に大きく曲がるから、左目は下がり、この曲線的な動きを額のしわと、頬から顎に流れるしわが何のたくらみもなくつないでいる。このしわは「翁」の面のしわに共通するが、強調された太い眉毛は、やがて額にとびあがって瘤に転化する要素を内在させている。

いまいちど、「田男」（図58・73・口絵4）の面を見ておく。これは民間仮面「翁」（図57・78・口絵3）と対をなす田楽面と思うが、このふたつの面は、がんらい「翁」のもつ両側面を現している。「田男」の方は下唇から下が欠落しているが、もとは「うそふき」型で、あぐら鼻に対して口が異様に小さい。対をなす相手の「翁」が切顎で、もの言う面であるに対し、この面はもの言わぬ面である。身体表現ですべてを現したと思う。眉に毛か何かを貼りつけた跡がある。

この目、この鼻、この口がそのままでゆがむと「ひょっとこ面」（図84）になる。岩手のこの面は新しいもので、民間の素人作である。鼻は「翁」の鼻、口は「うそふき」で、額に瘤があること、西浦田楽「三番叟」の命脈をひき、それを必要以上に強調している。「ひょっとこ」は民衆の間に浸透し、好んで手造りでつくるようになった。ふたつの素朴な「ひょっとこ」を提示するが、図85は木彫りである。里神楽

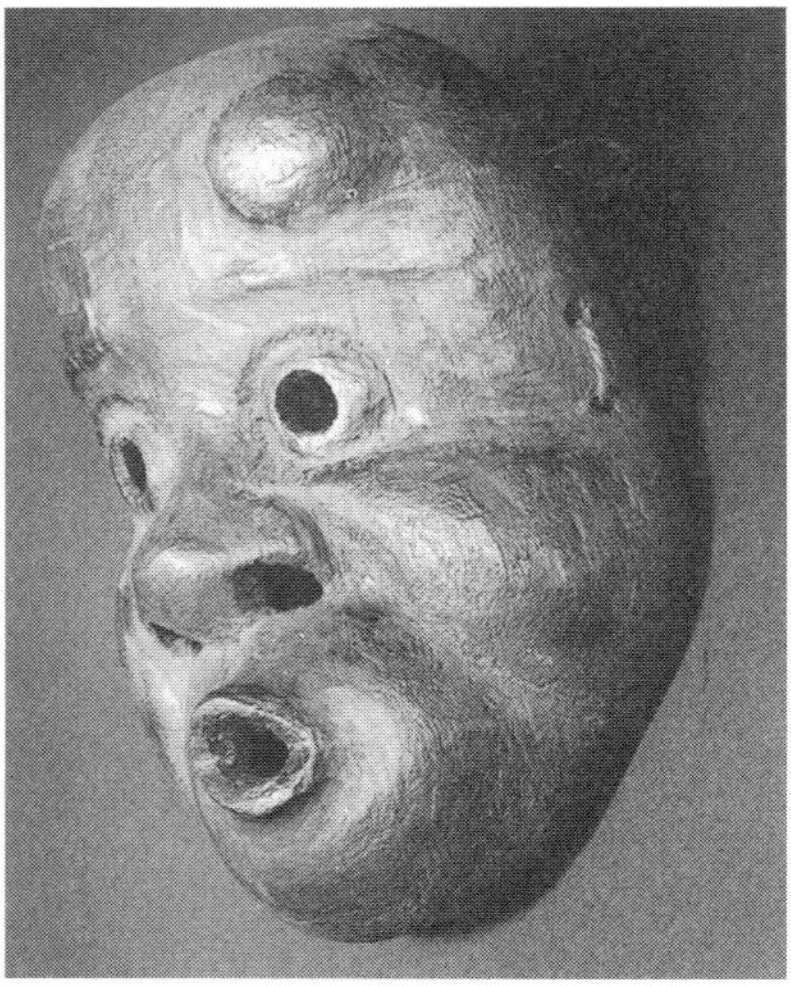

図84　ひょっとこ面（岩手）

で使ったもので、「うそふき」の口を、面の内側から人間の口で操作して動かせるように作っている。動かせることで滑稽さを強調するのであった。この「ひょっとこ」の額にも瘤がある。図86は薄い紙製で、私らの子どものころには、まだこのような面がおもちゃとして、祭りの夜店などで売られていた。同一人物であるかもしれないが、売る前に、作った人がいた。紙製だから額に瘤はつくりにくいが、眉《み》間《けん》を突出させて「瘤」の感じにしている。「瘤」は、異形の者であることを、さらにも強調するのであった。

「ゆがんだ顔のウソフキ面」から「ひょっとこ面」につながる流れのなかで、「佐渡の春駒《ハリゴマ》の面」を逸することはできない。むしろ「黒い翁」のゆきつくはては、近世・近代に「佐渡のハリゴマ面」においてきわまったといえる。

吉野福蔵がその面でしか舞わなかったという面のことである。私たちが一九九三年ごろ現地の実演で見た面（図87）と対比してみればわかる。亜流はすべてこのようになる。吉野がそれでしか舞わなかったという「元面」（図17・88）は、彫りの深さがちがう。表情もきびしいが、口のかたちがちがう。正面からの写真では同じように見えるが、踊る動作につれて面の表情が変わる。見る角度によって、その口は「ウソフキ」になる（図91）。この「ウソフキ」のかたちは、上鴨川の「万歳楽の面」にかようものがある。

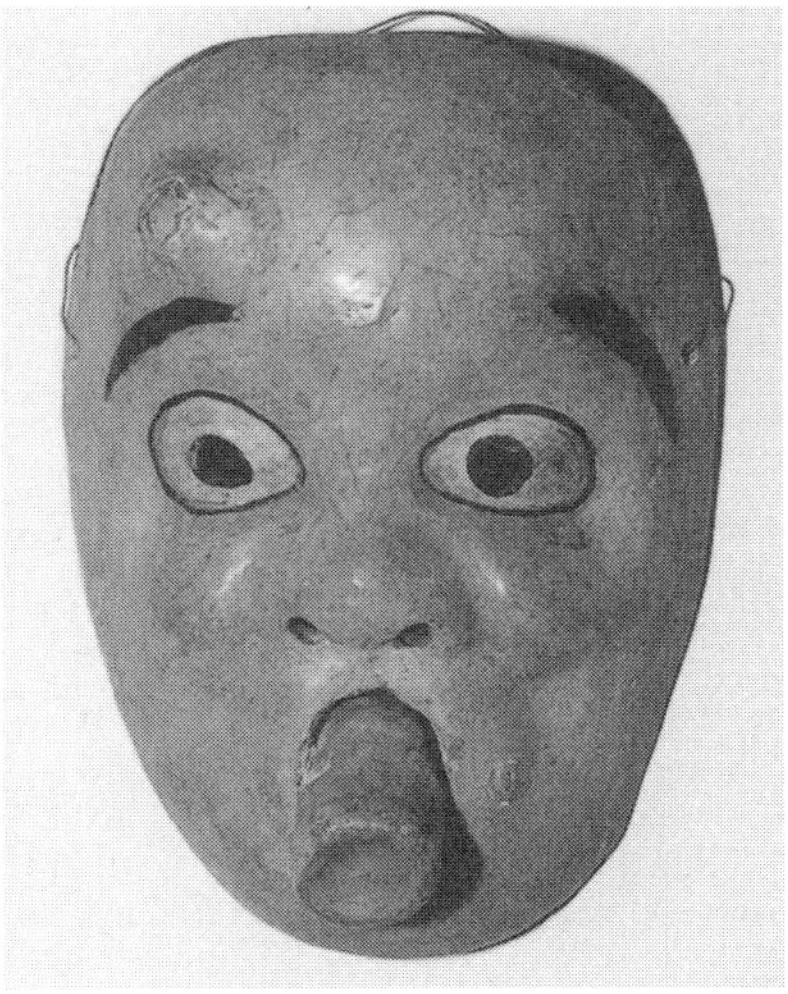
図85　ひょっとこ面（出所不詳）

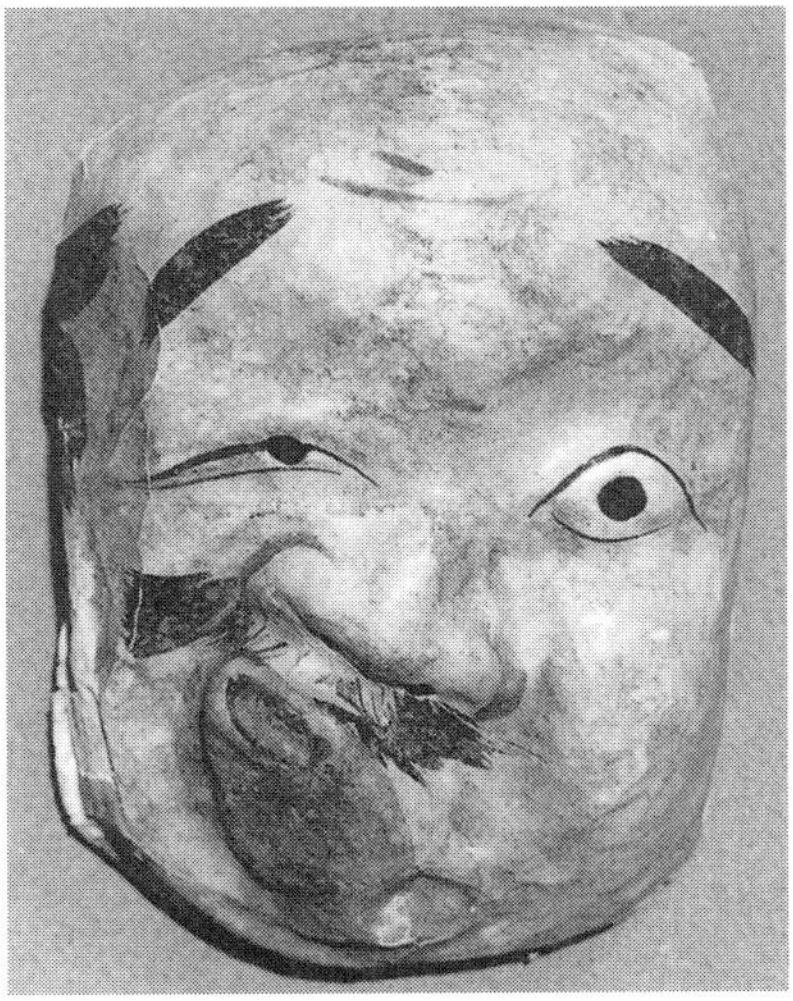
図86　おもちゃのひょっとこ紙面

それに右額にカスガイを打込む時も、それはただにヒビ割れをつなぐという実利的な意味にとどまらず、「呪」的なこころをその行為にこめたことと思われる。

しかしこの仮面が、すべての踊り手によって生きるわけではない。「面」にはそれぞれ位があって、その位はそれぞれの「芸」の位に照応する。この面が、吉野福蔵によってかぶられていたことの意味は大きい。吉野は生前、つねに「ホイトをきらっておるのだ」と言っていたそうである。「きらっておる」その視線の中で、この「カスガイの面」をつける。そして「祝言」をのべ、「祝福」の踊りをおどる。人びとは共感し、生きる誇りをさえ覚えた。その屈辱と栄光を荷ったのが、この「カスガイの面」である。

寺尾作治は幼いころ、吉野のムラとは道ひとつ距ててこちら側に育った。「ホイト、乞食」と、吉野らをからかった体験をもっている。その寺尾が、吉野から太鼓（地方《じかた》）を習い、晩年の吉野と

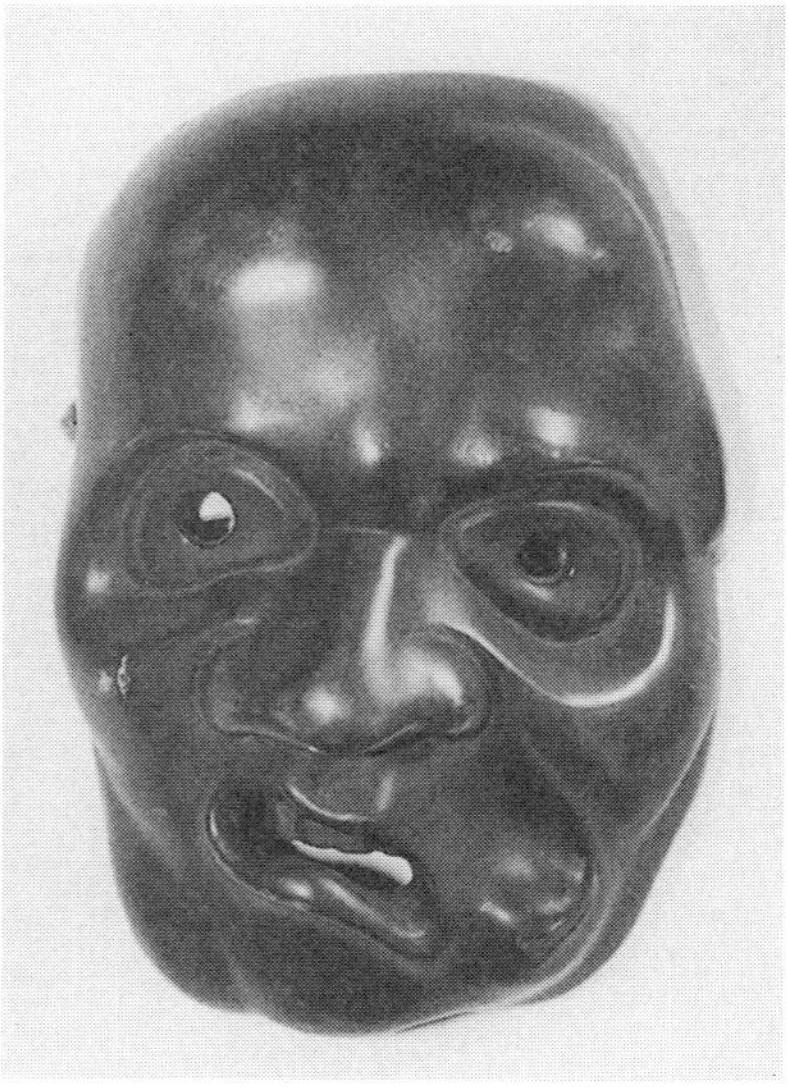

図87　佐渡の春駒の面

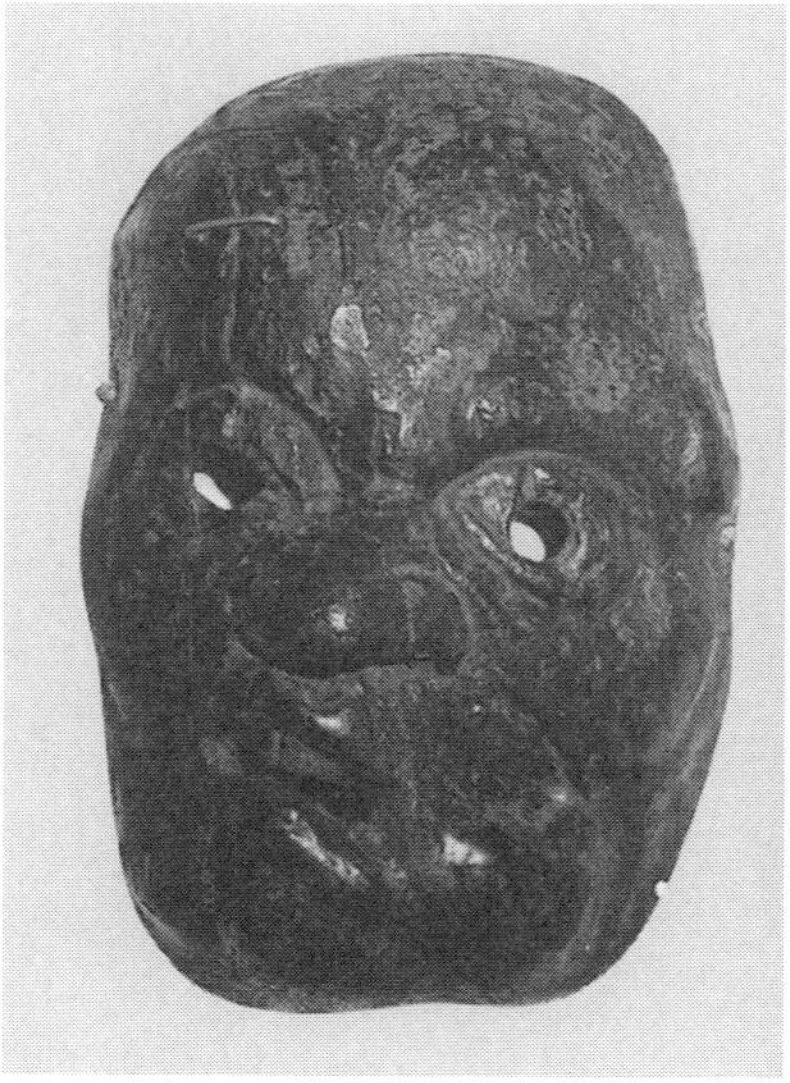

図88　佐渡の春駒の元面

ともに、影が形に添うように門付けにまわったのである。

吉野の没後も、寺尾は歌いつづけたが、「ハリゴマ」はこのようなものではない、という違和感はまといついて離れなかった。歌ってのち、迫ってくる、全身をひたすむなしさはどうしようもなかった。招かれて、宴席などでする「春駒」が、それが「ハリゴマ」であろうか。彼はついに「地方」をやめた。こんにちすでに、相川に「ハリゴマ」はない。

寺尾が私に送ってくれた幾枚もの写真。それは吉野の踊りの写真であり、吉野とともに歌ってまわったころの写真ばかりであった。「この芸のすばらしさ。これこそ全国部落民同志のホコリと言ひたいです」と寺尾は書いている。その貴重な写真の中から、三枚だけをここに掲げておく（図89～91）。もちろん「仮面」は額にカスガイを打込んだあの仮面

上図89（左）・90（右）　いずれも故吉野福蔵
下図91　地方（左）寺尾作治、踊方（右）吉野福蔵

である。吉野はその面でしか舞わなかったのだから。

民衆の「日本仮面史」のなかで、生活とともにあり、血をかよわせていたのが、この「カスガイの面」である。

「花祭」のなかのからかわれる翁

「翁」はつねに、からかわれる存在であった。

奥三河「花祭」――「おきな」の「都いり」の語りのなかに、「都を見んと思い立って候。我千代《わがちよ》を打《う》立《た》って、うっかけ引かけ行く程に、田舎の宿《しゅく》へざっと著き、ここはどこだと問うたれば、田舎の宿と答えて候。ある奴の吐《こ》きように、田舎も背中もひとつだと吐《こ》く、何が田舎も背中もひとつだらず、田舎はいなか背中はせなかと答えて候。田舎の宿を打立って、うっかけ引かけ行く程に、堀川の宿へざっと著き、ここは何所だと問うたれば、堀川の宿と答えて候。またある奴の吐《こ》きように、えったもほったもひとつだと吐く、何がえったもほったもひとつだらず、えったは穢多《えった》ほったは堀田《ほった》、堀川の宿《しゅく》も答えて候」という一節がある（抄縮再版『花祭』一九九五・岩崎美術社）。

民俗芸能研究の諸先学は、私の知見のせまさかもしれないが、だれひとりこの個処に触れた者はなかった。また解放の文化をいう者はきわめて視野がせまく、文化全般を見わたす意欲も問題意識もない。早川孝太郎の『花祭』（一九三〇・岡書院）に目を通した者はいず、ましてや厳寒の中、山深く赴いて実際の祭りを見た者などはさらさらなかった。

これは典型的な差別のことばであるが、そのことばだけをとり出して云々しても意味がない。その祭りを支える風土とエートス。さらにはその「語り」を祭りの流れ全体のなかでとらえること、そこで「差別」がどのように作用しているかを問うことが、もっとも建設的な文化の営為である。

祭りはすでに正午前から始まっている。下粟代は山と山にかこわれた小さなムラであった。苔むした石仏の脇を登っていくと、「山の神迎え」の祭儀が行われていた。祭儀の場には「駒引き猿」の絵がしめ縄にかけられている。猿が馬に乗った山の神を連れてくるのである。

舞処《まいと》での祭りは、大釜に湯を沸かし、そのまわりで夕刻から翌日の昼前まで行われるのであるが、舞は「地固めの舞」「花の舞」「三ツ舞」「四ツ舞」「湯ばやしの舞」など、それぞれが年齢階梯制にそって、気が遠くなるような単調さで舞われていく。そのはてに、深夜を過ぎて仮面の舞が現れる。「榊鬼」や「山見鬼」については、ここでは触れない。私は「翁」の出現を待ちつづけていた。深夜をはるかに過ぎて、もうそろそろ暁の気配も感ぜられようかというころ、ようやく「翁」が現れた。熱心な「観光客」たちは舞処の脇にしつらえられた板間で、もうあらかたは眠っていた。

翁は何ともわびしい「面」をつけて現れたのであった（図92）。私はこの「面」につよく惹かれた。早川の『花祭』によれば、「『おきな』は各所おなじように、黒尉である」とのことであるが、「平服に『ゆはぎ』だけをはおって」、私が見たのは赤いたすきをかけた旅姿であった。右手に鈴、左手に五色の幣（ひいな幣）を持っていた。竈を一巡して帰ってくるが、ここで「翁の語り」があり、この「語り」がかつては「翁」のいのちであった。

「翁の語り」は、早川によれば、下粟代では四段に分かれていた。

一、御礼のこと　二、生まれたときの話

三、都いりの話　四、聟《むこ》入りの話

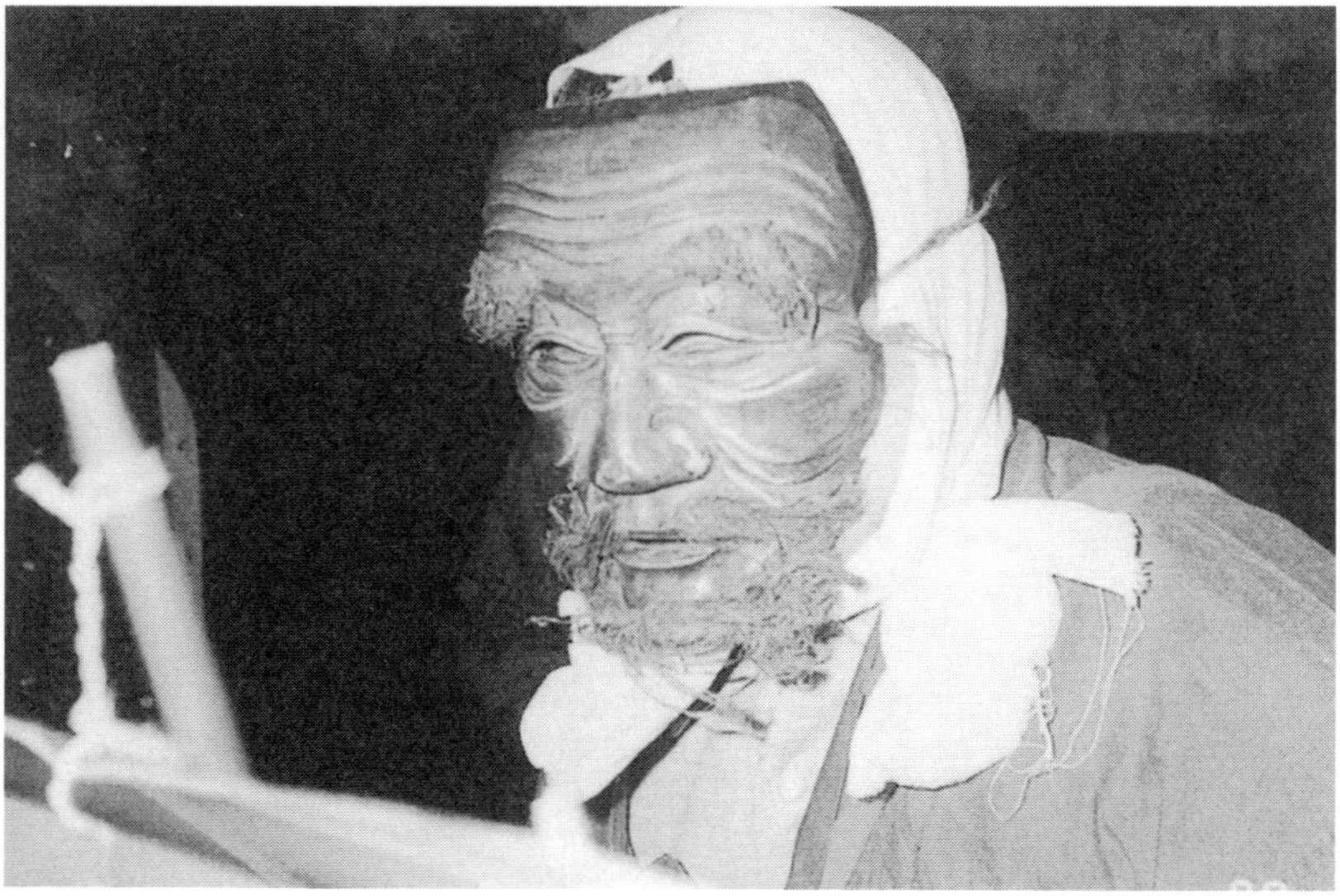

図92　花祭の「翁」（愛知）

第一の「御礼のこと」というのは、「『もどき』が手に扇を持ち、『おきな』の肩を打って問いにはいる」が、その問いに対して「おきな」は「さあ夜も明けるし。こうしておっちゃ花屋へ遅くなるで。ちっとも早くいかにゃならんで」と答える。しかし「花屋」に行く前に、「ひのねぎ」に、「くもおとな衆《じゅう》」に、「女臈《じょろう》衆」に、「舞台」（太鼓）に、「笛《ふえ》造《ぞう》」に、さらに「宵から『おきな』が来ると言って待っている多勢の人」に「一々礼を言わにゃ行けぬだ」と「もどき」から要求され、「おきな」がその一々に礼をいう。その段のことをいうのである、「翁」が早く行きたいという「花屋」は何であるかわからないが、「ひのねぎ」「くもおとな衆」以下「笛造」までは祭りの執行にあずかるものである。それに一々「お礼」をいうことを要求される「翁」である。

　つづいて「翁」は「生まれたときの話」

「都いりの話」等々を要求される。それに長々と答える「翁」である。この「翁」に、「千歳」以下「三番叟」「囃子方」「地謡」を従えて「翁わたり」し、舞台正面先で深々と平伏拝礼する「翁」よりも、はるかに清潔な「翁」を私は感じる。

「生まれたときの話」「聟入りの話」……。それらの内容は、いちいち考証するもわずらわしい。この祭りには修験者を介して、「民俗」のなかに多くの仏教や道教の要素がからみついていて、たとえば「このおきなと申するは、遠き天竺須弥山《しゅみせん》の山の麓に生れたるおきなにて候」と語り始める。「語り」が固有の「民俗」から浮きあがっていく。だから「語り」が「仮面」と「身体言語」のなかに吸収されていった。

　いまいちど、この「翁」の仮面にもどる。かなしい仮面である。なぜかなしいかといえば、この「仮面」が、私蔵の「キヨメの面」（図77）にかぶさるのである。「出生」から「都いり」の道行に移るときも、この「翁」は「キヨメの翁」である。「またある奴の吐《こ》きように、えったもほったもひとつだと吐く」――「吐《こ》いた」のは「ある奴」である。「吐かれた」のは「翁」であろう。「翁」は被差別体験を語っている。「えったは穢多、ほったは堀田」というのは、被差別体験の上に立った「翁」の反論である。「堀田」はおそらくは、領主あるいは素封家《そほうか》に近い者である。「翁」はどちら側かといえば、「穢多」の側である。そういう「語り」が「仮面」に吸収されている。かつては一時間以上も要したであろうと思われる「翁」の語り、いまはこの「語り」はない。「仮面」が一切を荷う。「仮面」と、いくばくかの「身体表現」に吸収され、一〇分そこそこに縮小されてしまったこの「翁」の道行が、一昼夜以上にわたる「花祭」全体のなかで、いちばん痛ましい。心に残る。

毛越寺延年の「老女」

戦後（能勢の没後）、「翁猿楽研究」に「画期的」なことが起こった。そのひとつは、能勢が『源流考』の第一の拠り処とした『法華五部九巻書』が、偽書であることが能勢の高弟であるという表章《おもてあきら》によって証明されたことである。「芸能」の歴史を考える場合、文献を第一資料とする考え方には私は共感していない。これはまぎれもなく、能勢の依怙地なまでに文献資料に固執する方法の蹉跌であった。

いまひとつは服部幸雄「後戸《うしろと》の神」（『文学』一九七三・七）の問題提起である。天台系寺院の常行三昧堂には、阿弥陀如来を本尊として祀っている。その本尊の背後に「後戸」があって、そこには摩多羅神が祀られている。摩多羅神は阿弥陀如来の守護神であるが、この神は祀り方を誤ると怖い神である。この神を慰めるために、修正会《しゅしょうえ》には「後戸」で芸能が行われた。この芸能が「翁猿楽」発生のもとであり、「摩多羅神」は「芸能の神」でもある。おおよそそのような問題提起であったと思う。

世阿弥の『風姿花伝』第四神儀云《じんぎにいはく》に「仏在所には、須達《しゅだつ》長者、祇園精舎を建てて供養の時、釈迦如来、御説法ありしに、提婆《だいば》、一万人の外道《げだう》を伴ひ、木の枝・篠《ささ》の葉に幣《しで》をつけて踊り叫《さけ》めば、御供養展《の》べがたかりしに、仏、舎利弗《しゃりほつ》に御目を加へ給へば、仏力《ぶつりき》を受け、御後戸《うしろと》にて鼓・唱歌《しやうが》をととのへ、阿難の才覚、舎利弗の知恵、富楼那《ふるな》の弁説にて、六十六番の物まねをし給へば、外道、笛・鼓の音を聞きて、後戸に集まり、これを見てしづまりぬ」とあり、能勢が『源流考』で引用した『弁内侍日記』にも「うしろとのさるがう」とあるのに、なぜその「後戸」に気づかなかったのであろうか。能勢は『風姿花伝』の右の文中「御後戸」を「おなんど」と読み、「納戸《なんど》は元来は衣服器具等を納めておく室をいう語であるが、ここでは精舎の後方の室というほどの意に用いたものであろう」と注している。（『世阿弥十六部集評釈』上・一九四

○・岩波書店)。

「後戸」についての、さきの服部幸雄の提起を踏まえて、天野文雄・新井恒易・山路興造らが、それぞれ精緻な論を展開された。これらの論から私は多くのことを学んだが、しかし私にはわからぬことがある。きわめて初歩的な疑問であるが、まず「翁」は「猿楽」なのかという疑問、これが第一である。つぎに服部以降諸先学の論を読んでも、「摩多羅神」がなぜ、どこで「翁」に変貌したのか、それがわからない。また、「翁」に変貌したとしても、それは「白い翁」なのか、それとも「黒い翁」なのか、それもわからない。

次のような伝承がある。――「多武峯《とうのみね》妙楽寺常行堂の本尊は翁の面である。修正会の法事のあとの酒宴に、衆徒たちが次第々々に酔っていくにつれて、壁に掛かっている本尊の面も赤くなっていく。乱があった時、この面は飛んで消えた。次に寄進された面も、六十六番の芸能を行っているうちに、また赤くなった。この面は多武峯炎上の時失せた。三つめの面は細工《さいく》打《うち》であるが、この面も赤くなったのみならず、その髭は年々に長くなっていく」――そういう伝承があるという(これは表章が紹介した観世新九郎家文書のなかの『享禄三年二月奥書伝書』を、たとえば山路興造『翁の座』で引用されているのを、私が抄録口語訳した)。

興味あるこの伝承は、「面」が生きていることをいうのであるが、「面」の霊異を語る他の多くの伝承と比べて著しい特徴は、この本尊の面が「超人間」的な面でなく、「人間」と同じように酔い、髭が伸びることを言っている点にある。しかし、子細に見てみると、第一の面は「衆徒が酔うにつれて」赤くなるのであり、第二の面は「六十六番を演ずるにつれて」赤くなる。前者は酒に酔い、後者は芸能に酔っていく。文脈を注意深くたどれば、そのふしぎを本尊である「面」の力といわず、六十六番の「芸能」の力と説いている。第三の細工打の面は、六十六番をつづめて「式三番」にしたに拘らず、この面もまた赤くなる。

芸能の「功力《くりき》」は同じことだと説いている。しかし、「乱の時、飛んだ」という方は「面」の超人的な霊異を語っていて、仮面観にさまざまな視線が錯綜し、矛盾する伝承である。

この「翁の面」は「白い翁」であろうか、「黒い翁」であろうか。宴たけなわになるにつれて、その「翁の面」もまた赤くなったということからは「白い翁面」を考えたくなるが、乱の時、翔び去ったということからは「黒い翁」を連想する。面を「人間」に近く心意する場合「白い翁」であり、「異人」として伝承する場合「黒い翁」である。このことは注目されてよい。

後戸をもつ常行堂修正会の芸能といえば、唯一現存するのは「毛越寺の延年」である。「若女・禰宜《じゃくじょねぎ》」（図93）を見ていると、「花祭」の「ひのねぎとみこ」を思い出すが、そのつながりを証明するには多分おびただしい時間が要る。とりあえずは今後の課題にとどめておくが、すべてを「猿楽の古型」に収斂してしまわない方がよい。

「若女・禰宜」は、つづいて出現する「老女」と対《つい》になり、一体になっている。「若女」も「老女」も、手に「鈴」と「扇」を持って舞うが、その舞の基本の型は同じである。「若女」の舞を深化したものが「老女」の舞になっている。山路興造は『日本・歴史と芸能』第三巻（一九九一・平凡社）の映像解説で、「祝詞《のっと》」の曲で使用される面が「鼻が高いことを除けば、切り顎であることや皺《しわ》が刻まれることなど、能の翁面に似る。本来修正会に演じられてよいはずの『翁』が、毛越寺の修正会延年にはないが、この最初に演じる『祝詞』を『翁』に宛てて考える意見もある」と解いているが、「若女・禰宜」の「禰宜」もまた、切り顎の「黒い翁面」であるともいえる。「祝詞」を述べるのが、水海の田楽能舞などと対比して「白い翁」であるとの考えを先行させれば、あるいは「鼻高面」が「翁面」であると言えるかもしれないが、むしろその表情からみても「禰宜」の方を「翁」と考える方が自然ではないか。「禰宜」はもちろん

図93　毛越寺延年の「若女・禰宜」（岩手）

「若女」に対するもどき役である。「祝詞」と「禰宜」と、どちらを歴史的に先行させるかは断定を保留するとしても、毛越寺延年には、いまひとつ切り顎の面があって、それは「勅使舞」に出る「有吉《ありよし》」である。これも「黒い翁」の面をかぶったもどき役である。「祝詞」→「禰宜」→「有吉」であるのか、「禰宜」→「祝詞」→「有吉」であるのか、とにかく「黒い翁」の系譜、時代的変遷が見てとれる。

毛越寺延年の白眉は「老女」である（図94）。通説のように、あれは百歳の老女が化粧するさまを物真似したものではない。あのふしぎな、そして奥深い「けはい」は、もし「化粧」だとしても、「神」に近づくための化粧である。「神に仕える女」（あるいは遊女）が化粧した処を「けはい坂」と呼んだ例もある。

老女は壇の上から跳び下りる。「面」は切

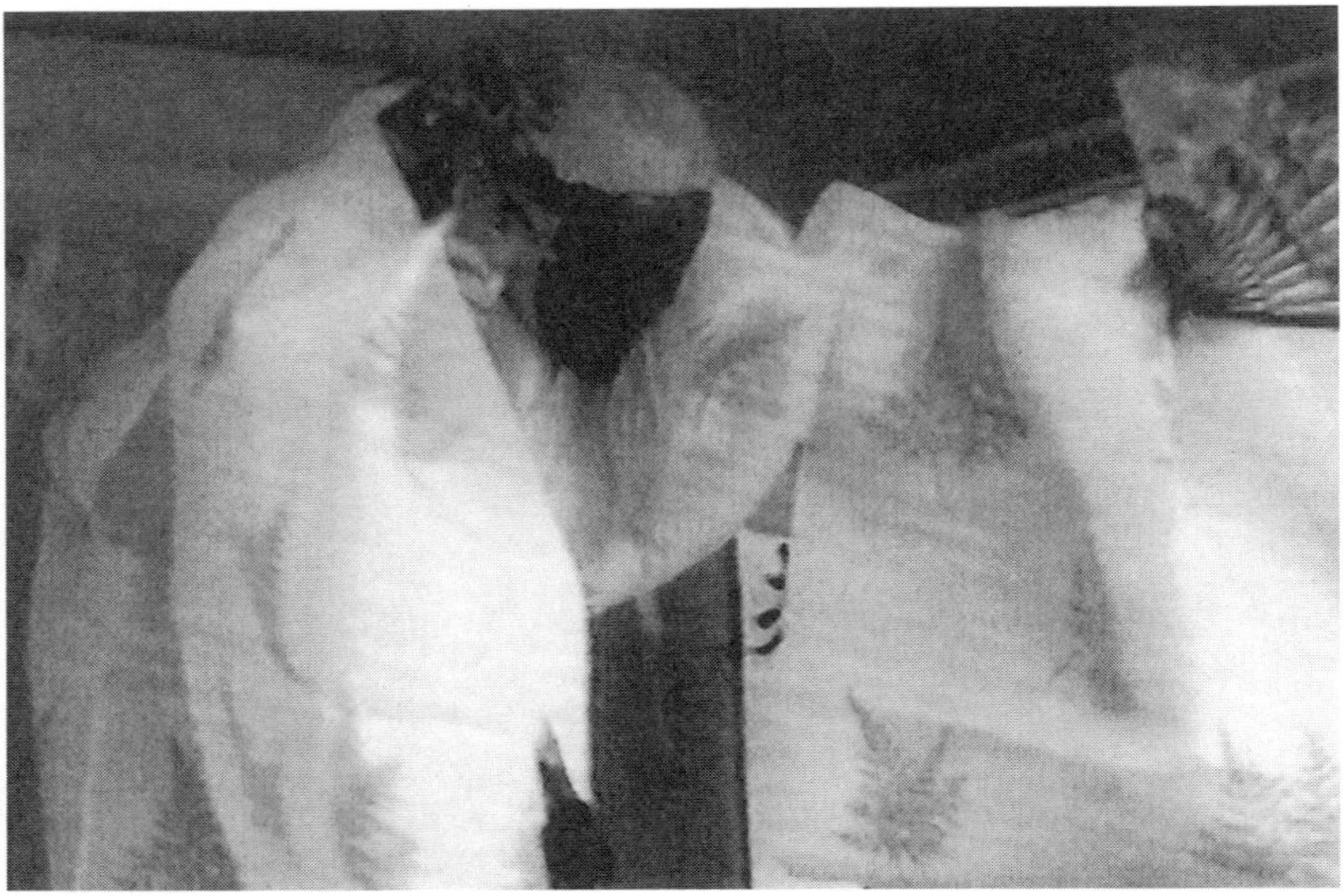

図94　毛越寺延年の「老女」（岩手）

り顎でこそないが、黒い「老女」の面である。老女は経机のようなものの前に坐り、多分摩多羅神にむかって三度手を合わす。つづいて白髪を左・右・左と三度梳《す》き、ふたたび「神」にむかって手を合わす。老女はやがて、経机の上の「鈴」を右手にとり、「扇」を左手にとって、それを合わせてさらにも「神」を拝す。「鈴」と「扇」を手にした老女は立ち、腰をかがめ、鳥の飛翔を思わせるように肩をあげて、左・右・左と三回、次に右・左・右と三回、「方固め」のような所作をする。すべて三回ずつの所作であるが、その所作がしだいに速くなり、そのたびに「鈴」を三回ずつ振る。「鈴」の音だけで舞うのであって、これはさきの「若女」の舞も同じである。呪術が昇華されたようなその美しさに惹きこまれて、私はいつのまにかこの「老女」の動きに、薬師寺の「呪師走り」の動きを、そして能『翁』のなかの「三番叟」（鈴の段）の動きをダブらせている。

付録　秘説・千利休

利休は、天正十九年二月二十八日、割腹して果てた。太閤秀吉の激怒による賜死である。

昭和壬子の歳（利休没後三八一年）、泉州高師浜自在庵におけるわが利休忌は、二月二十八日夜、知音二名を招いて行なわれた。

天正十九年は閏年で、正月が二度あったゆえ、現今の利休忌は陽春三月二十八日に行なわれるのが通例である。しかしそれは、利休没後茶の湯がしだいに遊戯化・社交化し、利休のもっともいましめたぬるき方向に堕落して行った結果の頽廃である。利休が生涯をかけて描いたきびしさを利休忌において確かめるなら、それは凛烈の二月においてあかすのがもっともふさわしいのである。利休割腹の日は、雹をともなう大雷雨であった。

わが自在庵は、玄関と書斎と茶室との三位一体からなる。当夜は凛烈の暗夜であったが、客が書斎から露地に降りたときも、堺コンビナートの煙突は紅蓮の炎を吹き上げていた。その焔に照らし出されて、なお動かぬ方向にいざなう飛び石をつたうときも寒気はそくそくと肌に迫った。無言と無言の、露地の出会いである。つくばいに湯桶は置かず、あふるるほどに清水を張った。寅の一点から汲み置いた水である。

自在庵茶室は三畳であるが、そのうち半畳は床であるゆえ、実質は二畳半である。にじりは東から西にむかってくぐることになるが、床は北面しているゆえ、当初客が茶室に見たものは、阿弥陀堂写の釜ひとつ。手燭の火の陰影を受け、寂然と炉中にかかっていたのみである。

床には警策のみがかかっている。わが郷里紀州の禅刹、興国寺華凌禅師の墨蹟がその警策に書かれている。「関彰者無功猶捉水中月」と読む。炭点前。香合は宋胡録《すんころく》。懐石は一汁一菜。向付にはふきのとう。酒はない。火相・湯相がととのうてくる。松籟の音が聞えはじめる。

中立。その間に警策はとられ、客がふたたびにじりをくぐったときには床の壁面中央に、白侘介一輪、信楽旅枕の中に、ひそと生けられていたのみである。中村道年作光悦「雨雲」写黒楽茶盌で濃茶をねり、つづいて供茶に用いた一入作赤天目茶盌で淡茶を点てた。この際、台は用いなかった。この赤楽茶盌は沈んだ晩秋の柿の色で、その半分はかせた灰色になっている。利休七種茶盌のうち、「早船」のイメージにかよう、わが愛蔵の一盌である。長次郎を思いつつ、その四代の一入の盌を使ったのであった。以上が当夜の幻の茶事である。

まこと利休の生涯は、迫りくる「雨雲」の中からの「早船」による遁走であった。その虚実の軌跡を、わたしはここに照らし出すのである。四百年にわたってゆがめられ、けがし尽された利休像を、ここに本来のかたちにかえすのである。

「秘説」というのは世阿弥の能楽論に見えることばであって、「本説」に対立する。オーソドックスに対するヘテロドックス、いわば詩人の直感によってとらえた利休論というほどの意味である。

序の章　利休の位置

「御茶湯者朝夕唱語　一志　二堪忍　三器」（『山上宗二記』）

山上宗二は利休直弟子の一人。師利休に先立ち、秀吉により耳鼻をそがれ、惨殺された。その著『宗二記』は利休の茶の神髄をもっとも正確に反映していると信ぜられる唯一の伝書である。

「志」の総決算は、そのひとの死のかたちにおいて証明されるであろう。「器」については別の章で述べる。ここではまず、「堪忍」の意味について考えたい。

「堪忍」は対人関係において生ずるのである。利休がどのような人と出会ったか。その〝出会い〟はどのようなかたちをもち、どのような意味をそこで証明したか。またその〝出会い〟をつうじてなにを堪え忍び、そこで利休はどのように変革したか。また相手を変革したのか。そのことが利休の位置を照らし出し、その座標を決定する。

利休は生涯を通じ、もっとも重要な三人の人物との〝出会い〟をもった。まず、そのことから解明していきたい。

一、紹紹との出会い

「宗易ノ物ガタリニ、珠光ノ弟子、宗陳・宗悟ト云人アリ、紹鷗ハ此二人ニ茶湯稽古修行アリシ也、宗易ノ師匠ハ紹鷗一人ニテハナシ、能阿弥ノ小性ニ右京ト云シモノ、壮年ノ時、能アミニ茶ノ指南ヲ得タリシガ、後ハ世ヲステ人ニナリテ堺ニ居住シ、空海ト申ケルニ、同所ニ道陳トテ隠者アリ、常々心安クカタリテ、茶道ヲ委ク道陳ニ伝授アリシト也、又道陳ト紹鷗、別而間ヨカリケレバ、互ニ茶ノ吟味トモアリシ也、宗易ハ与四郎トテ十七歳ノ時ヨリ専茶ヲコノミ、カノ道陳ニケイコセラル、道陳ノ引合ニテ紹鷗ノ弟子ニナラレシナリ、台子書院ナトハ、大方道陳ニ聞レシナリ、小座敷ノコトトモハ専宗易ノクミタテ、紹鷗相談ノ子細ナル由語被申シ也、」（『南方録』覚書）

『南方録』七巻は、利休の弟子南坊宗啓の著。宗啓は利休没後三回忌の夜、師の霊前に供茶し、一偈を残していずこへともなく立ち去った。その後の消息は知れないと伝えられる。ランボオのごとき、ミステリーにつつまれた人物である。また、彼が師利休の言動をつぶさに記録し、利休の校閲を受けている『南方録』は、原本が消失し、元禄期（利休没後一〇〇年）にいたってのその写本の発見の経緯にも不審の点が多く、茶道界でこの書を聖典視するに対し、学界ではこれを偽書と見る説が有力である。しかし、この書の内容をつぶさに検討するとき、その文体の格調の高さや、思想の深さから言って、そのすべてが江戸時代の偽作であるとは信じがたい。いっぽう、茶を仏教の教説に強いて結びつけようとする俗臭あらわな個所も多く、そのすべてが利休の思想であるとも信じがたい。思うに利休の言動を記録したなんらかのかたちの『南方録』原本がまずあって、（南坊宗啓という人物は自己主張・自己肯定の傾向の強い人物であったゆえ、すでにその段階で師の真意を屈折させた自己宣伝も加わっていたが、）それに加えるに利休神格化の意図で、なにものかによる加筆や変形が添加されたものが現存の『南方録』であると思われる。だからいま『南方録』を手がかりに利休の原像にさかのぼろうとするときは、どの部分がもとの『南方録』の原文であり、どの部分が後人の付加であるかを、鋭敏に嗅ぎ分ける操作が必要である。ここに引用した部分は、茶道史研究が学問的に究明した現時点における結論からみても、ほぼ妥当性をもった記述と思われる。

右の『南方録』の記述を図示すればつぎのようになるであろう。

能阿弥は室町幕府八代将軍足利義政の同朋衆であり、唐物道具を中心とする東山流書院台子の貴族趣味的茶の湯の大成者である。珠光は村田杢市検校の子として奈良に生まれ、称名寺にはいったが、寺役を怠って追放され、諸国放浪ののち大徳寺真珠庵で一休に参禅、禅をつうじて茶の道に開眼した。〝わび茶〟の創始者と伝えられる。

北向道陳も、武野紹鷗も、ともに堺舳の松の住であり、千宗易はおなじく堺今市町の住であった。当初道陳の弟子であった宗易は、道陳の引き合わせにより、紹鷗の弟子に転じたというのである。

わたしの関心は、まず道陳から紹鷗に転ずる際に、利休の内部になんらかの葛藤がなかったのかということ、つぎに紹鷗と利休との師弟関係において、その相互にどのような影響があったのかということである。

能阿弥の流れをくむ北向道陳は、したがって書院台子の貴族茶であり、それに対し、珠光の流れをくむ武野紹鷗の茶は、したがって茶禅一味のわび茶であろうということは、右の『南方録』本文ならびに系図から容易に推定できそうである。事実また、従来の茶道史は、おおむねそのような系譜解釈の上に立ってきた。

しかし、たとえば天文十一年（当時利休二十一歳）の『松屋会記』（久政茶会記）によれば、奈良の豪商久政がその年の四月、堺を訪れて、茶事に招かれた記録に、

壬寅卯月三日

一　堺紹鷗へ　　ハチヤ又五郎　久政　少清三人
　波ノ画　高一尺三寸二分　横三尺七寸五分アル也
　　上下白地金ラン　中モヘキ金ラン、一文字フウタイ鳥タスキ、色紅也、
　真釜　占切水指　ホウノサキ　台天目
　御茶過テ、松嶋、ヲ、ヒアサキ金ラン　高一尺七寸、マハリ三尺四寸三分アルト也、コフ多クイレタリ、
　宵ニ宿ヘ預御使、波ト松嶋ト両種之内、コノミ次第、御飾アルヘキト也、又五郎ハツホヲ望、久政ハ絵ヲ望、終ニ不究候ニ付、イツレ成トモ思召次第、可忝候ト返事申もの也、然ハ機嫌能両種出候也、

一　堺北向道陳へ　　久政　又五郎　少清三人
　床ニ晩鐘　牧谿、小軸、足ノアルツリ物、信楽水指、畳ニ置合、
　茶ノ前ニ画ヲ取テ、松花大壺、アミニ入テ出ル、ヲ、ヒノトンス、鷺ノ中ノキレ、紫ノ網取テ、アサキ、松ノヤニヲツクネタルヤウナリ、

高中《くちゆう》茶碗　ヤラウ

まず四月三日の武野紹鷗の趣向から考察する。終わり三行の記述は、当日前夜のことである。紹鷗方から、客の又五郎・久政らに前もって使いがあった。紹鷗秘蔵の名物のうち「玉礀の波の絵と松嶋の茶壺と、どちらを飾り見せようか？」というのである。又五郎は松嶋の茶壺を拝見したく、久政は波の絵を拝見したく、両者の意見がきまらぬゆえ、「どちらなりともおぼし召ししだい」と答えたのである。紹鷗は上気嫌で、当日になると床に波の絵をかけ、茶過ぎてのち、松嶋の茶壺を飾った。この茶壺は、もと東山御物（将軍義政所蔵）の大壺である。得意満面とまでは言わずとも、この日の茶事の焦点は二分され、しかも波の画の表装も、松嶋の茶壺の覆いも華麗多彩である。釜も真釜をつかい、天目茶盌を台にのせ、その点前はむしろ東山流の貴族趣味に近いものであったと思われる。これらの趣向は、〝わび〟からはほど遠いもの、むしろ〝わび〟とは対極の取り合わせである。

それに対し、六日おいて同月九日の北向道陳の趣向は、牧谿の墨絵小軸晩鐘の図、釣釜、信楽水指を畳に置き合わせ、控え目で色彩を殺した〝わび〟たものである。茶の前に牧谿の小軸をおさめ、床に松花の壺を置いた。この日の焦点は徐熈《じよき》の鷺の絵（旧東山御物、当時松屋所蔵三名物の一）の表装とおなじきれでさりげなくおおった、道陳秘蔵のこの壺であったが、それはなお久政の眼に、「松ノヤニヲツクネタルヤウ」に見えた。ちなみにこの松花は珠光旧蔵の茶壺である。

一回かぎりの茶会記で、紹鷗・道陳両者の相違を断定する軽卒は避けねばならぬが、このことだけを見ても、あながちに道陳の茶は東山流の貴族茶、紹鷗の茶は珠光流のわび茶とは言えぬのである。

利休の茶が当初から〝わび〟の茶を志向したのならば、利休はなぜ道陳から紹鷗に転じねばならなかったのか。利休の主体性に即して言えば、利休ほどの人物が、単に道陳の引き合わせにより、他律的に紹鷗に転じたとは思われない。そこには、利休の内部に、かならずなんらかの問題意識と葛藤があったはずである。

道に対する内的燃焼がはげしいとき、師の道陳を切断して、あえて紹鷗に赴くほどの非情さは、利休は持ち合わせていたであろう。しかし、もしそのような反逆が利休から道陳に対してなされたのであれば、利休と道陳との間はけわしいものになり、その後ふたりは同席し得なかったにちがいない。けれども、たとえば『天王寺屋会記』（宗達他会記）によれば、永禄三年（利休三十九歳）十二月六日朝の宗易の会には、津田宗達・今井宗久とともに北向道陳を招待している。したがって、利休と道陳の間に感情的なもつれが生じていたとは思われない。道陳が利休の問題意識を肯定しつつ、その弟子を紹鷗に紹介した契機はなんであろうか。

だいたんな仮説を言えば、それはわたしには、利休の珠光への傾斜、珠光への追慕であったと思われてならない。千家はもともと念仏門であった（村井康彦氏『千利休』六九頁参照）。それが禅門に転じたのには、あきらかに一休禅師と一体化した珠光への吸引があった。しかし、道陳から紹鷗への転身の時期に、一休はもちろんこの世にいなかった。若い利休のこころは、師道陳の諒解と協力を得て珠光の道統である紹鷗の門に参じたのである。

利休の珠光への私淑を暗示する記録はほかにも見られる。『松屋会記』（久政茶会記）天文六年（利休十六歳）九月十三日朝の「京都与四郎殿へ」の下にある「宗易事也」という注記は後人の書き入れである可能性があり、この与四郎を利休と速断することには保留を要する（村井康彦氏『千利休』七八頁参照）。しかしこの与四郎を、いままでの通説のままにしばらく利休としても、十六歳のまだ無名に近い少年が、松屋久政のような富豪であり、高名の茶人を単独で招待することは、紹鷗の紹介がなければかなわぬことである。もしそうとすれば、利休はすでにこのときに紹鷗に近づくために京へ赴いていた。紹鷗への接近をとりもったのは道陳であろうし、幼い日の与四郎（利休）が久政との接近を望んだのは、珠光出生の地奈良への関心と、さらにはその奈良の豪商松屋に収蔵されている珠光コレクション（松本肩衝、徐煕の白鷺の絵、存星の長盆など）への魅力ではなかったろうか。利休の紹鷗への転身を通説のとおり十八、九歳のころとすれば、それは紹鷗の紹介によって久政を招いたことの〝出会い〟の直後ということになる。

このことはその後七年を経た天文十三年（利休二十三歳）『松屋会記』の、こんどはまぎれもない利休の茶会（信頼できる利休茶会の初見資料）の道具だてに現われる。そこでは二月十八日から二十七日まで堺に滞在した久政が、その最後の日に千宗易宅を訪れているのである。宗易の趣向は、釣釜、手水の間に、床に善幸香炉、ツルベ水指を用いて珠光茶碗で茶を点てた。善幸香炉・珠光茶盌ともに珠光ゆかりの道具である（桑田忠親氏、角川文庫新版『千利休』三六頁参照）。

しかし、利休が出会った紹鷗は、およそ珠光とは対極の美学に立つ人であった。堺での業を捨て、京に赴いて三条西実隆から歌学を学んだこの人の美意識は王朝の貴族趣味に傾斜していた。日本の芸能の根底をながれる〝賤民〟の思いは、この人の中で忘却され、昇華されて、〝もののあわれ〟の色どりを帯びていた。紹鷗の出自ならびに職業について、それは皮革の業でなく、武士の血をひく家柄であることを強調する戸田勝久氏の所説（『武野紹鷗研究』七〜九頁）は、その精力的な探究にもかかわらず、予断と偏見を出発点とした論考であると思われる。武野氏の出自が武田であろうとなにであろうと、戸田氏自身も指摘しておられるとおり、当時は「或時は戦乱に巻込まれて、軍役に疲労し、又は、債務を負って慣れぬ商に辛苦を重ねる」者も多かった。武野家もまたそのようにして、ついに自由都市堺に定住し、そこで〝皮屋〟を業とし、産を蓄積したとしても、そのことが紹鷗の美学をけがすことになるのであろうか。芸術の価値は家系の権威づけによってきまるのではなく、その人がそこに思い描いた思いの深さと、そのかたちによる。日本の芸能が底辺からの告発であったことを思えば、紹鷗が舳の松の住であり、皮革の業をいとなんだことを、わたしはむしろめでたいことに思うのである。それをあえて〝皮屋〟であることを消去し、過去の出自のみに力点をおいて、武士の家系に合理づけようとする戸田氏の異常なまでの努力は、学的追究とは別途に人間をふみにじるものではないか。このような価値の発想は、ある意味では〝皮屋〟を捨てて京に走った紹鷗自身の発想にもかかようが、わたしの関心は家系などにはない。紹鷗の美学はなににおいてかがやいたかということこそが焦点である。

紹鷗は〝もののあわれ〟を求めた。利休は〝さび〟を求めた。ここにふたりの天才のこころは対立葛藤した。利休と紹鷗のドラマが、この〝出会い〟から始まるのである。

〝もののあわれ〟は、ほんらいが饒舌の美学である。『源氏物語』のからみからまる、とめどもない文体と、その万華鏡にも似た世界の、無限のひろがりを思うがよい。紹鷗もまた財にまかせて、六十種の名物を所持していたのである。

利休の求めるものはストイシズムであった。利休、紹鷗に入門のとき、庭掃除を命ぜられ、青苔の上に一葉のもみじを散らし、師の意にかなったというエピソードは、あまりにも有名であるが、もしそのようなことがあったとしても、そこに思いえがいたものは両者において別であった。紹鷗は色彩のコントラストにおいて、あるいは散り行くもみじへの詠嘆において、そこに〝もののあわれ〟の美学を見て会心の笑みをもらしたが、利休の見たものは空寂の中の紅一点への凝視であった。「茶湯名人ニ成テ後ハ、道具一種サヘアレハ、侘数奇スルカ専一也」という古人の言を引用しての紹鷗晩年の心境は、すでに入門の時期において、その弟子利休によって先取りされていた。紹鷗はそれをのちに至るも、「枯カシケテ寒カレ」という連歌師心敬の語をつうじて、「茶湯ノ果モ其如ク成タキ」というかたちでしか把握し得ない。その紹鷗に対し、利休は「茶湯風体年々珍敷クカハルヘシ」というダイナミズムの境地に出ていた（『山上宗二記』茶湯者の伝）。入門の時のもみじ一葉については、現象としての結論はおなじであっても、それを肯定する発想は対極に位置するという、奇妙なすれちがいの〝出会い〟。それに双方ともに気づかぬという奇妙な〝出会い〟がそこにあった。

利休と紹鷗との〝出会い〟の意味を確かめるために、いまいちど茶の湯の系譜をさかのぼってみよう。「夫茶湯ノ起ハ、普光院殿（義教）・鹿薗院殿（義満）ノ御代ヨリ唐物・絵讃等歴々集リ畢。（略）其後東山慈照院殿（義政）ノ御代名物悉集リ畢。（略）七珍万宝ハ其数ヲシラス。慈照院殿ハ東山ニ御隠居ニテ、四季トモニ昼夜御遊興アリシニ、此ハ秋ノ末、月待宵ノ虫ノ音モ物アハレナル折節、能阿弥ヲ召テ源氏物語雨夜ノ品サタメ抔読セ、歌・連歌・月見・花見・鞠・小弓・扇合・絵合・草尽・虫尽サマサマ興ヲ催、来方事トモ御物語アリシ時、慈照院殿被仰出。昔ヨリ有来遊興モ早事尽、又漸冬モ近クナリヌ。雪ノ山ヲ分テ鷹狩リモ老身ニ不似合、何カ珍敷御遊在ヘキト御諚アリシニ、能阿弥謹テ得心シテ、……」（『山上宗二記』）――東山文化は、王朝貴族文化への劣等コンプレクスとノスタルジーから出発し、その茶は挫折のはてにいたりついた〝さび〟の美学の上に成立する。前半は若い日の紹鷗の美学と重なり、後半は珠光の茶と出会うのである。

東山流茶道の開祖を能阿弥と見、佗び茶の開祖を村田珠光と見るとき、そのふたつの流れは異質対極のものという錯覚に陥りがちだけれども、もともと能阿弥と珠光との間には相交流し、共通し合うものがあった。能阿弥の編纂した『君台観左右帳記』は、義政の蔵品である絵画と器物、とくにその絵画を上中下に分けたものであるが、すでにそこに取捨集約への志向がはたらいている。戦乱・一揆などの現実と、没落の予感の中で蔵品を分類することは、極限の状況においてはひとつを残して他を捨てる意志に通ずるからである。死の極限において、なお〝美〟の一点を確保すること、それが〝さび〟の思想であった。そういう感覚が、それまでの遊戯茶・博奕茶を拒否し、意識の投影としての器物、ノエシスの形象化としての飾りのかたちにこだわらせたのである。このことの理解は、現代の茶の湯者や学究の諸氏には、あるいは困難であるかもしれない。『左右帳記』の価値や重みは、たとえば江戸期以降家元制度の中でつちかわれたような形式的権威主義のそれとしての価値や重みであるのではない。また現在の茶の湯の取り合わせや点前の手順の、その源流をさかのぼる資料として価値あるのでもない。たとえば人が自然《じねん》の死（不慮の死）をとげたとき、寸言の書き置きがなくとも、その居室の器物の置き合わせを見れば、たちどころにその生と死の意味が了解されるような、そういう意識の投影として、人はパターンを求め、それをよりどころとした。そのためには〝もののあわれ〟の豊饒をくぐって、〝捨てる〟ことが必要であった。〝さび〟はそういう究極のところに成立した美学である。

　東山山荘慈照寺の庭園や建物の配置に、わたしはそういうものを見る。大徳寺真珠庵のストイシズムの中にも、それを直感するのである。能阿弥と珠光はそういうことを交感し、観入しあったのであった。珠光の茶はあまりに遠く、そのかたちを傍証すべき資料もほとんど見出しがたいけれど、珠光の茶がまぎれもなく〝さび〟の上に成立していたことだけは言えるのである。もちろん、そこには能阿弥とともに、いやそれ以上に一休の禅の思想が強く浸透していた。称名寺を追放されて、ヒッピー的な放浪をつづけていた青年珠光の前に、一休禅師のダイナミックなスタティシズムが立ちはだかった。そこで珠光は開眼したのであった。その開眼を彼は、能阿弥のような貴族趣味の方向へではなく、若い日の追放・放浪の傷の痛みをこめて、庶民的な方向に凝結させたのである。

紹鷗はちがっていた。彼の中には当初から、珠光のような抽象能力はなかった。彼の美学の底を流れていたものは、和様の、モンスーン的な自然主義であり、いまひとつは王朝的な芸術至上主義であった。それはある意味では、義政・能阿弥の東山文化においてさえ、すでに止揚されていたものである。つまり、利休との〝出会い〟以前の紹鷗の美学は、ひとくちに言えば、〝もののあわれ〟のそれであった。

新興の自由都市堺の平均化されたブルジョア的民主主義と、経済的繁栄の中における人間疎外に反撥した若い日の利休のエゴは、みずからの実存のあかしを、大陸的な抽象の世界と中世的な宗教の世界に求めて、念仏から禅に転身し、珠光の〝さび〟を志向しつつ、紹鷗の〝もののあわれ〟と出会ったのである。

いまかりに、利休の紹鷗との〝出会い〟を天文八年（利休十八歳）と仮定すれば、その時紹鷗は三十八歳である。『山上宗二記』〝師ニ問置密伝ヲ拙子注之条々〟の中に、「紹鷗卅年マテ連歌師也。三条逍遥院殿詠歌大概之序ヲ聞、茶湯ヲ分別シ、名人ニナラレタリ。是ヲ密伝ニス。印可ノ弟子ニ伝ヘラル、也。」とあり、紹鷗は三十歳前後までは連歌師であった。茶の湯に転じて、まだわずか八年ほどにしかならぬ未成熟の、しかし可塑性にとんだ師である。いっぽう利休については、「道陳・宗易ハ禅法ヲ眼トス。古即諸録ヲタノシム。三老ノ蹟牘也。上手ニ及テハ名人ノ所作ヲ師トス。」（『山上宗二記』師ニ問置密伝ヲ拙子注之条々）とあり、当初〝禅〟が道陳とともに利休の茶の根底にあった。利休（与四郎）は、天文四年（十四歳）、堺の念仏寺築地修造に銭一貫文を奉加しているから（『念仏差帳日記』）、このころにはまだ家の宗旨にしたがって、形式的にせよ念仏宗に応じていたものと思われる。天文六年（十六歳）、京都における松屋久政を招いての茶会の主がもし利休であるとすれば、利休の茶の湯への入門は少なくもそれ以前の年齢であり、「十七歳ノ時ヨリ専、茶ヲコノミ、カノ道陳ニケイコセラル、」という『南方録』の記述は誤記であるか、あるいは（紹鷗の紹介による）久政との〝出会い〟を契機として、十七歳の年から〝この道一筋に思いをさだめた〟ということになるが、このころから彼の〝さび〟への志向、〝禅〟への転身が決意されはじめたにちがいない。そして〝虚像〟としての珠光をその背後にえがいての、天文八年（十八歳）の、武野紹鷗への入門ということになる。利休入門の前々年、天文六年に、紹鷗の歌学の師、三条西実隆は八十三歳でこの世を去り、実隆をとおしての歌学の影響は、客観的には紹鷗において弱まった。つづいて、父信久の死にあい、紹鷗は堺に帰ってくる。そこへ利休が近づいてきた。そして紹鷗への入門の翌天文九年（十九歳）ゆくりなくも利休の父与兵衛が他界した。その年利休（与四郎）は、宗易と改名するのである。わたしは利休の念仏から禅への転身は、この年と思うのである。

利休と紹鷗との当初の〝出会い〟は、象徴的に言えば〝禅〟と〝歌学〟との出会い、〝さび〟と〝ものあわれ〟との出会いである。珠光の道統は直線的に紹鷗に受け継がれたのではなく、ひとたびの屈折を経て、利休（宗易）との出会いにおいて発掘され、再確認された。紹鷗をして珠光に出会わせたものは、じつはほかならぬ利休（宗易）であった。文化の継承は、そういう弁証法をたどったのである。

充電された芸術的人格が充電された芸術的人格と出会うとき、そこに歴史のすべてが照らし出される。そして、その双方は〝変革〟され、さらにもあたらしい文化が〝創造〟される。利休をして若い日の禅の「諸録のたのしみ」を捨てさせたものはなにか。それは、紹鷗のモンスーン的自然主義であったとわたしは思う。そして、また、前半生における「諸録のたのしみ」を捨てて、利休をして「名人の所作を師とする」境地に赴かしめたものはなにか。これについては、この論の展開の過程で、のちに重要なひとつの状況を指摘するが、いまは紹鷗との〝出会い〟とかかわって、藤原定家『詠歌大概』の序の中の「和歌無師匠、只以旧歌為師、染心於古風、習詞於先達者、誰人不詠之哉」を指摘しておきたい。

虚は実に転じ、実はまた虚に転ずる。〝出会い〟はつねに還流する対面交通である。転位を了解《りょうげ》できぬものに芸術の創造はない。このことをわがくにの芸道では、呪術めかして〝密伝〟と言ったのである。「小座敷ノコトトモハ、専、宗易ノクミタテ、紹鷗相談ノ子細ナル由」と『南方録』はいう。紹鷗にもまた〝変革〟があった。しかし、紹鷗はその秘蔵の六十種にのぼる名物道具のうち、趙昌の菓子の絵、馬麟の朝山の絵、子昂の帰去来の図、なかんずく定家の色紙をついに手放すことはなかった。『山上宗二記』〝師ニ問置密伝ヲ拙子注之条々〟は、利休の眼にうつった師紹鷗をつぎのように伝えている。「紹鷗ハ五十四ニテ遠行。茶湯ハ正風体盛リニ死去也。物ニタトヘハ、吉野ノ花盛ヲ過テ、夏モ過、秋ノ月、紅葉ニ似リ。」四季の還流、〝もののあわれ〟の閉ざされた円環美学を出るものではない。「紹鷗ワビ茶ノ湯ノ心ハ、新古今集ノ中、定家朝臣ノ歌ニ、見ワタセハ花モ紅葉モナカリケリ浦ノトマヤノ秋ノタグレ、コノ歌ノ心ニテこそあれと被申しと也」(『南方録』覚書)……「詠《なが》め詠め」、詠嘆に詠嘆をかさねて、紹鷗はついにノスタルジーとしての「花紅葉」の色彩の意識からのがれることはできない。これは〝わび〟茶の心ではない。〝わび〟は利休によって、〝さび〟と〝もののあわれ〟の弁証法的統一として、それは弁証法的統一である以上、〝さび〟と〝もののあわれ〟との相乗プラス・アルファとして、はじめてわがくにの芸能史上に提起された。そのアルファの重要性については、徐々に具体的に解明するつもりである。ともあれ、紹鷗と利休という充電された芸術的人格の〝出会い〟において、紹鷗よりも利休は、その相手からより多くのものを盗んだのであった。

二、宗恩との出会い

女の歴史は残らない。残らない空白に、虚偽と真実が累積される。利休に関しても、いままでのもろもろの利休論のなかで、宗恩が忘れ去られていたことはおどろくばかりである。

ここに一通の寄進状がある。天正十七年、利休が大徳寺塔頭の聚光院にあてて、永代供養米を寄せた時の寄進状である。

為聚光院へ寄進米、
合七石宛定納也、永代進上如件、
一、一忠了専　十二月八日
一、月岑妙珎　十月七日
一、利休宗易　逆修
一、宗恩　　　逆修
一、宗林童子　八月十八日
一、宗幻童子　七月十七日
　　以上
一、但、墓ニ石燈籠在之、
　利休、宗恩、右燈籠ニシユ名在之、

天正十七年己丑年正月日　利休（花押）
聚光院常住
納所御中

この寄進状に、利休の亡先妻宝心妙樹の戒名は記載されていない。宝心妙樹の歿年は天正五年、後妻宗恩との再婚は、その翌六年ごろと想定されている。

永代供養米寄進に際し、亡父母の戒名をまず挙げ、ふたりの亡児の戒気をあとに挙げて、その間に宗易・宗恩の名が浮かび上がるとき、そこに亡先妻の戒名が抹消されていることには、なにかただならぬものが感ぜられて仕方ないのである。

あとのふたりの童子は、利休と宝心妙樹との間に為した子であろう。そう考えるのが自然であって、わたしは村井康彦氏のように、これを宗恩との間に為した子の戒名である（『千利休』一一七頁）とは考えない。そうとすれば、なおさらに、暗い影の部分が伏在することを思わせる寄進状である。

宝心妙樹の抹殺は、宗恩への利休のはばかりか、あるいは宗恩の意向によるものか。そう思って見るときに、いわゆる従順な妻であったとする宗恩のイメージはくずれてくる。宗恩はどういう女であったのか。

女の歴史は消されて行く。利休にとって三十年来の思慕の凝固である（杉本捷雄『千利休とその周辺』、村井康彦『千利休』）という宗恩の具体像は霧に包まれている。

現存する利休の書簡二百六十三通のうち、その思慕のひとに宛てた手紙は一通もない。宗恩はおもに堺の家にいたであろうし、利休は堺を出て、京の聚楽屋敷や、大坂城の山里丸にいることしばしばであったろうから、そこから恩に宛てた手紙があるはずであるのに、それらしい手紙は見当らない。利休自刃に際し、恩はそれを焼き捨てたのか。あるいは、手紙など書く要もないほどに、休のこころは恩のそばにつねにいたのか。とにかく、休から恩に宛てた書簡は一通も見出し得ぬのである。

ここに一通の書状がある。

今日者御宿に御座候哉御床しく候先日の歌書返信候かしく
　忍ひにたた　　　　　　　　　　　　宗易
おもひきやなこやの磯のあら波の
うらミてのミもきえはてんとハ
山里にひとり物おもふ夕くれハ
風より外にとふ人もなし
　御返事まち申候　　　かしく

日付も宛名もないこの自筆消息を、桑田忠親氏は天正十五年ごろのものと推定されている。「なこや」は肥前の名護屋であり、秀吉九州遠征の帰途、その供をした利休が、筑前博多に逗留していたころのものであろうと推測されるのである（『定本千利休の書簡』）。

利休の書簡は的確簡潔な文体であって、このように濡れた手紙はその例を見ぬのである。

わたしはふと思った。「なこや」は「名古屋」ではないかと。この論は〝秘説〟であるから、わたしは学なきことを言うて、恥を世間にさらすのである。八切止夫氏の『戦国意外史』は戯作者精神にみちた荒唐無稽の説であるが、そのなかの「謎・利休殺し」では、宗恩を名古屋の人としている。その奔放なフィクションの世界の構築はなにによったものなのか。それとは対蹠的に依怙地きわまる戸田勝久氏の『武野紹鷗研究』に最敬礼して、武野家の出自を名古屋ゆかりの系譜において見るとき、わたしの想像力は、宗恩の出自へのふまじめな推定と、紹鷗の出自へのくそまじめな探究とを結びつけることによって、楽しくほほえんだのである。

この節は序の章の二番目に位置し、序のなかの破の部分にあたるゆえ、わたしの論述は破れかぶれになる。女の〝虚像〟はそのような方法によってしかとらえられぬのである。

紹鷗が堺舳の松での家業を捨てて京に赴いていた間、その身辺の世話をする女として、紹鷗ゆかりの地名古屋から、恩は紹鷗の家に呼ばれていた。当時は現在のように茶は女性のものでなく男性のものであったが、聡明な恩は日常の見よう見まねで紹鷗の茶を盗みとった。同時に歌学をも盗みとったのである。

そこへ与四郎（利休）が近づいてきた。紹鷗のもとで、与四郎と恩ははじめて出会った。そのころの与四郎は十六歳、紹鷗帰堺後正式入門の時としても十八、九歳、そして利休と宗恩との結婚の年天正六年ごろは利休五十七歳であるから、「三十年来の思慕の凝固」どころではなく、四十年の歳月を越えての愛の結実ということになる。

いつのころのものとは知れないけれど、前述の手紙は、その四十年の間のいずれかの時期に、宗易（十九歳改名）から宗恩に宛てられた、ひそかな恋文であると思われてならない。宗恩から借りた歌書を返している。両者に紹鷗の影響は濃密である。筆蹟も和様の水々しいものであり、利休晩年の、力強く肉太な筆蹟とは異なるものである。「床し」は「行かし」であり、その人のこころの奥深くはいって行きたい意であり、追って書きで「忍びにただ」――ひたすらに、二首の歌に託して思いをのべ、「御返事」をまつのである。そのころから宗易の身辺を洗うものは「あら波」であり、利休の人生への姿勢は「うらみ」の姿勢であった。天正十九年、大雷雨のただなかにおける死の予感は、すでに愛の思いの水々しさのなかにおいてさえ直覚されていた。

人妻である宗恩の夫宮王三郎から謡曲の手ほどきを受けたときも、利休は『関寺小町』と『藤戸』との二曲しか習わなかった。

易謡ハ宮王太夫ノ弟子也。関寺と藤渡と只二番習候ナリ。口伝有之。氏政御申候ハ、終ニ数奇を存ぜず、関寺藤渡を不知候間、数奇の不成し理り也と云給となり。

（『利休居士伝書』）

利休の謡が二番にとどまったのは、宮王三郎の手が不自由になり、鼓が打てなくなったことと関係すると村井康彦氏はいわれる（『千利休』一一五頁）が、はたしてそうであろうか。また村井氏は、「自分（氏政）がついに数奇がわからなかったのは、利休が習ったこの二番を知らないためである」と釈し、「氏政御申候ハ」以下のセンテンスを、氏政自身の述懐と解しておられるが、はたしてそうであろうか。なお、宗恩はここに出てくる氏政の弟、北条氏規の娘であり、当初松永弾正久秀に嫁していたとする、江戸時代の文献『茶祖的伝』の記述があるが、この記述についてのわたしの解釈はのちに述べる。

「終ニ数奇を存ぜず……」以下のセンテンスを、氏政の述懐と取れば、「口伝有之」という〝口伝〟とのつながりはどうなるのであろうか。わたしは「終ニ数奇を……」から「理り也」までのセンテンスを利休居士のことばととり、そこに〝口伝〟がこめられていると解釈する。したがって「云給となり」という敬語は、氏政に対する敬語ではなく、利休に対する敬語と解釈するのである。

『関寺小町』は往年の驕慢の美女小野小町が、齢百歳にしてなおこの世を去らず、その身乞丐に落ちさらぼえて、なお白髪のままにその気品は消えず、関寺から京にさまよい出てくる名曲であり、『藤戸』は佐々木盛綱によって命を絶たれた若い漁夫の老母が、わが子の戦争による非業の死を盛綱にむかってかきくどき、後場にいたってその漁夫の亡霊が出現する名曲である。オーソドックスな謡曲稽古の順番からいえば、かならずしも入門の曲とは思えない。その二曲の稽古のみを、なぜに利休は宮王三郎に所望したのであろうか。またその二曲のみで打ち切ったのであろうか。

落魄の美女、卑賤のなかの高貴――割り切れぬ矛盾の共存をつらぬいて『関寺小町』では精神のアリストクラティスムが証明され、『藤戸』では庶民のうらみつらみ、底辺からのくどき、非道な権力や人間名利へのレジスタンスが照らし出される。この二番のコレスポンダンス、その二曲の接点に、利休はみずからの〝わび数奇〟の茶の理念を思いえがいたのである。思いえがきつつ、ついにその二曲のこころをつかむことができず、だから自分の〝わび数奇〟の茶は完成しないと、利休はひかえ目に言ってのけたのである。〝口伝〟とはそういうものであった。

利休のストイシズムは、そういう捨て方をするのである。茶の道一筋に思いをひそめる利休に、非道を行ずるいとまなどあろうか。利休の謡は、ただ二番でとまった。三郎の手が不自由になって、利休の稽古がとまったのではない。三郎の手がなえても、稽古を継続すべきならば利休は三郎を振り捨て他の師に赴く。芸の求道とはそういうものである。

そんな利休が宮王三郎を黙殺し、謡曲を黙殺して、宗恩との間に思いえがいたものはなにか。

利休、秀吉の怒りを買い、堺に追放されるとき、乗物に乗ってから、あわただしく硯と紙をとり寄せ、「お亀に思置」としてしたためたという亀あての書簡が現存している。この亀は利休の娘であるが、先妻宝心妙樹との間に為した子でもなく、宗恩との間に為した子でもない。おそらくは、身分低き女との間に、宗恩との再婚以前にひそかにもうけた女児であり、終生利休の格別の愛情をうけた娘である。その亀は、利休と宗恩との再婚以前に、宗恩の息少庵と結婚しており、宗恩はその少庵を連れ子として、利休と再婚したのである。つまり利休と少庵、宗恩とお亀との間には血のつながりはなくとも、利休夫妻、少庵夫妻は、どちらも親どうし、子どうしの結婚ということになる。前にも書いたとおり、先妻宝心妙樹の死が天正五年、宗恩との再婚がその翌六年ごろ、そして少庵とお亀の結婚は天正四、五年、あるいはその以前である。先妻妙樹の死以前に、利休の思慕が宗恩に向けられており、宗恩もまた同じ思いであったとしても、ふたりはこの世で結ばれる見込みはなかった。しかもふたりの愛の血脈をこの世にとどめおきたかったとすれば、利休が宗恩の息少庵に、その愛するかくし子亀をめあわせた心情は、さこそとうなずけるのである。にもかかわらず、利休と宗恩の結ばれる日は、当事者の気づかぬうちに目前に迫っていた。しかし彼らが結ばれたとき、利休はすでに五十七歳、宗恩はおそらく五十歳のころであった。

ふたりの愛に関するかぎり、人生の晩年におけるこの結婚はふたりにとってはしあわせであった。利休の茶に関しても、宗恩はしばしばきらめくような助言をしている。しかし、この結婚を境にして、利休は家庭的には地獄に歩み入ったのである。利休には先妻との間に為した道安という長男がいる。しかも宗恩の連れ子少庵は道安と同年輩である。利休・宗恩の再婚時、道安・少庵のふたりは三十二歳であった。三十二歳の少庵を宗恩の連れ子として、お亀とともに千家に来させた不自然さのなかには、宗恩の異常さと、そしてさらには利休のお亀への絶ちがたい愛が秘められているように思われる。千家の後継は道安か、少庵か。それだけでも利休は家庭の地獄とまむかいつつ、宗恩との結婚に歩み入ったのである。この地獄は、〝わび〟の世界の形成にみがきをかけるひとつの不可欠の要素でもあった。

その地獄のすさまじさは、冒頭に出した聚光院あての寄進状に、おどろおどろしく露呈されている。前回にも指摘したとおり、千家はもともと念仏門である。天文九年（十九歳）の宗易の念仏から禅への転身は、宗易個人のことに属し、千家一門は依然として念仏であったとすれば、宝心妙樹は念仏門で回向されており、宗恩との再婚後に、一家を挙げて禅門に帰依したと見られなくもない。しかし、五十歳に近い宗恩が、再婚後ふたりも子を為したとは信じられず、わたしには宗林・宗幻両童子は、利休と先妻宝心妙樹との間に為した子のように思われてならぬのである。

とすれば、千家累代の供養のなかで、先妻妙樹だけが省かれていることになる。この切断の怖ろしさは、宗恩の死者への嫉妬によるものか。それとも利休の宗恩への気がね思わくによるものか。そのいずれにしても、利休と宗恩との間は、他の夾雑物の介入をゆるし得ぬほどに、純粋で強烈なものであったと思われてならない。茶聖利休のイメージはこわれる。貞淑な宗恩のイメージもこわれる。エゴイストとエゴイストとの結合である。問いはつねに同じところへ帰ってくる。宗恩はどういう女であったのか。問いはむなしく反響し、いくたびもこだまになって帰ってくる。女の歴史はわからぬのである。

記録や資料が皆無に近く、目ざす宗恩の像がわからぬときに、〝秘説〟はそれを〝虚像〟としてえがくのである。おそらくはライバルとして利休の前に立ちはだかった道安と少庵、そこに利休の屈折する思いがからみ、宗恩の屈折する思いもまた十重二十重にからんだであろう、その道安と少庵との関係のむこうに、わたしは虚像としての宗恩をえがいてみようと思う。

（端裏上書）

「〆　少庵　まいる
此はな入から日本物見わけかたく候休様へ被懸御目候て可給候存分仕ハ一段とおしき物にて候恐々かしく
三月七日　　紹安（花押）

花入よく見申候唐物にて候所望ニ候ハヽ所持可有候但過分ニ申候ハヽ無用かと存候以上
即答　　易（花押）
紹安　まいる

前半は紹安（道安）から少庵にあてた手紙であり、「この花入は唐物か日本の物か見分けがたい。利休様にお見せくださって、鑑定していただきたい」と、少庵に依頼したものである。少庵をはばかってか、あるいは言外に利休・少庵へのとげを含ませてか、道安は父（利休）への依頼を、わざと廻り道して少庵に託した。その余白に、「即答」として利休は書いた。「花入はよく見た。唐物である。もしおまえが手に入れたければ自分のものにするがよい。ただし、あまり高価であれば、強いて入手するほどのことはないかと思う」――仲介者の少庵を黙殺して、ストレートに紹安に答えているのである。三人三様の複雑な心理の屈折である。

世間一般の通説によれば、少庵の温和従順に対し、道安は傲岸不羈の人であったと言われる。ある時道安、「茶を少庵に習え」という父利休の言に、即座に「少庵など師とするに足りぬ」と答え、利休の会心の笑みを得たという話。またある時少庵、四尺の床を創案し、父の批判をおそれながら「ふるい〳〵」利休を招き、その創案が休の意にかなったという話。こうした対極のエピソードは数多いのである。道案の傲岸は、しかし利休を宗恩に奪われた疎外感の裏返しではなかったか。その疎外感を身にしみて受けとめながら、しかも表立ってその疎外感に答え得ぬ苦境に置かれつづけた人こそ、利休その人ではなかったか。「茶湯者朝夕唱語、一堪忍」が利休をも、道安をも呪縛する。世に道安囲いという茶室の構えがあり、道安は足なえであったゆえ、そのぶざまな足の運びをかくすための囲いと言われるが、じつは足に欠陥を持っていたのは少庵である。その足なえのイメージが、いつの間にか道安に転化されたところにも、不遇な道安への共感とサディスムが世道人心の中にはたらきつづけた。

道安と少庵とのふたりの息のうち、利休はどちらをみずからの茶の道の後継者と目したのか。温順柔和な少庵と、傲岸不遜の道安との、どちらに利休は茶の才能を見たのか。

此暁三人御出きとくにて候とかく思案候ニ色々申被下候ても不調候我等物を切々大黒を紹安にとらせ可申候はや舟をハ松賀嶋殿へ参度候又々とかく越中サマ御心へ分候ハてハいやにて候此理を古織と御談合候て今日中に御済あるへく候明日松殿ハ下向にて候何にとも早舟事そうさなく候是もむつかしく候越中殿へも心へ候て右如申候はや舟をは飛もし参候大くろを紹安に可被遣候事乍迷惑其分にすまし可申候已上かしく

十九日

両三人　まいる

利休七種といわれる長次郎作楽七盌のうち、なかんずく、黒茶盌「大黒」と赤茶盌「早船」の二盌は、とくに門弟たちからの垂涎の的であった。ここでは、細川忠興・古田織部・蒲生氏郷の三名が、争ってこの二盌を懇望している。それに答えたのが利休のこの書簡である。

「とかく思案したが、大黒は紹安に、早船は蒲生氏郷に譲ることにした。いろいろと申されてもこの決心は変わらない。細川忠興（越中さま）は、このことを古田織部（古織）と話し合われ、きょう中に決着をつけてほしい。早船は蒲生氏郷（松賀嶋殿、飛もじ）に進呈する。大黒は紹安につかわすのが至当である」というほどの意味である。

三名の所望に対し二盌。その一盌をなぜに「切々」紹安にとらせたのであろうか。また他の一盌をなぜに氏郷の手に譲ったのであろうか。

周知のように、利休晩年秀吉の逆鱗にふれ、帰堺のため淀を下る際、世間の目をさけこれを川べりにまで送ったのは、数ある門弟のうち細川忠興と古田織部の二名のみであった。もしそのことが秀吉の耳にはいったなら、ふたりは死を賜ったかもしれなかった。それほどの思慕を寄せていたこのふたりの門弟の懇望をしりぞけて、この二盌は紹安と氏郷に譲られたのである。

「大黒」は七種のうちでも、利休がつねに身辺を離さぬ最愛の一盌であった。その鉄色にかせた長次郎特有の黒の釉肌はわびの極致であるが、おのずから生まれ出たようにいささかの作為のあともとどめず、しかも内包するその力のひろがりは、まことに利休愛惜の一盌たるにふさわしい。その一盌を「我等物」として、利休は紹安に「切々」とらすことを、再度くりかえし、念を入れて言うのである。

「早船」も、これはかせた赤楽で、正面におのずからなこげがあり、細川忠興、誤って「高麗茶盌か」と問うたほどの侘びた一盌である。利休即答していわく「高麗から早船でとり寄せました」と。ゆえに名づけて銘「早船」という。それほどのゆかりの一盌を忠興には贈らず、くりかえし「松賀嶋だ」「飛驒守だ」「氏郷でなければいやだ」と念を押すのである。利休賜死ののち、少庵は蒲生氏郷にかくまわれたが、柔弱にして心もとない少庵の後見として、利休はすでに氏郷に期するところあったのではあるまいか。

道安と少庵、そのあらゆる面で矛盾対立するふたりの嗣子をどうさばくかというアポリアを、利休は堺千家と京千家というふたつの系譜において解決しようとした。しかしその解決の仕方は、「茶湯は少庵に譲る」、堺のトトヤの業は道安にというような単純なものではない。村井氏をはじめ、おおかたの人びとは単純にそう思いこんでいるが、人のこころの屈折はそんなものではなかった。

堺南宗寺の茶室実相庵の露地に紹鷗遺愛と寺伝される手水鉢と、利休遺愛の六地蔵の燈籠とが現存する。この手水鉢のおのずからな形と肌あいの気品の高さは、わたしの美意識において、ぴったりと茶盌「大黒」のイメージと重なるのである。わたしは曽つて常滑の陶工である知友山田健吉氏をこの寺に案内したとき、この手水鉢の前に凝然として立ちつくす彼に、「このような茶盌を焼いてください」と言ったことがあったが、そのときもわたしはこの手水鉢に重ねて、「大黒」のイメージをえがいていたのである。「大黒」の銘の由来については、「小黒」という茶盌も存在したと言われ、その「小黒」に対し、大ぶりで色も黒々としているゆえ、端的に「大黒」と名づけられたなどと伝えられるが、わたしはもしかして利休はこの一盌に、旧師紹鷗のイメージをえがきつづけつつ、その一盌を身辺から離さなかったのではないか。「黒ハ古キコヽロ、赤ハ雑ナルコヽロ」という利休の言についてはのちに述べるが、そんな利休のこゝろに、「大黒」は、もしかしてその師紹鷗の庵号「大黒庵」と重なっていたのではないかとも思われてならない。そんな想像が通行する世界では、紹鷗から利休への道統はすべて道安に託された。利休はわび茶の正統を京千家にではなく、自由都市の堺千家に託したと信ずるのである。

周知のエピソードは、道安・少庵にかかわってさまざまに伝承された。たとえば竹の蓋置である。利休ある時、ふたりの嗣子にそれぞれ竹を与え、好みのままに蓋置を切らせた。道安は節を中にして切り、少庵は節を上にして切った。休、いずれもよしとして、前者を炉用に、後者を風炉用にしたと。わび草庵の神髄は炉だと、利休は別のところで言うている。風炉はもともと台子から下りてきたものであろう。風炉の点前は釜に正対し、面《おもて》を照らして点前する。炉の場合は斜に、アンバランスに、客の方向ににじり寄る構えになる。面を曇らせた点前である。「夏炉冬扇」を言うたのは芭蕉であったが、わたしは夏も炉を思うのである。

利休が万感の思いを賭けた堺千家は、道安の代においてすらすでに絶えた。道安のこころを吹き抜けた風は、デスパレートに利休の死とともに空しく杜絶えた。いまは舳の松に近い南宗寺に、父から譲られた道安遺愛の、紹鷗ゆかりの手水鉢が、風化し欠け落ちた利休遺愛の燈籠とともに残るのみである。その燈籠の面に刻まれた六地蔵すら、いまはその輪郭もさだかでない。

利休の死とともに、茶は京千家を中心に大名茶に変貌した。少庵の柔和な性情は、大名たちとの妥協を容易にした。かくて少庵の恩赦とともに、茶の道は復興する。家元制度として復興するのである。少庵と津田宗及との親交もこころにとめる必要があるが、宗及の茶についてはのちに言及することがある。いまいちど利休への復帰を思った少庵の子宗旦のわびは、しかし身分制度の確立した封建体制の中では、いじけた乞食宗旦のイメージしか残さず、もはや祖父利休のダイナミズムは帰ってこなかった。訪れたダイナミズムは、古田織部のスノビズムである。道安、ある時宗旦をつれ、織部の茶に招かれ、その席で織部から炭所望あり。灰土鍋《ほうろく》をひきよせ、炉中をとくと直してのち、炭を置く。帰途「織部は今の宗匠なるに、炉中の直し以ての外」と旦言えば、安、「よし宗匠にもあれ何にもあれ炉中あしくては炭が置かれぬ」と答えたと、『茶話指月集』に書いている。

わたしの〝秘説〟は、宗恩の〝虚像〟に迫り得たか。最後に江戸時代にはいってから生じてきた宗恩出自に関するふたつの俗説に触れておきたい。

後妻宗恩は北条美濃守氏規の女也。始は松永久秀に嫁す。

（『茶祖的伝』）

利休妻女後に宗恩と云モト乳守ノ遊女ナリシヲ道三妻トス。道三没後利休ニ嫁ストソ。

（『敝帚記補』）

前者は利休神格化の過程で、宗恩を武家の出とし、利休を権威づけたのである。戸田氏の『武野紹鷗研究』と同じ発想である。

後者は庶民の発想である。同じ利休を神格化するとしても、その妻宗恩を乳守の遊女とした。乳守は道守の転であり、塞《さえ》の神の系譜である。それは堺の町の封境、南宗寺の近くにあって、悪霊のたたりから子どもを守る守護神でもあった。遊女や芸能の徒は、ふしぎにそういうところに群がった。利休の首がさらされた一条戻橋卜占のアジト、その荒涼のイメージとも、奇しくも通うたのである。つまりは芸能賤民の位置に宗恩を置くことによって、アンチームな交感のなかで利休を神格化した。

武士階級の神格化と、庶民のなかでの神格化——ふたつの俗説のうち、どちらが利休の神髄に迫るか。どちらが利休の茶のこころに通うか。芸能の系譜は根底から問いなおされねばならぬのである。

三　秀吉との出会い

天正十年六月二日早暁、織田信長は本能寺に自刃して果てた。日向守光秀の叛逆による横死である。この節は、序の章の急の部分にあたるゆえ、乱舞はたらきもみ寄せて、いかにも唯一切りに、急テンポに終わるのである。

『信長公記』によれば、

五月十七日、維任日向守、安土より坂本に至って帰城仕り、何れも何れも同事に本国へ罷帰り候て、御陣用意候なり。

五月廿日、維仕日向守、中国へ出陣として坂本を打立ち、丹波亀山の居城に至って参着。次日、早七日に亀山より愛宕山へ仏詣、一宿参籠致し、維仕日向守心持御座候哉、神前へ参り、太郎坊の御前にて二度三度迄鬮を取りたる由申候。廿八日、西坊にて連歌興行、

発句　維仕日向守、

ときは今あめが下知る五月哉　光秀

水上まさる庭のまつ山　西坊

花落つる流れの末を関とめて　紹巴

か様に百韵仕り、神前に籠置き、

五月廿八日、丹波国亀山へ帰城。

五月廿九日、信長公御上洛。御小姓衆二、三十人召列れられ、直に中国へ御発向なさるべきの間、御陣用意仕候て、御一左右次第、罷立つべきの旨御触れにて、今度は御伴これなし。

去程に不慮の題目出来して、
六月朔日夜に入り、丹波国亀山にて維仕日向守光秀逆心を企て、信長を討果し、天下の主となるべき調儀を究め、亀山より中国へは三草越えを仕候。爰を引返し、東向きに馬の首を並べ、老の山へ上り、山崎より摂津国地を出勢すべきの旨、諸卒に申触れ、談合の者共に先手を申し付ける。
六月朔日夜に入り、老の山へ上り、右へ行く道は山崎天神馬場、摂津国皆道なり。左へ下れば京へ出る道なり。爰を左へ下り、桂川打越し、漸く夜も明方にまかりなり候。

人の生涯には、一瞬、エアポケットのごとき空白がある。悪魔に魅入られるごとき岐路がある。その暗合の、歴史のドラマを、太田牛一の筆は詠嘆をまじえずに、以上のように書きとどめる。

その時、秀吉は備中高松にいた。光秀から毛利方につかわした密使が高松に届いたのは、六月三日の夜更であるという。「闇夜のこととて、毛利の陣所と間違えて、秀吉の陣営をうろうろしているところを、捕えられた。」という。桑田忠親氏の指摘である。(『太閤秀吉の手紙』)

なほなほ、野殿まで打ち入り候のところ、御状披見申し候。今日成り次第、沼まで通り申し候。古左へも同然に候。
これより申すべきと存する刻、示しにあづかり、快然に候。よって、唯今京よりまかりくだり候者、慥かに申し候。上様、ならびに殿様、いづれも御別儀なく御切り抜けなされ候。膳所が崎へ御退きなされ候内に、福平左三度つきあひ、比類なき働き候て、何事なきの由、まづ以て目出たく存じ候。我らも成り次第帰城候条、なほ追ひ追ひ申し承るべく候。其のもとの儀、御油断なき御才覚専一に候。

恐々謹言。

羽筑

秀吉（花押）

六月五日

中瀬兵

御返報

虚像のレンズをくぐらせることによって、陰画を陽画にあざやかに転じた。毛利を釘づけにした秀吉は、すさまじい転進を開始し、六日夕刻高松進発、七日夕刻姫路、十一日尼崎、十三日山崎合戦となる。秀吉の生涯において、この十日間が純粋の極致をえがくクライマックスであった。

柴田勝家は越中にあり、滝川一益は上州にいて、いずれも実像に縛されていた。変事の数日前、格別の好遇を信長から受けた家康は、堺から伊賀越え、不逞の孤線を大きくえがいて、急拠三河に帰国している。

利休の選択が、唐木順三氏のいうように、本能寺の変後、八月廿七日の時点においても、なお「躊躇と関心が半々」（『千利休』六八頁）であったとは思わない。その日の日付の妙喜庵宛書状の文面を、唐木氏のようには勘ぐっては読まぬのである。

天正九年と桑田氏が推定される（『定本千利休の書簡』）、その年の卯月一日付平勘兵衛尉宛自筆書状のなかに、すでに、とり立てて、「ひうか殿へそのゝち参候はてかなしく候いろいろわつらひになり申候」というのは、光秀に関してなにを指すのであろうか。それと対比して、藤吉郎の安土登城のことを書き、その藤吉郎の清水での演能を「事のほかなるふるまいにて候」と評したことばの裏には、どのような含みがあるのであろうか。とにかく本能寺の変の一年以上前において、すでに奇妙な、ふたつのトーンが現われるのである。

第一のトーンをたどれば、さらに同じ年八月廿一日付平勘兵衛尉宛自筆書状のなかで、「右之御釜（よしい釜）は惟日（光秀）大略可為御所望候間上様（信長）御進物事送祝儀ハ尤可然候」とあり、光秀所望の吉井釜を、だから信長に進物を贈るのならば、もっとも適切だと、その物の当体を言わずして、おぼめかしてずばりと接続する、この利休の意地悪いサディズムの刃は、光秀をひっくるめて、利休自身に向けられているように思われてならない。

信長と光秀との内的対立のドラマにおいて、利休のこころはひそかに光秀の側にあったであろう。それが中世的な利休であり、利休はシニカルにその利休をふみにじり、あざ笑うていた。ふみにじり、あざ笑いながら、その利休を信長のスノビズムに対置していた。

スノビズムの妥協ない裁断が、処世の術の外衣をまとうとき、藤吉郎の演能を「事のほかなるふるまい」と言わせる。七月十二日付末勘兵宛自筆書状で、「筑州へ藤四郎殿御礼被申大慶に候」と書かせ、重ねて「秀吉へ御音信おひたゝしき躰殊に酒一段弁干飯著由候藤仕合能候て我等迄本望候」と言わせる。藤四郎は勘兵衛の使者である。

秀吉は卑屈なまでのポーズで、信長のスノビズムに迎合し、密着していた。その信長と秀吉に復讐するかのように、かさねて八月廿一日付平勘兵衛尉宛自筆書状で、「対羽藤へ御朱印案文弁鳥取絵図御約束申候間進之候」――信長から秀吉へつかわされる秘密文書（朱印状と鳥取城の絵図）を見せてやろうと、利休は危険な橋を渡るのである。本能寺の変よりもさらに一年も早く、信長に対し叛逆をくわだてていたのは、じつは光秀ではなく利休ではなかったか。

天正九年から十年にかけて、勘兵衛宛の書状が集中している。平勘兵衛・末勘兵、すべて同一人物であって、摂津平野の豪商末吉勘兵衛のことである。その末吉一族を懐柔しようとした信長が、重宝で抜け目のない秀吉を利用し、さらには平野の姉妹都市堺の出自である利休を手先に用いて工作させようとするとき、利休はアンチームな揶揄をまじえて、末勘を突きさし、同時に幾層倍にも自らを突きさす。

天正九年卯月一日の前記書簡のなかで、「殊にてうほうのうすへり卅てうもたせ給候なによりもおりふしのことかき物にて候内々そなたへあつらへ可申と存物にて候」と書き、さらに間を置いて「なにとてうすへりはかりたまはり候や米を御そへなく候事きよくなくそんし候」と屈折し、さらに「又申候うすへり廿まいあまり候とっておき可申候」と、とどめをさす。

末勘に宛てた書簡のユーモアが、ユーモアに見えて、もっと苦渋にみちたトゲの鋭さを持つのは、歴史の谷間を生きた利休のうめきのためである。このことについては、さらに〝利休の死〟にふれて、のちにくわしく書くが、しかもこの末吉勘兵衛との濃密な書簡のやりとりは、現存する書簡に関するかぎり、天正十年三月以降、ふっつりとその跡を絶つ。

天正九年十二月十九日付末勘兵宛自筆書状の末尾に、「貴所はちやのゆかたむたうしんなる人にて候ほとにうとましく候藤四郎殿をまたうへひき入可申候返々貴所はたうしかたなく存候こしの入たる人はいやにて候さりなから春はちと御出候へく候外聞に候まゝふしやうなから茶可申候を止可申候ちやは申ましく候」。

利休の本心はどこにあったか。右書簡の書き出しは

「永山崎に候て年を取よし候」

そして最後の追って書きに、

「追申候上様如此御成候者年暮に隙候へく候山さき計に成申候」と書きとどめる。

歳暮に近い書簡ゆえ、ふと世の常のこととして読み過しがちであるが、「ながく山崎にいて、年を取るよし」となぜ言うのであろうか。「上様如此御成候者」はなにを指すのであろうか。『信長公記』によれば、信長はこの歳暮に、安土で隣国遠国の大・小名からおびただしい金銀財宝を受け、就中播州より上った秀吉からは、小袖二百ほか耳目を驚かすばかりの進物を受けている。いわばアトラクションであり、デモンストレーションであった。信長から秀吉への褒美は御茶の湯道具十二種の名物。そのような状況を背後に、利休は「山崎ばかりになり申候」と言うのである。利休の純粋な執心は、妙喜庵の待庵ひとつの作事に凝結していた。

天正十年三月待庵の作事を完了した（三月八日付末勘公宛自筆書状）その利休が、山崎合戦直前、六月十一日には尼崎の秀吉の陣にいる。（六月十五日付中河清兵宛自筆書状）光秀にこころを重ね、信長に叛逆をくわだてていた利休が、本能寺の変の勃発とともに、あざやかに秀吉の側に転身する。あざやかな転身に、あざやかな転身をもって答えた、稀代の出合いである。利休はディレッタント光秀よりもはるかにはるかに詩人であり、知将光秀よりもはるかにはるかに政治的人間であった。

利休は生きることによって、さらにも秀吉との対決をこころに決めた。「筑州於在山崎は不図可罷上候乍去力者とは付申間敷候猶重而可申候」という天正十年八月廿七日付妙喜庵宛自筆書状は、唐木氏の独断のように「躊躇」の心から出たものではない。それは秀吉との対決を内包した秀吉への黙殺である。

利休は心魂を傾けた二畳の茶室、その幻の世界のなかに、秀吉という巨大な実像を招き入れたのであった。

破の章　利休の美学

序章の冒頭に述べた『山上宗二記』――「御茶湯者朝夕唱語」のなかの「三、器」というのは、道具のことを指すのである。

どのような道具を所持することに切にこころをくだいたか、どのような道具を所持することを頑強に拒んだか、そのことを解明することが、利休の美学を照らし出す。美学を哲学的思弁で言うのでなく、道具をつうじて照らし出すのが利休であった。

序　利休の茶室

歩いていく途次をこそ、利休はたいせつにしたのであった。

「露地」のことはさまざまの文字で書かれたけれども、当初おそらくは利休がそこにこめたものの実体にもっとも迫り得る表記は、『松屋久政日記』にあるごとく「路次」であった。それは〝道すがら〟の意である。

「坪の内」から「路次」への転換を、待庵の飛石はみごとに形象化して、われわれに遺している。

いま、山崎妙喜庵の門を叩き、書院から待庵囲の西側に降り、しばし延段の畳石を歩んで西南の角にいたり、「路次」を左に転換しようとする刹那、そこにひらけるふしぎな世界を前にして、人はしばしかたずをのんでたたずむであろう。深い庇からの陰影を受けた漆喰のたたきが、静かな水面のように一直線に躙口《にじりぐち》きわの袖垣の裾まで通っている。その直線の内側にひそと隠れるようにしながら、ひたひたとたたゆたい、ためらいがちにわずかに四分の一分身をのぞかせる石もある。飛石は遠くにいたるにつれてわずかずつ小さく、ゆえにパースペクティブはなおさらに奥深く、加えて奥の石は庇と袖垣のむこうから、かならず逆光線を受けるゆえに、こちらに見えるのはかならず影の半身である。それは安西二郎がいみじくも指摘したように、彼岸にいたる水上の蓮の葉のようだ（『茶道の心理学』）。われわれはそのひとつひとつをたずね、その〝道すがら〟にさまざまなものと出会いながら、この世のものならぬフィクションの世界のなかで、刻々に変身する。ついには精霊とんぼのように、身軽に、きよらかに、さらにもつぎの飛石に歩を運んだとき、おのずから石のひとつに出会うように、そしてそこでつくばって露を吸うような構えに、利休はそこに手水鉢を置く。

湯桶石のごとき、ぬるき煩雑な石を利休は置かない。水と重複し、それを相殺するような石は置かずに、わずかに夜の闇のみちびきの、手燭が乗るほどの、水と火がしばしの間出会うほどの自然石を、前石の左に据える。

　宗易へ茶に参れば、必ず手水鉢の水を自身手桶にてはこび入らるるほどに、子細を問い候えば、易のいわく、「露地にて亭主の初めの所作に水を運び、客も初めの所作に手水をつかう。これ、露地・草庵の大本也。此の露地に問い問わるる人、たがいに世塵のけがれをすすぐ為の手水ばち也。寒中には其の寒をいとわず汲みはこび、暑気には清涼を催し、ともに皆奔走の一つ也。いつ入れたりともしれぬ水、こころよからず。客の目の前にて、いかにもいさ清く入れてよし。但し、宗及の手水鉢のごとく、腰掛につきてあらば、客来る前考えて入るべし。常のごとく露地の中にあるか、玄関ひさしにつきてあるは、腰かけに客入りて後、亭主水をはこび入るべし。夫れ故にこそ、紹鷗巳来、手水鉢の水ためは、小手桶一つの水にて、ぞろりとこぼるるほどの大きさに切りたるがよきと申す也」と答えられし。(『南方録』)

わたしの茶は、津田宗及のごとき、ぬるき実利の茶ではないことを、おだやかに、しかもきびしく、利休は弟子の宗啓に言うた。宗及の手水鉢は腰かけのそば。ゆえに、いつ入れたりとも知れず、間近かにある。利休の手水鉢は遠くはるけく、はるけき彼方で、亭主の所作として、いさぎよくきらめく。手水鉢は露地の中心である。この露地に対面し、対面される人、双方の〝出会い〟こそ、露地・草庵の大本であると利休は言った。

『法華経』譬喩品「三界の火宅を出て露地に坐す」をひいて、もったいぶって「路次」を「露地」に言いかえたのは、『南方録』の著者南坊宗啓であったが、彼はそのとき気づかずに師の奥義と出会いながら、その偶然に開眼し得なかった。仏教の教条主義にとらわれていたからである。

「露《ロ》」はいうまでもなく「アラワレル」の意であり、茶ではたとえば茶入の胴になだれる釉のたれのとどく尖端を「露《つゆ》」という。茶杓の尖端、それがまっ先きに茶と出会う個処をも「露《つゆ》」という。「露《ロ》」はつまり尖端(アバンギャルド)であり、そこであたらしいなにものかと〝出会う〟場所である。それが利休の追求した「露地」であった。

「露地」をただに通路と思うものは、そそくさとそこを通り過ぎる。それならば、なぜに「坪の内」を「露地」にまでひろげ、ひろげることによって変質させ、書院からわざわざ客をそこに降ろし、露地をとおして茶室に迎え入れる要があったろうか。人は「露地」で刻々に立ちどまりつつ、刻々に未知のものと出会う。出会うごとに人は変身し、やがて躙口にいたってひざまずくのである。そこから茶室にくぐり入るのであった。

「露地」は躙によって「茶室」と切断されつつ、同時に「茶室」の一部である。妙喜庵の待庵囲を思うとき、建造物としては待庵は書院の一部であり連続であっても、それは「露地」を通過し循環する時間のふしぎさによって、書院とはまったく別個の世界になり、かえって「露地」と連続し、一体化する。それが「坪の内」からの発展ということでもあった。

書院を変身させ転身させ、ついに二畳のフィクションの世界にまでいたりついた利休。彼はなぜに床の間を切り落とさなかったのか。床はなぜに室床であったのか。茶室の中心は床か、釜か。利休の世界は、にわかには現われない。

「待庵」は、まむかういおり。出会ういろり。

右は、紹鷗座敷の指図也。但し、北向、坪之内、又は見越に松大小多し。天井の子板・柱、檜、真のはりつけ、くろふち也。勝手、ふすま・障子、黄引手。書院二間ともに四畳半也。此の後、宗久・宗易・宗瓦・宗及・拙子（宗二）式まで此の座敷を写す。此の外、唐物持つ京・堺の衆、悉く是を写すなり。紹鷗かかりは北向、南勝手。坪の内に大なる柳一本在り。うしろに松の林在り。ひろし。松風計聞く。引拙、南向、右勝手。道陳は、東向、右勝手。宗達も右勝手。何れも道具に子細在り。又、台子をすく。紹鷗の流は、悉く左勝手、北向也。宗易は、南向、左勝手をすく。当時は、右勝手を用いざる也。珠光は四畳半、引拙は六畳敷也。（『山上宗二記』）

『山上宗二記』に見える紹鷗四畳半左勝手の指図には、「但し、北向」とのことわりがあり、利休のいまひとりの師道陳の姓もまた北向であった。とにかく、一貫して北を志向するこころはあった。

利休の師紹鷗の初期は右勝手であった。道陳も右勝手。それが紹鷗の流れはことごとく北向のまま左勝手にかわり、利休のみが南向、左勝手をすいた。この「向」と「勝手」の意味はわからない。諸説紛糾し、誤解に包まれている。

『山上宗二記』では、各茶湯者の「向」と「勝手」にきびしくこだわり、そのこだわりのわけを「何れも道具に子細在り」とする。また、紹鷗の初期、引拙、宗達、道陳までをしめくくって「台子をすく」とし、そこで文脈は急転回して「紹鷗の流は、悉く左勝手、北向也。宗易は、南向、左勝手をすく。当時は、右勝手を用いざる也」とつづく。

『分類草人木』では「囲炉裏の時の台子。右勝手には、水指左にあり、柄杓立右にあり。左勝手には、水指右にあり、柄杓立左にあり」として、台子の構えを基本に右勝手、左勝手を考えていたが、これは現在の点前からいえば逆であり、だから「右勝手」は逆勝手、「左勝手」は本勝手のこととして、茶室に隣接する勝手の間の位置をいうことになるのであった。そして、台子を基本に据えた上で、ここでも「近代、台子の茶の湯稀なるに依りて、悉く左勝手に成る也」という結論に落ち着くのであった。

利休は南向、左勝手というとき、南向きに坐して茶を点てたのか、その茶室が南面していたのか。左勝手は茶室の左に勝手があったのか（『図説茶道大系』4、伊藤延男〝左勝手と右勝手〟。堀口捨己『利休の茶室』六の二註）、あるいは客を左に置いて逆手で茶を点じたのか。

待庵の囲は南面している。ひとり利休のみが、時流にさからい、師祖の流れに逆らって、南を志向した。「わび茶の湯の心は、『新古今集』の中、定家朝臣の歌に、見わたせば花も紅葉もなかりけり浦のとまやの秋の夕ぐれ」との紹鷗の美学に対し、「宗易、今一首見出したりとて」「花をのみ待つらん人に山ざとの雪間の草の春を見せばや」（『南方録』）……利休は歴史のどんづまりの果てに、あたらしく燃え出る庶民の美学を思いえがいたのであった。「常に二首を書き付け信ぜられし也」ということのなかに、中世的美学と近世的美学とをその矛盾する緊張関係において内部的に統一しようとした利休の苦悩がうかがわれる。

台子の呪縛が大きかったゆえに、利休は「向」と「勝手」にこだわり、そこでのた打ちまわったのであろうか。

わたしは利休の「陰」から「陽」への転換を思う。待庵庇下の、陰影にみちた飛石の、かろやかな布石を思う。少くも天正十年のころを境として、利休はもっと自在な、ダイナミックなところに抜け出ていたと思うのである。

いま待庵の点前畳に座わり、流動しつつ想像の世界に遊ぶ。躙は南面しているが、こころは北を向いて点前することになる。勝手は左にあるゆえ、点前は右勝手（本勝手）になる。

冬の暁の茶、夏の朝茶、昼はいうまでもなく夜咄の時も、太陽も月も、暗夜のそこはかとない闇の光も、東から南にまわる。

南庇下をくぐり、連子窓をとおした光が、しのびやかに利休の背後に迫ってくる。こころは北を向き、過ぎ去った中世の美学を志向しているけれど、近づいてくるあたらしい時代の光を利休は背後から感ずる。それは道具をかすかに照らし出しはするが、利休の面《おもて》は照らさない。

わたしの想像は蝶のように翔び、右隣の客畳の方に点前座を移す。床の間は左に移動し、炉は逆勝手（左勝手）、右側の隅炉になる。

だれかが左に座っている。あれは秀吉だ。高松から山崎まで五十里の道を戦陣をととのえつつ六日間で駆けきたり、わずか二時間の間に光秀を破ったあざやかな転身の男だ。おれはこの男にからめ取られた。しかし、天下をにぎってからの、この男の醜怪さはどうだ。しわだらけのしなびた顔。ときどきのぞく不潔なみそっ歯。それをとりまく思い上った口ひげ。それらが克明に下地窓をとおしてはいる東からの光に照らし出されてありありと数え立てるほどに見える。そのために、二つの下地窓のうち、とくに床に近いそれは、額椽のようにして、しかも一段高くしつらえたのだからな。この男だけは、おれと同じ棹縁《さおぶち》天井の下に交差して座らせる。化粧屋根の下には座らせぬぞ。「妙喜」の額はおまえにだけはめったと見せぬぞ。おまえにだけは露地の秘密はのぞかせぬ。袖摺松に袖をすりつけて、自分だけの道のように得意気に躙をくぐるがよい。

燃えるものを内に抑えつつ、利休はさりげなく点前をつづける。彼の点前は東の下地窓からはいる光線の前で逆光になるゆえ、シルエットになってさだかには見えぬ。光と影がとけ合って、くっきりと、あるときはぼやけながら、曲線をおどり、プロセスの軌跡をえがき、瞬時に消え去る。その神秘が秀吉をとらえ、しかしつかもうとしてつかみ得ないものとして断絶される。利休は逆手で、点ち上った一盌の茶を秀吉の前に差出す。〝逆手〟でだ。〝侘び〟の点前はいつも〝逆手〟だ。

この男だけはめったとゆるせぬと利休は思う。利休は逆転し、秀吉を背後に追いやる。背中をむけて点前し、背後に一盌の茶を差出す。大徳寺門前の二畳の利休の茶室は待庵の半分を逆ちがいに転換させる。美学の上の抗争はなおもつづき、利休はついに、秀吉の座を切り落とすために、逆にみずからの座の四分の一を切り落とす。利休の一畳半（一畳台目）。それは抗争のドラマの極北の空間化である。いまは利休の孫宗旦が、それをいくらかおとなしく様式化した今日庵の茶室にしか、その息づかいのはげしさをうかがうすべはないが……。

利休の茶盌

人間のこころが、かくも遠くから、ひとつの茶盌において出会うということは、まったくおどろくべきことである。

Strangely enough humanity has so far met in the tea-cup.

（岡倉天心『茶の本』）

土と、人の手と、炎をくぐって、茶盌は焼き上がるのである。

茶盌は人の手から手にわたり、そこで量感や肌ざわりが確かめられ、そして人の唇から唇に触れる。ひとつの茶盌において、唇の触れる個処は一個処であるゆえ、それは間接的接吻である。茶室という静かな空間の中で、茶盌のみは大きく流動し、触覚をつうじて、人のこころとこころをつなぐ。

ながい戦国動乱の時代をくぐり、ことばへの信が失われたはてに、利休は味覚と触覚をつうじて、よりたしかに人のこころをつなぐ、ふしぎなフィクションの世界を構築した。

茶盌は茶道具の中心であり、それを介して人は出会う。一会の茶盌は一盌であるべく、替茶盌を用いることは邪道である。

◇

いま『天王寺屋会記』ほか、当時のおもな茶会記をつうじて、利休が用いた茶盌を年代順にまとめれば、つぎのようになる。

会記＼年号	文 13	14	15	16	17	18	19
天王寺屋会記							
今井宗久茶湯日記抜書							
松屋会記							
宗湛日記	・珠光（1）						
利休百会記							
南方録							

禄								弘治			天			
8	7	6	5	4	3	2	1	3	2	1/24	23	22	21	20
		・只天目（1）			・建盞天目（1）			・珠光（1）	・珠光（1）	・珠光（1）				
⊗高麗（1）					建盞天目（1）					⊗高麗（1）				
						・珠光（1） ・建盞天目（1） ⊗高麗（1）								

永				元亀							
9	10	11	12	13／1	2	3	4／1	2	3	4	
⊗高麗（2） ・灰被天目（1）	・建盞天目（1）	・建盞天目（1）	⊗高麗（1） ・建盞天目（1）	⊗高麗（1） ・建盞天目（2）	・只天目（1）	・只天目（1）	・建盞天目（1）			○伊勢天目（2） ⊗高麗（1）	

	正								
	13	12	11	10	9	8	7	6	5
		○瀬戸天目（1）		⊗高麗（1）		○ハタノソリタル茶碗（1）	・灰被天目（2） ・只天目（1） ⊗こゆみ茶碗（1） ⊗高麗（1）	小鳥の天目（1） ⊗高麗（1）	小鳥の天目（1） ○伊勢天目（1） ⊗高麗（2）
									伊勢天目（1）
⊗割高台（2） ⊗三嶋（3）									

	14	15
	◦黒茶碗(1)	天目(2)
		⊗井戸(1) ◦ヤキ茶碗(1)
天目(4) 絵(2) ◦黒(1)	◦長旅(赤楽)(1) 薬師堂天目(1) ⊗筒井井戸(2) ◦嶋筋黒茶碗(1) ⊗ハケ目(1) ◦木守(赤楽)(1)	薬師堂天目(1) ⊗筒井井戸(1) ◦黒(5) ⊗三嶋(1) ◦長旅(2) ◦嶋筋黒(2) 外ノ浜(11) 天目ナラノ都(2) ◦新瀬戸(1) ⊗三嶋筒(2) ◦黒アヤメ(3)

天

19	18	17	16	
	⊗井戸（1）			
	○黒茶碗（2） ○セト茶碗（黒）（1）			
○黒茶碗（4） ○木守（12） ⊗引木の鞘（1） 薬師堂天目（1） 有楽茶碗（2）	○黒茶碗（4） あけの井戸天目（2） ⊗筒井の井戸（1） ○長旅（2） 天目（2） 薬師堂天目（12） ⊗三嶋（1） ○木守（24） 小嶋屋茶碗（3） ⊗引木の鞘（5） 外ノ浜（4）			
				⊗引木の鞘（3） ○木守（1） ⊗ハケ目（1）

せいたか黒茶碗（6）

天文六年『松屋会記』に見える、京与四郎殿への与四郎は、ひとまず利休ではないものとして省いた。

また、秀吉の会において、利休が点前を命ぜられた際の使用茶盌は、利休の意に添わぬものもあると考えて除いた。

・印を付したものは中国の茶盌、⊗は朝鮮の茶盌、○は日本の茶盌、印なきは不明。（　）内は使用回数。

同一年代で二つの会記にわたり—印のあるのは、同じ日の茶会で、同じ茶盌であることを示す。天正十八年『宗湛日記』中の黒茶盌一つは、『利休百会記』中の「長旅」（赤楽）の一つと重複している。

『南方録』第二巻〝会〟の記録は、いつの年のものか判定しがたいが、『今井宗久茶湯日記抜書』天正十四年十二月十六日朝飯後との記載の一致により、いちおう天正十四年から翌十五年にわたるものと判定した。（『茶道古典全集』第十巻、「今井宗久茶湯日記抜書」解題参照）

この年表に現われる茶盌を分類して、その使用回数をグラフに表わすと、上図のようになる。

利休の茶盌は、前期（天文・弘治・永禄・元亀の間）には中国の茶盌がおもに用いられ、天正にはいると中国・朝鮮・日本の茶盌がとりまぜて用いられるが、天正八年を過ぎるころから、中国の茶盌は急速に退潮する。『山上宗二記』の、「当世ハ高麗茶盌、瀬戸茶盌、今焼ノ茶盌迄也」という記述の正当性が立証さ

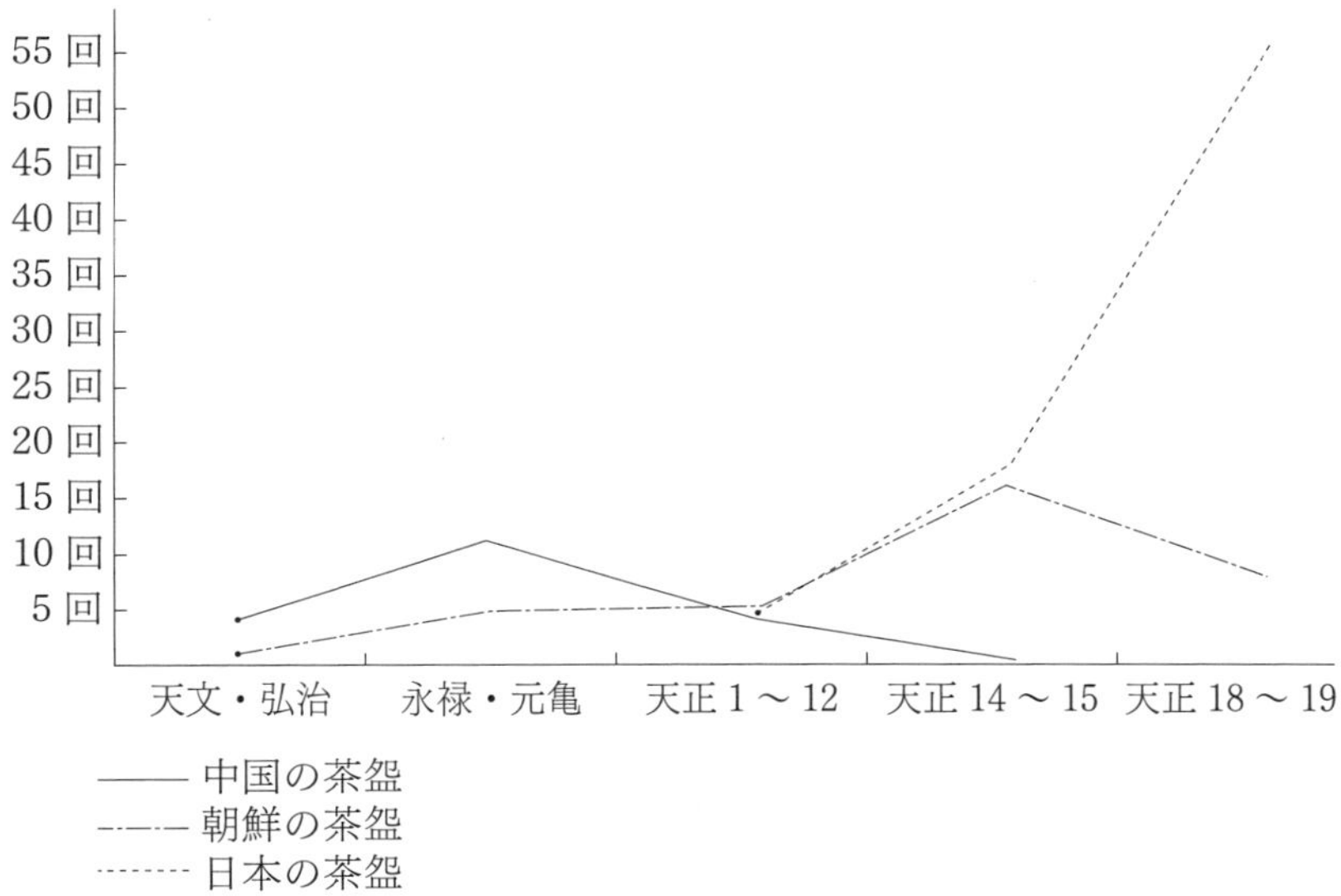

れる。

それも、天正十五年ころまで半々ぐらいの比率で用いられていた朝鮮・日本の茶盌のうち、朝鮮の茶盌が、年次の経過とともに徐々に日本の茶盌にその座をゆずる。とくに、天正八年の「ハタノソリタル茶盌」の出現をきっかけにして、日本茶盌の中でも楽茶（今焼）がその中核をなして行くことが知られる。この意味でも「ハタノソリタル茶盌」の出現は、利休の茶盌にとって画期的である。

これらのひとつひとつの線をさらに仔細に検討してみよう。

天文十三年（利休二十三歳）から永禄二年（三十八歳）までの間では、八回のうち珠光茶盌が五回使われている。「珠光茶盌」は『山上宗二記』の中に「唐物茶盌也。ヒシオ色、篦目二十七在り。宗易ヨリ三好実休へ渡ル。」と書かれていて、いわゆる「珠光青磁」の茶盌であると思われる。中国北宋代における竜泉窯の、翡翠のような深い光沢にかがやく端麗な青磁ではなく、焼成時に酸化焔によったため、黄濁色によどんだ青磁茶盌であろう。二十七の篦目というのは蓮弁しのぎであろうか。猫掻きであろうか。私にはむしろ後者のイメージが浮かんでくる。珠光が〝わび〟の世界への志向として取り上げた茶盌であった。私は序の章の序〝紹鷗との出会い〟において、若い日の利休の珠光への私淑を想定し、そのことを契機に紹鷗との出会いの必然性を考えたが、その想定は、ここでもひとつの傍証を得ると思う。若い日の利休は、不惑の歳の寸前にいたるまで、もっぱらに珠光茶盌に執着し、それを愛用したのである。

「天目」は中国の真の茶盌である。もと仏前に供茶するためのものであった。『山上宗二記』の記述によれば、その格付けは、天目、黄天目、建盞の順であるが、いま高貴の美学からこれを順位づければ、建盞（曜変、油滴、玳玻盞、兎豪盞）から只天目、灰被、……と徐々に〝わび〟の方向になだれて行くのである。利休は当初信長の茶頭であり、信長の横死後秀吉の茶頭として仕えたゆえ、貴人に茶を供することも多かったであろうが、私には天正四・五年に現われる「伊勢天目」は伊勢産の和物天目であろうと思われる。天正十五年の「瀬戸天目」はもちろん和物天目であろが、天正五・六年に現われる「小鳥の天目」も、天正十四年以降、とくに同十八年に頻繁に現われる「薬師堂天目」もまた、その銘のイメージから言って、黒々とした瀬戸の天目ではあるまいか。

朝鮮の茶盌のうち「井戸茶碗」は茶盌の王座である。利休は天正十四年に筒井井戸二回、同十五年筒井ほか二回、同十八年筒井ほか二回、計六回、井戸茶盌を使っているが、ほんらいが大振りで他を圧する井戸茶盌は、利休にはなじまなかったと思われる。井戸はむしろ武将の茶盌であり、そのゆえに利休にはなじまぬのであった。

利休の使った高麗茶盌のなかには、井戸のほかに、割高台、雲鶴、三嶋、刷毛目、粉引など多々あったであろうが、利休の好みは斗々屋や柿の帯、伊羅保、蕎麦などの侘び物と、一方は熊川などの形《なり》の方に傾いただろうと思われる。奥高麗などと称する古唐津茶盌などもこの中に含まれていたであろう。中国の茶盌は、それが青磁であれ木目であれ、いかに珠光青磁や只天目の方に傾斜しようとも、その形は端正であり、肌ざわりは冷たい。朝鮮の茶盌は、とくにそれが日常の雑器の場合、形はおのずからになり出でたようにひずみ、深いかなしみをたたえながらも、眼と掌にあたたかい。そのような方向に、利休は歩み入ったのであった。

そのような志向の途次に、利休は長次郎と出会ったのである。天正八年十二月九日朝の宗易の会に突如として現われる「ハタノソリタル茶碗」(『天王寺屋会記』)は、「勾当」や「道成寺」のごとき赤楽茶盌であったであろう。これをたとえば、真熊川「花摺」茶盌と並べるならば、長次郎初期赤楽の系譜はおのずからにあきらかになる。長次郎の父祖を阿米夜と言い、それを朝鮮の人とする説話も、あながちに否定できぬのである。

「道成寺」「勾当」の天衣無縫な作行きは、利休のストイシズムとの出会いによって徐々に抑制を加え、やがて数年を経て「早船」のような作行きに達したのであろう。ここではヴァイタルでデモーニッシュな力はすべて内にこめられ、静かで安定した造型にいたる。しかし、この安定は、宋代の青磁や天目の端麗とはまったくちがう。李朝のおのずからなおおらかさとかなしみを内に包みながら、どうしようもなく閉鎖的にまとまる。天正十年はすでに過ぎていた。山崎の合戦以後、利休は好むと好まぬにかかわらず秀吉体制下の茶頭である。

幕藩体制の素地はすでに着々と固められつつあった。自由都市堺の利休の血はそれにあらがう。みずからの内部での、政治的人間と芸術的人間とのあらがいもある。そのあらがいはさりげなく、この「早船」の造型にも現われていた。腰の箆目。大きな火替わり。この茶盌の見込みには五つの目があるというが、細川忠興がこれを高麗茶盌と見誤ったという話はあまりにも著名である。それは朝鮮の血脈を伝える。しかし、天正十年を過ぎることいくばくかの時期においてさえ、忠興ほどの人ですら、もはや日本の中にいて、真正の朝鮮を見抜き得ぬのであった。

「赤ハ雑ナルコ、ロ」と利休がいうのは、複雑なそういう思いをこめていうのである。戦後はまだ終わってはいないが、すでに過ぎ去った戦国動乱の世の血の匂いがその盌にはあった。それを嗅いだのは利休のみである。自由都市堺の斜陽の夕映えがそこにうつった。それを見たのは利休ひとりである。静謐の底に政治と芸術とのあらがいの剣の音が聞える。それを聴いたのは利休の耳の底の三半規管のみである。平衡感覚はいちじるしく失われようとしていた。朝鮮は、すでに〝近くて遠い国〟になろうとしている。この時以後、利休が高麗茶盌に対していだいたノスタルジーはそのような意識の投影である。高麗茶盌の意味は変わった。中国茶盌の草体化としての高麗茶盌ではなくなった。「引木の鞘」、そしておそらくは李朝の血脈をつたえる奥高麗手の古唐津「ねの子餅」、そういうすっぽりと長く深い筒茶盌の底にも、利休は失われ行くものを見た。

「長旅」「木守」、長次郎がつぎつぎと焼き上げる夕陽《せきよう》のような、あるいは晩秋の柿の実のような、かせた赤楽茶盌。それと平行して、利休はしきりに安定をまさぐる。禅定の心地をもとめる。珠光への回帰、禅的な中世への回帰。「黒ハ古キコ、ロ」と利休がいうたのはそういう意味である。しかし軟火度で焼く長次郎の技法は、いまだ黒楽を焼成し得ぬ。利休は黒への欲求を瀬戸黒で満たした。

天正十四年十二月十六日、朝飯後として『今井宗久茶湯日記抜書』に見える宗易会は、同月同日として『南方録』第二巻に見える朝飯後不時の記述と、客も同じ上様御成、相伴笑嶺和尚と宗久であり、道具組みも同じであるが、前者の「黒茶ワン」は、したがって後者の「嶋筋黒茶碗」と同じ盌であると思われる。

これは瀬戸黒（一名、天正黒）の茶盌である。この時点においても、なお黒楽は誕生していなかった。

しかし、たとえば利休秘蔵と伝えられる瀬戸黒茶盌「小原木」は、黒楽茶盌「大黒」とはまったくちがう。瀬戸黒は高台低く、底平たく、篦目鋭く、口あたりもことさらにひねられた作為的なものである。焼成火熱の最中にとり出し急冷するため、その黒は硬質に光り、人を寄せつけぬ強さを持つ。瀬戸はもともと中国の系譜なのである。

この黒は、瀬戸黒から織部黒に、さらには黒織部にと発展する。ペダンティックで自己顕示欲の強い織部のデザインは、すでに瀬戸黒から始まっている。一方、瀬戸黒のフォルムは志野にもとどいた。「小原木」の形《なり》や高台を、たとえば志野の「卯花墻」や「橋上人物絵」のそれと対比してみれば、すぐにわかることである。利休は決して志野茶盌を用いなかった。利休は瀬戸黒のいかつさにもなじまなかったと思う。世に、たとえば「小原木」を〝わび〟の極地などというのは、利休のこころを知らぬもののいうことである。

それだけに、ヤキ茶碗（たとえば「大黒」）が誕生したときの利休のよろこびとおどろきはいかばかりであったか。おのずからになり出でたようなこの黒楽は、つつましく「小原木」にみずからを対置する。掌にとってこころよい軽さ、焼成の途次、湯にひたすことによって生じたあたたかい肌ざわり。黒といっても、無理な冷却をくぐらないこの黒は、かせて、むしろ鉄錆色に、時の流れを消去する。この黒は利休と長次郎との一代かぎりの黒であった。

◇

天正十八年から翌十九年、自決の一か月前にいたるまでの利休の茶盌の推移を『利休百会記』によってたどることは、ひとつのドラマを見る思いがする。

天正十八八月十七日昼　黒茶碗
八月十八日朝　黒茶碗
八月十八日昼　黒茶碗
九月十三日朝　あけのいと天目
御跡見　つついのいと茶碗
九月十三日晩　あけのいと天目
九月十四日朝　くろ茶碗
九月廿日朝　長旅茶碗
九月廿日昼　長旅茶碗
九月廿一日朝　てんもく
九月廿一日昼　茶の湯朝のごとく
九月廿一日晩　薬師堂茶盌
九月廿二日朝　てんもく
九月廿二日朝　薬師堂
同昼　薬師堂天目
九月廿二日晩　薬師堂天目
九月廿三日朝　みしま茶碗

十月廿六日昼　木守ノ茶碗
十月廿七日朝　木守ノ茶碗
十月廿七日昼　木守ノ茶碗
十月廿八日朝　（茶盌記述なし）
十月晦日朝　木守の茶碗
十一月二日朝　木守の茶碗
十一月二日昼　薬師堂天目
霜月三日朝　薬師堂天目
霜月四日朝　薬師堂天目
霜月四日之昼　薬師堂天目
霜月六日朝　こじまや茶碗
霜月七日朝　六日の朝のごとし
霜月九日昼　木守茶碗
霜月十日ノ朝　ひきぎのさや
霜月十一日朝　木守ノ茶碗
霜月十一日昼　木守の茶碗
霜月十一日之晩　木守の茶碗
霜月十二日朝　薬師堂天目
霜月十二日昼　朝のごとく

霜月十四日之昼　小嶋や茶碗
霜月十五日朝　木守の茶碗
　同晩　薬師堂天目
霜月十六日朝　ひきゞのさや
霜月十九日朝　木守茶碗
霜月廿日之朝　（茶盌記述なし）
霜月廿一日朝　木守の茶碗
霜月廿二日朝　木守の茶碗
霜月廿四日朝　木守の茶碗
霜月晦日朝　ひきゞのさや
霜月晦日昼　朝のごとく
同晦日不時に　茶湯まへのごとく
十二月朔日昼　外ノ浜茶碗
十二月四日之朝　外ノ浜茶碗
十二月七日之昼　木守の茶碗
十二月七日之晩　木守ノ茶碗
十二月九日朝　木守の茶碗
極月十日朝　木守の茶碗
極月十一日朝　木守の茶碗

十二月十八日朝　外ノ浜茶碗
極月十九日朝　外ノ浜茶碗
極月廿日朝　薬師堂天目
極月廿一日朝　木守の茶碗
極月廿三日昼　木守の茶碗
極月廿四日朝　木守の茶碗
極月廿四日昼　木守ノ茶碗
極月廿六日朝　木守の茶碗
極月廿七日朝　（茶盌記述なし）
天正十九正月八日昼　くろ茶碗
正月九日朝　くろ茶碗
正月十日朝　木守ノ茶碗
正月十三日　くろ茶碗
正月十五日朝　木守ノ茶碗
同十五日不時　木守ノ茶碗
正月十五日昼　木守ノ茶碗
正月十六日昼　木守ノ茶碗
正月十七日朝　木守ノ茶碗
正月廿二日晩　木守ノ茶碗

正月廿五日朝　木守ノ茶碗
正月廿五日昼　ひきゞのさや
正月廿六日昼　薬師堂天目
正月廿七日昼　不楽茶碗
正月晦日夜　有楽茶碗
閏正月二日晩　木守ノ茶碗
閏正月三日朝　木守ノ茶碗
同三日之昼　（茶盌記述なし）
同四日夜　木守ノ茶碗
閏正月五日昼　せいたかくろ茶碗
閏正月十日朝　せいたかくろ茶碗
閏正月十一日朝　せいたかくろ茶碗
　同晩　せいたかくろ茶碗
閏正月十三日晩　せい高茶碗
閏正月十五日昼　せいたか黒茶碗
閏正月十六日昼　くろ茶わん
閏正月廿四日朝　木守ノ茶碗

利休晩年の茶盌は、しだいに「薬師堂天目」「引木の鞘」、それに「黒薬茶盌」と「木守」の四盌にしぼられてきた。赤と黒とのせめぎ合い。「外ノ浜」は黒楽茶盌ではあるまいか。

最後の年に、利休は「薬師堂」「引木の鞘」までも捨て去る。

捨てに捨てて、利休はついに「木守」一盌に達した。「せい高黒茶碗」をくぐり、来る年のなにかを祈求しつつ、もろもろの弟子たちの手にも取り残されて、梢に燃えるひとつの赤楽である。

急　利休の茶花

圜悟ノ文字ハ、一休ニ只モライテ、是ヲ珠光ノ表具セラルト也、珠光ハ一休和尚ノ法ノ弟子ニテ候間、只被進候也、今千貫文ニ宗易トラセラレ候トノ御雑談ナリ、

（『宗湛日記』）

圜悟ノ墨蹟　一幅　堺　伊勢屋道和
是ハ昔珠光ノ一休和尚ヨリ得玉フ墨蹟ナリ、墨蹟掛物也、

（『山上宗二記』）


一休から珠光へ直伝の、利休への道統を伝えるこの圜悟の墨蹟が、いつ利休の手から伊勢屋道和に渡ったのであろうか。

『宗湛日記』の記述は天正十五年正月であり、『宗二記』の記述は天正十七年二月である。しかし、天正十五年正月十二日朝、大坂で宗湛・宗伝両人を招いての利休の会では、初座では「床ノ向ノ柱ニ、高麗筒ニ白梅入テ、手水ノ間ニ取テ」、後座では「床ハシタテノ大壷置テ網ニ入」れていた。この時、圜悟の墨

蹟の話は、利休と宗湛との雑談の中で出たのであって、茶席の床に圜悟墨蹟が掛かっていたとは考えられない。「今千貫文」の「今」というのは、天正十五年のこの日の時点でこの墨蹟が利休の所蔵であることを意味するのか、「是は昔」と対照してみるとき、珠光時代を「昔」として、利休在世時代を「今」というのか、あきらかでない。

前回〝利休の茶盌〟のところで資料として用いた六つの茶会記に関する限り、利休の茶会で圜悟の墨蹟が用いられているのは、永禄三年十二月六日朝（『今井宗久茶湯日記抜書』）、永禄五年五月廿七日朝、永禄六年十二月一日朝（『天王寺屋会記』〝宗達他会記〟）、永禄九年十一月廿八日朝（『天王寺屋会記』〝宗及他会記〟）の四回のみである。したがって、永禄九年十一月以降（あるいは天正十五年正月以降）、天正十七年二月までの間に、利休は秘蔵のこの墨蹟を手放したことになる。

すでに〝紹鷗との出会い〟の項で述べたように、利休の茶への開眼は珠光への私淑から始まっていたから、圜悟のこの墨蹟は、利休の前半世において秘宝中の秘宝だったはずである。それがなにゆえに利休の手を離れたか。万止むを得ぬ外的条件に迫られてか。それとも、内的変革が利休の意識の中に起こってか。

◇

このことを考える前提として、まず利休の茶花について考察してみたい。なぜなら、茶室の床において、墨蹟ないし茶花はその中心をなし、緊密な内的関連性をもつからである。

にもかかわらず、利休のころも、花は不当に黙殺されていた。信頼し得る茶会記に、正確な花の記録はほとんどない。またしても、わたしは、終局的には虚像としての伝承にたよるしかない。しかし、〝事実〟しか信じ得ぬ人のために、まず実像らしきものの断片を整理しておこう。

前回、利休の茶盌を考える際に拠りどころとした六つの茶会記に記載された利休の茶花、ならびにそれと取り合わされた花器を年代別、月別にまとめればつぎのようになる。

年＼月	1	（閏1）	2	3
永禄年間				
元亀年間	（キャウ筒）			
天正五～八年	柳（細口）			
天正十四年	梅（かうらい物筒）			
天正十五年	梅（鶴首） 梅（竹筒） 梅（籠） メ柳（ツリ舟） 白梅（高麗筒）		メ柳（籠） メ柳（舟） 一重ノ白モ、門主持参（籠）	花（籠） カキツハタ（口広） 藤（長フクベ）
天正十八年				
天正十九年	花（よなが筒） （りうご） （古備前筒）	梅（高麗筒） 花（高麗筒） 梅（尺八） 梅（尺八） 梅（高麗筒） 花（つちの物）		

9	8	7	6	5	4
菊一輪（細口） （同夜右同前） （万事同前） 菊一輪（口広花入） （万事同前） （万事同前） 菊（竹筒）	（竹筒） （諸事同前）	タカホノ花（籠） 蓮白（口広花入）	アサカホ（籠） シノ花」 ヤクモノ花」（高麗筒）		卯花（大籠） カキツハタ（竹筒） 牡丹（口広、カネノ花入） 籠 牡丹（但宗無イケラル、）
（古備前筒） （雲耳花入） （雲耳花入） （古備前花入） 小車一本（古銅ノ花生）					

12	11	10
水仙（細口（ムモン） 水仙（鶴ノ一声） 花（備前） 水バカリ（鶴ノハシ）（細口（むもん） 水はかり（細口） 花（備前物） 水斗（細口）		
水バカリ（細口）		
白梅（鶴のはし）		梅（桃シリ無モン）
梅（竹筒） 梅（竹筒） 梅（竹筒） 白玉（小籠） 梅（籠） 梅（籠花入）		菊（竹筒） 菊（籠） 白玉（竹筒） 花（アヒル籠）
（尺八）	（尺八） （尺八） 菊（尺八） 菊（尺八）	（古備前） （重の花入） （一ふしの筒）

花材別にみれば、梅十六回、菊十一回、芽柳四回、カキツバタ・牡丹・白玉椿・水仙各二回、桃・藤・卯の花・アサガオ・シノ花（すすき）とヤクモノ花（益母草）との取り合わせ・タカホの花・白蓮・小車

各一回、このうち白桃は来客持参のものであって、それは一重の白桃であった。

十二月から一月にかけて、花材の判明している用例二十回のうち十五回が梅である。その十五回のうち二回は白梅と明記されている。一回は『天王寺屋会記』天正八年十二月九日朝、津田宗及と山上宗二両名を招いての会であり、床に元の禅僧輝東陽の墨蹟をかけ、中立の手水の間に「鶴のはし」の花器に白梅を生けたものに取り換えている。「鶴のはし」は細口の花器ゆえ、この梅は一枝であると思われる。例の、長次郎の「ハタノソリタル茶碗」が初出現する茶会である。いま一回は『宗湛日記』天正十五年正月十二日朝、博多から来坂の宗湛と、同行の宗伝両名を招いての会であり、この場合は前記のとおり、高麗筒に白梅を入れ、手水の間にそれを「橋立」の葉茶壺に置き換えている。他の十回はただ「梅」とのみ書かれているが、それはすべて紅梅ではなく白梅であろう。たとえば、利休の美学は「白花ヲ用ナリ、赤ハ無用也」（『山上宗二記』）と言い、「休かいとうの花を御いれ候て、花は白キカよきと被仰候」（『江岑夏書』）と江岑も記すのである。

『茶話指月集』の伝える伝承によれば、春のころ、秀吉、大きな金の鉢に水を入れて床にすえ、そばに紅梅一枝を置いて、利休に「これに、この花を生けよ」と言った。利休、その枝を逆手に取り、水鉢にさらりと入れ、しごくようにしてさっと出す。開いた花と蕾とがまじって水面に浮きただよっている。紅梅をあてがわれたときも、利休はそのような用い方をしたのである。

九月から十一月にかけては、花材の判明している用例十四回のうち十一回が菊である。永禄七年の『分類草人花』では、利休は「寒菊ハ、他所ノ会ニ生ケ、或ハ我ガ席ニ生ケ、又翌日ノ会ニ生テモ不苦、世間ニ花ノナキ時分也、暮年ノ花ナレバ、執心シテ、毎日生テモ不苦」と、菊に対する執心を表明している。それが、晩年にいたって、松屋の伝える「易ハりんとうと菊は嫌候。古花不知との義なり。殊ニ紅葉仕タルハ尚以嫌トナリ」と菊に対する嫌悪を表明するにいたるのである。

この菊に対する志向の変貌はなににもとづくものであろうか。

ここで花のことはしばらく措いて、花器について考えてみたい。

六つの茶会記のうち、年代的に見て、いちばんはじめに現われる花の記録は、『今井宗久茶湯日記抜書』永禄三年十二月六日朝の水仙である。床に「圜悟墨跡、初ヨリカケテ、手水ノ間ニトリ入テ、細口ムモン、水仙花生テ」との記事であった。

つづいての記録は、同書永禄九年十月十八日朝、この時も床に「鶴ノ一声」をヌリ板に置いて、それに水仙花を生けていた。「鶴の一声」というのは、『山上宗二記』にも記されている、胡銅無文の花入である。唐物の細口花器であった。今井宗久は右の記録につづけて、「鶴ノ一声、高サ一尺ホト、紫銅ノ無モン也、カネノ色青ク白ク、又赤メニ黒クムラアリ」と記していた。

この「鶴の一声」は、前述（第一回〝紹鷗との出会い〟参照）の『松屋会記』天文六年二月十三日朝、京与四郎の会でも用いられている。別の記録では同年九月十三日の会となっているが、両記録とも道具組は一致しており、ただ前者での「鶴の一声」が後者では「鶴のはし」と書かれている。村井康彦氏（『千利休』）の指摘されるように、前者の「与四郎殿へ」の下の「宗易事也」を後人の書き込みとすれば、その連想から、前者ではただの「細口」「鶴首」など、あるいは「鶴のはし」とあるべきを、「鶴の一声」と書き換えたのかもしれない。「鶴の一声」は、所蔵途中での改銘であるらしい。利休茶会として信頼し得る茶会記で「鶴の一声」という記載が現われるのは、永禄九年十月十八日朝のこの記録が初見である。

しかし、永禄三年十二月六日朝の「細口ムモン」も、おそらくはこの「鶴の一声」と同じ花器であろう。

あるいは多分、元亀二年十二月朔日、『天王寺屋会記』の水ばかり入れての「細口」も、さらにはもしかして、天正七年正月廿六日朝、『天王寺屋会記』の柳を入れた「細口」も、この「鶴の一声」と同じ花器であろうか。

天文六年の与四郎を利休とすれば、「鶴のはし」の使用は天文六年にまで遡るが、この「鶴のはし」は『天王寺屋会記』天正八年十二月九日朝の「ハタノソリタル茶碗」の初出現の会まで現われる。それ以後は消息を絶つのである。『山上宗二記』はなんども書くが、天正十七年の筆録であり、そこでは「鶴の一声」の名器は、もはや堺の商人重宗甫の所蔵になっているのである。(おなじ『宗二記』の記録によれば、利休の手にわたる以前は、珠光の弟子藤田宗理の所蔵であった。) つまり、利休秘蔵の「圜悟の墨蹟」も「鶴の一声」も、前者は永禄九年十一月以降(あるいは天正十五年正月以降)、後者は天正八年極月の「ハタノソリタル茶碗」の出現以降、利休の手もとから手放されていた。

『南方録』第二巻〝会〟の年代は不明であり、これを天正十四年から翌十五年と断定することには危険が伴うが、いま仮りにその両年にわたる記録と仮定して、そのころから花器はその傾向を急速に変える。いまその種類と頻度を『南方録』『利休百会記』の二つの会記によってまとめれば、つぎのようになる。

天正十四—十五年

鶴首	1	}	4
細口	3		
口広、カネノ花入	1	}	6
口広	5		

高麗筒	2	
竹筒	10	
ツリ舟	1	2
舟	1	
籠	10	13
アヒル籠	1	
小籠	1	
大籠	1	
長フクベ	1	
天正十八―十九年		
古銅ノ花生	1	
高麗筒	3	
雲耳花入	2	
りうご	1	
よなが筒花入	1	
重の花入	1	
一ふしの筒	1	8
尺八	7	

古備前筒　3
古備前　1
つちの物　1
　　　　5

唐物の金属花器から竹の花器・籠・備前等の土の物への明確な推移が見られる。とくに年次が降るにつれて、筒の花入が多くなってくることは、掛花入の使用頻度が高くなってくることを示すように思われる。それは墨蹟を無用とする茶室の草体化（書院からの離脱）につながる。

天正十五年正月の「鶴首」と九月の「細口」はなお「鶴のはし」であるかもしれないが、すでに名器「鶴のはし」ではなく別の花器であるかも知れず、いずれにしても前者は元旦の会であって、その「鶴首」には「梅」が入れられ、後者の「細口」三回には、いずれも「菊一輪」が入れられている。『宗湛日記』天正十八年九月十日昼の「古銅」花生は、秀吉の聚落屋敷での会であったが、その唐物花器には小車一輪が入れられ、台子の上に秀吉の嫌った黒茶盌ばかりを置き、「黒キニ茶タテ候叓、上様御キライ候ホトニ」茶の後に「内ヨリセト茶ワン持出テ」台子の上の黒茶盌と取り換えたのであった。秀吉好みに合わせながらも、ぎりぎりの線で利休の美学を貫こうとする屈折した道具組みであった。

「細口」の使用も、「胡銅」の使用も、それぞれにゆえあることである。爾余は竹・籠・土の物に傾いてきた。さすれば、たとえば天正八年十二月の「鶴のはし」の「白梅」と、天正十四年十二月の「竹筒」の「梅」とは、同じ「梅」でもその志向する美学はいちじるしく異なるはずである。「梅」の変質が訪れてきた。その〝変質〟とはどのような変質であったのか。

◇

ここで気になるひとつの記述がある。永禄十一年霜月十二日昼、宗易宅に不時の客があった。津田宗及と道巴のふたりである。そのことを記録した『天王寺屋会記』の茶会記のつぎに、突如として現われる「此冬ハ宗易ヒツソクニ而朝会ハナシ、但、墨跡ナトヒキサカレ候時之事也」の記述である。

この「ヒツソク」（逼塞）の内容については、従来ミステリーに包まれたものとされていた。永禄十一年は、利休四十七歳の年である。その前後をさぐってみたい。

まず茶会である。日時・客・注目すべき道具・出典の順で摘記してみたい。

永禄二年四月二十三日朝・松屋久政ほか一名・善幸香炉、珠光茶碗（『久政茶会記』）
永禄五年五月二十七日朝・津田宗達ほか二名・圜悟墨蹟（『宗達他会記』）
永禄六年十二月一日朝・津田宗達ほか一名・圜悟墨蹟（『宗達他会記』）
永禄九年十月十八日朝・今井宗久一人・鶴の一声、楢柴肩衝（珠光門下鳥居引拙旧蔵）（『今井宗久茶湯日記抜書』）
永禄九年十一月二十八日朝・武野新五郎（紹鷗の子）、津田宗及・圜悟墨蹟、善幸香炉（『宗及道具拝見記』）
永禄十年十二月二十六日朝・松屋久政ほか二名・鶴の一声（『久政茶会記』）

「圜悟墨蹟」「鶴の一声」「善幸香炉」「楢柴肩衝」「珠光茶碗」、すべて珠光ゆかりの道具である。

これら利休の茶会記録の上に、利休をめぐる対人関係ならびに当時の政治的背景を重ねて見る。『天王寺屋会記』のうち、津田宗及の『自会記』と『他会記』とを対照してみれば、

	主	客
永禄九・九・十	千宗易	津田宗及・武野新五郎
〃　十・廿一	草部屋道設	千宗易・津田宗及
〃　十一・廿三	千宗易	津田宗及・武野新五郎
〃　十一・廿四	津田宗及	千宗易・武野新五郎
〃　十一・廿八	千宗易	津田宗及・武野新五郎
〃　十二・十	千宗易	津田宗及・山上宗二・ほか一名
〃　十二・卅	津田宗及	千宗易・武野新五郎・ほか二名
永禄十・五・五	津田宗及	千宗易・武野新五郎・ほか二名
〃　五・廿一	津田宗及	千宗易・山上宗二・武野新五郎・ほか一名
〃　六・十九	津田宗及	千宗易・武野新五郎・山上宗二・ほか二名
〃　十・十七	魚屋良向	千宗易・津田宗及・武野新五郎
〃　十・廿七	草部屋道設	千宗易・津田宗及・ほか一名
〃　十・廿八	千宗易	津田宗及
〃　十一・三	津田宗及	千宗易・武野新五郎・ほか一名
〃　十二・一	山上宗壁	千宗易・津田宗及・武野新五郎・山上宗二・ほか一名

〃	十二・三	千宗易	山上宗二・津田宗及・武野新五郎
〃	十二・廿四	千宗易	武野新五郎・山上宗二・津田宗及
〃	十二・廿五	大和屋正通	千宗易・津田宗及・山上宗二・武野新五郎
永禄十一・一・三		千宗易	津田宗及・ほか二名
〃	一・四	津田宗及	千宗易・武野新五郎・ほか二名
〃	一・廿五	山上宗二	千宗易・津田宗及・ほか一名
〃	二・十八	津田宗及	千宗易・山上宗二・ほか一名
〃	四・十九	津田宗及	千宗易・武野新五郎・ほか二名

このような相互交歓の姿が見られる。

一方、永禄九年八月二日、天王寺屋津田宗達が没し、長男の宗及がその家督をついだ。

以上のような利休の対人関係の上に、つぎのような政治情勢がかぶさってくる。太田牛一の『信長公記』によれば、美濃を平らげた信長は、永禄十一年九月足利義昭を奉じて入京した。堺を中心に摂津・河内・和泉を支配していた三好長慶・松永久秀らは一時これに抗戦したが、抗し切れずに和を乞うてゆるされる。信長はたたみかけるように、堺に対し矢銭二万貫を課してくるのである。

永禄十一年十月、松永久秀はいち早く「九十九《つくも》髪《がみ》の茶入」を信長に献上した。今井宗久も、「松島の茶壺」と「紹鷗茄子の茶入」を奉呈している。このときの信長との和睦の裏面工作に津田宗及の果たした役割は大きいと言われる。利休はどのような態度で、身にふりかかるこの政治情勢に対処したのか。記録はなにも語らぬ。なにも語らぬかに見えるが、『天王寺屋会記』（国会図書館上野分館所蔵、槇樹文庫本）第十六巻に記されているというつぎの識語（『茶道古典全集』第七巻〝解題〟参照）は、利休のいわゆる「ヒッソク」のミステリーを解く上で、なんらかの手がかりになりはしないか。

「利休居士・細川三斎ト共ニ、雪ノ暁ニ及ガ宅ヲ訪《ヒ》、又宗易宗及不和ナルニ、信長公へ及所持之肩衝ヲ易ガ功心ヲ以、進言セシニヨリテ公へ被召上、及へ黄金ヲ賜《フ》ノ話等、世ノ知ル所ナリ」——雪の暁に、利休はどのような所要で細川三斎とともに宗及の宅を訪れたのか。そして、そのミステリーにつつまれた訪問が、なぜにただちに文脈的に宗易・宗及の不和につづくのか。なにかただならぬものが感ぜられて仕方ないのである。後半の文は、もちろん津田家の観点から書かれていて、含むところ多く、確然とその意味のとりにくいものではあるが、『茶話指月集』に利休を美化して、このことにふれた記述よりも、はるかに真実を伝えるものと思われる。すなわち、宗易が抜け駆けの功名をしようとして、宗及所持の肩衝のことを信長に進言、その結果その肩衝は召上げられ、宗及は代償として信長から黄金を賜うた、このことは世上周知するところだ、という意味にとれる。

とにかく利休の軽率な行為があった。あるいは、世上、利休に関して解き得ぬ誤解があった。細川三斎との雪の暁の及宅への訪問は、この誤解をとくための、あるいは贖罪のための、追いつめられた訪《おとな》いではなかったか。夜明け前の闇はなおさらに深い。その闇の底に雪は利休を拒絶するほどに白く、冷気はそくそくと利休の肌にしみた。

永禄十一年にいたるまでの利休は上げ潮に乗っていた。珠光旧蔵の名物茶器をつぎつぎと収集し、その美意識のするどさは堺茶人の間でも押しも押されもせぬ地歩を築きつつあった。前にあげた天王寺屋の『自会記』および『他会記』に現われる一連の茶会をつうじて、利休がすべて例外なく主客として扱われていることからも、彼の地位は推察されよう。思い上がりは利休のともすれば陥りがちな性格的傾斜である。茶会記における客の記述は、正客から順記するのか、筆記者を後尾に廻わす場合もあるのか、浅学のわたしはなお究明したいことである。しかし前述の一連の茶会記述に即するかぎり、宗易の茶会ら宗及を招く場合、当初主客として遇していた宗及を、のちには正当に遇していない。宗及の知遇に、正当には答えていないのである。そこに〝挫折〟が来た。『宗及自会記』によれば、同年十一月十六日昼には宗及が宗易を道巴・宗二ともども自邸に招いており、『他会記』によっても、十二月三日朝、宗易は宗及ともども道巴の会に招かれている。しかし宗易の会は翌年の三月五日までない。外見はさほどのことはなかったとしても、この〝挫折〟から立ちなおるまでに利休はほぼ半年を必要としたのである。長い冬であった。わたしは利休の美学における〝わび〟の発生を、この冬からと見るのである。

「ヒツソク」はあながちに経済的な行きづまりのみとは限らぬ。世俗から見てそう見える場合も、内実は心理的なデッド・エンドの場合もあるのである。もちろん物的な理由もかなりな比重をもってそれに重なったであろう。堺納屋衆のひとりであったとは言え、利休の財力は津田家天王寺屋などと比べれば、微々たるものであったと思われる。それは利休自刃前の、遺産分与についての遺言状の内容を見ても、ほぼ知れることである。その利休が珠光への私淑に燃えて、つぎつぎと手に入れた珠光ゆかりの名器。それは置き換え不能の価値を持つものではあるが、それらも時の為政者の有無を言わさぬ政治権力によって、いとも強引に黄金に換えられて行く。奈落の底に崩れ落ちて行く「物」のむなしさを、利休は「金」のむなしさとともに身につまされて見たであろう。過去に累積された浪費のおびただしさに利休は目ざめた。権力者の知らぬオリジナルな美の、新鮮な地平が、徐々に目の前にひらけてきた。

わたしはさきに、「鶴のはし」に生けられた梅から、籠や竹筒や土の花入に生けられた梅への変質を指摘したが、前者の梅は多分に禅的な梅であり、後者の梅は春にさきがける花として、即物的にとらえられた梅である。芽柳も同じである。「雪間の草の春を見せばや」という利休の美学にかなうのである。それは中世からの脱出であった。利休の茶会はほとんどが朝会であるが、その「朝」の意味もこのころを境にして変わる。それまでの「朝」は禅的なきびしさにおいてとらえられた時刻であったが、これ以後の「朝」はいのちの活動が始まり、あたらしいなにかが現われる時刻としてとらえられた。

「墨跡ナトヒキサカレ候時之事也」というのは、そういう急角度な心理的地すべりの虚像的表現ではなかろうか。「ヒキサカレ」は具体的行動としては「ヒサカレ」の誤記であろうが、内面的な価値観としては、圜悟の墨蹟にはじまる珠光ゆかりの名器のむなしさを、利休はまざまざとそこに見た。利休は圜悟の墨蹟をひきさいたのである。ひきさくほどに過ぎ去った世界をふりかえりながら、その墨蹟を高価に道和にひさいだのである。

『山上宗二記』に「道陳・宗易ハ禅法ヲ眼トス、古即諸録ヲタノシム」と記されている。あえて利休の最初の師北向道陳と併記して、「いにしえは」禅の諸録をたのしんだことを言うている。なにゆえに「いにしえは」とことわるのであろうか。しかも、それに対置して、「上手ニ及テハ名人ノ所作ヲ師トス」と結ばれている。この「名人」は当面武野紹鷗を指していたであろうが（同記に「堺武野紹鷗名人也」とあり）、広くは同記の中の「我ヨリ上ナル人ト知音スルナリ、人ヲ見知テトモナフヘシ」というほどの意味で使われていた。

禅の諸録をたのしんだころは、利休の美学は、まだ多分に観念的であった。それが名人の所作を師とするようになってのちは、即物的なものに変革して行った。おなじく『宗二記』に「総別、茶湯ニハ、昔ヨリ以来無書物」と言うている。人の生涯にはおのずからいくつかの分節があるが、永禄十一年（四十七歳）と天正八年（五十九歳）は、利休にとって二つの分節である。観念の克服から即物的なものへの道行きが、この永禄十一年の「ヒツソク」を契機として、天正八年「ハタノソリタル茶碗」の出現のころまでの利休の課題になったとわたしは思うのである。

利休の茶花では、梅とならんで多く用いられた菊もまた、当初は禅的な美意識でとらえられた菊であったであろうが、天正八年を過ぎるころから、それは自然の季節のうつろいのままに、カキツバタやシノ花や小車（ここに紹鷗を師とした利休の傾斜が見られる）と同格に、めぐる季節の円環の上に並列する、花の少ない季節の花として、こだわりなく用いられた。しかし、花はほんらい季節を予知するものである。おとずれを予知するものは、おとずれの中で早くうつろう。それが利休の美学である。だから菊も季節を過ぎ、「紅葉仕タルハ嫌」として拒否されていた。やがてそれは「いのち長き」スタティシズムのゆえに、利休の美学から排除されて行った。「鶴の一声」も、それと前後して利休の手から放れて行くのである。

しかし、数ある珠光ゆかりの名物のうち、なぜにまず「圜悟の墨蹟」が手放され、「鶴の一声」は天正八年以降まで持ち越されたのか。

ことばは空しい。観念はなおむなしい。揺れ動く現実のダイナミズムに対置してきた観念のスタティシズムのおろかしさはなおさらにむなしい。中世的な呪縛からのがれて、むしろ軽やかに、政治のダイナミズムに対置するほんとうのダイナミズムはないか。墨蹟は花にかわる。花はひとときの美しさゆえに、その集約された一点で美の世界に参画し、瞬時にして捨てられる。流動のなかに、流動に即して、置き換え不能の一点を見さだめることはむずかしい。永禄十一年以降、そしてさらには天正八年以降はさらに集約して、利休はそのようなゲシュタルトの発見にみずからを賭けたのであった。

◇

宗易、庭に牽牛花みことにさきたるよし太閤へ申上る人あり、さらは御覧せんとて、朝の茶湯に渡御ありしに、朝かほ庭に一枝もなし、尤無興におほしめす、扨、小座敷へ御入あれハ、色あさやかなる一輪床にいけたり、太閤をはしめ、召つれられし人々、目さむる心ちし給ひ、はなハた御褒美にあつかる、是を世に利休かあさかほの茶湯と申伝ふ。

附

かやうに咲たる花を皆はらひ捨、一輪床にいけて、人をおもしろからするハ、休か本意にあらす、いかゝといふ説あれとも、朝かほを興にて茶湯つかうまつれと仰らるゝうへハ、一輪床にいけたるか、休か物すきのすくれたる所也、その後、遠州公の比より、露地に花をうへられす、是も茶湯の花を一段賞翫の義なり。

(『茶話指月集』)

冗舌を弄し過ぎた。

利休の花については、この伝承だけを語ればよいのである。

「朝顔の茶」が形作られる前提には、ひとつの主軸がある。それは「さらば御覧ぜん」との秀吉の要請である。しかし、この要請に無媒介に答える(つまり庭の朝がおをそのままに見せる)だけでは、それは茶の湯ではない。現実の否定をつうじて、よりアクチュアルな現実を照らし出すことがフィクションとしての茶の機能である。

このために利休はいくつかの否定をくぐった。

まず「朝」という、時の限定である。朝顔を見せるのに朝の茶は当然だという人がいるかもしれない。朝顔は前日、固いつぼみのままに見せてもよいわけである。あるいは茶事を寅の一点のころから始めて、後座の薄茶とともに、徐々に花ひらく朝顔を見せてもよいわけである。利休はそうはしなかった。

つぎに「小座敷」という、場の限定である。太閤を迎え、かつての利休のように梅や菊や水仙を見せるのであれば、利休はあるいはかつての大坂城での宗湛を迎えた時のように書院を選んだかもしれない。「朝顔」という、もっとも利休の意にかなう花を、秀吉は利休に所望した。朝顔の花はうつろいやすい。うつろいやすいこの花の美を焦点化して見せるためには、それは「ひととき」において、しかも「小座敷」においてでなければならなかった。

「色あざやかなる一輪」の成立は、どのような条件のもとで可能であったか。「咲きたる花を皆はらひ捨」と『指月集』の著者は書いている。美は〝ものの捨てよう〟によってかがやき出るが、「茶湯名人ニ成テ後ハ、道具一種サヘアレハ、侘数奇スルカ専一也」（『山上宗二記』）と語ったのが利休である。ひとつの美をかがやき出させるために、これほどまでに捨てることにいのちをけずった利休の美学はすさまじい。「一段賞翫」の美である。愛惜のゆえに捨てるのである。このことを岡倉天心は『茶の本』の中で、「花を破る」（destroy flowers）ということばで表現したのであった。

露地には露がしとどに打たれていた。もし秀吉に茶ごころがあれば、秀吉はやがて目の前に出現する「朝顔」を思いつつ、つくばいの水を使ったであろうが、その水の清冽ささえも秀吉にはなじまず、こころは「無興」に傾いてきた。「無興」は「目さむる」前の「陰」として有効であるが、その時間が長引けば「不興」に転ずる。その間に「花」もうつろうであろう。

にじり口を開けたとたん、秀吉は「花」と出会った。黄金の茶室よりも、大坂の天守よりも、さらにぜいたくでアクチュアルな、「ひととき」の「花」に出会ったのである。

「花」は一輪でなければならなかった。あらゆる夾雑物は排除された。墨蹟などすでに早くひきさいていたから、床の中釘に竹の筒に入れられて「朝顔」のみがかがやいていた。色は紫である。午前六時の席入である。

利休の点前は淡々と進んだ。つるべの水指が運び出され、李朝の白の平茶盌が運び出された。水指の蓋がとられ、名水がそそがれる。その朝の茶は薄茶のみであった。

中立はなかった。「目さむる」衝撃、息もつかせぬ点前をくぐって、秀吉と利休のこころはひとつに寄りそった。なごやかなくつろぎの時がきた。そこに一汁一香の懐石が出た。花をめぐるいくつかの伝承は、例外なく秀吉と利休の確執を照らし出すが、この朝の一会のみが、両者のすなおな出会いを形象化してみせる。


利休の茶は、朝顔の伝承において極まったのである。

急の章　利休の死

一　（天正十八年）九月廿三日朝　於聚楽

殿下様　御茶被下候、　黒田解勘由殿　はりや宗和　宗凡

一　床ニ帆帰御絵但、今度北条殿より取候也

一　鴫肩衝　紹鷗ノ天目ノ内へ御入なされ候、

御肩衝と御天目ト、あいへ野菊一本御はさミなされ候、床ノ下、床はしらノ前ニたゝミノ上ニおかせられ候也、

一　セメヒホ釜　四寸いろり　五徳ニ

手水間にも右の御飾そのまゝ在、

一　利休手前也、めんつう持テ被出候、たうこより、せと水指　柄杓被取出候て、床ノ前へにしりより候て、御花をぬき候て、床ノ上、たゝミの上ニ花ヲよこニなしておき、御肩衝ハ其まゝ、天目入なから持テ、本座へ被帰候、御茶過候て、御肩衝拝見申候間ニ、手前とりおき、天目、水指、何もミな〱たうこへ入申候、御肩衝、床へ利休被上候也、床たゝミノ上ニ右之花ヲとりなをし、床ノかつての方ノすミニよせかけて御おき候也、

御茶たち申候刻　殿下様かつてより被成　御出候也、今度御陣へ御同道ニ参候御ほうひニ、今朝ノ御茶湯ニ宗和　拙子めしよせられ候よし、被成　御諚候也、

一　すて子ノ御口切也、

（『天王寺屋会記』宗凡他会記）

秀吉の作為はみごとに黙殺され、勝手の方の隅にはぐらかされた。秀吉が勝手からほくそ笑みつつ出現したのは、利休の茶が点った時であったから、秀吉はその黙殺の過程をつぶさに見た。利休の秀吉への挑

戦はこのようにして表面化する。

利休の生涯をひとつのドラマと見るとき、そこにいくつかの決定的な転換点が存在する。

第一は、天文八年（十八歳）の紹鷗への入門であり、その時、利休は珠光への禅的世界にむかって傾斜して行った。

第二は、永禄十一年（四十七歳）、禅の世界からの脱出であり、転身である。その時、津田宗及との間に不和が生じ、つまりは圜悟の墨蹟を引き裂いた年である。信長権力の黒い影が、自治都市堺の上におおいかぶさってきた年である。

第三は、天正六年（五十七歳）ごろ、宗恩との結婚から、天正八年（五十九歳）「ハタノソリタル茶碗」の出現の年の間である。利休の美学に大きな変貌が訪れる。永禄十一年の逼塞（挫折）以来、十年かかって、利休は完全に観念の世界から脱却し、権威主義の美学を吹き切って、みずからの美学の地平に立った。肉体的にも、愛情の面でも、彼は自由であった。地獄がそのまま極楽であった。もっとも純粋な境地に利休は居た。

そのようなときに、利休は秀吉と出会った。

秀吉もまた、稀有に純粋なひとときを持っていた。強敵毛利を背後に置きながら中国地方から引き返し、柴田、滝川、徳川等、四周の敵に対するいささかの雑念もなく、みずからの軌跡を山崎の一戦に賭けた。稀有の人物は、生涯にいちどは、そのように透明な軌跡をえがく。明智の惨敗は中世の終焉である。利休はためらいもなく秀吉と出会った。宗恩もそのような夫をうべなった。利休六十一歳、秀吉四十七歳。天正十年、利休と秀吉との出会いは、両者の生涯における双方のクライマックスの重なり合いである。利休第四の転換点である。同時に、利休の悲劇のはじまりである。

もし、秀吉と出会わなかったならば、利休は宗恩とともに、こころなごやかな、和様の、ナイーブな美の世界をえがきつづけたであろう。たとえ家庭の地獄はそこにあったとしても、個人的・内面的な自然主義の世界がひらかれて行ったであろう。

利休の第二の人生が、けわしい二律背反の世界が天正十年以降にひらけてくる。「ハタノソリタル茶碗」出現後、わずかに二年である。

ただに芸術的人間であることのみにとどまらぬ。政治的人間・経済的人間・教育的人間としての利休の複雑さが、秀吉との出会いをきっかけに、秀吉に触発されて、この四者のせめぎ合いにおいて顕在化してくるのである。

政治的・経済的・教育的側面における自己の有能さが拡大してくるにつれて、利休は一方では芸術的安定をまさぐり始める。拡散と凝縮とのせめぎ合い。戦乱ののちになおもひきつづく飽くなき権勢欲に流される血と、永久に失われ踏みにじられた堺の自由への怒り。利休は秀吉にかわって詫び、みずからに詫び、歴史にむかって詫びる。「ハタノソリタル茶碗」は、やがて「早船」のごとき端正な赤楽茶盌に変わる。「大黒」のごとき黒楽茶盌が焼き上がるのは、おそらくは天正十五年のころであろう。北野大茶湯が秀吉の手によって執行されたのが天正十五年であった。利休の安定と秀吉の大演出を第五の転換点として、利休生涯のドラマは急転直下、天正十九年の賜死というカタストロフィーにむかって落ち込んで行く。

天正十八年九月十日、秀吉の聚楽屋敷で、利休は秀吉の嫌った黒茶盌を用いて茶を点てていた。同じ年、同じ月、同じ聚楽屋敷での野菊のエピソードは、この章の冒頭に引いた。

さきに教育的人間としての利休の側面を言うたが、その年の春、利休門下の逸材山上宗二は、秀吉に耳鼻をそがれ、惨殺されていた。天下統一の秀吉の野望の総仕上げであった小田原征伐の陣中におけるできごとである。

（天正十八年）卯月十日付、「宗易消息朱印うつし」として、秀吉から生母大政所に宛てての書信を利休が代筆した書簡が現存している。小田原征伐の陣中における代筆であるが、戦況の経緯をつぶさに報ずるその文の中で、皆川山城守広照の降伏のことを言うている。その広照は山上宗二の一の高弟であったが、その書簡の翌十一日、宗二は秀吉に惨殺されたのである。

「筒、ふしぎのを切り出で申し候。はや、望みこれなく候。」——利休が切り出したふしぎの花筒も、秀吉の眼にはかなわなかった。その筒は無惨に打ち砕かれた。そのことを利休はさりげなく古田織部への消息「武蔵鐙の文」の中で言うた。ひびが入ったその筒は、三井寺の鐘とのダブルイメージから、のちに「園城寺」と名づけられたが、つづいて利休はまた筒を切った。その筒もまた、秀吉によって割られた。その「尺八」の花筒をたんねんにつくろい、秘蔵したのは今井宗久である。

カタストロフィーは、急速に近づいてきた。冒頭に引用した野菊の茶の二日後、菊月廿五日付南坊宗啓宛の書状は簡潔に「少取乱候条擱筆候。」と結ばれる。

急速に、人びとが、利休の眼前から引潮のように遠ざけられて行く。末期の年、天正十九年にはいって、閏正月十日付、津田宗及老への無表情な書状もあるが、同月二十二日付、細川忠興宛の、いわゆる「引木の鞘の文」のみは、利休の心理のこまやかなひだまでをクローズアップしてうつし出す。——「大徳寺から帰宅した。困却の果てに臥床している。」——「薬師堂天目」「引木の鞘」「黒楽筒茶盌」「木守茶盌」しだいにしぼられてきた四盌のうち、高麗青磁古雲鶴の筒茶盌「引木の鞘」は、忠興に譲られる。期せずして、入れちがいに忠興からの書状があった。利休はまたも書きつづける。――「けふハ内にさひしくもちや道喜なと放申候夜に入候て御入逢の時分伺申ちと放申度候恐惶かしく」と。

「背後から迫ってくるものを感じて、利休は立ち止まった。今市町の角である。」――十年後に書き始めるべき、私の長篇小説『千利休』冒頭のセンテンスである。

利休賜死の原因については、従来いくつかの定式が言われている。いわく、大徳寺山門木像のこと。茶器高価取引のこと。はては利休の愛娘への秀吉の懸想のこと。しかもなお、利休の死はミステリーにつつまれている。

天正十四年八月、秀吉、島津征伐の前衛軍毛利輝元を豊前に派遣。十二月一日、明春三月を期してみずから島津討伐のため出陣することを宣告。一方、『宗湛日記』によれば、天正十四年十月廿八日、博多の豪商茶人神谷宗湛、唐津満島を出港して上洛、下京四条の森田浄因方宿泊。津田宗及、この宿に出迎え。翌天正十五年正月二日より堺。正月二日昼、道叱宅にて会。濃茶過ぎたころ、大坂から宗及の書状と迎馬到着。秀吉からの招待あり、急ぎ淡茶あって、まかり立つ。秀吉への進物には、虎の皮二枚、大豹の皮一枚、茶巾用麻布二反、沈香一斤。夜に入って大坂着。宗及、石田治部少輔三成邸に居る。治部邸を訪えば、奥に呼び入れられて酒。「明日は随分奔走せよ。」との治部からのことばを賜わる。二日夜、治部邸より退出、宗及宅にて振舞を受く。翌三日、寅刻（午前四時）より大坂城に伺候。門外に宗及出迎え。（ここで利休に紹介さる。）広間にて。奥より治部出で、宗湛一人ばかりを御内に召連れ。その後、ふたたび広間にて秀吉と対面。「筑紫の坊主」「筑紫の坊主」と、くりかえし秀吉のことばあり。煩をいとい、後略。

天正十八年、宗湛再度上洛。九月十日昼、聚楽にて利休の会。

「古銅ノ花生ニヲ車一本入テ」「上ニハ黒茶椀ハカリ置」「茶ノ時ニ、内ヨリ棗、袋に入持出テ、前ニ置テタテラル丶、茶ノ後ニ、又内ヨリセト茶ワン持出テ、台子ノ上ノ黒茶碗ニ取替ラル丶、黒キニ茶タテ候事、上様御キライ候ホトニ、此分ニ仕候ト也」。同廿日昼、聚楽にて利休の会。「床ニハシタテノ大壺置テ」「コイ茶過テ、大壺ヲアミヲノケテ、床ノ前ナケコロハシテミセラル丶」。十月廿四日朝、大坂にて宗及の会。「黒碗ニ道具仕入テ」。霜月十日朝、大坂にて宗及の会。「壺斗置テ、但、下ニ落シ、ナケコロハシテミセ申サレ候」。――「宗及の手水鉢のごとく、腰掛につきて」ある水はなじまぬことを利休は早く、南坊宗啓にむかって婉曲に言うたのであった。

茶会記に残る利休最後の客は、徳川家康一人である。

秀吉の怒りにふれ、淀を下る舟中の利休を、ひそかに見送ったのは細川忠興と古田織部ふたりのみであった。ちなみに、利休の死後、ひとりは利休の美学をかたくなに守り、ひとりは利休の美学を打ちくだいた。

天正十九年二月二十八日大雷雨のさなか、利休は割腹して果てた。

「人生七十力囲希咄吾這宝剣祖仏共殺」その遺偈には、観念主義を克服した利休には不自然なほどの力みが見られる。死の恐怖をめくらめっぽうに突き抜けたあとが見える。

利休の首は一条戻橋のたもとにさらされた。その橋は日本の長い中世において、鬼女出現の橋であり、死者甦生の橋であり、つまりは芸能賤民のアジトにかかる橋であったことを言うておく。

利休の死後、利休の妻女は石田治部三成の蛇攻めの拷問に会い、惨殺されたという俗説がある。

また利休の亡霊が、のちに秀吉の面前に現われて茶を点てたという俗説がある。

天正十三年、『山城国検地帳』にはじめてカワタの文字が現われる。それから五年後、天正十八年小田原滅亡とともに、秀吉の封建体制はかためられる。わがくにの差別は、部落差別も、沖縄差別も、朝鮮に対する差別も、すべて利休の死の直後から始まったのである。

自在庵七種について――結びにかえて――

一盌を手に入れるために数百冊の書籍をいくたびか手放し、いまはわが書架には数えるほどの書物しかない。人恋うる気持より道具への執着が、わが固疾となってすでに久しい。愛着の数盌は生爪を剝がす思いで手放され、さらにも執着の一盌にかわった。

みずからの原点はここに在る。しかも〝自在〟に運動しつつここにある。この座標を証明する七種ゆえに自在庵七種という。この七種は、さらにもきびしい淘汰を経て五種に、三種に、はては一種にしぼられて行くはずである。

花三島茶盌（銘、筒井筒）

高麗末あるいは李朝初期。白と黒の花模様をはめこんだ象嵌青磁の手法であるが、黄土色に焼き上がり、とくに見込みの発色はほのかな茜色である。真二つに割れた破片を銅でつぎ合わせている。

わが国文学への志決まり、上京遊学の数日前、書店から『源氏物語』全巻が届けられた。贈り主の名はわからなかった。

青春の日は三十年余のむかしに遠ざかった。私は「筒井筒」のひとを思いえがきつつ、いくたびかこの盌を手にした。

手取り軽く、口作りは薄く、その口作りの一方が約五センチほど欠けていて、そこは大きく補修されている。その銅色が黄土色の釉調とよくなじんでいる。

喫茶の時、唇に触れるその個処の、そのむこうの口作りにその銅が見える。そこだけ暦手の花模様は見えず、三十年の暦日を重ねながら、私から遮断されていた。そのかなしみに耐えながら、私は私なりに成長した。「筒井筒井筒にかけしまろがたけ過ぎにけらしな妹見ざる間に」のこころである。

あるいは「割れても末にあはむとぞ思ふ」のこころでもある。

古唐津茶盌（銘、野の仏）

昭和四十年秋、突然の死が私の愛娘を奪った。大原の三千院に出かけていた私は、その娘の死に立会えなかった。それから数年、私は生きる意欲を失った。

ある年、博多から夜汽車に乗った。唐津までの道のりは意外に遠く、さびれはてたその町に着いた時、行く先き先きの宿で私は宿泊を断られた。かろうじて見つけた一軒の商人宿は老いた母とその娘だけが経営する宿で、泊り客は私ひとりだった。夜どおし玄海の波の音を聞いた。

夜が明けて、町を歩き、埃っぽい古物商の店先きで出会ったのがこの茶盌である。いたるところにひびきの生じたこの盌は、朝鮮型に腰が細り、小さくしまった不整形の三日月高台にいたる。土味は唐津独特の赤みをおびた侘びた土である。

口作りは土の足らぬところはくびれ、そこから胴にかけて薄い土灰釉が掛けられているが、口作りの個処はその釉がはげて皮鯨のようになっている。見込みは釉がちぢれ、カイラギのようになり、そのあい間から土がのぞいている。

この盌を手にする晩秋、私はふしぎに娘の死のあといくたびか訪れた高野山奥の院の杉木立の根かたに無数に散乱するささやかな地蔵たち――あの野の仏のことを思うのである。

赤天目茶盌（銘、道成寺）

楽四代一入造との十代旦入の極めがついている。

灰色にかせた微塵土の間から、くすんだ晩秋のあの柿の色がのぞいている。

口作りから胴にかけて二十九本の絹糸のようにこまかなひびきがあり、そのひびきをたんねんに金でつくろっている。道成寺の鐘供養を思わせるようなひびきである。赤楽であるが、作為を見せぬへら目は天目型におのずから腰にいたって、静かな力を内に蔵しながら左巴の高台で結ばれる。

私は紀州の産である。昭和十九年から昭和二十三年まで、敗戦の前後は道成寺の末寺で暮らした。日高の山河はいまも私のまなかいにあり、清姫の執心をめでたく思う男のひとりである。

黒楽茶盌（銘、飛火野）

敗戦の日を私は日高川上流の高津尾淘汰寺という浄土門の寺で迎えた。めくるめく午後の油照りの中を、川に沿って御坊まで下りてきた。ながい日が暮れかけるころ、道成寺のそばで、無数につらなる狐火を見た。その時以来、私は歴史の異常の日に、異常なことの起こることを信じたのである。

楽九代了入の隠居印あるこの黒楽茶盌は、茶に執心をかけたさる老女が、養老院へはいる時手放した盌であると道具屋は言った。私はこの盌を郷里の城下町で求めた。見込みは鉄色にかせていて、長次郎の黒楽のようであるが、ぬるま湯にひたすと漆黒のうるおいを帯びてくる。その漆黒の胴に、黄色の蛇蝎釉があの敗戦の夜の狐火のように飛びまわる。

前の一入の赤楽と、この了入の黒楽とは、ゆくりなくも私の四十九歳になる年の元旦をはさんで、一盌は歳末に大阪で、一盌は年頭に和歌山で入手した。それが四代と九代であり、どちらもが人の好まぬ数字であることもおもしろかった。遠く利休を照準しつつ、その時以来、「赤」と「黒」はふしぎなコレスポンダンスを保ちながら、私のこころの中で生きつづけている。

斗々屋茶盌（銘、真一曲）

執念の深さに応じて、名器は吸い寄せられてくるものである。

「赤」と「黒」につづいて、その翌年五十歳の私の生誕の日にこの盌は私の手もとにおさまった。執心のかかった盌であったが、その価格は私の手に余り、さる人の手に渡ってしまった。それが生誕の数日前にふたたび古美術商の手に帰ってきていた。私は持てる蔵書のほとんどを手放してこの盌を入手した。

朝鮮李朝の利休好み土器斗々屋である。

斗々屋独特のこまかいねばりのある土に、こまかくろくろ目がまわり、高台内はちりめんじわが生じている。平茶盌に近い浅い形の盌であるが、夕映えのような微妙な濃淡の発色があり、高台脇に八節のねこ搔きがあるのも、わが半世の苦悶の連続を思わせるようである。

見込みには九個の目跡がある。さきに土器斗々屋というたが、薄く釉薬が掛けられているのか、見込みに一文字の釉はげがある。

半世紀を生き抜いた日に一休の「尺八頌」を見た。それはそのままにわがこころにかなった。

「自従裁断両頭来、尺八寸中通古今、吹起無生真一曲、三千里外絶知音」――この詩にもとづいて「真一曲」と銘名した。

以上五盌を「自在庵五種茶盌」と呼ぶ。

黒楽筒茶盌（銘、大原野）

楽十代旦入の、紀州侯からの拝領印を持つと称するこの筒茶盌は、贋物であると思われる。贋物ではあるが非凡の作である。五十一歳を迎える年の元旦に、ゆくりなくも妻の実家紀州新宮の道具屋で求めた。その年の前半に、私は前後して父を失い、祖母を失った。その骨を京西山大原野に近い粟生の光明寺に納めた。その秋には娘の七回忌法要を営んだ。

ある秋の夜、私は知音の友ひとりとともに光明寺の境内を訪れた。清澄の中空に片割れの月がかかっていた。

漆黒のこの茶盌にも、了入の血脈をうけつぐ蛇蝎釉が半月のように浮き出ている。その横に、へらの跡がひとつ切れ込んでいるのは、私にはこころの疵のように思えてくる。

厳寒のころ、私は独服にこの茶盌を愛用する。利休が晩年愛用した「セイタカ黒茶ワン」というのも、このような茶盌ではなかったかと思いつつ、冷え枯れた私の骨をこの盌の茶であたためる。

いずれは私の骨も光明寺に納まる。それまでの茶であり、それまでの玩物喪志である。娘を亡くしていらい、死ぬことに怖れを覚えなくなった私である。

粉引平茶盌（銘、日高川）

前にも書いたが、私は敗戦の日を紀州日高川上流の高津尾淘汰寺で迎えた。この寺は光明寺の末寺である。

あれは一点の影もない、純白の真昼であった。詔勅はかきむしるような雑音で、なんのことかわからなかった。なんのことかわからぬままに、私は日高川に沿って山を下りた。狐火を見たのはその夜である。

李朝も末期に近いこの平茶盌は、親しみを抱かせる私の日常雑器である。胴には無雑作なエンゴベの濃淡が日高川の水流のように走り、火間も斜によぎっている。口作りは薄く鋭く、皿に近いまでに浅い平茶盌である。

ぬるま湯にひたせば、五つの目跡からしみ込んだしめりが釉薬の裏がわにまわり、朝鮮の土をうるおして、微妙なむらさきの陰影をえがき始める。それは私のこころの奥底に秘められた二十八年前のかげりが、いまも折にふれてうずき出るかのようである。このくりかえしは、うすいびわ色の雨漏のしみとなって、徐々にこの茶盌に定着して行く。

原種に近い濃紫小輪の朝顔の種を私は年々大切に守り育てているが、そのような朝顔の一輪を入れ、このような李朝の白の平茶盌を用い、さらりと茶を点てたのが利休の朝茶であったと思われる。

「赤」と「黒」とともに、「白」と「黒」もまた、日本の基調色であろう。李朝の「白」は、すなおに日本の「白」にかよう。

五種茶盌のうち、「真一曲」を除いてはすべて破損ひどく、日常の使用には耐えない。

元旦と誕生の日と、遠来の客の訪れなどに「真一曲」を使うことを除いては、私の日常は「大原野」と

「日高川」、この二盌との語らいにあけくれる。手にとって軽く、唇にふれてあたたかく、厳寒酷暑の挫折の日々に、二盌は私のこころにより添う。

さきの五盌にこの二盌を加えて、「自在庵七種茶盌」という。

古瀬戸茶入（銘、光明寺）

侘びの極致ともいうべき茶入であるが、素姓不明の茶入である。不整形な芋の子型であり、正面は黄褐色の微妙なかげりを見せ、そこに白い釉薬が垂れている。その釉薬の部分にだけこまかい貫入がある。横は黒々とこげ、しかも無雑作にけずられており、背後は黒褐色が主調をなす。全体にわたって、形・釉色ともに微妙な変化をみせ、それがこの小さな茶入を思い深いものにしている。

以前、瀬戸の古い破片で、これに近いものを見たことはあるが、いわゆる古瀬戸茶入の気品ある端正さとは対蹠的に、庶民的でひずんだ茶入である。乱世の城を焼く業火の焰にまき込まれたものか、あるいは原爆の熱線かなにかに焼かれたものかとも思う。

私に先き立って他界した娘は、出生の日から十八歳の死の日まで物質的にも心理的にも極貧の中に育ち、いい思い出を残す日など一日としてなかった。文字どおり「芋の子」であった。この茶入から茶をすくい、古唐津茶盌「野の仏」で茶を点てる時、私は茶杓の一すくい、茶筅の一ふりごとに、亡女の菩提を念ずるのである。

古信楽水指（銘、山姥錦）

探しに探し、求めに求めつづけたあげく、わが晩年においてついに手にし得た利休好一重口水指である。信楽独特の砂をまじえた赤い土を手でこねて紐のようにしてぐるぐると胴を巻き上げている。ろくろは使っていない。底もあとから取りつけたものである。桃山期を降らない名品である。おそらくは山里の農婦が麻苧を入れて、糸車のそばなどに置いた日常雑器であろう。

胴の正面には火替わりがあり、それが力強い景色をなしているが、いわゆるビードロ釉などが流れているような派手なものではない。そのことが、この水指をさらにさりげない気品あるものにしている。近江の信楽は疎外された辺境であった。そこから火と土の呪術が生まれた。その錦は人の目を惹かぬ錦であり、わが晩年のかけがえのない錦である。ゆえに「山姥錦」と名づけた。

「道成寺」「飛火野」「真一曲」――この三盌を自在庵三種という。

あるいは、「光明寺」「山姥錦」「真一曲」――この三器を自在庵三種ともいう。

「見渡せば花も紅葉もなかりけり」の定家の歌に託した師紹鷗の茶境に、「今一首見出シタリ」として「山里の雪間の草の春を見せばや」という家隆の歌を付け加えたのは利休であった。（『南方録』覚書）ながい戦国覇権の時代をくぐって、ようやくに萌え出た山里の雑草のエネルギーに、美の原型を置いたのが利休であったが、しかしそれは聚楽の第や大坂の城の障屏画にまばゆくも描かれているような、新興ブルジョアジーの「花」ではなかった。すでに信長・秀吉政権に屈服した堺・博多の動向を身にしみて察知していた利休は、うつしみの革命は、民衆の血であがなわれたにかかわらず、もはやどこにもないことを了知していた。

歴史のまっとうな進展の阻害に直面して、少くも天正十年以降、利休が心魂をくだいたのは、〝器〟において、なにを捨て、なにをこそ残すか、残されたなにに、残されたなにを、どのように対置するかということであった。器物Aと器物Bとのあわいに照らし出される虚なるものに、利休は失われたものへの鎮魂の儀式をえがいた。うつしみの人と人との間の葛藤は、すべて〝堪忍〟で貫いた。この〝器〟と〝堪忍〟とのあやうい均衡のあわいに、また念々の〝志〟が証明されていた。

おどろおどろしい利休の死が、その血なまぐささのゆえに、かえって滑稽に見えるのはそのためである。

私は、利休を語ることによって、自己を語り、現代を騙った。

解説　『黒い翁』の向こうへ

宮嶋隆輔

詩人の道行き――面から面へ

本書は、詩人にして民俗学、芸能論、仮面の蒐集《しゅうしゅう》と研究、劇作、ドキュメンタリーなど多面的な執筆・創作活動を行ってきた乾武俊の仕事から「被差別民衆の民俗伝承」「仮面」「黒い翁」という三つのテーマを軸に論考を選んだ。もちろんこれらの視座は、乾にとって個別のものではなく、一つの連続性を形成している。たとえば「佐渡の春駒」がすべての章に、少しずつかたちを変えて登場しているのはそのためである。詩人としての予感に導かれて学問を形成していった乾の個人史のなかに、各テーマはどのようにあらわれてくるのか。まずは経歴からその大まかな位置を確認していこう。

乾武俊は大正十年（一九二一）、和歌山市に生まれる。戦時中に中学校教員となり、敗戦直後から詩人として活動。「詩風土」「山河」「日本未来派」などに参加し、『面』（東門書房、一九五二）、『鉄橋』（日本未来派発行所、一九五五）の二冊の詩集を刊行している。

昭和三十四年（一九五九）、大阪の中学校への赴任を契機に、同和教育に関わりはじめる。この時期にドキュメンタリー誌「走れメロス」を主宰し（一九五九～一九六三）、『詩とドキュメンタリィ』（思潮社、一九六二）を上梓《じょうし》。また詩誌において鋭利な詩論を発表しながら、中学校の生徒たちに詩作を教えてもいる。その後「詩」と「民衆」、そして「くどき」をキーワードに「『くどきの系譜』序説」（一九六六〜）の執筆を開始し、日本文学史の通観を目論む。また昭和四十七年（一九七二）から一年半をかけ『上方芸能』で「秘説『千利休』」を連載した。

中学校の教師として被差別地域の子どもたちと詩を作り、古老から民話や伝承の聞き取りを行っていた乾は、しだいに民俗伝承の世界に傾斜、一九八〇年代からその成果をさかんに世に問うてゆく。『信太山盆踊り』（一九八四）など盆踊りの記録を映像化する一方、『伝承文化と同和教育―むこうに見えるは親の家』（明石書店、一九八八）、『民俗文化の深層―被差別部落の伝承を訪ねて』（解放出版社、一九九五）を出版した。

乾はこのころから仮面の蒐集を開始していたらしい。自身のもとに集まってきた面へのまなざしが紡ぎ出す芸能論・仮面論は、『黒い翁―民間仮面のフォークロア』（解放出版社、一九九九）、『能面以前―その基層への往還』（私家版、二〇一二）に結実した。さらに、執筆と並行して『餓鬼阿弥の道』（二〇〇二）、『四つの鎮魂詩・しんとく』（二〇〇七）、『黒い嫗』（二〇一二）などの演劇・舞踏作品を創作、みずからの企画により公開上演している。

教育者、運動家としての業績など省略した部分も多いが、創作活動に関するかぎりでこれだけの遍歴を重ねている。そこからまっさきに感じられるのは、最初期の詩「面」（本書一〇五ページ）からふたたび「面」の問題へ逢着《ほうちゃく》するまでの、六十年あまりの長大な迂回路、いや必然的ともいえる道行きであろう。

ところで乾武俊は一九五五年に三十四歳で第二詩集『鉄橋』を上梓して以降、意外なことに詩作を発表していない。しかしそのことは「詩」からの乖離《かいり》を少しも意味しなかった。

　　急角度な地すべりは、十一月のゆるい光線のなかで行われた。あれからずっと、詐るということが何時の
　　間にか無表情な技術となった。（第二詩集『鉄橋』より）

このフレーズについて、乾は二〇一二年の講演で「いい仮面には、必ず「急角度な地すべり」がある。そして同時に「十一月のゆるい光線」も感じることができるんです」と語っている（「卆寿・出版記念会」、大阪府高石市《たかいしし》・アプラ小ホール）。さらに舞踊を創作するきっかけとなった「島根県安来《やすぎ》・清水寺《きよみずでら》の黒い媼面」（口絵21）にもそれが見出せると指摘したあと、以下のように続ける。

「急角度な地すべり」と「十一月のゆるい光線」を書いたのは一九五五年、私三十五歳の時です。それからちょうど十年後。一九六五年、私の四十五の時、私の娘が十八歳で亡くなりました。娘が十八歳で亡くなることも知らずに、私はこんなつまらん詩を書いておったんです。本当に急角度な地すべりが十一月のゆるい光線の中で起こった。

詩の一節をめぐって、仮面への視線と、個としての境涯《きょうがい》とがいみじくも交錯する。逆にいえば、そのような方法を取らないかぎり、きわめて複雑で重層的な成り立ちをもつ「民間仮面」の造形とその心を知ることはできない、とでもいうように。

たった一節の予言的な響きが、尊い出会いを呼び込む一方で、自身を「地獄」へと突き落とすことになろうとも（第一章「弱法師」参照）、乾はその状況から逃げようとしない。むしろその苛烈な運命を全面的に引き受け、自らを厳しく弾劾《だんがい》しつつ、身悶えながらもじっと見据えようとするのである。

乾武俊自選著作集（第一巻）のあとがきには次の一節がある。

私がひとつの時期に別れを告げ、次の時期に移る時、それはつねに「永訣」であった。私の文学的生涯が、ると思う。「永訣」の連続であることは、この「著作集」をたんねんに読んでくれる人には、すぐにわかってもらえると思う。

表現されるものの内奥《ないおう》に秘められた、いくつもの「永訣」の記憶が、乾の文章にかような凄みを持たせるのであろうか。大きな風を含んでひとつの季節を越えてゆくときの、周囲からは決して了解されえない身振り。読者はそのアウラを文章のそこここに感じ取ることになるだろう。

そして、乾の処女作が詩「面」であったことに暗示されるように、その先には宿命のごとく「仮面論」の地平が待ち受けているのであった。

『黒い翁』――異相の翁論

乾は一貫して「位相《いそう》」という言葉にこだわる。それは乾に特有ともいえる演劇論の方法であり、仮面論、また身体論をつらぬく視角でもあった。民衆の記憶が織りなす複雑な「ドラマの構造」のなかで、仮面はいかなる位置を占め、いかなる声を発しているのか。ドラマを内面から捉えてゆく、そのような見方――位相論――から思考をせぬかぎり、芸能と仮面の初発の心意に肉薄《にくはく》することはできない。そうした問題意識から、被差別の問題、仮面の問題を一手に引き受けて展開していったのが、本書第Ⅲ章収載の「黒い翁」論である。

近現代の研究者にとっては、翁といえば能楽（観世《かんぜ》、宝生《ほうしょう》、金春《こんぱる》、金剛《こんごう》、喜多《きた》の五流）の伝承する『翁』、なかでもその前半部に登場する白色の翁面をつけた「翁」（白い翁）への関心が主流である。ところが乾の視線は、そのような「神聖化」され、「昇華」されてしまった翁ではなく、もっぱら二番目に登場する道化役の「三番叟《さんばそう》」（黒い翁）に注がれる。そして直観した。この「黒い翁」こそが翁の原初的なありようではないか、と。

神のごとく振る舞い、威儀正しく祝言《しゅうげん》を述べる「白い翁」に対して「黒い翁」は、どぎつい、対抗的な想像力を突き出している。白い翁を滑稽に「もどき」、説明的に繰り返すことで、笑われ、からかわれる存在としての自らを演じつつも、時には祝福させられる者の深い嘆きを表出し（二一六ページ）、異様な呪言を唱える（二四〇ページ）のである。この「もどき」の心こそが「芸能の根源」であったし、被差別と芸能の接点に立つものの影像であった。だからその顔面は黒く、さらにも源流に近づくごとに、祝言を言わされるその「口」が無残にゆがんでゆく。黒い翁に象徴される「被差別民衆」の心は、同じくゆがんだ面相をもつ「佐渡の春駒」などの祝福芸にも息づき、日本芸能史の暗部に知られざる系譜を形成した。

乾の仮面論はさらに、いわば「仮面以前の仮面」へも遡及《そきゅう》する。論考の冒頭で語られるシテテン（二〇三ページ）や水海《みずうみ》のあまじゃんごこ（二〇八ページ）、細男《せいのう》（二一一ページ）といった「顔を隠す」芸能群に、「かつて芸能の中心にいた者、そして周縁に追いやられた者」（二〇八ページ）の影をよみとるのであった。そうした幾百、幾千もの「祝福させられる者たち」のすがたを仮面に封じ込めるとき、それはどんなかたちで現れてくるだろうか。その仮面はきっと、うそぶいた「黒い翁」のかたちを取らざるをえないのではないか――。

乾仮面論の真髄《しんずい》が『黒い翁』の一冊にまとめられ、刊行されると、一部の研究者、読者のあいだに震撼《しんかん》を及ぼしたと聞く。この私もまた、数年前にこの本に出会い、夜を明かして夢中に読んだ。明朝、「白々」とした光が部屋に差し込むころ、それでもなお網膜《もうまく》に拭いがたい「色彩の叛逆」が残ることにたじろぐ。民俗仮面に幾重にも塗り込められた鮮烈な「血」の「赤」、さらに中世芸能の秘密を一身に内包《ないほう》する「黒」の叛逆である。恐懼《きょうく》と憧憬《しょうけい》に身震いした『黒い翁』体験が、まざまざと思い返される。

既成の芸能観を激しくゆるがした『黒い翁』はしかし、決して完結し、閉じられた本ではない。乾自身が水海の「あまじゃんごこ」への考察で、「人は「日本芸能史の謎」と呼んで、深層をのぞくことを回避している」（二一一ページ）と読者を煽動《せんどう》するように、『黒い翁』はこの今にこそ問われ、深められてゆくべき書である。乾に触発され、「翁」の実像を摑むべく研究を続けている私にもまた、黒い翁論を批判的に継承してゆく使命があろう。いや、そこまで踏み込まない限り、乾武俊の学を解説し、立体的に批評することにはなりえないのではなかろうか。

上鴨川の万歳楽——芸能にあらがう芸能

乾が重視する事例のひとつに、上鴨川住吉神社の「万歳楽《まんざいらく》」がある（二一五ページ）。本文では部分的にしか触れられていない黒い翁の〈うた〉と〈語り〉をここで吟味してみたい。

そのためにはまず、万歳楽（黒いうそふき型の翁）が登場する前段の行事「いど」への考察が必要となる。「いど」は祭場を清める露払いの芸能（二二八ページ）だが、その詞章《ししょう》の内容は一般的な「キヨメ」の印象とはかなり異なっている（詞章の引用は新井恒易著『恍惚と笑いの芸術〔猿楽〕』（新読書社、一九九三）を元に、適宜表記を改めた）。

いど　　みは住吉の、そよや住吉の、松にも花は咲きにんけり。咲きにんけり、そも。
トリ上　見するんなりけり、面白や。
いど　　こがもんで眺むれば松の木間より眺むれば月落ちかかり。
トリ上　淡路島山面白や〳〵。
いど　　東はゑべすの住み家なり、南は熊野の山とかや、西はがげいどに外の浜、北は喜界が島までも、そも。
トリ上　見するんなりけり、面白や。

住吉の松にちなんだ上の句を一人がうたうと、トリ上（地謡）の役が幕の内側から大勢で「見するんなりけり、面白や」と囃す。次には「住吉の松の隙より」の和歌を引き、「淡路島山」を遥かに眺める。そして一挙に遠望の視界を得た芸能者は、東南西北の世界の果てまで、面白きものをみなここに出してみせようと歌う。大切なのはこの間、舞い手がしきりに足踏みをし、体を捩《ねじ》りながら扇で象徴的な所作を繰り返していることだ。囃子方はみな幕の内側に隠れているので、まるで扇の〈ふり〉から音が発せられるかのようである。そして舞の所作に連動して聞こえる重層的なコロス（トリ上＝地謡）は、人ならぬものの声のごとく異様な力をたたえて祭場へ響き渡るのであった。

それにしても「見するんなりけり」（お見せしましょう）という自信に満ちたフレーズは、見えないものさえも芸能の力でそこに立ち現れると言わんばかり。それもそのはず、のちに述べるように、古態の翁は〈うた〉や〈語り〉と芸能的な仕掛けによって、さまざまな景色や宝物を出現させ、神仏と人々に「見せる」とともに、その呪術的な「富」を土地に定着させる芸能であったのだから。

さて連想的にモチーフを繋いでいった「いど」は、「黒人に黒烏帽子」「烏羽の色黒きもの〳〵」と次第に「黒」のイメージを重ね、最後に「万歳楽〳〵」と呼び声を発して退場する。その声につられて登場するのが「万歳楽」という名の「黒い翁」である。

万歳楽々々と仰せ《うせい》の御声《おんこへ》につき、あこがれ手の舞い、足の踏《ふ》みどころ覚《おぼ》へ候はず、まかり立つても候へて。天性《ていせい》もとより固《かた》くのし、何を言《い》いても忍《しの》べるべしとも存じ候へて。

――「万歳楽、万歳楽」と私を呼ぶ声が聞こえるので、ついつい手の舞い方も足さばきも覚えぬまま出てきてしまいました。ご覧の通り、もとより心身ともに固いのですから、たとえどれほどつまらなくてもひたすら耐え忍んでいてください。

ここで万歳楽（黒い翁）は、多様な芸能を演じ分ける猿楽にあって、あえてそれと正反対な「芸のなさ」をさらけだしている。その姿を見ても、肘をぴんと張って合掌のポーズをする他の役（翁・父尉・延命冠者）とちがって、肘を下げて縮こまるといった頼りなさげな格好である（二一六ページ図75）。そんな黒い翁が、おもむろに物語をはじめる。

> 然るや内の昔《むかし》、竹馬《ちくばん》あり。東西に鞭《むち》を上ぐると仕り候へて、ある人に行逢ひ、各々が信じ語り候へて、悉地成就《しっちしょじ》の心ばいや何と。とかく翁《おきな》の耳に興《ききょう》がある事の留《止》まる事ありて。人麿生じて歌道《官此道》好みし人は誰たりと。衣通《そとおる》姫に小野の小町、和泉式部、小式部、柿の本の人麿呂、道の貫之、山部《のべ》の赤《我》人、花山の僧正、源氏の大将、業平《何等》の中将、これ《之持》仏菩薩《ぼさつ》の化現《きげん》なり。

——むかしむかし、竹馬に乗って東西を旅していたころ、ある人に行き会い、成仏を果たすための心ばえについて語り合うことがありました。その時、たいへん面白いことが耳に留まりました。……ところでさて、歌道を好む、和歌の達人といえば誰でしょう。衣通姫に小野小町、和泉式部、小式部内侍、柿本人麻呂、紀貫之、山部赤人、花山僧正（遍昭）、源氏の大将（光源氏）、業平の中将（在原業平）。これらはみな、仏菩薩の化現だといいます。

「竹馬」は古来からの子どもの遊具だが、これに乗って「東西に鞭を上ぐる」というのは、おかしみの利いた語り出しといえる。この黒い翁は、放浪の芸能者さながらに東西を旅していたというのだ。ついで、有名な歴代の歌聖を数え上げ、彼らが「仏菩薩の化現」であると説き、最後に以下の歌をうたう。

覚へあらばむぐら《つ》の宿に寝《ねむ》もせいで、起き伏し共に袖を濡らし絞りにけり。
——それらの歌を思い返すほどに、さびれたあばら屋などで逢瀬にひたる暇もなく、寝ても醒めても
感涙し、袖を濡らして絞るほどなのです。

伊勢物語の「思ひあらば葎の宿に寝もしなむひじきものには袖をしつつも」（あなたも私をお思いになるならば、たとえ葎の生い茂るあばら屋にでも共寝しましょう。袖を敷物の替わりにしながらも）を歌い替えている。元歌の情趣である恋愛の要素を打ち消し、あえて寂しさを強調してもどいた歌だが、その内容はあまりに肩透かしなものである。

先にふれた「衣通姫に小野小町」云々の歌聖数えを、乾は「むなしいことばの潤色」と見たが、名だたる歌聖たちを数え上げ、和歌の効験を語ることで、人々は「これからさぞや面白い歌の世界を翁が語りだしてくれるはず」と期待を募らせたはずだ。

ところが黒い翁は、在原業平《ありわらのなりひら》の和歌をもじって「そのすばらしい歌の数々を思い出すほどに、歌って披露するよりも涙が先に立ちます」と語り、覚えているはずの歌を出し惜しむ。そして「地だんだ」のような不恰好な反閇《へんばい》を踏み、すぐに幕内へと引っ込んでしまうのだ。初段の「いど」でうたわれた「見するんなりけり」の歌に心躍らせ、さんざん焦らされたあげく、人々はこんなうら寂しいへぼ歌しか聞くことができないのだった（そのあとの「白い翁」の登場により、この不満は一気に払拭されるわけだが）。

このように芸能者でありながら聴衆《ちょうしゅう》の期待を裏切り、巧妙に芸能を回避してしまうのが「黒い翁」特有の逸脱であり、面白さである。そのことにいち早く着目したのは、他ならぬ乾自身であった。畢竟《ひっきょう》、黒い翁の芸能に「むなしいことばの潤色」など存在しないのだ。

北方の三番叟——色は黒し、目は細し、口はゆがむ

　仮面や芸能が残らなかった土地にも、黒い翁を考えるヒントはある。好例は近世初期ごろに廃絶《はいぜつ》した美濃・北方《きたがた》のネソネソ祭りの「三番叟」で、その語り詞章には、黒い翁の形象が生々しく表現されている。

> 万《満》歳《さい》楽《ら》く、やら興《きやう》かるの事共や。さきの翁《おきな》は、束帯《しよくたい》の装束《しようぞく》に、まなゐた烏帽子《ゑほし》奉《たてまつ》り、天朝《てんちやう》の宝《たから》物、我《わ》が朝の宝《たから》物、一つももらさず大明神の御宝殿に納《おさ》め置き、其身は幕屋《まくや》の内にとんと入《い》らせ給はく。藪《やぶ》から竿《さお》ただいまの翁《おきな》は、臼《うす》に菰《こも》を巻《ま》ゐたごとく、杵《きね》に蔓《つる》を掛《か》けたるごとく、袋に錐《きり》を入《い》れたるごとく、藪から竿を差《さ》し出《た》いたるごとく、ひやうふんと突《つ》き出てく。なにわの事や語《かた》ろ、平家を《お》や語《かた》ろ、源氏《けんじ》を《お》や語《かた》ろ、平家をも得知《し》らず、源氏をも得知《し》らず、しよちくり舞《ま》いの、もろくり舞《ま》ゐの、世直しの舞《ま》いならば、万歳《さい》楽《ら》くを舞《ま》おふよ。

「万歳楽、万歳楽。ああ、なんと面白いことでしょう。先ほどの翁は、立派な装束を召し、天竺や日本の宝物をみな持ってきて御宝殿に納め置かれました」と先に登場した「白い翁」を褒めると、続いてみずからの姿かたちに言いおよぶ。「杵」「錐」「竿」といった細長いものが「ひょうふんと突き出て突き出て」と奇妙に語るが、これは実は、顔をゆがめて、つぼめうそぶいた自身の「口」を形容している。そしてすぐさま、その突き出た口で「なにわの事や語ろ」（何を語りましょうかね）と続け、「平家も源氏も知らないので、万歳楽を舞おうよ」と言い放つ。ここに黒い翁（三番叟）の古態が「万歳楽」であり、その面は「うそふき」型をした黒い翁面であることが、はっきりと見て取れよう。

　不穏《ふおん》に、騒々しく現れ出た黒い翁はこのあと、すさまじい威勢で「さかしま」な祝福芸を繰り広げていく。手始めに樹木を揺らすことで福徳を与える「柴揺すり」の呪術を語り、訪れた土地を祝福する。——かと思い

きや、語りの末尾に「翁をばぬさぬさと褒めける」と付け加えることで、祝福の対象を黒い翁自身にすりかえてみせる。また「隣の優しかろう男」（ワキ方）を「ひと褒め褒めうわ」と前置きしながら、「後ろで見たれば俯いたる男の、側で見たればよほうなる男の、前で見たれば仰向いたる男の、あつぱれ男の姿かな」とけなし倒し、立派に褒め上げたことにしてしまう。次には旅の道中での身の上話を語り出す。

三番叟　いで〱長々《なが〱》しけれども、まふ一つ語《かた》つて聞《き》かしやうに。

ワキ　やう〱し早《はや》う語《かた》れ、聞《き》かうに。

三番叟　翁《おきな》らうが若《わか》ふ盛《さか》りに、京へ上《のぼ》りつ下《くだ》つつすかよ、上《のぼ》りつ下《くだ》りつすれば。街道上《かいどふのぼ》り下《くだ》りの美女傾城《びぢやうけいせい》が「あそこな翁《おきな》か、ここな八翁《おきな》か、こちらへ目吸《めす》おふ、口吸《す》おふ」といふて、其時このいぼを吸《す》い出《だ》いたよ。

ワキ　あつぱれしたる事かな。色ハ黒《くろ》し、目《め》ハ細《ほそ》し、口《くち》ハゆがむ。翁殿《おきならう》が思《おも》ふように、直垂《ひたたれ》のありさまを取《と》り、はりまのそはを取《と》り、きり〱さつ〱と、まづ舞《ま》うて御なおり候へ〱〱〱〱はいゐや。

わたくし翁がまだ若い盛りの頃、京への上り下りの道中で、街道筋の美女傾城にそれはそれはもてて大人気でしたよ。――仮面（のおそらく額の部分）に付いている「いぼ」は、このとき傾城が接吻によって吸い出したものだという。

黒い翁は自分の「いぼ」が「美女傾城」に吸われてできたのだと語ることで、普通は人に隠すべき恥ずかしい特徴を、果報者のシンボルへと転倒させ、見せびらかすのである（ちなみに「いぼ」や「こぶ」のある黒い翁面といえば、口絵20の西浦田楽の三番叟面が思い合わされよう）。

それを聞いたワキは、すかさず「あつぱれしたる事かな。色ハ黒し、目ハ細し、口ハゆがむ」と言い、「翁殿の思うように舞うてみなされ」と舞をうながす。「能の翁」の千歳は「今日の御祈禱、千秋万歳めでたいように、舞うておりそへ、色の黒い尉殿」と言って舞をせかすが（二二二ページ）、まさにその古態《こたい》といえよう。色は黒し、目は細し、口はゆがむ——。しかもその姿態が底抜けに「あつぱれ」だと言い切る心性《しんせい》が、我々をはっとさせる。ここにいるのは自らの境遇を嘆く翁ではなく、差別を笑いによってひっくり返してしまう、極めてしたたかな「黒い翁」なのである。

「黒い翁」は祝福のことばを言うことを強いられているが、それにあらがう。あらがうけれども、結局祝言を言わされてしまうから、口がゆがんだ。口はゆがんだが、そのゆがみを今度は笑いに転化した。そうして人々を（あるいは芸能を享受する神仏を）ひとたび笑わせると、したたかに芸能の主導権を奪い取り、「自らを祝福させる」「褒めると言いながらけなす」といった事態を引き起こして、常識的な芸能のありかたを転覆してしまう。そんな黒い翁の語りに翻弄されながらも、祭りの場はいつの間にか〝さかしま〟の想像力や〝エロスと豊穣〟の力に満ちあふれていく……。

乾武俊が、あるいは折口信夫《おりくちしのぶ》がこだわったような「祝福する側」と「される側」との対立関係（ないし差別・被差別の関係）を、反転させたり、融和させてしまうような地平を、北方の三番叟は示していたのではなかったか。

翁における〈祝福〉の位相

〈霊物〉を持ち来る翁——翁面の道行き

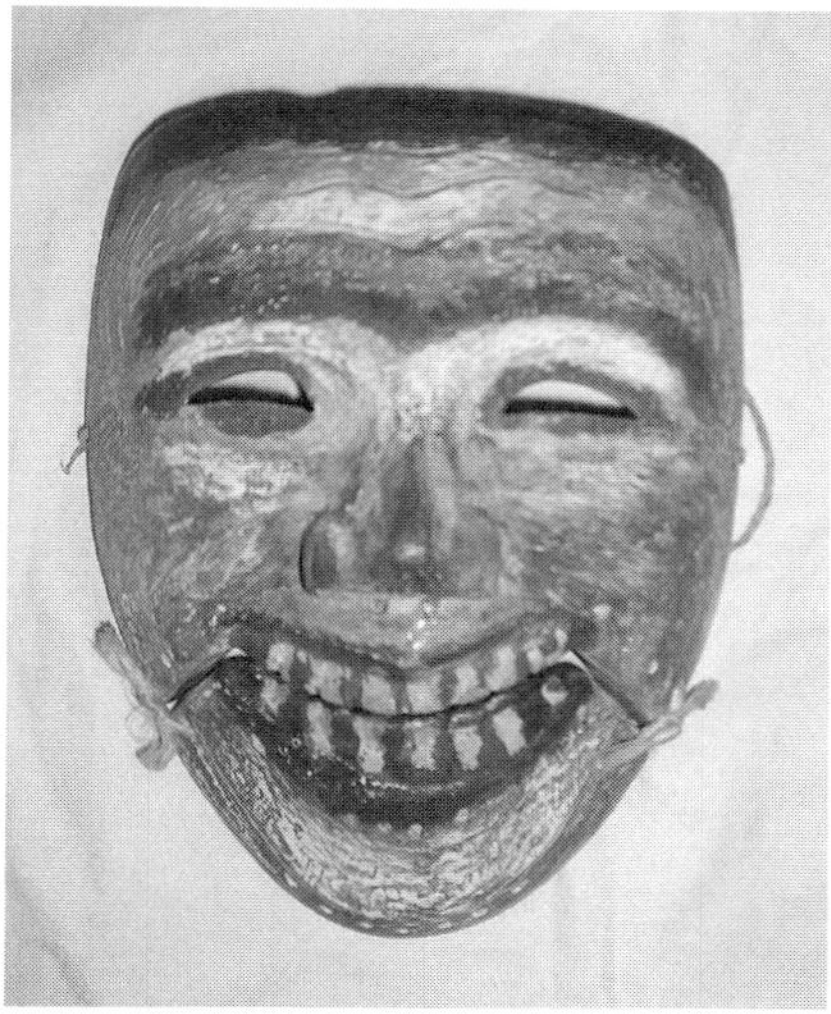
懐山おくないの「翁」（撮影：柴田宏祐）

ここで大いなる疑問を提示したい。はたして折口や乾がいうように、「白い翁」は黒い翁が「昇華」された翁、あるいは後世に「分化」した翁なのだろうか。

たしかに、あたかも神のようにふるまい、美麗《びれい》な祝言を唱える「能の翁」は、「潤色」に満ちた後世的な姿と捉えることもできる。しかしそれはあくまでも、極度《きょくど》に洗練され、変貌したのちの翁に過ぎまい。能の翁より古態を示す「民間の翁」の「白い翁」をつぶさに見てゆく必要があろう。そこからは芸能と被差別の問題を考えるうえでも重要な視界が開けてくるはずである。

古態の「白い翁」はひとくちにいうと、豊かな〈語り〉のわざによって、先行するさまざまな芸能（千秋万《せんずまん》歳《ざい》、白拍子《しらびょうし》・乱拍子《らんびょうし》、踏歌《とうか》の宝数えなど）のエッセンスを汲み取り、巧みに織りあげた〝日本芸能の集大成〟というべき招福の芸能であった。そのような芸当が可能になった背景に、翁面が果した役割が見逃せない。演者は仮面を被り「翁」という謎めいた存在に変身することで、賤民《せんみん》という立場を一時的に超出し、自由度の高い芸能を披露しえたのである。

たとえばいまだ緊張感のただよう序盤では、「白い翁」は身分の低い芸能者として千秋万歳さながらの見事な祝言を連ね、人々の心を一気に解きほぐしていく。かと思えば一転、翁が数千年も生きてきた長寿であることや、姿をさまざまに変化させること、岩や木、動物たちと会話ができることを語り、みずからの神々しい（多分に精霊的な）一面を明かしたりもする。

何者かと思えば芸能者で、芸能者かと思うと神のよう、神かと思えば、やはり芸能者……。心憎いほど自由に変幻してゆく翁語りに、人々はどうやら聞き入ってしまったようだ。気が付けば周囲は祝福の空気に満たされ、翁自身も長久の力を秘めたありがたい存在へとなりかわっている。そして「宝数え」の芸能で「白い翁」はクライマクスを迎える。

「宝数え」は、翁が天竺《てんじく》・唐土《とうど》・鬼が島・日本の各地を経巡《へめぐ》って宝物を数え集め、在所《ざいしょ》の宝蔵に納めるという筋立ての芸能である。土地の神仏や人々に豊穣をもたらす品々は、豹や虎の皮、韃靼《だったん》の鬘、蜀江《しょっこう》の錦、麝香《じゃこう》の臍《へそ》といった大陸由来の珍宝をはじめとして、化粧道具などの調度品、服や布、馬と馬具、武器、農具、果ては死者をよみがえらせる呪物（死反生《しはんじょう》の杖）までさまざまだ。翁は「あれはなじょの翁どの」の囃子言葉のリズムに乗って数え上げた宝を船に積んで運搬し、伊良湖《いらこ》崎に着くと、次には陸路で村まで運び込むことになる。

筑紫《つくし》の博多《はかた》に大が朝の船あり。小が朝の船あり。翁この丸はいつも来ぬものなれば、船のごじょうをむづと踏んで、手綱《たづな》取っちゃ打ち上げ、艫綱《ともづな》とっちゃ打ち上げ、よき日のよき時船《風》出《で》して、先の島へついゆすり、ひよふが島つい通《とふ》り、わたんたに間近《まぢか》く、伊良湖崎《いらこさき》に船つけてよ。読まねど書かねど、漕ぐが用ぞ。馬路がよければ、馬にも着けたり。車路がよければ、車にも積んだり。大人たちはかつぎ、童はひつちよふね。女房たちは捧げて、これの簾の内の鍵持て来いよ。鍵持て来て御蔵の戸開けよ。御蔵の戸開けて、おく様にはくち様、口様におく様、しつとり〳〵とつばと積んで、きりりと押し立て、まかり帰ろよ、どこや憎かろ、翁どの。（古戸《ふっと》田楽《でんがく》本）

印象的なこの詞章は、遠い異国から伝来した宝物や翁面の道行き、また面をたずさえて旅をした芸能者の道行きを語る。注目すべきは、陸路から大人、童、女房といった在地の人々が行道に加わっていることだ。翁は共同体の外部から訪れて芸能を演じるわけだが、その最後には、ついに在地の人々と共同で宝の「蔵入れ」を行う。序盤で感じられた共同体の内と外の垣根が、ここではすでに融和している。

災厄を持ち去る翁——白い翁の知られざる古態

「宝数え」こそが白い翁の最大の役割だった。しかし翁語りの最後、翁が「帰る」シーンに、もう一つの重要な問題がひそんでいる。

> 翁こんなまろの、もどり船には積んものが候よと。内外の悪魔、上下の不浄も、馬の病も、人の病も、盗人強盗、火事焼亡、飢渇疫癘、なかにおいても、きしり喰ふ小鼠、一切万悪しきものをば、おん取り集めて、是より奥山へ差し出し、あかま葛のもとうちやすめて、うら打ちはなして、まん丸にうちして、船の底よりちよんと投げ入れ、雨間のわるいとき禰綱を切つて投げ入れ、風間の悪いときは、艫綱切つて投げ入れ、泥が海より、外ヶ浜路へ漕ぎや出して、翁こんなまろが、もどり帰るうしろ姿は、どこが憎くて
> （懐山《ふところやま》おくない本）

翁は宝を土地へと納め終えると、今度は悪魔や不浄、病、水損旱魃《すいそんかんばつ》、飢渇疫癘《きがえきれい》、火事焼亡《かじしょうぼう》などの「悪しきもの」を船底に投げ入れ、その船に乗り込んで「泥が海」「外が浜」へと下ってゆく（神沢《かんざわ》のおくないなど、翁がその船を海に「踏みや沈め」る場合もある）。この段は、民間の「白い翁」の中でも古態を伝える遠州《えんしゅう》・三《み》河《かわ》・信州《しんしゅう》一帯の翁はかならず唱えている。

先の「宝数え」は村人と共同で行われたが、この場面で悪しきものを集め、出航するのは、翁ひとりのしわざである。そんな翁に黒沢《くろさわ》田楽では「翁とまるな、翁もどれ、もどりし姿、うしろ姿、どうこや憎からう、翁

どんの」と語りかける。人々は、ただひとり南海へ下ってゆく翁を「翁とまるな、翁もどれ」と追い出しつつも、その「もどりし姿、うしろ姿」に「どうこや憎からう」と愛惜ともいうべき言葉をこぼすのだった。

こうした「白い翁」の姿は、「露払い」や「黒い翁」よりも、ともすれば「キヨメ」と呼ぶにふさわしいのではなかろうか。乾が指摘するように、翁の代名詞というべき囃子詞「あれはなじょの翁どの」「そよやいずくの翁どの」の問いかけも、おそらくはそうした場面で生まれた詞である。

「白い翁」の聖化、「黒い翁」の零落

白い翁・黒い翁に代表される翁猿楽は、紛れもなく中世という時代に根ざした芸能であった。翁という形象が、地主神としての翁、神仏の顕現としての翁、蓬萊《ほうらい》思想を背景にもつ仙人としての翁、芸能者としての翁……といった複数の影を身にまとい、人々の想像力を掻き立てた時代だからこそ、その芸能は場の要請《ようせい》に合わせて大胆な変身／変奏を遂げ、各地のおこない・修正会《しゅしょうえ》などの祭礼に深く食い入っていくことができたのだ。

そして中世的世界の終焉を告げる「能」の大成前夜、まさに「芸能の危機」というべきこの移行期に、猿楽集団は諸国に散らばる土地ごとの翁芸を、どんな場所にも通用するような普遍的なかたち――〈うた〉と〈舞い〉――に洗練し、統一させていく。その最終的な完成型が、今日の能で伝えられる『翁』（二一七ページ）であった。そうした意図的な改変のねらいは、猿楽能の祖型というべき「翁」を「上なき神態の舞曲」（『明宿集』）にまで高めることで、翁を純然たる神とし、猿楽座のブランド化をはかることにあった。

さて、古態の翁（民間にのみ残された翁）が「能の翁」に移行しはじめる時期に、まっさきに消されてしまうのが、前節で述べた「災厄やらい」の段である。「能の翁」への移行期の芸態を残す上鴨川本や北方本を仔細に検討すれば、「災厄やらい」の意図的な削除と同時期に「白い翁」の神聖化がはじまっていることは歴然としている。

たとえば北方の翁は、祝福の言葉を述べよと地謡に指示したり、猿楽は「凡夫きやふの庭にてすべからず」として「とりわけ宇治の宝蔵」に招かれたことを主張してから、「宝数え」をはじめる。もはや土地の神仏のために宝を持ち来たることをしない北方の翁が、人々にとって身近な存在であるはずはない。この時期から、白い翁の神聖化、いいかえれば黒い翁の零落がはじまってゆくのであった。

黒い翁への着眼に始まった乾の翁論からは、ある時期に急速に「神聖化」され「昇華」されていった「白い翁」の転向――それに携わった者たちの影――を鋭く読み取ろうとする視座が、逆説的に浮かび上がってくる。

おわりに

翁の問題を焦点に、乾の芸能論に私なりの「もどき」を試みた。乾の問いが放射する無数の光線のうち、ほんのひとすじの軌跡をここに示したに過ぎないのだが。

ところで乾は、仮面を常に現在のものとして、しかもみずからの体験として捉えようとしているように思われる。

私が昨年経験した肉親を失った悲しみ、その何層倍、何十倍かの悲しみを経験してきたのが民衆です。民衆は「中間表情」を数限りなく見てきた。たとえば戦争で多くの愛する者を失った、その失った者の表情を見た、飢饉で死んでいく肉親を見た、あるいは虐殺される肉親を見た、子どもと別れる「子別れ」の親と子、そういう「中間表情」を私の何層倍も見てきたのが民衆です。

仮面は顔である。顔は重層的な記憶のあらわれであり、無言のうちに発せられるいくつものメッセージであり、現在もなおこちらを見続けている何者かである。熱心にその顔を見ると、ふたつの視線は交差し、重なり合って乱反射して、いくつもの情景を現出させる。そしてひとつの仮面が、「若い死者」「死んだ者やまだ生きている者」「立ち去ってゆく二人づれの後姿」などの記憶を「幾重にもその造型のむこう側に畳み込んでいる」ことを確認して（口絵21、島根県安来・清水寺の「黒い媼面」）、私たちに投げかけたのが乾であった。

詩人としての出発から、教師としての戦争体験、被差別部落での活動、仮面との奇縁、家族との離別、そしてそれらすべてに連なる「仮面」論へ――。その生涯は、近代史をつらぬいてやがて前近代へと開かれてゆく、ひとつの稀有《けう》な道行きとなって我々の前に立ちはだかる。

私たちもその道行きに学びつつ、いくつもの「顔」と向き合いながら、歴史や社会、演劇や芸術、物語、生と死のありようを――現在へと確かに連続するものとして――それぞれの方法で身体化してゆくことができる。本書が未来的な「縁起」の書となることを願ってやまない。

あとがきにかえて〜茶碗「夕暮」の断想

逃れようとして、頑なに壺を見ていた。凝視めることによって、自らも壺になろうと思いつめているようであった。あの時僕の一撃が、壺に向って加えられたならば。壺は更に輝やきを増し、その内部は呼吸づいて、僕の願望と直結し、すべては変っていたであろう。

（乾武俊「ピエタ」より）

「私は〝黒い翁〟で死にます。〝白い翁〟では絶対に死にませんから」。乾さん名科白のひとつだ。

わが黒い翁＝乾武俊さんとの交流のきっかけは、二〇〇九年七月、私が高知県香南市《こうなんし》赤岡《あかおか》の弁天座で打った「あかおか芸能の市」というイベントである。そのときは電話だけだったが、ほどなく個人的にも、私が主宰する私塾「成城寺《せいじょうてら》小《こ》屋《や》講座《こうざ》」とも親密なお付き合いが始まった。二〇一〇年三月、安来《やすぎ》・清水寺《きよみずでら》で〝出現〟した中世の摩《ま》多《た》羅《ら》神像《じんぞう》も、乾さんと私共の交流を後押しした御方だろう。

ふりかえれば、知り合ってからまだ七、八年しか経っていない。本当に不思議なご縁だ。乾さん講演タイトルの一つを借りるなら、「「縁起」が起すのは、「物語」か「ドラマ」か」。一緒に過ごした時間、一緒に出かけた場所や催事、会話や議論のどれもがスリリングで楽しかった。路地の奥まで知り尽くした旧・南王子村《みなみおうじむら》での案内振り、摩多羅神へのオマージュというべき創作舞、車椅子での上京と寺小屋での講義。さまざまな光景がなつかしくよみがえる。野川での散歩で翡翠《かわせみ》をみつけ、「ぼくは本当は野鳥学者になりたかった」との言葉には驚いたものだ。乾さんが「脅かし」、いや「驚かし」の名人であることを知ったのはもっとあとのことである。

＊

『黒い翁』の存在を古くからの畏友・藤井《ふじい》貞和《さだかず》さんから教えてもらったのは、十五、六年前だろうか。「大変な本があるよ。何せタイトルがすごい」。購入してもろくに読まずにいたが、御本人と親しくなる過程で、やがて『黒い翁』や乾論考はどっと押し寄せ、いつしか〝黒い翁〟は私の中に棲みついていた。大学の研究室と寺小屋で、乾武俊と黒い翁は、ちょっとしたブームとなったのである。『黒い翁』の著者が『詩とドキュメンタリィ』の著者と同一人物であることを知り、絶句したのは、その頃のことだ。

二〇一二年五月十九日、大阪高石市《たかいしし》のホールで「乾武俊卆寿・出版記念会」が開かれた。これに合わせて最後の著作と銘打ち『能面以前』を上梓《じょうし》した乾さんだが、仮面への宿命的ともいえる恋着《れんちゃく》はそこで〝解脱〟することはなかった。「生涯の幕引きに仮面シンポジウムを開きたい。それも郷里和歌山のなじみの宿で……」といった内容の葉書が、一枚、また一枚と木の葉のように舞い込んできたのは同じ五月の末、出版記念会のわずか一週間後。ほっとしたのは束の間だった。それにしてもはたして、乾さんの人生を賭けた希求《ききゅう》に応えられるだろうか。しかしためらったのは一瞬だった気がする。

「翁の唱え言は、スピリットにチャームさせるため、感染させるマジック」（折口信夫《おりくちしのぶ》）なら、しっかり「感染」させてもらおうじゃないの。乾さん最後の大舞台は、私共がこの上なくチャーミングに構想し、手掛けよう。

かくして「芸能と仮面のむこうがわへ」と題した和歌浦・仮面フォーラム（二〇一三年三月二・三日）が実現の運びとなった。チラシの表には乾さん愛蔵の女面《おんなめん》を大きくあしらい、裏には次の惹句《じゃっく》を配して。

「その面を売ってくれませんか……」。若き日のひとつの仮面との出会いが、乾武俊の人生を決定付けた。

それから幾星霜。論考『黒い媼』と翁劇「カイナゾ申しに参りたり」を置き土産に、仮面と別れゆく乾最後の舞台は、真珠貝のような湾を望む海の宿である――。

このフォーラムに向けて「卆寿・出版会」時の乾さんの講演をテープ起しし、私共との交遊の軌跡と合わせて冊子を編んだ（成城寺小屋講座編『資料集 芸能と仮面のむこうがわへ』）。二日二晩にわたる報告と討議、新作翁劇の初演と逸脱のパフォーマンスに、集まってくれたのは、乾さんの教え子や古くからの知友、面打ちさんと能楽師、各分野の研究者・学生などの多彩な顔ぶれで、乾さん曰く、「生涯最良の日」となった。ここで奔出《ほんしゅつ》した課題を展開すべく、わずか四ヶ月後の七月には私の大学で仮面フォーラム第二弾「面と語りのドラマツルギー」を敢行、図書館のギャラリーには、知る人ぞ知る古戸《ふっと》田楽《でんがく》の古面と、人類学者・川田順造《かわだじゅんぞう》さんコレクションの巨大アフリカ仮面を展示した（その概要は、『和光大学総合文化研究所年報二〇一四』に掲載）。

第二弾フォーラムの余燼《よじん》くすぶる中、ふたたび和歌山へ――。二〇一四年一月十一・十二日の仮面フォーラムⅢ「宗教芸能の深層へ」は、乾さん蒐集の仮面群が一堂に会する企画展（「仮面の諸相」展、和歌山県立博物館）に合わせての開催である。チラシには、「第一弾から第三弾へと貫流する「翁」と「仮面」の諸問題を、気鋭の論者たちが新たな視点から照射し、宗教芸能の秘密と変奏のダイナミクスに挑む」と謳った（フォーラムの概要は、寺小屋編『宗教芸能の深層へ 報告集』）。

打ち上げの席で、国書刊行会の編集者伊藤嘉孝さんが熱を帯びた声でささやく。「乾武俊選集をつくりませんか……」。たしかに乾さんの本は手に入らない私家版が多く、古い雑誌論考などは研究者はもちろん、一般の読者の目にはふれえない。主要な論考・作品をえりすぐって一冊の本にまとめ、乾さんと世の中に届けるのが、学恩に報いることだろう。そんな気持ちに連続フォーラムの勢いが相乗して、刊行が決まった。

編者を引き受けたはいいが、乾さんの仕事の領域は途方もなく、また転変を重ねており、一冊のアンソロジーにまとめるのは無謀である。いや無謀によってしか、乾さんの本の編集なんぞはできまい。そこで本編の構成と各論考のセレクト、そして読者のための「解説」は寺小屋の宮嶋隆輔《みやじまりゅうすけ》に委ねた。「能勢朝次《のせあさじ》（乾さんの師）から乾武俊へ。その乾さんに続くのが宮嶋隆輔」とは藤井さんの弁だが、宮嶋は試行錯誤しながらテキストを読み込み、改稿を重ねて、この重責に応えてくれた。おそらくは乾さんの〝黒い翁〟と正面から向き合った初めての乾武俊論だろう。みずみずしくも挑戦的な「解説」によって、乾さんの仕事（の少なくとも一部）と問題提起は、折口信夫風に言えば〝間歇遺伝《アタイズム》〟的に若い研究学徒へとしっかと引き継がれたのを知る。また編者としては、「秘説・千利休」を収録できたことも、格別に嬉しい。「付録」という言葉を裏切って余りある分量と面白さを存分に味わっていただきたい。

校正段階でも乾さんの目を通さず、写真もすべてこちらで選んだ。不備や間違いがあるとすれば、すべて私共の責任である。なお仕掛け人伊藤さんの誠実な併走なくしては、この本はかたちにならなかったことも付記しておく。

校正刷りが出た頃、扇情的な帯文を寄せてくれた藤井さんから、「つい最近、みつかった」と小野十三郎《おのとおざぶろう》発行の詩誌「新文学」が数冊届いた。一九六六年一〇月号、六七年二月号、六八年二月号・五月号の四冊で、よくぞ持っていたものだと感心する。詩作・評論活動の一方、乾さんは、一九六六年からこの「新文学」で精力的に『「くどきの系譜」序説』を連載している（二〇〇三年に上梓した自選著作集第一巻『「くどきの系譜」序説』に収載）。六八年五月号には小野十三郎と乾武俊と倉橋健一の鼎談《ていだん》も載るが、何より私の目を惹いたのは、この号の『「くどきの系譜」序説（19）』だけが、意図的に筆名を「乾武俊」ではなく、「高津尾《たかつお》 武《たけし》」としていることだ。「高津尾」は紀南（和歌山県日高郡日高町）の山の奥で、乾さんが敗戦の前後を過ごした地である。「高津尾」も乾学を読みとく重要な鍵なのだと思い知らされる。なお連載十九回には、①私小説について、②「高津尾」ととある思い出についての二つの「付記」があるが、『「くどきの系譜」序説』では②は省かれた。

最後にもう一度乾語録を引こうか。

仮面はすべて手元から離し、県の博物館に寄贈、「私はからっぽになった……」。だがその後も仮面を蒐集している、と聞く。いや仮面の方がにじりよってくるのだろうか。

「本はもう書かない、目もあまり見えないので、本も読みません」。この種の言葉も、何度聞いたことか。しかし「芳沢あやめ論」を書き綴っているという。ちなみに芳沢あやめは乾さんと同郷で、元禄時代に活躍した上方歌舞伎役者である。そうやって乾さんは、私たちをかたり（騙り）、挑発し、翻弄し続けるのである。こうなっては乾さんには「不老不死」の仙人を演じ続けていただくよりほかない。

＊

乾さんとの連絡・対話は、ほとんどがファクスである。先方からの送信で自動的に電源が入ると、複合機はブイーンとかすかに音をたてる。反射的に私は「乾さんだ」と直観するのだが、果たせるかな「唸り」の数、つまり届いたファクスのほぼすべては乾さんからなのだ。総数は、百枚をゆうに越えていようか。連絡事項だけの場合もあるが、最近は洒脱《しゃだつ》な文句が踊り、謎めいた箴言《しんげん》が私を煙に巻く。図やスケッチ使いも巧みで、「遊び」の精神も横溢《おういつ》だが、乾さんの絶望と悦楽を同時にかいま見たような気がしてしまう。とまれ不意打ちのように来ては、また鳴りをひそめる乾ファクスは、いつしか私の愉しみになっていた。

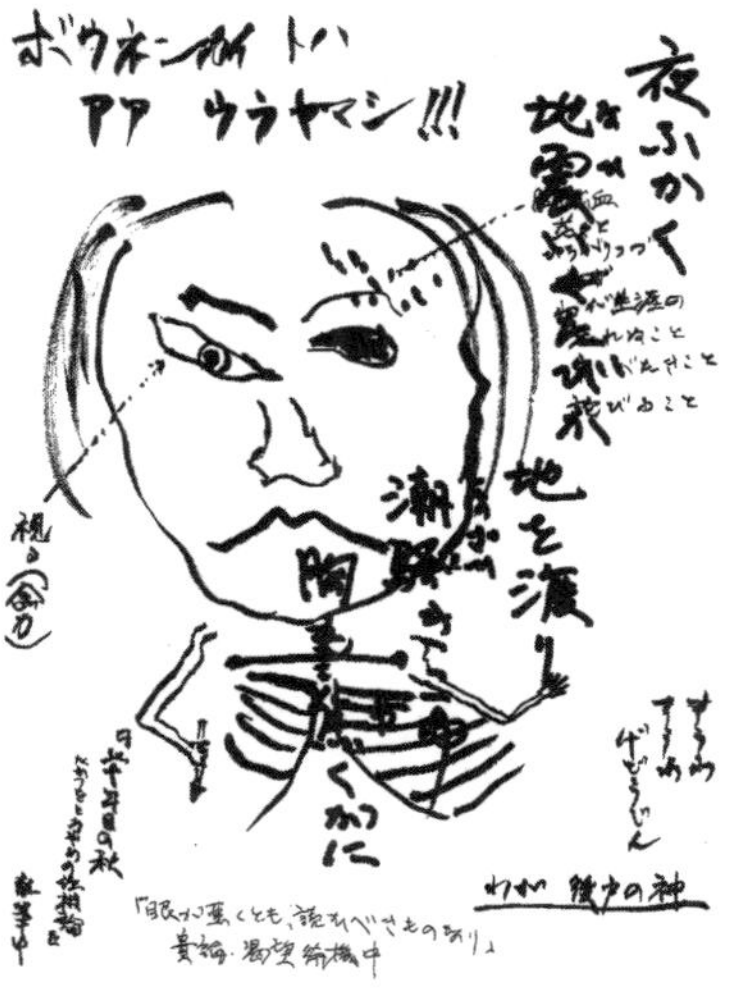

乾さんからの自画像ファクス（2014年12月28日）

昨夏、千利休論絡みで利休の茶碗をめぐり一つ、二つやりとりしたことがある。「おっしゃるとおり、利休の茶碗は赤と黒ですが、それに李朝の白が加わります。これらの赤、黒、白は、肌と光が織りなす色、厳密かつデリケートに設置された場における一回性のものです」（二〇一四年八月一四日）。「器とは、「見られつつある器」以外の何ものでもない」と言ったのは柳宗悦《やなぎむねよし》だったか。遇うはずもない茶碗と仮面がここに抱合《ほうごう》したような錯覚にたじろぐ。

そして——。ある日乾さんから、立派な桐箱入りの贈り物が届いた。現れたのは、利休の盟友というべき陶工・楽長次郎《らくちょうじろう》（写）の茶碗、銘は「夕暮《ゆうぐれ》」である。（昔、五島美術館で「夕暮」を見たような気がする。それにしてもなぜ「夕暮」の写を作らせ、くださったのか……。あえては聞くまい。）

「夕暮」は素人目にも実に美しく、肌面にほどこした貫入《かんにゅう》（ひび状）がえもしれぬ深みをたたえている。「オブジェとしてお部屋に飾って頂く（存在せしめて頂く）つもりで差し上げました」。しかし「茶を点てて喫するということがあれば、その時は事前にご相談ください」の注意も添えて。「使用前後に繊細な手順がある」ので、「取り扱いを誤る」と「二目と見られないような汚いものに変わってしまう」からと。

乾さんのことだ、茶碗の扱いには留まるまい。私どもの「翁」論然りか、「芸能」論然りか——。乾さんの警句はいつも苦く、かつ快い。ともあれ本書刊行のあかつきには、家宝となったこの「夕暮」でお茶を喫して、祝杯としよう。

二〇一五年四月

山本ひろ子

■乾武俊著作・作品一覧

【書籍】

『面』(東門書房、1952年)
『鉄橋』(日本未来派発行所、1955年)
『詩とドキュメンタリィ』(思潮社、1962年)
『民話教材と同和教育』(明治図書出版、1972年)
『伝承文化と同和教育―むこうに見えるは親の家』(明石書店、1988年)
『泉大津の伝承文化』(泉大津市教育委員会、1989年)
『お正月の行事と芸能―民衆のこころをさぐる』〔監修・文〕(大阪府企画調整部同和対策室、1992年)
『泉州地域の盆踊り―民衆のこころをさぐる』〔監修・文〕(大阪府企画調整部同和対策室、1992年)
『都市の祭り・ムラの祭り―民衆のこころをさぐる』〔監修・文〕(大阪府企画調整部同和対策室、1994年)
『子守り歌・守り子歌―民衆のこころをさぐる』〔監修・文〕(大阪府企画調整部同和対策室、1995年)
『民俗文化の深層―被差別部落の伝承を訪ねて』(解放出版社、1995年)
『被差別部落の民俗伝承［大阪］古老からの聞きとり』(上・下・別冊索引・映像資料編)〔編著〕(解放出版社、1995年)
『しごとの歌・愛の歌―民衆のこころをさぐる』〔監修・文〕(大阪府企画調整部同和対策室指導課、1996年)
『黒い翁―民間仮面のフォークロア』(解放出版社、1999年)
『逵田良善日記』〔編著〕(解放出版社、2001年)
自選　乾武俊著作集　第1巻『くどきの系譜序説』(私家版、2003年)
自選　乾武俊著作集　第2巻『被差別民衆の伝承文化』(私家版、2004年)
自選　乾武俊著作集　第3巻『「仮面」と「舞台」』(私家版、2007年)
『能面以前―その基層への往還』(私家版、2012年)

【映像・演劇】

『抵抗のうた・旧和泉南王子村聞きとり』〔テレビ番組〕(1977年)
『信太山盆踊り』〔映像記録作品〕(1984年)
『中島音頭』〔映像記録作品〕(1985年)
『盆おどり・大阪総集編』〔映像記録作品〕(1986年)
『ふるさとの歌・季節のまつり―泉大津の伝承文化―』〔映像記録作品〕(1987年)
『まぼろしの小栗街道』〔演劇作品〕(1996年)
『餓鬼阿弥の道』〔演劇作品〕(2002年)
『四つの鎮魂詩・しんとく』〔演劇作品〕(2007年)
『黒い媼』〔舞踏作品〕(2012年)

■収録作品底本一覧

Ⅰ　詩人と「被差別民衆」

被差別部落の民俗伝承〔大阪〕（自選　乾武俊著作集　別冊『被差別部落の民俗伝承』私家版、2008年）〔初出：『被差別部落の民俗伝承［大阪］古老からの聞きとり』（上）（解放出版社、1995年）〕

仮面をかぶった祝福芸（「ヒューマンライツ」No.64、1993年７月）

佐渡・春駒　寺尾作治　追悼（自選　乾武俊著作集　第２巻『被差別民衆の伝承文化』私家版、2004年）〔初出：大阪人権博物館編『佐渡・春駒』大阪人権博物館、2003年２月〕

弱法師（『黒い翁　民間仮面のフォークロア』発行：部落解放・人権研究所、発売元：解放出版社、1999年）

Ⅱ　民俗仮面の深層へ

面（自選　乾武俊著作集　第３巻『「仮面」と「舞台」』私家版、2007年）〔初出：『面』（東門書房、1952年）〕

民間仮面のフォークロア（『黒い翁　民間仮面のフォークロア』）

私の仮面論（仮面展記念講演）（自選　乾武俊著作集　第３集『「仮面」と「舞台」』）〔大阪人権博物館企画展「神・鬼・道化―乾武俊がみた仮面世界」講演記録、2001年１月27日〕

素描　仮面位相論（「和歌山県立博物館研究紀要」第20号、2014年３月）

Ⅲ　黒い翁――芸能の秘密――

黒い翁（『黒い翁―民間仮面のフォークロア』）

付録　秘説・千利休（「上方芸能」23号-28号、30号、31号〔1972年４月～1973年９月〕）

■写真撮影・提供

【口絵】

１-13、18、19、22-24…大河内智之
14、15、17…小泉順邦
16…宮原正行
20、21…山内登貴夫

【本文】

３…阪口正人
５-８…矢田同和教育推進協議会
９-13、18、22、24-33、35、36、38、52、54、55、69-71、73-75、77-80、83-87…小泉順邦
14、15、17、88-91…寺尾作治
16…篠崎隆
23…西岡陽子
34、72、76、81、82、92-94…著者
37…高知県立歴史民俗資料館
53、56-67…大河内智之

※本文中、所蔵先の記載がない面については、原則として著者蔵のものである（現在は和歌山県立博物館に寄贈）。

著者略歴

乾武俊（いぬい・たけとし）

1921年、和歌山市生まれ。戦時中に和歌山県立日高中学校で初めて教壇に立ち、終戦後は和歌山市内の中学校に勤めながら、詩人として活動。第一詩集『面』（東門書房）、第二詩集『鉄橋』（日本未来派発行所）を上梓。1959年、大阪に居を移し、中学校教員として同和教育に深く関わる中で、被差別地域における民話や伝承の聞き取りを積極的に行う。その後、大阪府教育委員会指導主事、和泉市教育次長、和泉市立光明台中学校長を歴任。退職後は大阪府教育委員会などによる大阪府下の民俗調査に参加し、また大阪教育大学の非常勤講師を勤める。大阪芸術大学映像学科との連携で『信太山盆踊り』（1984）など盆踊りの記録を映像作品として残す。伝承や芸能の「うたい」や「かたり」、あるいは身振りから、継承されてきた民衆の記憶の深層を浮かび上がらせる研究活動を続けている。主な著書に『伝承文化と同和教育―むこうに見えるは親の家』（明石書店）、『民俗文化の深層―被差別部落の伝承を訪ねて』（解放出版社）、『黒い翁』（解放出版社）など。

編者略歴

山本ひろ子（やまもと・ひろこ）

1946年、市川市生まれ。早稲田大学第一文学部史学科中途退学。日本宗教思想史専攻。私塾「成城寺小屋講座」を主宰。現在、和光大学教授。主な著書に『変成譜―中世神仏習合の世界』（春秋社）、『大荒神頌』（岩波書店）、『中世神話』（岩波新書）、『異神―中世日本の秘教的世界』（ちくま学芸文庫）、編著に『祭礼―神と人の饗宴』（平凡社）など。

宮嶋隆輔（みやじま・りゅうすけ）

1990年、茨城県生まれ。和光大学卒業。成城寺小屋講座で中世芸能史を担当し、「能」の前身となる芸能〈翁猿楽〉を研究。主要論文に「翁語りのドラマツルギー〈語りの翁〉から〈舞の翁〉へ」（『東西南北2014』〔和光大学総合文化研究所〕）、「黒い翁・三番叟の語り―古戸田楽の翁語り考」（『和光大学　学生研究助成金論文集19』〔和光大学　学生研究助成金委員会〕）など。

民俗《みんぞく》と仮面《かめん》の深層《しんそう》へ
——乾《いぬい》武俊《たけとし》選集《せんしゅう》

2015年5月15日初版第1刷印刷
2015年5月22日初版第1刷発行

著者　乾武俊
編者　山本ひろ子　宮嶋隆輔

発行者　佐藤今朝夫
発行所　株式会社国書刊行会
〒174-0056　東京都板橋区志村1-13-15
TEL.03-5970-7421　FAX.03-5970-7427
http://www.kokusho.co.jp

装丁者　山田英春
印刷・製本所　三松堂株式会社

ISBN 978-4-336-05897-3　C0039
乱丁本・落丁本はお取り替え致します。